W0088885

Horst Herrmann

Die Caritas-Legende

Wie die Kirchen
die Nächstenliebe vermarkten

Rasch und Röhring Verlag

Die Deutsche Bibliothek – CIP Einheitsaufnahme

Herrmann, Horst:
Die Caritas-Legende: Wie die Kirchen die
Nächstenliebe vermarkten/Horst Herrmann. –
Hamburg: Rasch und Röhring, 1993
ISBN 3-89136-328-1

Copyright 1993 Rasch und Röhring Verlag, Hamburg
Einbandgestaltung: Studio Reisenberger
Satzherstellung: Utesch Satztechnik, Hamburg
Druck- und Bindearbeiten: Ebner Ulm
Printed in Germany

Auch ein Vorwort

»*Ein Mann wurde von Straßenräubern zusammengeschlagen. Zufällig kam ein Priester an den Tatort, sah den Halbtoten liegen – und machte einen Bogen um ihn. Auch ein Kirchendiener kam vorbei, guckte sich den Überfallenen an – und ging seines Wegs.*«

(Lk 10, 30–32)

Inhalt

Betroffene sollen sich nicht gleich überschlagen, ohne sich angesprochen zu fühlen. Daher kläre ich zu Beginn dieser Streitschrift gegen die Mär von der sozialen Kirche: Unbestreitbar tun Christen in Kindergärten, Krankenhäusern und Altenheimen Gutes. Häufig sogar für ein bloßes Vergelt's Gott! Danke. Diese Mitmenschen erfüllen ihre Pflicht genauso wie die vielen, die Dienst tun, ohne kirchengebunden zu sein. Der oft bis zur Erschöpfung gehende Einsatz ist nicht auf Christen beschränkt, und in den kirchlichen Sozialeinrichtungen sind nicht nur überzeugte Kirchgängerinnen und Kirchgänger beschäftigt. Von guten Menschen muß hier keine Rede sein. Ich brauche nicht, wie mir Fromme wünschten, als Schwerkranker auf den Dienst einer Nonne angewiesen zu sein, um urteilen zu können. Die Lobby sorgt schon dafür, daß kein Licht unter den Scheffel gestellt wird. Die Institution lebt von meinungsbildenden Maßnahmen. Soeben sickerte durch, daß die Kirche drei Millionen DM investieren will, um ihr stark geschädigtes Image aufzupolieren.[1] Wo mag die stolze Summe eingespart werden? Doch wohl nicht bei der Caritas?

Opfern sich Menschen, vor allem Frauen, auf, spricht dies nicht schon für die Organisation. Mutter Teresa macht nicht vergessen, daß es im Buch kirchlicher Liebestätigkeit mehr dunkle als helle Stellen gibt. Sicher zieht die Trägerin des Friedensnobelpreises Kraft aus der christlichen Botschaft traditioneller Prägung. Ebenso gewiß nennen sich aber auch jene Drahtzieher Christen, die im Vatikan und anderswo ihr Geschäft betreiben.

Sie verdienen sehr gut daran, daß sich Nächstenliebe so leicht versilbern läßt.

Von diesem Liebes-Markt ist auffallend wenig die Rede, und die vielfachen Gefahren, die beispielsweise von einer Monopolisierung bestimmter sozialpflegerischer Berufe ausgehen[2], sind kein Thema im Gespräch zwischen Staat und Kirche. Wird ein Schweigen so sorgfältig gepflegt, kommt der Verdacht des Verschweigens auf. Es ist Zeit, *das letzte Tabu der Kirche* aufzudecken. Sollte hier jemand besonders viel zu verbergen haben? Wer steckt denn im Wohlfahrtsfilz? Wieviel Renommee, Einfluß, Macht trägt der Dienst am Menschen den Großkirchen ein? Zahlt sich das Gebot der Nächstenliebe auch in Mark und Pfennig aus? Wem genau, wenn schon nicht ausnahmslos den Bedürftigen, kommen unsere Steuern und Spenden zugute? Welche Gründe nennt die Kirche, wenn sie als erste die Hand aufhält, sooft Subventionen in Milliardenhöhe winken? Führen Bischöfe einleuchtende Argumente an, um sich aus allen Solidarpakten auszuklammern?

Werden auf diesem – seit Jahrzehnten als befriedet geltenden – Terrain endlich die allgemeinen Bewußtseinsdefizite behoben, sind keine gesellschaftlichen und politischen Konsequenzen mehr auszuschließen. Spätestens dann kommt das von den Großkirchen in nicht gerade uneigennütziger Weise beworbene »Modell Deutschland« ins Wanken.

Der Marktwert der guten Taten
Oder:
Wie die Kirche den Dienst am Menschen entdeckte

»Kirchen – wer sonst? – sind der Nächstenliebe verpflichtet.« Was noch immer zu hören – und heftig zu glauben – ist, hat Konsequenzen: Der Dienst an den Armen, Kranken und Bedürftigen, die »Diakonie«, soll, nimmt man das Hörensagen einmal ernst, zum Wesen des Christentums gehören. Kein Wunder, daß sich die Geschichte des »Caritas«-Monopols der Kirche seit etwa anderthalb Jahrhunderten treu blieb. Die Auswirkungen dieser Treue lassen sich, im Denken wie im Handeln (oder Nicht-Handeln), bis in den heutigen Sozialstaat Bundesrepublik hinein nachweisen.

Die katholische Kirche betreibt über den Deutschen Caritasverband in der Bundesrepublik über 21 000 karitative Einrichtungen, die Diakonie der evangelischen Landeskirchen kommt auf über 18 000 Einrichtungen. Zum Vergleich die übrigen Verbände der freien Wohlfahrtspflege: Die Arbeiterwohlfahrt hat 4500, der Deutsche Paritätische Wohlfahrtsverband 10 700, das Deutsche Rote Kreuz knapp 6000 Einrichtungen zu betreuen.[3] Von den zum Stichtag 1.1. 1987 ausgewiesenen 2,5 Millionen Betten/Plätzen waren über 1,9 Millionen in kirchlicher Hand; etwa 79 Prozent des Gesamtangebots. Von den 1986 festgestellten 24 476 Kindergärten in der Bundesrepublik wurden 16 667 (68 Prozent) von freien Trägern und Kirchen »gehalten«, die den wichtigen Markt unter sich wie folgt aufteilten: 59 Prozent wurden von den örtlichen Pfarrgemeinden, 17,2 Prozent vom Deutschen Caritasverband und 9,6 Prozent vom Diakonischen Werk betrieben. Damit waren nur etwa 14 Prozent der »freien Träger« nicht kirchlich gebunden.[4]

Freilich: Da nicht nur Berufspolitiker mit der gegenwärtigen Lösung zufrieden sind, sondern auch bundesdeutsche Steuerzahlerinnen und Steuerzahler ihren Gehorsam dem Großkirchen-Monopol gegenüber Jahr für Jahr mit Milliarden DM bezahlen (von deren Verwendung sie in der Regel nicht viel wissen), tut Aufklärung not. Es muß eben einmal gesagt sein: Was uns die Großkirchen auf diesem Gebiet anbieten, ist nicht mehr als eine »Problemerzeugende Pseudo-Lösung« (PEPSL).[5] Im übrigen verdient gerade die allgemeinste Meinung und was jedermann für ausgemacht hält häufig am meisten untersucht zu werden.[6]

Zwei Meldungen, die am 15. März 1992 auf derselben Seite der »Welt am Sonntag« erschienen, werfen ein Schlaglicht auf die wirkliche Lage. Aus den USA wird berichtet, die Katholiken von Seattle wollten nicht, »daß Papst Johannes Paul II. den fünftägigen Weltjugendtag in ihrer Stadt abhält«. Denn der Stadt fehlt einfach das Geld.

Ohne Geld wird aber der Glaube auffällig schwach. Rücken die öffentlichen Geldgeber nicht mehr so bereitwillig wie bisher Steuergelder für die Sonderinteressen der Gläubigen heraus[7], läßt das Engagement der Katholiken auffallend schnell nach. Die christliche Religion, sagt G. Ch. Lichtenberg, wird mehr von solchen Leuten verfochten, die an ihr verdienen, als von solchen, die von ihren Wahrheiten überzeugt sind.[8]

Chicago und Cleveland geht es wie Seattle: Infolge des letzten Papstbesuches (1987) sind einige der Diözesen noch heute mit Schulden belastet. Jede Stunde des damaligen Besuchs kostete die US-Kirche 93 572 Dollar![9] Ist das nicht zuviel, selbst wenn man bedenkt, daß sich durch solche Geschäftsreisen die geistlich-finanzielle Bilanz des Unternehmens Kirche aufpäppeln läßt?

Johannes Paul II. umrundete – Stand Mai 1991! – den Erdball immerhin etwa zwanzigmal. Der Edeltourist legte 781 290 Flugkilometer außerhalb Italiens zurück[10], sah 455 Städte und hielt 1649 Reden.

Allem Anschein nach kommen selbst manche Katholiken ins Grübeln und fragen sich, wozu sie Geld in einen reiselustigen Papst investieren – und jahrelang verschuldet bleiben sollen. Wären die

Unsummen, die eine Papstvisite kostet, nicht besser in der Caritas angelegt? Der Papstbesuch in Österreich kostete 1983 den Staat (nicht die Kirche) immerhin acht Millionen DM; freilich brachte das Ereignis – »soviel wert wie zwei Skiweltmeisterschaften!« – ein Mehrfaches über die Fremdenverkehrswerbung ein.[11]
Doch immer mehr Gläubige wie Nichtgläubige fragen nach: Wem außer den Managern der Werbung und der Souvenir-Industrie[12] bringt der herumreisende Papst Vorteile? Profitieren von der Visite, die einen Journalisten »stark an eine Kaffeefahrt mit der Gelegenheit zum Besuch einer Verkaufsveranstaltung bei der Firma Katholische Kirche GmbH« erinnert[13], doch nur einige oberhirtliche Geschäftemacher?[14]
Zu Hause scheint der Papst auch ein wenig nebenher zu verdienen: Lothar Matthäus, Kapitän der deutschen Fußballnationalmannschaft, berichtet beispielsweise[15], sein früherer Verein Inter Mailand habe sogar für eine Audienz bei Johannes Paul II. bezahlen müssen ...
Die zweite Nachricht: »Vatikan will per Gesetz Korruption unterbinden.« Die Kirchenzentrale nimmt demnach erst 1992 die Bestechlichkeit ihrer Prälaten offiziell wahr und verbietet ihren Beschäftigten (zu 90 Prozent Priester!) »in Zukunft« die Annahme von Geldgeschenken für Dienste jeder Art. Ausnahme: Spenden für »die karitative Tätigkeit der Kirche«. Ob dieser Gummiparagraph nicht schon wieder einen Freibrief ausstellt?
Wie Caritas auf vatikanisch aussieht, berichtet dieselbe Meldung: Das neue Gesetz sieht auch »die Angleichung der Rechte auf Mutterschutz an die europäischen Normen« vor. Übernimmt der Vatikan erst 1992, was profane oder »atheistische« Staaten seit Jahrzehnten kennen, spricht dies nicht gerade für eine Schrittmacherfunktion der Arbeitgeberin Kirche. Auch die – erst aufgrund empörter Proteste 1992 gelockerte – vatikanische Übung, weibliche Angestellte zur Ehelosigkeit zu verpflichten und ihnen, falls sie heirateten, zu kündigen, ist keine Meisterleistung in Menschenrecht.
Ein weiterer Fall: Bereits Anfang der achtziger Jahre hatten drei

deutsche Journalistinnen Radio Vatikan verklagt, weil ihnen wegen Inkompetenz (sprich: kritischer Kirchensicht) gekündigt worden war. »Wir fühlten uns wie Untertanen ohne die geringsten Rechte«, gaben sie im ersten Arbeitsprozeß in der Geschichte des Kirchenstaats zu Protokoll, »geringe Bezahlung, kein Krankengeld, kein Weihnachtsgeld«[16]. Der beklagte Vatikan obsiegte erst in zweiter Instanz; ein faschistisches Dekret von 1924 erlaubt es ihm, seinen Angestellten ohne Angabe von Gründen zu kündigen. Es macht der Kirchenzentrale nichts aus, noch in unseren Tagen die Segnungen des Faschismus zu nutzen.

Vatikanische Hirten sind beileibe nicht die einzigen, die aus trüben Quellen schöpfen: Noch 1992 profitieren die bundesdeutschen Bischöfe von den Privilegien[17], die Hitler ihren Vorgängern im Reichskonkordat von 1933 zusagte. Warum auch nicht? Hitler war immerhin der »bekennende Katholik«, dem Münsters Bischof von Galen, angeblicher Widerständler, noch 1936 »für alles« dankte, »was er für das Recht, die Freiheit und die Ehre des deutschen Volkes getan«[18], und dessen Angriffskrieg Pius XII. »nichts sehnlicher als einen Sieg«[19] wünschte …

Je höher sich ein Prediger einschätzt, desto auffälligere Auftritte liebt er. Wer Solidarität mit den Armen der Welt predigt, reist zur Verkündigung solcher Tugend im klimatisierten Sonderflugzeug und im dicksten Wagen an. Doch auch wenn Johannes Paul II. durch die Welt zieht und schöne Worte macht, holt ihn die Realität kirchlicher Nächstenliebe immer wieder ein. Tag für Tag klaffen Worte und Taten der Hirten weit auseinander. Wir werden diesem Prinzip päpstlicher und bischöflicher Seelsorge häufig begegnen. Karitative Doppelmoral ist konstitutiv für die Kirche. Räumen wir den Schutt der Kirchen-Märchen weg!

Wenigstens einmal sollten wir den Prinzipien kirchlicher Mildtätigkeit nachgehen und feststellen dürfen, was Wahrheit und was Legende blieb. Schließlich ist niemandem zuzumuten, sich nur auf schöne Worte zu verlassen und gutes Geld schlecht zu investieren. Ob nicht auch die Kirchengebundenen an dieser Information interessiert sein sollten? Wie lange sie noch brauchen, bis sie wegwerfen, was auf den Müllhaufen ihrer Ideologiegeschichte gehört?

Viele Menschen bekommen allerdings Schwierigkeiten, sollen sie gröbsten Betrug gerade auf dem für sie heiligsten Gebiet annehmen. Dennoch wurde »nie gewissenloser, nie häufiger gelogen und betrogen als im Bereich der Religion«[20]. Noch unser Jahrhundert kennt viele Belege für diese Aussage, so daß zu fragen ist, »ob weniger die Wahrheit als die Lüge die dauernde Einwirkung auf die Geschicke der Menschheit gehabt hat«[21].

Doch geht es Gläubigen so gut wie nie um historische, ethische, philosophische Fragen, schon gar nicht um Wahrheit oder, vorsichtiger formuliert, um ein wenig Wahrscheinlichkeit. Mit Falsifikationen können und wollen sie nichts anfangen. Sie schachern, typisch heilsängstlich, um ihr eigenes Problem: den Glauben. Ohne diesen könnten sie nicht leben.[22]

Mag der ihnen soeben vom Vatikan vorgesetzte Katechismus auch noch so skandalös wirken, sie fühlen sich selbst durch ein derart verordnetes Desaster[23] gestärkt. Denn immerhin soll das vom Papst als welthistorisches Ereignis und als eines der bedeutendsten Dokumente neuerer Kirchengeschichte bejubelte Machwerk eine »sichere Norm für den Glaubensunterricht« und einen entsprechend »authentischen Bezugspunkt« darstellen.[24] Soviel Heilssicherheit auf einmal lieben die Gläubigen. Um so behender betrachten sie die Aufklärung in einen Zusammenhang mit dem »fast allgemeinen Krieg gegen den Welterlöser«[25]. Um so nachdrücklicher schmähten und schmähen sie jede Äußerung von Humanität, die nichtchristlich, nichtkirchlich, nichtkonfessionell ist, als »Verstümmelung des christlichen Sittengesetzes«; ohne ihren Gott soll es weder Religion noch Liebe geben.[26] Um so hartnäckiger halten sich ihre angstgezeugten und angstbezeugten Haßgefühle gegen jene, die zu sehen lehren und dabei, notwendigerweise, den Dreck der Welt und der Kirche sichtbar machen. Um so enger scharen Gläubige sich heute auch um Theologen, die den Glauben unter dem Vorwand, kritisch zu sein, wieder ein wenig schmackhafter machen, als es zur Zeit den Vertretern der Amtskirche gelingt.

Es gibt aber auch Menschen, die sich ziemlich viel Mühe machen, die Mängel einer Religion oder Kirche aufzuzeigen, und dann gelassen ihres Weges gehen, ohne Abhilfe vorzuschlagen oder diese, allein oder mit anderen, tatkräftig anzugehen. Mit solchen kann ich nichts anfangen.[27] Es ist niemandem gedient, auf halbem Weg stehenzubleiben.

Radikale Fragestellungen und Lösungen sind weithin unbeliebt.[28] Auf die Dauer werden sie sich durchsetzen, und nackt ist die Wahrheit am schönsten (A. Schopenhauer). Es ist kaum zu glauben: Gerade Kirchenvertreter hatten im Lauf der Geschichte aus mehreren Gründen Schwierigkeiten mit Caritas und Diakonie. Zum einen fiel es der Institution leichter, sich mit den dogmatischen Inhalten ihrer Organisationsform zu befassen. Zum andern konnte sie nicht auf eigenständiges Material zurückgreifen: Was in ihrer Heiligen Schrift zum Thema steht, ist durchaus nicht originell, und nicht einmal Jesus aus Nazareth erfand, auch wenn die Lobby es so predigt, das Gebot der Nächstenliebe.[29] Zum dritten sprechen die Fakten einer zweitausendjährigen Geschichte gegen die Annahme, Wohltätigkeit sei der Kirche gleichsam auf den Leib geschnitten. Ich nenne Beispiele für die hausgemachten (ekklesiogenen) Schwierigkeiten des kirchlich-karitativen Denkens und Handelns.

Paßten Kirche und sozialer Dienst je zueinander?

Warum fuhr die Institution über Jahrhunderte hinweg weitaus besser mit ihrem Dogma als mit der Diakonie? Die Kirche schuf sich – in Kämpfen, die zu den menschenfeindlichsten der Geistesgeschichte zählen[30] – ein handliches Glaubensgut, ein Credo, das sich schon deswegen als hervorragendes Werkzeug zum Bekennen verwenden ließ, weil es aus einzelnen festgezurrten Sätzen bestand.

Jesus ist der Sohn Gottes, Maria ist und bleibt Jungfrau, der Papst muß als Souverän der sichtbaren Kirche anerkannt werden. Das sind – dem äußeren Anschein nach – sichere Sätze, auf die ein Mensch nur mit Ja oder mit Nein antworten kann. Bejaht er sie, gilt er als Katholikin oder Katholik, verneint er sie oder stimmt er ihnen nur zum Teil zu, schließt er sich aus der Gemeinschaft der Gläubigen aus und ist künftig ein Kirchen-Spalter (Schismatiker), ein Wahrheits-Teiler (Häretiker) oder ein Abtrünniger (Apostat). Glaubenssätze sind blutige Wahrheiten. Kein Dogma ist unschuldig; jedes kostete Menschenopfer.

Wird Wahrheit nicht im Lebensvollzug gefunden, sondern in eine – am Schreibtisch entworfene – Satz-Wirklichkeit gesteckt, ist sie griffig. Doch wird die Interpretation des Dogmas dann zur bloßen »Deutung ideologischer Machtdekrete, die sich durchsetzen konnten«[31]. In einem solchen Denkgebäude hat Liebe keinen angestammten Platz. Sie paßt nicht ins System und wird allenfalls als Notanker herangezogen, wenn es mit dem praktischen Denken mal nicht so weitergeht, wie der Denker es gern hätte. Theoretisch ist sie zwar der höchste Wert, doch in der Praxis dieser Satz-Dogmen kommt sie nicht zu ihrem Recht.

Wer ein Handbuch der Dogmatik aufschlägt, kann eine einfache Probe aufs Exempel machen: In den Stichwortverzeichnissen finden sich alle möglichen Ableitungen von Wahrheit, doch Liebe ist nicht einmal einen Hinweis wert.

Kirchliche Wahrheit wird als Naturgegebenheit gedeutet und als zeitlos ausgegeben. Sie verlangt geradezu gebieterisch ein (in Sätze gefaßtes) Bekenntnis.[32] Dem Menschen ist kein Umweg erlaubt; er sitzt in der Falle dieser Wahrheit. Im kirchlichen Credo wird ihm freilich eine Art Köder angeboten: Betet er nach, was viele vor ihm und mit ihm glaubten und glauben, gilt er in der Herde als akzeptiert. Dann leistete er, was von ihm verlangt wurde. Der Theologe G. Hasenhüttl spricht im Zusammenhang mit einer solchen Autoritätshörigkeit zutreffend vom »Eichmannsgehorsam« gegen Gott.[33]

Über das Mitläufer-Syndrom wurde noch viel zuwenig gesagt. Es ist typisch für Kirchen-Gläubige. Im Milieu dieser Leute, es ist das gewöhnlich kirchliche, von der verkitschten Hirten-Herden-

Ideologie[34] verdorbene, wirkt Jesus aus Nazareth nicht nur mit seinem Samariter-Gleichnis fremd. Dieser Mensch erstellte ja nie eine objektiv gültige und nachprüfbare Definition dessen, was er zu glauben forderte. Vielmehr verwies er schlicht auf sein Leben und dessen beispielhafte Vollzüge. Ich wundere mich nicht, daß freie Assoziationen »Liebe« mit diesem Jesus – und nicht mit der Kirche –, Wahrheit dagegen immer mit der Kirche – und nicht mit diesem Jesus – verbinden. Allerdings ist auch Jesus aus Nazareth, wie ich noch zeigen werde, nicht von vornherein ein origineller Vertreter der Liebes-Theologie und -Praxis.

Die Amtskirche ruhte nicht. Der Heiland mußte auch etwas mit »Wahrheit« zu tun bekommen. Folglich ist der Jesus, den die Siegerkirche sich schuf, notwendigerweise eine fast restlos objektivierte Gestalt. Jesus bringt und trägt dogmatische Inhalte, fordert Glauben gegen diese. Alle möglichen Charakteristiken wurden ihm im Lauf der Dogmengeschichte angehängt: Die sogenannte Gottessohnschaft ist die wichtigste. Vor diesen Eigenschaften kann der Gläubige nur das Knie beugen. Ob er den Gottessohn deswegen schon liebt, ist eine andere Frage.

Hilfsweise kommt daher die Eigenschaft des Wundertäters, Heilers, Erlösers in Spiel.[35] Sie läßt bei manchen eine bestimmte Art von Liebe aufkommen. Freilich erscheint mir diese Liebe nicht frei, sondern sehr zweckbestimmt: Der Gläubige liebt in Jesus am liebsten die schöne Aussicht auf seine eigene Erlösung.[36]

Ob sich die kirchlicherseits empfohlene Nächstenliebe, die in der Bundesrepublik zum allergrößten Teil von den öffentlichen Händen und aus Leistungsentgelten finanziert wird, überhaupt anders verstehen läßt als ein Mittel zum Zweck? Ob sich hinter dieser öffentlichkeitswirksamen Arbeit nicht doch nur der bekannte Heilsegoismus[37] verbirgt? Schließlich wollen viele Christen unbedingt in den Himmel kommen, und dafür sind sie zu allem bereit. Sahen sie früher eine der besten Methoden im Kampf gegen Ketzer, Hexen, Juden, glaubten sie dann jahrhundertelang eher an die Kraft von Ablässen oder bemühten sie sich um die möglichst hundertprozentige Erfüllung auch noch des skurrilsten Kirchengebots, scheinen sie heute den Dienst am Nächsten zu bevorzugen. Dieser ist hervorragend nutzbar und werbewirksam.

Solche Strategien sind in der modernen Gesellschaft nicht ungewöhnlich. Lehren uns die Ökonomen, eine Marktwirtschaft könne nur funktionieren, wenn sie vertrauenschaffende Signale wie Zeugnisse, Kundenzahlen und Markenzeichen verwende[38], so ist diese Erfahrung auch bei den Großkirchen zu machen. Gerade an vertrauenschaffenden Signalen fehlt es diesen am wenigsten: Die große Zahl der Gläubigen läßt sich bei jeder passenden Gelegenheit einsetzen (darüber später), die guten Zeugnisse liegen seit eh und je bereit, auch wenn diese zum größten Teil aus eigener Fabrikation stammen, und beispielsweise das Kreuz hat sich als Markenzeichen bei der Institution selbst ebenso bewährt wie etwa beim Caritas-Verband; es besitzt einen unvergleichlich hohen Wiedererkennungswert und räumt (noch immer) Mißtrauen bei den potentiellen Partnern aus. Tritt zu diesen Signalen noch der Anspruch hinzu, die Großkirchen seien gleichsam von vornherein (und ohne nähere Legitimation) Monopolbetriebe in Sachen Nächstenliebe, ist der Zweck derer erreicht, die auf Staatssubventionen, Steuereinnahmen und Spendengelder angewiesen sind.

Die Soziobiologie, eine relativ neue Forschungsrichtung und Brückendisziplin, erbringt weitere Motivationen für den Nutzen der Caritas: War »am Anfang der Egoismus«[39], so gelingt der Kampf ums Dasein (von dem die Kirchen am allerwenigsten ausgenommen sind) mehr und mehr nur, wenn sich die Vorteilssuche und -nahme moralisch, ethisch, altruistisch gibt. Keine Gesellschaft bleibt stabil, wenn sie nur unbegrenztes Machtstreben kennt und fördert.

Wie sich Gewalt auf Dauer mit Liebe tarnen muß[40], erweist sich das »anständige Verhalten« in der Gesellschaft als zweckgerichtetes und zweckgemäßes Verhalten. Müssen Egoisten Einbußen an ihrem Renommee oder an ihren Finanzen hinnehmen, erfahren sie im Lauf der Zeit, daß sich der bloße Egoismus weitaus weniger lohnt als das »Gutsein« und das »Gutes tun«. Sie lernen zudem, daß es sich rentiert, die positiven (und gesellschaftlich honorierten) Eigenschaften glaubhaft zu signalisieren. Die auf diese Weise erworbene Reputation kann genutzt werden, »um risikolose und damit ertragreiche Geschäfte mit anderen ebenso seriösen Menschen abzuschließen«[41]. Ist das Reputationskapital einmal vorhanden, lassen sich sogar höhere Ansprüche durchsetzen.

Die Großkirchen und ihre karitativen Verbände leben, auch wenn noch sehr wenig Licht in diese Zusammenhänge gebracht wurde[42] und eine allgemeingültige »Theorie der Interessen« noch in den Anfängen steckt[43], nach genau diesen Vorgaben. Viele Menschen neigen dazu, wohltätiger zu erscheinen, als sie tatsächlich sind[44]: Das bringt einer Institution wie der Kirche, die sich in Sachen Wohlfahrt ein Anbietermonopol schuf, immense Gelder ein. Soziale Wohltaten dienen, so der Nobelpreisträger Milton Friedman, »meistens als Deckmantel für Handlungen, die eher aus anderen Gründen gerechtfertigt sind als aus denjenigen, die angegeben werden«[45].

Das Prinzip läßt sich nicht nur auf die Spender anwenden, sondern auch auf diejenigen, die das Geld einwerben, einnehmen, verwalten und verwenden. Wir werden diesem Grundsatz in den folgenden Kapiteln immer wieder begegnen. Von zweckfreier Liebe kann in bezug auf die Kirchen nicht gesprochen werden, gerade wenn die Motivation und Zwecksetzung der Caritas sich im Lauf ihrer Geschichte änderte.

Der Historiker und Biologe M.Ghiselin sagt knapp: »Kratz einen Altruisten, und du siehst einen Heuchler bluten!«[46] Denn der wahre Egoist lernte längst, seine Motive zu verbergen und unter anderem zu kooperieren. Daher ist keinem erhabenen Motiv für eine Handlung (oder Unterlassung) zu trauen, wenn sich auch ein niedriges finden läßt (Edward Gibbon). Verwendet eine Institution gar von Amts wegen besonders erhabene Motivationen und kümmert sie sich, nach eigener Legitimation, um die »letzten Werte« wie die sogenannte religiöse Dimension des Menschengeschlechts, ist besondere Vorsicht geboten. Tugenden bleiben Tauglichkeiten, die für bestimmte individuelle oder soziale Zwecke taugen. Meist sind sie nicht mehr als verkleidete Laster.[47]

Die Frage »Was habe ich – oder meine Gruppe – davon?« ist ein alter Refrain alles Lebenden. Es gibt keinen nennenswerten Grund, den Homo sapiens – oder die von diesem begründeten Gesellschaften wie die Kirche – davon auszuschließen.[48] Jedes Plädoyer für echte Uneigennützigkeit versagt, wenn von dem jeweiligen Advokaten verlangt wird, er möge hieb- und stichfest nachweisen, daß der jeweils Handelnde (oder Redende, Predigende) nichts davon hatte, und sei es ein Zugewinn an Renommee in der Öffentlichkeit.[49]

Moral wird zu einem »Instrument, das die einzelnen Mitglieder einer menschlichen Gruppe fester aneinanderbindet, ihren Grad an Uneigennützigkeit und Opferbereitschaft erhöht, ein Mittel, das den Zusammenhalt von Gruppen festigt«[50]. Gutes tun befriedigt nicht nur die eigene Psyche, sondern muntert auch zur Nachahmung auf. Jedes Gruppenmitglied sucht seine Brüder und Schwestern in ihrer Uneigennützigkeit zu bestärken und sie zu ermuntern, in ihrer Opferbereitschaft fortzufahren. Selbstbetrug und Täuschung spielen bei der Entwicklung moralischer Systeme eine kaum zu unterschätzende Rolle.[51] Ist Moral freilich derart an die eigene Gruppe gebunden, muß sie notwendigerweise alles Fremde, Andersartige, Andersgläubige als irgendwie unmoralisch oder zumindest sittlich weniger hochstehend beurteilen.

Die Kirchen bieten beste Beispiele für diese Moral. Ihre Konkurrenzstrategie lebt nicht zuletzt von der Abwertung der Alternative. Solche Taktik zeichnet sich zudem dadurch aus, daß sie – wie ich nachweisen werde – sich den größtmöglichen Nutzen bei möglichst geringen Selbstkosten sichert und damit dem Prinzip Eigennutz auf die preiswerteste Weise Rechnung trägt.[52] Wer sich aufmerksam genug in der Wohlfahrtspflege der Bundesrepublik umschaut, erfährt die Gültigkeit dieses Grundsatzes auf Schritt und Tritt: Die Großkirchen lassen sich »ihre« Caritas und Diakonie zum weitaus überwiegenden Teil von anderen bezahlen, leiten aber den gesellschaftlichen Nutzen ausschließlich auf ihre eigenen Mühlen um. Ihr spezielles Kosten-Nutzen-Verhältnis ist längst optimiert.

Bis heute wurden noch bei keinem Lebewesen – und in keiner Gesellschaft – Anzeichen für einen echten Altruismus gefunden, der sich ohne Diskriminierung auf die ganze Art oder die gesamte Bevölkerung erstreckte.[53] Was als Nächstenliebe vermarktet wird, entpuppt sich als eine Mischung von Opportunismus und Ausbeutung, und Handlungen zum Wohl der einen werden zum Schaden der anderen vollzogen.[54] Gerade die sogenannte kirchliche Nächstenliebe kam, wie historisch und aktuell erwiesen, denn auch nie ohne Diskriminierung jener aus, die nicht ins heile Bild der Gläubigkeit paßten. Schon jetzt kann festgehalten werden, daß großkirchliche Caritas stets eine dunkle Kehrseite hat: die Verfolgung Andersdenkender und Andersgläubiger, die Diskriminierung der sogenannten »Welt«. Das Christentum kennt die für sein Dasein und Überleben wichtigen Gefühle der Geborgenheit und Zusammengehörigkeit (im »Pferch« der Glaubensverwandten, der Brüder und Schwestern), doch sind solche Befriedigungsgefühle[55] untrennbar verbunden mit strikter Abweisung alles »anderen«. Zuneigung geht stets mit Abneigung einher.

Nur der Christ kann daher, folgt man den neuesten Kommentaren von Kirchenfürsten[56], ein wahrer, nicht irgendwie »verstümmelter« Mensch sein. Diese verächtlichen Äußerungen gegen andere Menschen haben unter Bischöfen noch immer Methode; wir brauchen sie nicht unter der Rubrik Mittelalter abzulegen.

Greife ich die dehumanisierenden Äußerungen auf und beleuchte die Zusammenhänge heller als die Kirchenvertreter, sprechen diese von Zynismus. Die Vokabel ersetzt ihnen das Argument. Zum einen meinen Lobbyisten, allein sie dürften und könnten die Grenzen zwischen zulässiger und nichtzulässiger Kirchenkritik ziehen; eine unter Forsch-Herren übliche Methode der Verdrängung.[57] Schließlich gibt es in jeder Wissenschaft eine richtige Angstgrenze. Sie ist genau da gezogen, wo der jeweilige Forscher eine Untersuchung für beendet oder einen Sachverhalt für ausgelotet erklärt. Er versucht dann, die Furcht vor einer ihm persönlich unbequemen Wahrheit – und ihren Folgen! – dadurch zu verbergen, daß er den Forschungsprozeß für abgeschlossen erklärt.

Um überhaupt als ForschHerr leben zu können, müssen sich die Angehörigen einer Forschungsmannschaft auf Wahrheiten (und Methoden) einigen und Bedeutungen vereinbaren, Angstgrenzen ziehen und verteidigen. Die Kategorie der Erträglichkeit[58] wird zur Leitfigur des erkenntnisleitenden Interesses. Eine Frage wird dann als wissenschaftlich wertlos deklariert, eine Methode, ein Stil desgleichen. Unwissenschaftlich ist aber auch eine richtige Antwort auf eine falsche Frage, und Objektivität wird zur verdaulichen Speise, zur Massenkost. Spricht der Lobbyist, dann stimmt es. Er schreibt Fragestellungen vor und weist den Weg zu Methoden, die die richtigen Antworten auf die richtigen Fragen erbringen. Er kann nicht anders, er lebt davon. Kein Wunder, daß solche Wissenschaft nur die halbe Wahrheit (die bessere, sozialverträgliche Hälfte) sieht und stets bereit ist, die Wirklichkeit danach zu beurteilen, ob und inwieweit sie ihren eigenen Definitionen, d.h. subjektiven Grenzziehungen, entspricht.

Zum anderen übersieht der Vorwurf, daß gerade die Betroffenen, die ans Licht gelockten Lobbyisten, seit eh und je nichts anderes tun, als ihre Kritiker zynisch zu beurteilen. Verachtet, verspottet, verdammt der Zyniker definitionsgemäß die Wertgefühle anderer, ist der Schluß, beim Kirchenfürstentum handle es sich um eine Zynismokratie, nachweisbar richtig: Wer, wenn nicht Kirchenfürsten, setzte und setzt denn alles nicht-kirchlich gebundene Leben, alle nichtchristlichen, »bloß menschlichen« Wertegefühle öffentlich herab? Wer, wenn nicht solche, sitzt noch heute auf der Cathedra und beurteilt, verurteilt, verwirft jene, die sich aus dem Pferch lösten oder der Herde nie angehörten? Wer, wenn nicht sie, unterstellt Andersdenkenden unredliche Motive?

Offensichtlich müssen die Daheimgebliebenen, die nur zu kleinmütigem Aufbruch Bereiten, die jeden Exodus Begutachtenden, Bemitleidenden, Belächelnden so handeln. Zu den sozialen Belohnungen, die sie sich erhoffen, tritt die psychische Gratifikation hinzu, und Tugendhaftigkeit bereitet Lust. Tut ein Christ Gutes (im kirchlichen Sinn), kann er nicht allein auf das Zeugnis bewährter Kirchlichkeit zählen. Hinzu tritt der »ewige Lohn«, die zunehmende Aussicht auf ein seliges Leben da drüben. Damit lassen sich Kosten und Nutzen der individuellen Wohlfahrtspflege bei Gläubigen langfristig abschätzen.[59] Wer beispielsweise kurzfristig auf Geld verzichtet und dieses dem höheren Zweck der kirchlichen Wohlfahrtspflege zuwendet, wer seine Interessen fürs erste und von Fall zu Fall zurückstellt, dient seinen ewigen Interessen am nachhaltigsten. Machte Jesus nicht gerade solche Rechnungen auf?[60]

Und wenn ein »bloßer Mensch« sich menschlich zeigt, wenn er, ohne Christ zu sein oder sein zu wollen (zu können), Sätze schreibt wie die: »Die Tiere standen beim Abladen dann ganz still, erschöpft, und eins, das, welches blutete (weil es von einem Soldaten geschlagen worden war), schaute dabei vor sich hin mit einem Ausdruck in dem schwarzen Gesicht und den sanften Augen wie ein verweintes Kind. Es war direkt der Ausdruck eines Kindes, das hart bestraft worden ist und nicht weiß, wofür, weshalb, nicht weiß, wie es der Qual und der rohen Gewalt entgehen soll ... ich stand davor, und das Tier blickte mich an, mir rannen die Tränen herunter – es waren seine Tränen, man kann um den liebsten Bruder nicht schmerzlicher zucken, als ich in meiner Ohnmacht um dieses stille Leid zuckte ... Oh mein armer Büffel, mein armer geliebter Bruder, wir stehen hier beide so ohnmächtig und stumpf und sind nur eins in Schmerz, in Ohnmacht, in Sehnsucht.«[61]

Bleibt ein solcher Mensch, alles andere als ein »anonymer Christ« (dazu später), dann vor den Pforten des Christenhimmels? Gilt die Briefschreiberin Rosa Luxemburg, die Kommunistin im Gefängnis, den Gläubigen als verstümmelter Mensch?[62] Wenn dies so ist, bin und bleibe auch ich bewußt ein solcher; diese Sätze kann ich nicht lesen, ohne daß mir Tränen in den Augen stehen.

Sollten wir nicht hoffen, daß sich auch Christinnen und Christen nicht nur auf den hl. Franziskus berufen, sondern einmal ähnlich mitleidende menschliche Sätze sagen und schreiben? Wenigstens ein deutscher Bischof sich vom üblichen Großgerede eines Hirtenbriefes verabschiedet und konkrete Wärme und Liebe zu Tieren beweist? Zu den ohnmächtig leidenden Mitgeschöpfen? Wie hoch steht denn der Schöpfer selbst über seiner Schöpfung, wenn er zuläßt, daß Millionen Tiere ermordet werden – um der »Krone der Schöpfung« willen?[63]

Wiederum fällt auf, daß Jesus von Nazareth auch zu Tieren nicht viel – ausgenommen Abwertendes[64] – zu sagen wußte. Dieses Schweigen des Herrn und der Kirche halte ich, wenn schon aufgerechnet sein muß, nicht gerade für ein Merkmal erfülltesten Menschseins. Auch die Geschichte christlicher Verachtung des nächsten Tieres ist noch nicht geschrieben.

Caritas, Diakonie? Zeugt nicht schon die Todesangst in den Augen eines einzigen Versuchstieres entschieden gegen den abendländisch-christlichen Menschen und sein Verständnis von Liebe zu allen Nächsten? Macht euch die Erde untertan, ihr gläubigen Täter? Wie lange denn noch? Wer gibt Kirchengebundenen das Recht, Kirchenfreien ein »unterentwickeltes Menschsein« zu unterstellen? Wer darf sich, ohne schamrot zu werden, darauf berufen, allein der »Gottglaube« gewährleiste, daß Mord und Totschlag nicht überhandnähmen? Predigt und Praxis der Gläubigen, wie sie die bisher erlittenen 2000 Jahre Geschichte des Christentums prägten, lehren das Gegenteil.

Ich bleibe beim Beispiel: R. Luxemburg, die sich dagegen verwahrt hatte, daß Menschen auf Menschen schießen, war im übrigen wegen »Anreizung von Soldaten zum Ungehorsam« mitten im Ersten Weltkrieg verhaftet und, nach Abbüßung ihrer Gefängnisstrafe, in militärische Sicherheitshaft verbracht worden.[65] Zur gleichen Zeit kämpften Millionen von Christen in diesem Krieg; sie waren von ihren Oberhirten und Moraltheologen (!) geradezu in das Gemetzel hineingepredigt worden.[66] Wie viele Hirten seinerzeit wegen pazifistischer Äußerungen den Weg der Kommunistin in die Festungshaft mitgingen, blieb unbekannt. Wer nur rettet die Menschen vor den himmlischen Segnungen dieser Christenheit?

Christen wunderten sich sehr, gingen sie den Motivationen für ihre karitative Tätigkeit – oder für die ihrer Mitgläubigen – auf den Grund. Besser für ihre Seelenruhe, sie unterlassen solche Forschungen. Wem es nämlich mit Hilfe geschickter Verdrängungsstrategien gelang, seine geheimsten Wünsche vor sich selbst zu verbergen, der erfreut sich zeitlebens eines guten Gewissens.[67] Weltanschauliche Großgruppen wie die Kirchen sind daran interessiert, Lernprozesse, die ihnen gefährlich werden könnten, zu unterbinden und die Menschen mit Hilfe eigener Lernmittel auf sich selbst einzuschwören.

Innerkirchliche Sozialisation kanalisiert den Lernprozeß, schottet die Gläubigen gegen mögliche abweichende Erfahrungen ab und weist allein den Weg, die Wahrheit und das Leben. Eine Untertreibung, den Großkirchen einen anderen als einen immensen Erziehungserfolg auf diesem Gebiet zuzuschreiben. Die Maxime »Lerne von den Erfolgreichen!« ist innerkirchlich ebenso bewährt wie die des »Folge den Idolen!« oder die des »Strebe aufwärts!«[68]

Standen Hoffnungen, Wünsche, Träume auf dem Spiel, machten sich Menschen aller möglichen Unaufrichtigkeiten schuldig.[69] Auf manche wirkt die heile innere Welt allerdings auch so unwirklich, daß sie nachfragen und Schlüsse ziehen. Sie brauchen sich ihrer wenig altruistischen Motivation durchaus nicht zu schämen; schließlich unterscheiden sie sich in nichts von anderen Menschen. Unredlich und inhuman handelt erst die Gruppe, die – wie eine bestimmte Kirchenlobby – wider besseres Wissen für sich und ihresgleichen eine Art höherer Motivation (aufgrund besserer Einsicht, Offenbarung, Gnade) behauptet und damit allen übrigen Menschen eine niedrigerstehende Moral bescheinigt, um mit Hilfe der moralistischen Aggression[70] Renommee, Einfluß und Geld allein oder vordringlich auf sich zu ziehen.

> *Caritas und Diakonie unter Menschen wurden in Christenhänden zu einer Art Vorsorgeunternehmen für die eigene Seligkeit.*[71]

Daß die Welt einmal aufhören wird und Gott wieder alles in allem ist, dagegen haben die Christen eigentlich gar nichts. Sie stellen nur eine bescheidene Bedingung: Sie selbst wollen auch dann noch in vorderster Linie dabeisein, um, ungetrübt von Zweifeln und befreit von den unversöhnlichen Zweiflern, die Anschauung Gottes mitgenießen zu können.[72] In dieser Selbstsucht der individuellen religiösen Glückssuche ist unter anderem der Haß der Gläubigen auf alle Andersdenkenden und Anderslebenden begründet. Christen können nach meiner langjährigen Erfahrung schlichtweg nicht ertragen, daß ein Mensch glücklich und zufrieden leben kann, ohne die Krücken der Kirche zu brauchen.

Daß ein Kirchenchrist seine Erlösung und sein ewiges Heil sicher haben will (wozu lohnt sich sonst sein Glaube?), ist innerhalb des Milieus verständlich. Ebenso leuchtet ein, daß die erwünschte Sicherheit am ehesten gewonnen wird, wenn die kirchliche Wahrheit unverrückbar wie der Felsen Petri steht – und alle Abweichung weder eine geschichtliche Chance vor den Menschen noch eine endgültige vor Gott (beim fabelhaften »Jüngsten Gericht«!) bekommt. Das autoritäre Bewußtsein der Gläubigen verlangt solche Rechtfertigungen. Bisherige Höhepunkte des Sicherheitsstrebens sind die Glaubenslehren vom Himmel (für die eigene Partei) und von der Hölle (für die bösen anderen[73]) sowie die Behauptung, der Papst sei unfehlbar!

Oberhirtliche Wahrheiten sind relativ schlicht; sie setzen wenig Denken voraus. Weil sie aber einfach gestrickt sind, lassen sie sich besonders gut sichern und verteidigen. Es gehört zu dieser Vorstellung, die mit Satz-Wahrheiten hantiert, daß die wahren Gläubigen (die Kleingruppe der Orthodoxie) genau wissen, was sie zu glauben haben. Die Abweichler wissen ebenso sicher, was sie von den Vertretern des Glaubens befürchten müssen. Die Institution weist – hüben wie drüben – feste Plätze an und schafft damit Verhaltenssicherheit. Das macht sie manchen unverzichtbar lieb.

Das 1983 von Johannes Paul II. autorisierte Kirchliche Gesetzbuch spricht aus, was Gläubige brauchen: Apostaten, Häretiker und Schismatiker begehen »Straftaten gegen die Religion und die Einheit der Kirche« und sind daher mit dem Kirchenbann bedroht.[74] Päpste und Bischöfe sprechen nicht grundlos von leibhaftigen

27

Schismen oder Häresien.[75] Das Thema ist durchaus nicht mittelalterlich. Es hält viele Schafe im Pferch.

Ein Hinweis am Rande: Die offizielle deutsche Ausgabe des kirchlichen Gesetzbuches führt in seinem über 120 Seiten langen Sachwortverzeichnis das Stichwort »Liebe« überhaupt nicht an. Wo es zu vermuten gewesen wäre, zwischen den Stichworten »Licht vor dem Tabernakel« und »Liturgie«[76], klafft die typische Lücke. Die lehrende Kirche ist nicht schon von vornherein eine liebende Kirche. Heißt sich, 1961 bei Papst Johannes XXIII., eine Enzyklika »Mater et Magistra«, streut sie bewußt Sand: Die offizielle Kirche sieht sich in erster Linie als Lehrerin (Magistra), und die Bezeichnung »Mutter Kirche« (Mater) bleibt Zusatz. Gewalt, auch und gerade Lehrgewalt[77], benötigt nämlich unverzichtbar die Liebe als Mäntelchen.

Ich spreche von der Togafunktion der Liebe. Wie in allen patriarchalen Gesellschaften und Institutionen ist auch in der Kirche das Prinzip gültig, nach dem Gewalt und Liebe in einem spezifischen Funktionszusammenhang stehen.[78] Beide sind – als Korrelate ein und derselben Herrschaft – unlösbar miteinander verbunden, auch wenn das eine oder das andere Korrelat wechselnd betont werden mag. Auffällige oder verdeckte Wechselbezüge zwischen Gewalt und Liebe sind immer vorhanden, selbst wenn »das Instrumentarium der Repression nicht mehr greifbar« ist und »Humanität zum undurchschaubarsten Raffinement der Aggression gegen den Menschen« wird.[79]

Wie Hirten ihre Herde lieben? Die Liebe kann nicht besonders groß sein. Dürfen in diesem Zusammenhang überhaupt Worte Jesu angeführt werden, dann diese zwei: »Der gute Hirt gibt sein Leben für seine Schafe« (Jo 10, 11) und »Eine größere Liebe hat niemand als der, der sein Leben frei hingibt für die Seinen« (Jo 15, 13). Nehmen wir nun einfach an, daß auch Päpste gute Hirten sind, stößt unser Beispiel schon auf seine Grenzen: Zwar starben einige Päpste einen überraschend schnellen Tod (durch die Hand anderer Hirten!)[80], doch einen Fall, in dem ein Papst sein Leben für andere hingegeben und das biblische Wort erfüllt hätte, findet sich in zweitausend Jahren Kirchengeschichte nicht. Kirchenfürsten sorgen sich nachweislich zuerst um sich selbst und erst indirekt um die Menschen.[81] Ein Beispiel für viele: Das Allgemeine Konzil zu Trient (1545–1563) gilt heute als eine Sternstunde des Heiligen Geistes. Es brachte den Hirten wichtige Dogmen ein; Luther und die Seinen wurden zumindest theoretisch besiegt. Doch verlor die hochheilige Kirchenversammlung, die sich jahrelang mit den delikatesten Problemen der Definition von Glaubenswahrheiten herumschlug, auch nur ein Wort über den – bereits geschehenen oder aufgrund der neuen Dogmen geplanten – Mord an den Andersdenkenden? Frühere Päpste und Konzilien hatten die Folter legitimiert – die eine geschichtliche Wahrheit. Die andere? Die damals in Europa brennenden Scheiterhaufen interessierten keinen der Theologen und Kirchenväter in Trient.[82] Und heute? Oberhirten predigen häufig und gern; die Schande der eigenen Vorgänger decken sie nicht auf. Nachdem ihre Scheiterhaufen, diese Hilfsmittel zur Erleuchtung Unwissender, wider Erwarten und Hoffen der Hirten von redlich Denkenden und Handelnden (»Heiden«) gelöscht wurden, schmollen die Bischöfe und warten auf bessere Zeiten.

> *Nächstenliebe bleibt die großartigste Bagatelle der Kirche.*

Auf diesem Hintergrund ist es verständlich, daß die Amtskirche mit Liebe verhältnismäßig wenig anfangen konnte. Zum einen läßt sich alles, was mit Liebe zu tun hat, schwer umschreiben. Hier greifen keine Satz-Wahrheiten. Zum andern widerstrebt es der Liebe, sich sichern oder mit Gewalt verteidigen zu lassen. Die Vordenker der Kirche bekamen nicht von ungefähr Probleme. Sie fanden freilich bald einen Ausweg aus ihrem Dilemma. Sie interpretierten die Liebe so lange, bis auch sie sich in das Schema des Glaubens zwängen ließ. Erst nach dieser Umdeutung paßten Kirche und Caritas halbwegs zusammen. Allerdings werden die Mängel dieser ideologischen Konstruktion mehr und mehr sichtbar.

Vorerst aber, auf Jahrhunderte hinaus, steht über der auschwitzoiden Situation, wo mehr und mehr tödliche Klassifikationen herrschen und die Rechtgläubigen die Andersdenkenden verfolgen, die Liebes-Lüge als Zeichen. Liebe läßt sich zum einen als Toga nutzen, die alle Gewalt zugleich deckt und sichert[83], und zum anderen dient auch der bloße Schein von Liebe als diese Toga. Wo nämlich das Surrogat die gleichen Dienste leistet[84], genügt dieses vollauf.

Bald wagten die Träger den entscheidenden Schritt: Liebe auf kirchlich war potentiell gewalttätig. Hatten die frühesten Synoden noch keine Strafe für Mord festgesetzt, weil sie davon ausgingen, unter Christen käme dieser nicht vor[85], pries der hl. Athanasius, der berühmte »Vater der Rechtgläubigkeit«, ein ebenso kampferfahrener wie intrigenerprobter Mann, bereits das Töten im Krieg. Dieser Kirchenlehrer, ein besonders fanatischer Feind der zeitgenössischen Irrlehren, fand es »sowohl legitim als auch lobenswert, Gegner zu töten«. Sein nicht unbedingt am Beispiel Jesu geschultes Denken kam der frühen Kirche gerade recht. Bald war seine Doktrin allgemeine Kirchenlehre und Moral.[86]

Sein Kollege Ambrosius, der auffallend viel über die Nächstenliebe schrieb, schwieg sich instinktsicher über die Feindesliebe aus – sie hätte der Institution, deren Hirte er war, nicht ins tagespolitische Kalkül gepaßt. Schon war die Geschichte vergessen, die Jesus den Seinen ins Stammbuch geschrieben hatte: Der Samariter, der den von Räubern Zusammengeschlagenen rettete (Lk 10, 30 ff.), war ja nicht nur kein Priester oder Kirchendiener gewesen, sondern sogar ein Mensch, den die Strenggläubigen seiner Zeit als ausgemachten Feind betrachteten und verfolgten. Gerade einen solchen, einen Abweichler und Ketzer, als Vorbild zu betrachten und bei ihm die Nächstenliebe zu erlernen, kam den Kirchenlehrern ebenso wenig in den Sinn wie den von der Erzählung seinerzeit Betroffenen.

Die Geschichte war schockierend genug. Sie blieb es bis heute. Auf unsere Verhältnisse übertragen, bedeutete sie, daß der römische Papst den Seinen nicht irgendeinen Heiligen der eigenen Kirche als Muster christlicher Liebe vorstellte, sondern einen Unheiligen, zum Beispiel einen atheistischen Sozialisten. Und hinzufügte, dieser Kirchenfreie habe dem Mitmenschen in Not geholfen, während ein Bischof oder Landessuperintendent, also hervorragende Christen, wegen unterlassener Hilfeleistung belangt werden müßten. Wer die innerkirchlichen Verhältnisse kennt, weiß, daß sich kein Papst mit dem Mut findet, den noch der biblische Jesus vorwies.

> *Wer aber noch immer glaubt, Jesus oder gar das Christentum hätte das absolute Gebot der Nächstenliebe in die Welt getragen oder auf Erden etabliert, kennt weder die Geschichte menschlicher Ethik[87] noch die spezielle Blutgeschichte der Kirche.*

Die frühe Kirche drückte sich auffallend schnell an der Erzählung vom Verwundeten und von der Unperson des Samariters vorbei. Vom Vorbildcharakter dieses Geschehens will sie nichts wissen: Feind bleibt Feind, und Christ bleibt Christ. Zwischen beiden gibt es schon aus Gründen der (missionarischen) Konkurrenz keine wirkliche Versöhnung, das Liebesgebot hin oder her. Der Kirchenlehrer Augustinus, ein Schreibtischtäter besonderen Zuschnitts, rechtfertigte unter anderem die schlimmsten sozialen Gegensätze und riet den Armen, »im ewig gleichen unverändert harten Joch des niederen Standes« auszuharren. Er nannte zudem, wegweisend für viele Jahrhunderte der Kirchengeschichte, die Folter eine förmliche »Kur« für den betroffenen Menschen und propagierte den »gerechten« Krieg gegen alle, die nicht so wollten wie die Christen: »Was hat man denn gegen einen solchen Krieg, etwa, daß Menschen, die ohnehin sterben müssen, dabei draufgehen?«[88] Der als »Zunge des Heiligen Geistes« hochgerühmte Kirchenherr faßt, scheinbar von Nächstenliebe überwältigt, zusammen: Wir hassen den Irrtum, lieben aber die Irrenden. Das Prinzip hört sich gut an, ist aber durch und durch schlecht – und, je nachdem, höchst unpraktikabel oder besonders praktikabel. Die Jahrhunderte der Kirchengeschichte treten den Beweis an, daß die Christen mit ihrer Liebe zu den Irrenden wenig Federlesens machten: Wer nicht so wollte, wie die Kirchenfürsten es gern sahen, wurde blutig verfolgt. Wer sich nicht bekehrte, wer andere Wahrheiten predigte und lebte, gehörte »weg«. Schließlich ließ sich die Liebe so weit dehnen, daß auch und gerade Strafexpeditionen gegen Andersdenkende als ihr Beweis galten. Wie hatte doch Augustin gesagt? »Wer härter straft, beweist größere Liebe«[89].

Da eine Kirche, die sich auf Wahrheit ausrichtet und nicht auf Liebe, an erster Stelle ein Lehr- und Glaubensgebäude benötigt und karitative Einrichtungen für den Bestand einer derartigen Institution höchst zweitrangig sind (Lieben läßt sich, wie gesagt, ungleich schlechter normieren als Denken), sichert sich die wahre Kirche zuerst und über Jahrhunderte hinweg ihr Monopol auf den Glauben und dessen Inhalte, Formen und Riten.[90] Für ein soziales Engagement bleibt ihr auffallend wenig Zeit.[91]

Die heilssüchtige Bemühung schließt die Abgrenzung gegen alles als bedrohlich Definierte ein. Sicherung des Eigenen setzt notwendig Feindbilder und Abwehr der Feinde voraus.[92] Die Demagogen aller Zeiten schufen zielstrebig jene Reizsituation, die aus der Bedrohung eigener Werte folgt.[93] Die Feindattrappe kann unter solchen Umständen fast beliebig gewählt werden und, ähnlich wie die bedrohten Werte, konkret oder abstrakt sein.

Der Zorn der Orthodoxen richtet sich grundsätzlich gegen alles Fremde, andere, das von Definitions wegen als irrig und falsch gilt. Das probate Mittel, welches – selbst eine PEPSL mehr – Abhilfe schafft (und den möglichen Zweifel im eigenen Herzen lindert), ist gleich zur Hand: die amtlicherseits geförderte Aggression. Niemand sollte sich über die Folgen wundern: Die Großkirche vergoß – so der als Kirchen- und Religionskritiker noch immer wenig bekannte Mark Twain[94] – seit Antritt ihrer Herrschaft mehr unschuldiges Blut als alle politischen Kriege zusammen. Der Zorn auf die anderen richtet sich, immer subtiler werdend und immer raffinierter getarnt, mehr und mehr auf die Abweichler im eigenen Lager. Sie, und nicht mehr die beerbten und verdammten

»Heiden« des Anfangs, gelten als die schlimmsten Feinde der Institution. Der Christenzorn ruht nicht, bis er Mittel und Wege gefunden hat, alle Störenfriede zu erledigen. Er schafft sich neue Ideologien – und eigene Techniken der Eliminierung.

Federführend in diesem Kampf sind Oberhirten wie jener Anselm von Lucca aus dem 11. Jahrhundert, der seinem Papst »zuverlässigen Gehorsam erwies, mit vollkommenem Haß die Partei der Gebannten haßte, die katholische Einheit aber liebte und verteidigte«[95]. Anselm nennt zwar den Krieg an sich »äußerst verwerflich«, doch wird dieser geradezu zur sittlichen Pflicht, wenn man dabei das »Heil« des Feindes im Auge hat. Ein Kampf gegen das Böse (und die Bösen) stellt daher keine Verfolgung dar. Er ist nichts anderes als eine Erscheinungsform der Liebe. Mit Hilfe dieser Ideologie kann der Gute über Leichen gehen.

Der wahre Glaube schafft sich seine eigene Liebe. Künftig wird nur jener Christ richtig lieben, der auch das Rechte glaubt – und alles Unrecht mit Stumpf und Stiel ausrottet. Nicht ganz ein Menschenalter später ziehen Christen offiziell in den Kreuzzug.

Eine weitere Komponente der Aggression ist legitimiert: die konsequente Verkirchlichung des Kriegerstandes. Der zu Krawall und Kampf neigende Adel der Zeit wird systematisch mit militant missionarischem Geist durchtränkt. Die eben erst zur besseren Ideologie bekehrten germanischen Raubaristokraten zum Beispiel wurden auf diese Weise noch durchschlagender christianisiert. Gott jedoch, schon im Alten Testament eine Chiffre für den Krieg[96], wird als diejenige Instanz gedeutet, deren unerforschlicher Wille das Schlachtenglück souverän bestimmt und manchmal ganz handgreiflich selbst in das Getümmel eingreift, um dem Wahren, Guten, Edlen zum Sieg zu verhelfen. Gottvater wirkt wie ein Kaiser am Hof, unbegreiflich in seiner Weisheit, edel in seiner Gerechtigkeit und Güte, gefährlich in seinem Zorn, durch und durch ein fanatisch feudalisierter Fürst.

Was aber ist von einem Glauben zu halten, der sich über viele Jahrhunderte hinweg mit einem solchen Gott begnügte? Der keine Anstalten machte, diese Kümmerform zu hinterfragen? Dessen

Theologie sich im Gegenteil in immer neuen Querverweisen (Spekulationen) auf den biblisch-inhumanen Kampfesgott[97] einschwor?

Wer rettet diesen Gott vor seinen Lieben? Diesen Allmächtigen, der nicht fähig – oder, schlimmer noch, nicht bereit – erscheint, jedes Lebewesen auf Erden glücklich zu machen oder auch nur unter denselben Chancen leben zu lassen?[98] Der seine Behütung so offensichtlich nicht jedem und allem zukommen läßt? Dem es daran liegt, seine Geschöpfe ausgestreckt vor sich liegen oder knien zu sehen? Der – ohne Stolz und Würde – von seinen Untertanen gar geliebt sein will? Der selbst keine Liebesgesten kennt, die einmal von der Regel abweichen, nach der nur gehorsame Kinder auch liebe Kinder sind?

> *Jener Kirchengott, der als höchste Instanz für die Menschen gepredigt wird, ist ein »lieber Vater«. Das ist konsequent, denn Liebe ist Wesensbestandteil jeder Herrschaft. Da sich nackte Gewalt auf Dauer nicht hält, muß der Mantel der Liebe sie decken.*

Dem sogenannten Sohn dieses Gottes ergeht es in der Kirchen- und Theologiegeschichte über lange Jahrhunderte hinweg nicht anders. Jesus Christus befehligt eine ganze Armee von kampffreudigen Heiligen, Nothelfern und Schlachtbeiständen, die genau wie er jederzeit bereit sind, sich in das Scharmützel zu stürzen, um der Ideologie des Guten den Durchbruch zu sichern. Jetzt wird das von der Catholica am meisten ideologisierte Bibelwort, nach dem die Pforten der Hölle den Felsen Petri nie überwinden werden (Mt 16, 18), praktisch bedeutsam. Kirchenfürsten und Soldaten haben künftig einen gemeinsamen Ehrenkodex, und der germanische Oberbegriff Treue verschmilzt mit dem klerikalen Glauben. Lust am Krieg und Liebe zu Gott und seiner Kirche bilden eine unauflösliche Legierung. Die Welt ist perfekt geordnet, jeder hat seinen Platz, und alle Abweichler können sehen, wo sie bleiben.

Christen sind dem eigenen Anspruch nach hoffende, in Wirklichkeit bewußt in Angst gehaltene Menschen. Sie müssen die Theorie der Nächstenliebe vertreten, erlernen jedoch den Haß auf andersdenkende Menschen und deren Freiheiten. Sind aber die vielen, die sich nie zu einer Großkirche bekannten oder sich von dieser abwandten, von vornherein Menschen zweiten Ranges? Mußte nicht sogar das kirchliche Christentum in Hunderten von Fällen anerkennen, wie vieles Wissen und wie zahlreiche Probleme hinsichtlich des Menschen und der Menschheit es gibt, worüber die Offenbarung des Christengottes schweigt?

Warum fehlt es denn, fragt der Theologe H. Vorgrimler[99], immer noch an »Klärungen der ideologischen und dehumanisierenden Momente am Christentum in seiner kirchlichen Ausprägung«? – Blieben Christen je – durch ihre Anerkennung Gottes – vor Unmenschlichkeit bewahrt? Hat die Kirche etwa keine schwer belastete – und heute mehr und mehr aufgedeckte – Vergangenheit?[100] Entstanden nicht viele Bewegungen säkularer Art in ausdrücklicher Reaktion auf christlich-inhumanes Verhalten? Hat das Christentum überhaupt viel zum konkreten Humanisierungsprozeß, zur planenden, kollektiven Gestaltung der Zukunft beizutragen? Bleibt den Christen, die sich nicht von vornherein individualistisch aus der Welt verabschieden und in ihr Paradies flüchten wollen, nicht vielmehr allein »die Entscheidung für eine konkrete humanistische Konzeption« und die »solidarische Mitarbeit«[101] am Werk aller?

Es ist höchste Vorsicht geboten, wenn nach wie vor Religion dazu benutzt werden soll, »ein bestimmtes Glaubensverständnis mit Machtmitteln durchzusetzen und Glaubenspraktiken auszuüben, die zu offensichtlicher Selbstentfremdung« führen.[102] Verkünden die Großkirchen ein eigenes Bild vom Menschen und versuchen sie, dieses zur Grundlage ihrer – oft als »Dienst am ganzen Menschen« getarnten – Mission[103] zu machen, muß ihnen von seiten aller Betroffenen widersprochen werden. Auch die Hintertür der Nächstenliebe steht ihnen keineswegs mehr offen.

Die Aufforderung zum »Weltgebetstag der geistlichen Berufe

1992« ist zwar hübsch verpackt, doch irreführend: »Weil die Welt Liebe braucht, braucht die Kirche Dich.«[104] Der frömmlerisch-missionarische Spruch verknüpft den Einsatz für eine bestimmte Kirche indirekt mit dem (Liebes-)Bedürfnis der Welt (aller Menschen). Genau dies ist unlautere Werbung.

Die Frage, was »das Eigentlichste der Seligkeit des Reiches Gottes und der Nachfolge Christi«[105] sei, wurde unter Menschen längst überflüssig. Lehrt ein Theologe, nur das »wesentlich Christliche« werde sich – in der Seelsorge – als zukunftsträchtig erweisen[106], will er nur die Position der Seinen retten. Kirchen sind auf weltanschaulichem Feld und gar auf sozialem Gebiet alles andere als Schrittmacherinnen. Die biblische Botschaft erlaubt, auch wenn dies einem Papst nicht ins Konzept paßt, »keine unmittelbare politische Applikation«[107]. Es ist im übrigen beileibe nicht so, als unterliege gerade die kirchliche Theologie nicht der Ideologiekritik. Ihr Erkenntnisoptimismus, der sich auf eine Offenbarung (also auf eine Art Sonderwissen) stützt, die Aufrichtung eines Deutemonopols (Lehramt) und die Ausnutzung bestimmter Mängel fremder Theorien und Praktiken zur eigenen Legitimation (Lückenbüßer-Theologie) sind doch in weitestem Ausmaß ideologieverdächtig.[108] Was die Repräsentanten der Amtskirche wie nichts anderes ärgert: Es gab (und gibt) offensichtlich Menschen, die den Drang verspüren, einem solchen Ideologieverdacht zu entkommen, auf eigene Faust christlich zu leben, die Bibel eigenständig und ohne amtliche Vorausinterpretation zu lesen, sich ein selbständiges Bild von Jesus zu machen und eigene Konsequenzen aus dem Gelesenen und Bedachten zu ziehen. Statt nur auf den Klerus und dessen Moral zu vertrauen und sich diesem Nichts auszuliefern, leben solche Menschen, wie sie wollen, und vergessen darüber jene am allerwenigsten, denen es in der Welt noch schlechter geht. Die Solidarität der Armen und Ärmsten findet zusammen, nachdem sie von der amtlichen Wahrheitsliebe und deren liebesleeren Worten enttäuscht ist.

Einige der großkirchlichen Wahrheiten wurden von der Theologin U. Ranke-Heinemann eben erst charakterisiert. Untersucht sie den »kirchlichen Märchenbau«[109], so stellt sie fest, daß sich »kindliche Wundergläubigkeit und barbarische Gefühlskälte« mischen: Schon im Falle des Jesus aus Nazareth tun sich für den wahren Glauben »eine Jungfraumutter und ein Henkervater« zusammen, und die »Gefühlswärmeren« unter den Katholikinnen und Katholiken konzentrieren sich mehr auf die Mutter, die »kälteren Typen, wie Inquisitoren, Hexenverbrenner und moderne christliche Präsidenten, die der Todesstrafe zustimmen, stehen auf der Seite des Henkervaters«. Über solche Wahrheiten aber müßten doch mehr und mehr Menschen nachdenken. Die Mission, die zu derlei bekehrte, ist am Ende, und Selbstbestimmung setzt sich durch. Schließlich erlangen die Menschen eine immer größere Sensibilität gegen absurde Sätze, abenteuerliche (Bibel-)Fälschungen und alltägliche Praktiken der Kirche: »Man muß sich doch genieren mit so einer Religion.«

Doch das Kirchenfürstentum, dem Scham fremd ist, kann die freie Meinung ebensowenig dulden, wie seine Vertreter geneigt sind, sich von irgendwelchen unautorisierten Menschen vorschreiben oder gar vorleben zu lassen, was Liebe sein und Gutes tun bedeuten könnte. Papst Innozenz IV. weist in einer Bulle des Jahres 1252 den Weg: »Die Behörde ist gehalten, gegen alle Häretiker Zwang anzuwenden ... gleichsam wie gegen wahre Räuber und Mörder der Seelen und Diebe der Sakramente Gottes und des christlichen Glaubens ...«[110] Das ist – wie vieles, was später kommen wird und heute präsent ist – ein kirchlicher Beitrag zur Diktion des Inhumanen. Wer offiziell kriminalisiert und als Mörder, Räuber, Dieb denunziert ist, wird vogelfrei und ist zum Töten freigegeben.

Die sogenannten Guten in der Kirche zeigen bis ins 20. Jahrhundert hinein wenig Skrupel, diesem Befehl nachzukommen. Die geschichtlichen Beweise sind ebenso wie die Nachweise aus der jüngsten Gegenwart vorgelegt.[111] Das blieb freilich ohne jede Wirkung auf die Täter. Papst Johannes Paul II. klittert vielmehr Geschichte, wenn er davon spricht, in unserem Jahrhundert sei die Weltanschauung entstanden, »daß der eine Mensch dem anderen das Leben nehmen kann, weil er anderer Rasse ist«[112], und dabei verschweigt, daß seine eigene Kirche nicht bis ins 20. Jahrhundert wartete, um eine Ideologie zu basteln, nach der der eine Mensch dem anderen das Leben nehmen kann, weil er anderen Glaubens ist.

Gottesfeinde mußten nichts erfinden, was Gotteskinder nicht schon praktiziert hätten.

Auch wenn heute keine Scheiterhaufen mehr brennen, blieb die inhumane Theorie lebendig. Sie behielt ihre Heimstatt beispielsweise im Vatikan. Im März 1991 forderte Papst Johannes Paul II. die slowakische Bevölkerung auf, alle »Reste von Materialismus und Atheismus« im Land »auszumerzen«[113]. Die Sprache der Päpste blieb sich offensichtlich treu; sie verrät nach wie vor intensive Anleihen bei jenem Wörterbuch des Unmenschen, dessen Grundbegriffe sie selbst mitgeschrieben hatte.[114]

Im übrigen erscheint die Verbindung, die Wojtyla in der zitierten Rede zwischen Atheismus und Materialismus herstellt, angesichts der unauflöslichen Ehe zwischen Vatikan und Geld gewagt.[115] Besonders bedenklich ist die Tatsache, daß der Papst auch nicht andeutungsweise von Toleranz gegenüber Andersdenkenden spricht. Duldsamkeit ist offensichtlich in vatikanischen Kreisen nur eine Frage der richtigen Gelegenheit.[116]

Einsichtigen fiel immer wieder auf, daß bei den »Ketzern« ungleich mehr praktizierte Nächstenliebe anzutreffen war als unter den wahren Gläubigen. Auch war nicht zu übersehen, daß sich vor allem die Abweichlergruppen um die Realutopie von einer armen Kirche bemühten. Schließlich kümmerten sich diese Abweichler auch viel intensiver als die Orthodoxie um die allerorten anzutreffende Armut. Diese Alternativen wurden dem etablierten Christentum zunehmend gefährlich. Doch Kirchenfürsten wußten auch in diesem Fall Rat, schufen spezifische Abhilfe und schafften sich die Lästigen vom Hals.

Wieder einmal werden die Abweichler erst verbal niedergemacht, bevor sie zur Ausrottung freigegeben werden. Bernhard von Clairvaux, einer der unerbittlichsten Glaubensjäger der Geschichte (und deswegen heiliggesprochen), sagt im 12. Jahrhundert über die Objekte seiner Verfolgung, sie maßten sich Geist, Bildung und Wissen an, wollten es den großen Kirchenlehrern gleichtun und bestünden auf eigenen Gedanken.[117]

Das Strickmuster ist simpel: Wahrheit ist nur bei den eigenen Parteigängern anzutreffen, und den anderen, denen da unten, den »ungebildeten« (illiterati, idiotae) Ketzern, muß erst einmal beigebracht werden, daß sie nichts taugen, weil sie nichts wissen – und daher auch nicht einfach »lieben« können.

Kein Wunder, daß jedes Anzeichen von Frömmigkeit und die höchst praktische Liebestätigkeit der Abweichler als bloßer Schein qualifiziert werden. Die Kirchenoffiziellen nehmen den Ketzergruppen die Betroffenheit, den guten Willen, das Leiden an der amtlichen Kirche, die Zuwendung zu den Notleidenden einfach nicht ab. Gerade weil das Volk recht schnell merkte (und noch heute merkt), auf welcher Seite wirkliche Solidarität mit der Armut und echte Nächstenliebe zu finden waren, konnten die Kirchenvertreter nicht ruhen, bis die Armut der Ketzer als Heuchelei, ihre Frömmigkeit als Angeberei, ihr Streben nach christlicher Vollkommenheit als Augenwischerei und ihre Nächstenliebe als Etikettenschwindel denunziert waren. Der unbestreitbar vorhandene, weil überall vorgeführte Reichtum der offiziellen Kirche wog demgegenüber ebenso leicht wie der Mangel an christlicher Caritas, den Kirchenfürsten Tag für Tag bewiesen.

Wie nur hätte eine reiche, mächtige und einflußreiche Kirche ihren geldbeschwerten Lebensstil verteidigen können, hätte sie sich nicht auf das probate Mittel der Umdefinition, der Verleumdung und der Verfolgung besonnen? Der äußere Anschein, so predigen die Kirchenlehrer, spricht zwar für die Ketzer, denn sie dünken arm, bescheiden und hilfsbereit. Doch hinter dieser Fassade sind sie reich und stolz und kaltherzig, »denn sie haben die Wahrheit nicht«[118]. Ohne Dogma keine Diakonie; so einfach ist das.

Mit dem Erstarken des Christentums hatte sich eine förmliche Hierarchie als unumgänglich notwendig erwiesen. Waren die frühesten Gemeinden noch ohne solche Unter- und Überordnungen ausgekommen, mußte sich die männertypische Hierarchie spätestens zu dem Zeitpunkt durchsetzen, da die erwartete Wiederkunft des Herrn ausgeblieben war. Jetzt bekamen die Charismatikerinnen und Charismatiker des Anfangs zu spüren, daß eine richtige Gemeinde sich nicht ohne die Festlegung eines Oben und Unten führen ließ. Als sich schließlich die Machtmenschen (ausschließlich Männer) durchsetzten und als Episkopen (Bischöfe) die Gewalt – unter dem Vorzeichen des Gemeinwohls! – ausübten[119], war die Basis für die »Kirche« gelegt.[120] Künftig wird auch die Caritas offiziell geordnet[121]: »Diakone« überwachen die Armenpflege; sie selbst unterstehen den Presbytern und Episkopen. Frauen sind bloße Gehilfinnen[122]; genuin patriarchale Denk- und Handlungsstrukturen sind im Christentum zu Hause.[123] Das Dogma, eine Männerdomäne bis auf den heutigen Tag, dominiert die Diakonie.

Noch heute wird kein Kirchenoffizieller unter dem großkirchlichen Lehramt eine Institution vermuten, die auch nur marginal mit Frauen zu schaffen hätte. In der Catholica schweigt die Frau noch immer (1 Kor 14, 34); ihre »Andersartigkeit, doch Gleichwertigkeit« bleibt von Amts wegen auf die Caritas abgelenkt, wo sie keinem Glaubenssatz gefährlich werden kann. Als es beispielsweise in den letzten Jahren darum ging, den neuen Weltkatechismus zu erarbeiten, wurde die Hälfte der christlichen Menschheit einfach ausgegrenzt[124]: ein paar hundert Millionen Frauen. Nichtmännliche Lebewesen lehren nicht, sie dienen allenfalls zum Dienen. Ratzingers Römischer Ratgeber, der soeben vom Vatikan unter dem Warenzeichen »Weltkatechismus« vertrieben wird, lehrt noch immer, daß Frauen »dem Mann als Hilfe gegeben« seien. Die Einrichtung der frühkirchlichen Diakonissen wurde freilich schon im 6. Jahrhundert abgeschafft; seither hält die Männerkirche ihren Standard. 1983 mahnt Johannes Paul II. die US-Bischöfe, sich in Sachen Emanzipation nicht allzu gefühlig – oder gar mitmenschlich – zu verhalten[125]: »Der Bischof muß seine pastorale Eignung und Führerschaft dadurch beweisen, daß er einzelnen oder Gruppen, die im Namen von Fortschritt, Gerechtigkeit und Mitgefühl die Zulassung von Frauen zur Priesterweihe fordern,

jede Unterstützung entzieht. Denn solche Personen oder Gruppen schaden durch ihr Tun in Wirklichkeit der Frauenwürde.«
Warum die Führer-Riege im Bischofsamt jede nicht amtskatholisch interpretierte Gerechtigkeit und das »bloß menschliche« Mitgefühl abwerten und was sie unter »Frauenwürde« verstehen muß, um den größten Profit einzustreichen, sage ich noch. Schon jetzt gilt: Das an die Frauen ergangene Gebot der Unterordnung läßt sich schwieriger denn je begründen. Auf Dauer zu halten ist es auch und gerade in seiner karitativen Verbrämung nicht.

Die Kirche, Trägerin einer bestimmten abendländischen Kultur und als solche noch nicht entlarvt, hatte freilich über Jahrhunderte die Ideologie fest im Griff. Auch die Heilkunst mußte daher die wenig beneidenswerte Lage der Frauen teilen. Da sich die Großkirche zunehmend ihr Monopol auf die geistliche Betreuung der Kranken – und damit den Zugriff auf diese – zu sichern wußte, hatten Mediziner (und gar weibliche Heilkundige) nicht viel zu bestellen. Sie heilten ja, wenn überhaupt, nur die Körper. Da jedoch nach amtskirchlicher Doktrin dem Christenmenschen an Leib und Leben ungleich weniger zu liegen hatte als an dem – von der Kirche vermittelten – »übernatürlichen Heil«, stagnierte die Medizin unter dem Druck der Kirche fast zwei Jahrtausende lang.[126] Was großkirchliche Macht bedeutet, wissen wir aus den Erfahrungen, die beispielsweise die »glaubenslose« Wissenschaft des Sigmund Freud um die Jahrhundertwende mit dieser machte und die immer noch nicht Vergangenheit sind.[127]

Was blieb den Menschen anderes, als sich mit der Zeit der kirchenoffiziellen Meinung anzuschließen und an die Mär zu glauben, nach der ausschließlich die Amtskirche die wahrste Wahrheit und die tätigste Liebe besitzt? So spricht der evangelische Autor J. Degen noch 1989 sehr pauschal davon, die Kirchen seien »in allen Phasen der Kirchengeschichte« in besonderer Weise davon geprägt gewesen, daß sie Trägerinnen einer »mehr oder weniger umfassenden Sozialtätigkeit« waren. Diese Tatsache aber sei »im christlichen Selbstverständnis eindeutig angelegt und insofern auch nicht zufällig«[128].

Die Propaganda der Sieger verfehlte ihre Wirkung nicht: Ketzer bleiben Heuchler. Sie begehen eine doppelte Sünde, denn sie sind schlecht und scheinen doch gut. Das biblische Bild ist entsprechend schnell zur Hand: Es handelt sich um »Wölfe im Schafspelz« (Mt 7, 15). Wird eine solche Definition alltagsmächtig, brauchen ihre Erfinder sich nicht mehr anzustrengen, dem konkreten Fall nachzugehen. Das Volk hat die scharfe Schere bereits im Kopf. Ein Passauer Anonymus[129] bestätigt, was alle schon wissen: Den wirklichen Ketzer erkennt man zweifelsfrei an seinen Worten und an seiner Lebensweise. Sein Leben: eine Summe an lobenswertesten, alle Forderungen Jesu erfüllenden Eigenschaften; gesittet, bescheiden, mäßig, ehrlich, hilfsbereit. Seine Worte: schlicht, ohne Leichtsinn, Lüge und Schwur. Das sehen alle auf Anhieb. Der Anonymus sagt nun aber nicht, dennoch handle es sich um einen Bösen, sondern: gerade daran erkenne man den Unchristen. Denn das ist satanische Kunst: Gut scheinen zu lassen, was böse ist. Wer also den Armen tatkräftig hilft, ist des Teufels. Und wer sich nicht um die Not kümmert (wie das die Kirchenfürsten der Zeit, und nicht nur dieser, vormachen), lebt wahr.

Der theologische Taschenspielertrick funktioniert noch. Die nicht im Namen und Auftrag der Großkirche praktizierte Hilfe ist leicht verdächtig: Ihre Ziele liegen nicht von vornherein fest, streuen Kirchenvertreter, und bis heute fallen potentielle Spender auf die Legende herein, allein die sozial tätige offizielle Kirche sei über jeden Verdacht erhaben.

Seinerzeit waren die »Guten«, die keine Heuchelei nötig hatten, zumal sie denen da unten ohnedies nicht viel Gutes taten, noch nicht ganz zufrieden. Sie argumentierten weiter und zogen bestimmte praktische Konsequenzen: Da die Ketzer durchweg Heuchler sind und das Tageslicht scheuen, ist es Christenpflicht, die Wölfe im Schafspelz aufzustöbern und ihnen das Fell über die Ohren zu ziehen.

Die Inquisition, eine kirchentypische Erfindung, bekommt daher alle Hände voll zu tun. Ihre professionelle Schnüffelei wird gar als Maßnahme christlicher Nächstenliebe gedeutet, und das arme, unwissende Volk sieht sich eingeladen, dem Schauspiel der Ketzerverfolgung und -verbrennung zuzusehen, das seine Hirten inszenieren. Auf diese Weise lindert die Kirche zwar nicht die geringste leibliche Not der Hilfsbedürftigen, doch trägt sie ungemein dazu bei, gewisse Seelen zu befriedigen. Die Ablenkung gelingt perfekt.

Ein endgültiger Schritt hin zur Unmenschlichkeit um menschlicher Wahrheiten willen ist getan. Die Herren am Schreibtisch haben ihre Denkgebäude errichtet. Für die praktischen Konsequenzen ihres Denkens in den Kategorien der Wahrheit fühlen sie sich nicht zuständig. Wer die Menschen stets und ausnahmslos irgendeiner (Glaubens-)Wahrheit vorzog, paßte längst nicht mehr ins kirchliche Milieu. Wer die Kirche unbesehen als Synonym für Caritas versteht, ist so lange gegen sich selbst unehrlich, als er diese Verdrängungsgeschichte nicht wahrnehmen will.

> *Die Großkirche war sensibel nur gegen sich selbst. Sie forderte Toleranz für ihre eigenen Praktiken, blieb aber lieblos gegen alle, die andere, neue Erfahrungen mit Glauben und Lieben zu artikulieren wagten.*

Von außen auf den Weg gebracht, doch nicht aus innerer Überzeugung mußte die Kirche früher oder später auch eine eigene Doktrin von der Caritas erstellen, um allen Alternativen den Wind aus den Segeln zu nehmen – und Geist wie Geld in die eigenen Kanäle umzuleiten. Wie machte die Lobby dies am geschicktesten? Indem eine wohlfeile Theologie die Vorstellung der vielen von der Liebe umformte, der amtlich zugelassenen, also nicht »freien« Liebe alles Anstößige nahm, sie möglichst individualisierte, ihr jeden Gesellschaftsbezug ausredete – und, was besonders gut wirkte, bestimmte ideale Menschen definierte, die just personifizierten, was die auf Bewahrung von Wahrheitssätzen ausgerichtete Amtskirche als »Liebe« gerade noch akzeptieren konnte: die karitative Herablassung.

> *Kirchenamtliche Diakonie stellt eine besondere Form gnädiger Zuwendung von oben nach unten dar*[130]*; mit grundsätzlicher und praktischer sozialer Solidarität hat sie nichts zu schaffen.*

Da im katholischen Denken die Heiligen einen besonders profitlichen Platz einnehmen, mußte gerade die offizielle Heiligenbiographie gefälscht werden. Erst wenn eine hl. Elisabeth von Thüringen, ein hl. Vinzenz von Paul und ein hl. Franz von Assisi den Kriterien der Amtskirche entsprechen, sind sie tugendhaft, d. h. tauglich und verwendungsfähig. Dann kann der Normalchrist ihnen nacheifern, der kritische Geist verstummt, und kaum jemand kommt auf den Gedanken, alles könne auch anders gewesen sein. Folglich besucht in der kirchenamtlichen Darstellung solcher Nächstenliebe Vinzenz unentwegt die Kranken, Elisabeth tut immer ihr Bestes für die Notleidenden, und Franz von Assisi ist ein Muster jeder Armut.

Die Kirchenfürsten selbst konnten lange Zeit nur auf amtskirchlich abgesegnete Einzelinitiativen verweisen. Sie mußten diese, mangels Masse, entsprechend herausstreichen: So zeigte die schon wenige Jahre nach ihrem Tod (1231) kanonisierte Elisabeth, »erst drei Jahre alt, schon jene Liebe zu den Armen, welche sie ihr ganzes Leben lang übte«. Schon damals »war es ihre Lust, die Thränen der Armen durch Almosen zu trocknen«[131]. Kirchliche Liebe bleibt, wenn sie durch Frauen geübt wird (und das ist die Regel bis heute[132]), Zuwendung von Mildtätigkeit und Resultat von Aufopferung.

Die patriarchal disziplinierte Welt der Herrschenden, die Opfer und Almosen erst notwendig macht[133], weil sie keine strukturellen Reformen zuläßt, wird nicht berührt. Folgerichtig lobt der Autor den »frommen, gottinnigen Lebenswandel« Elisabeths, der »heiligen Armenmutter«, der sich beweist in »ihrer Herablassung zu geringen Leuten«, denen sie Tag für Tag Geld, Kleider und Speisen austeilte, mit denen sie ständig »recht freundlich that« und sich »sorgfältig um ihre Zustände erkundigte«. Besonders hervorgehoben wird die Überlieferung, Elisabeth habe sich »recht schlechte Speisen kochen« lassen und diese dann »mit Freudigkeit gegessen, um an sich zu erfahren, was die Armen essen«. Scheinbar ganz nebenbei – und doch taktisch bewußt! – werden liebende Frauen wie Elisabeth als demütige, sich aufopfernde, dem Manneswillen unterworfene Gehilfinnen dargestellt; auch dies ein hochwillkommenes Produkt kirchlicher Tugend (Tauglichkeit). Elisabeth ist denn auch »ein leuchtender Spiegel ihres Geschlechts«[134]. Ihr Ehemann geht unterdessen der ihm – von derselben Kirche auf den Leib geschnitten – Beschäftigung nach: Er ist als Kreuzzügler auf dem Schlachtfeld des Glaubens tätig – und fällt schließlich auf dem Feld dieser Ehre.[135]

Es fällt der innerkirchlichen Legendenbildung nicht auf, daß jeder einzelne Heilige plump funktionalisiert und zum Vorzeigeobjekt herabgewürdigt wird. Ein im Milieu weitverbreitetes Buch über die Heiligen, von Papst Pius IX.[136] hochgelobt, beschreibt exemplarisch, worum es der Liebestätigkeit geht, wenn die Amtskirche sie zuschnitt: Vinzenz von Paul weist den Frauen, mit oberhirtlicher Billigung, ihren angestammten Platz im hierarchischen Gefüge zu (nämlich ganz unten) und gründet im 17. Jahrhundert den einflußreichsten karitativen Orden der Vinzentinerinnen, »die lieblichste Blume im Garten der heiligen Kirche«[137]. Spätestens jetzt ist auch die gemeinschaftliche Liebespflicht kirchlich organisiert; ihre »an die individuelle Heilssuche gebundene Mittelaufbringung«[138] verstärkt sich. Jahrhunderte zuvor war die gemeinschaftlich organisierte Caritas unbekannt[139], soweit es sich um amtskirchlich überwachte Gründungen handelte, die nicht – wie in den Fällen der Betreuung von Kriegern und Kriegsopfern durch Militärorden – auf das Soldatenhandwerk beschränkt blieben.[140]

Daß »ketzerische« Alternativen längst schon vorangegangen waren und beispielsweise bei den Beginen und Begarden, den von offizieller Seite höchst argwöhnisch belauerten mildtätigen Frauengruppen[141], praktische Ansätze erdacht und durchgeführt hatten, steht auf einem anderen Blatt der Geschichte. Die großkirchliche Lobby versteht bis heute nicht, es redlich zu lesen.

Die Beginen waren nach heutigem Wissensstand keine klerikale Gründung, sondern eine Bewegung von unten, die keinen eigentlichen Gründer nötig gehabt hatte.[142] In dieser Bewegung sammelten sich unverheiratete Frauen jeden Standes und Vermögens, die sich unter einer halbklösterlichen Regel zusammenfanden. Sie lebten in Beginenhöfen und verrichteten alle Arten von gewerblicher Arbeit, auch Armen- und Krankenfürsorge. Die Bewegung dieser Frauen hatte einen ausgeprägt religiös-reformatorischen Charakter. Sie stand – in einer Zeit des Niedergangs der Großkirche – in Opposition zu den amtlichen Dogmen. Kein Wunder, daß sie von den Offiziellen verketzert und verfolgt wurde. Diese Verfolgung schien um so dringender geboten, als die Beginen sich nicht nur durch ihre gemeinnützige Arbeit, sondern auch durch ihre Kritik an der Habgier und Sittenlosigkeit der Kleriker beim Volk beliebt machten.[143] Als sie schließlich niedergekämpft waren, fielen Höfe und Besitz der Beginen zumeist an die siegreiche Kirche.[144] In Deutschland sind sie nach der Reformation nicht mehr anzutreffen.[145]

Da Initiativen, die den Segen der Großkirche nicht erlangten, nie den Geruch der Ketzerei loswurden, konnten sie sich auch selten so intensiv entfalten, wie es ihnen angemessen gewesen wäre. Redete der Klerus den Spendern nur lange genug ein, sie sollten ihr Geld nicht »an solche« geben, war es eine Frage der Zeit, bis jede profane Alternative austrocknete. Wollten sich Christen karitativ engagieren, wurden sie so nachdrücklich auf das offizielle Angebot verwiesen, daß sich – bis in die jüngste Zeit hinein – eine profane Kultur der Caritas nicht voll entwickeln konnte und das Monopol der Mildtätigkeit bei den Großkirchen blieb.

Was dies bedeutet? Noch immer plappern viele die kirchenamtliche Vorausinterpretation von früher nach und sprechen schlichtweg von der »christlichen Nächstenliebe«. Die unüberlegte Wortwahl suggeriert, karitatives Wirken müsse getauft sein, falls es seine Berechtigung und Existenz außerhalb des christlichen Dunstkreises nicht eigens nachweisen wolle. Nur selten wurde tiefer gefragt: Wer, wenn nicht die Christenlobby (darüber später), bestreitet die Tatsache, daß großherzige Dienste am Menschen auch ohne jede religiöse oder gar großkirchliche Komponente anzutreffen sind? Wer spricht denn – außer bestimmten Wortführern der Kirchen – den kirchenfreien Menschen die Befähigung zu tätiger Nächstenliebe ab? Wer artikuliert umgekehrt die Gefahr großkirchlicher Betreuungsindustrie, auf Selbstinitiativen lähmend zu wirken? Denn folgt nicht aus dem Monopol, daß »gute Werke« auf die dafür bezahlten Professionellen abgeschoben werden können, statt selbstverantwortlich initiiert und von Mensch zu Mensch getan zu werden?

Zurück zur wenig ansprechenden Geschichte des Kirchenmonopols. Die im 12. bis 14. Jahrhundert gegründeten zahlreichen selbständigen Schwesternschaften[146] blieben zuerst unabhängig von der Kirche. Doch wurde der Druck, der von den Amtspersonen auf sie ausgeübt wurde, mit der Zeit so stark, daß sie nur noch die Wahl hatten, sich für ein ketzerisches – und damit vom Tod bedrohtes – Leben außerhalb der Großkirche zu entscheiden oder klösterliche Formen zu akzeptieren und sich der Hierarchie zu unterstellen. Die Erfahrung, daß Stifter vor allem auf ihr Seelenheil schauten, welches sich nach der zeitgenössischen Meinung nur im amtskirchlich überwachten Dienst erlangen ließ, tat ein übriges. Die Stiftungsvermögen gerieten unter die Kontrolle und in die Hände der Hierarchie. Offensichtlich war die Männerkirche auch daran interessiert, die Frauentätigkeit zurückzudrängen, die ihr Monopol auf Glauben und Liebe gefährdete. Den anfangs freien Schwestern blieb unter solchen Umständen nur die Unterwerfung. Die meisten Schwesternschaften leisteten sie denn auch. Das führte freilich dazu, daß solche Vereinigungen bald ihrem karitativen Zweck entfremdet wurden.

Allerdings hielten einige wenige Gruppen durchaus dem großkirchlichen Druck stand. Neuerdings zeigt sich jedoch eine Tendenz, auch die Verfolgten und Vernichteten in die Geschichte der kirchlichen Caritas einzubeziehen und das Liebeswerk jener, die die Großkirche einmal mit allen Mitteln bekämpfte, ebendieser als wohlfeiles Verdienst zuzurechnen. Damit sind die Opfer ein weiteres Mal geschändet. Vereinnahmt die Geschichtsschreibung der Großkirche daher einfach alle früheren Äußerungen der Diakonie und rechnet sie auch diese der eigenen Liebestätigkeit zu, verletzt sie die Ehre der Ketzerinnen und Ketzer. Die heutigen Sozialberufe sind eben nicht »aus der organisierten Liebestätigkeit der Kirche erwachsen«[147], in der es immer Gruppen gegeben haben soll, die »sich berufen wußten, als Lebensaufgabe sich der in Not Geratenen anzunehmen«. Wer noch immer zu diesen Gruppen nur Mönche und Nonnen zählt, also amtskirchlich domestizierte Personen, erfüllt zwar die ihm von der Kirche gestellte Aufgabe, versagt jedoch vielen anderen Menschen bewußt die Anerkennung. Die Geschichte der ketzerischen Caritas ist noch nicht geschrieben. Dagegen versuchen Dutzende von Darlegungen, die Dogmengeschichte detailliert aufzuarbeiten. So leicht wie früher fällt dies den Fachleuten nicht mehr, zumal sie erklären müssen, weshalb so viele (wenn nicht ausschließlich!) weltbildbedingte, allgemein weltanschauliche und ideologische Elemente der kirchlichen Lehre als glaubensverbindlich definiert wurden.[148] Immer wieder wurden ja gerade die Dogmen mit höchst fragwürdigen Argumenten legitimiert, interpretiert und den Gläubigen eingeschärft, bevor sich herausstellte, daß das Unterfangen nicht nur zu schrittweise erzwungenen Rückzügen führte, sondern zum Scheitern verurteilt war. Ewige Wahrheiten erweisen sich eben früher oder später als Aussagen mit begrenzter Haltbarkeit[149]; bei vielen von ihnen ist das Haltbarkeitsdatum längst überschritten. Hätten die Hirten ihre Zeit mehr auf die Diakonie statt auf das Dogma verwandt, wäre ihnen vielleicht manches von dem erspart geblieben, was derzeit die schärfste Kirchenkritik herausfordert.

Dogma und Diakonie, Aggression und Liebe: Die Kirche trägt ihren Januskopf durch die Geschichte der Menschen. Wunden und Schmerzen und Tod, sagt U. Ranke-Heinemann[150], sind Früchte christlicher Militanz, und Hilfe, Heilung und Pflege Haltungen christlicher Caritas. Immer logen und täuschten sich Christen mit der schönen Pflicht der Caritas, mit ihrer sogenannten Verpflichtung, den Verwundeten und Sterbenden beizustehen, über die eigentliche Pflicht der Menschen hinweg: die Ursachen für Verwundung und Tod, den Krieg, zu verhindern.

Beanspruchen die Kirchen mittlerweile ein geistliches Diakonie-Monopol und sprechen sie zur Gesellschaft von der religiösen Dimension ihrer karitativen Tätigkeit, ist ihre Lage deswegen nicht besser geworden: Die ungleich tiefergehenden Ansätze, die Ursachen von Armut, Not und Tod zu beseitigen, stammen nicht von kirchlicher Seite. Beispielsweise gingen die entscheidenden Impulse unserer Zeit, die (militärische und die nichtmilitärische) Nutzung der Atomkraft zu stoppen, nachweislich nicht von Großkirchen aus, sondern von Nichtchristen. Christliche Friedensgruppen schlossen sich an; schrittmachend waren sie nicht.

Als Hunderttausende bereits gegen die Nachrüstung protestierten, trugen Oberhirten, allen voran Johannes Paul II.[151], von dem nichtkatholischen Kenner Ronald Reagan als »der moralische Fels einer prinzipienlos gewordenen westlichen Welt« gerühmt[152], noch sehr ungerührt ihre theologischen Rechtfertigungen der Atombombe vor.

Auf evangelischer Seite hält man es ähnlich. Noch nach dem Zweiten Weltkrieg lehrte der Theologieprofessor H. Thielicke: »Christen, die ihren Kriegsdienst unter den Augen Gottes ableisten, haben ihr Handwerk des Tötens immer so verstanden, daß sie es im Namen der Liebe übten!« Und sein Kollege Künneth dozierte 13 Jahre nach Hiroshima: »Selbst Atombomben können in den Dienst der Nächstenliebe treten.«[153]

Es scheint, als habe die Großkirche ihre Ziele erreicht. Auf der einen Seite predigt sie die Härte gegen das Reich des Bösen und läßt, wenn es um ihre eigenen Besitzstände geht, nicht einmal in Sachen Atomtod mit sich reden. Andererseits erfindet sie die Lösung der Kanalisation durch Kanonisation. Sie saugt gleichsam alle Ansätze, gerade die ihr in Theorie und Praxis gefährlich erscheinenden, in sich hinein und gibt sie, nach eigenem Gusto umgeformt und verwandelt, als genuin kirchlich und in spezifisch christlichen Personen exemplarisch vorgelebt aus.

Dieses Integrations-Syndrom macht sie nicht leiden, im Gegenteil, es eröffnet ihr den Zugang zu Bereichen, die ihr verschlossen geblieben wären, hätte sie nicht zugegriffen. Freilich bleiben die betroffenen Menschen häufig auf der Strecke: Es ist nicht jedermanns Sache, sich auf diese Weise vereinnahmen zu lassen.

Als Franz von Assisi, heute als leuchtendes Vorbild christlicher Liebe zu den Armen und zur Armut selbst gepredigt, mit seinen sehr absonderlich wirkenden Ideen auf der Bildfläche erschienen war, traf der betroffene Papst die einzig richtige, weil Macht und Geld verheißende und damit zukunftsträchtige Entscheidung. Er integrierte den frommen Abweichler, der allein in seiner Person das ganze Kirchenfürstentum zu desavouieren drohte, flugs in das System, erklärte die bereits der Ketzerei geziehene Gruppe um Franz kurzerhand zum neuen »Orden« der Kirche, kanalisierte damit das bedrohlich innovative Denken, regte relativ ungefährliche Ordensregeln an und approbierte diese bereitwillig, sprach viel von Gotteswundern und von Rettung der Kirche durch den Armen aus Assisi – und bekam alle Schäfchen ins trockene.

Franziskus, der durch Integration Betrogene, hatte wirklich dazu beigetragen, die Kirche zu retten: Er willigte ein, den Papst und die Seinen vor ihrer lebensbedrohenden, weil wirklich lebendigen Alternative zu schützen, indem er sich und die Seinen einpassen, einfügen, anpassen ließ. Als er aber merkte, wie perfekt seine Idee ins bestehende System eingebunden war und wie hervorragend sein Lebenswerk in Form eines »Bettelordens« vermarktet werden konnte, war es bereits zu spät. Was ihm blieb: Ein Leiden an der verratenen Idee, das sich einen sichtbaren Ausdruck schuf und zur sogenannten Stigmatisierung dieses Genarrten führte[154], und der baldige Tod. Die Heiligsprechung folgte auf dem Fuße.

Bereits den Propheten des Alten Testaments war es nicht anders ergangen. Diese Sprecher der kleinen Leute hatten sich – gegen die im Lauf der Zeit gewachsenen »Ordnungen« ihrer Umwelt – immer wieder auf das alte Recht Gottes berufen. Es ist ja – wie in der Vorgeschichte des Deutschen Bauernaufstandes von 1525 – für die prophetische Situation kennzeichnend, daß Ur-Traditionen nie ganz untergehen.

Die sogenannten einfachen Leute haben ein gutes und langes Gedächtnis. Sie verfügen auch über ein präzises Gefühl für das alte Recht, selbst wenn dieses nicht aufgezeichnet ist, und für das moderne Unrecht, und werde dieses ihnen immer wieder unter neuen (Schuld-)Titeln vorgehalten.

Die Oberschicht, die Staatspriester eingeschlossen, wird um so eher zur Zielscheibe der prophetischen Kritik, weil sich der Prophet zum Wortführer der Armen und Rechtlosen gegen die Ehrbaren machen muß, die mit Umdeutung und Rechtsverdrehung das göttliche Recht verfälschen. Die vehemente Kritik am Großgrundbesitz ist keine Erfindung der Neuzeit, sondern Inhalt bereits der alttestamentlichen Prophetien.

Freilich mußte eine Kirche, die selbst über Jahrhunderte hinweg die größte Grundbesitzerin auf Erden war (und in der Bundesrepublik noch immer – nach dem Staat – ist[155]) darauf achten, diese Seite des Prophetentums zu verdrängen, um nicht ihre eigenen Besitztümer angefochten zu sehen. Sie löste das Problem wie üblich durch Uminterpretation: Die Propheten, von denen jeder schon einmal gehört haben mag, gelten noch heute vor allem, wenn nicht ausschließlich, als Verkünder eines religiösen Ideals.[156] Sie dürfen einen Gott verkündigen, der sich um seine aufsässigen Geschöpfe sorgt und auf deren Bekehrung drängen läßt.

Die prophetische Kritik richtet sich, folgt sie der amtlichen Religionspädagogik, an den einzelnen. Propheten, die sich mit den gesellschaftlichen Zuständen beschäftigen, von der Ausbeutung des kleinen Mannes durch die herrschende Klasse sprechen und gar zu praktischen Folgerungen aufrufen, haben in der Kirche keinen Platz. Sie passen nicht in die Verkündigung, wie Großkirchen sie aus naheliegenden Gründen lieben. Kirchliche Schulen und ihre Vordenker versuchen immer wieder, in einer abgeklärteren Zeit, wenn die konkreten Angriffsflächen des Meisters nicht mehr so einsichtig zu machen sind wie bei den Zeitgenossen, die Lehre des Propheten vom Alltagsstaub zu reinigen und den mittlerweile Verehrten (und Heiliggesprochenen) vor allem theologisch aufzuarbeiten. Diese Arbeit bringt es mit sich, daß vieles als zeitbedingt unter den Tisch fällt, was dem Propheten wichtig gewesen war. Vor allem die unerwünschte Sozialkritik wird von den Epigonen verkürzt und geglättet. Schließlich ist der Jünger daran interessiert, einen möglichst kantenlosen Meister als Ikone verehren und zur allgemeinen Verehrung vorschlagen zu können. Hervorragende Dienste leistet bei dieser Ikonisierung der ständige Hinweis auf die Liebestätigkeit des Betroffenen. Was ein richtiger Heiliger sein will, muß sich jedem Armen zugeneigt haben. Die Heiligenbiographie überschlägt sich daher in ihren Stories und Anekdoten, je weiter sie sich zeitlich von ihrem Helden entfernt. Da stehen auffallend viele Bettler am Weg, da werden Gebrechliche in die Nähe des Meisters getragen, und alle Wundersüchtigen kommen ebenso auf ihre Kosten wie der Papst, der ein solch frommes Leben schließlich zur Ehre der Altäre befördert. In dieser heilen Welt wirkt schon das Wort Gesellschaftskritik anstößig. Es könnte sich nur zu schnell auf die Gesellschaft Großkirche erstrecken. Deshalb haben es Propheten, die nicht bloß fromme Leute waren, ständig das Wort »Gott« im Munde führten und ansonsten die Welt sich drehen ließen, ausgesprochen schwer.

Das Dilemma von Kirche und Diakonie ließ sich jedoch auch aus einem weiteren Grund nicht lösen. Die offizielle Kirche predigte zwar ihr Monopol auf Nächstenliebe, als habe gerade sie das Gebot erfunden, doch war sie eben deswegen gezwungen, die wahren Erfinder – allesamt »heidnische« Denker – geringzuschätzen und schließlich vergessen zu machen.[157] Erst nachdem es gelungen war, die Vorarbeit der Heiden aus dem Gedächtnis der Menschen zu löschen, standen der Jesus des Neuen Testaments[158] und die Kirche als Erfinder der Nächstenliebe und nicht als Erben da.

Die geschichtliche Wahrheit sieht wieder einmal anders aus. In vorchristlicher Zeit war bereits vorhanden, entwickelt, was sich dann wiederholt, von den Seligpreisungen der Armen (»Bergpredigt«) bis zu den Hauptgedanken der Kirchenväter über Hab und Gut.[159] Daß der Mensch nicht Eigentümer, sondern nur Verwalter der irdischen Dinge, daß das Geld eine Gottesgabe sei und weder an sich gut noch schlecht, daß es erst der Gebrauch zum einen wie zum anderen mache, daß Geldgier Ursache vieler Übel sei, daß zwischen wahrem und falschem Reichtum zu differenzieren sei – all dies ist bereits in der Antike zu finden, beispielsweise bei Lukrez, Vergil, Horaz, Epiktet, Plutarch, Euripides.

> *Kirchenchristentum ist eine Weltanschauung der Sieger, die von den gewalttätigsten Erben des »Heidentums« für die eigenen Zwecke zurechtgebogen wurde.*

Was der historische Jesus predigte, kann niemand auch nicht mit annähernder Sicherheit sagen. Die antikapitalistischen Reden, die die Evangelien ihm zuschreiben, stehen in der prophetischen und essenischen Tradition (und Literatur).[160] Die Suche nach dem »spezifisch Christlichen«, die so viele Interessierte beschäftigte und beschäftigt, ist vergeblich. Äußert sich dieser Jesus gegen den ungerechten Mammon, nimmt er den Reichtum an keiner Stelle in Schutz, lebt er selbst als Besitzloser unter seinesgleichen, unterscheidet er sich nicht von jenen, die vor ihm waren.

Im übrigen war das Recht, eine Leistung Roms, vollendet, lange bevor das Christentum in die Welt trat.[161] Auch daran zu erinnern ist nicht unwichtig: Grundlegende Aussagen über den Menschen und seine Gesellschaft, die bis heute gelten, entstammen einer profanen Kultur (über die der Jesus der Evangelisten im übrigen kein Wort verliert[162]). Vielleicht kommt die Kirche noch immer nicht mit den Prinzipien dieses Rechts zurecht, weil sie sie nur vorfand – und dieses Erbe, wie die Menschenrechte der Neuzeit, keine Heimat im Christentum hat.

Nur das soziale Pathos des Evangeliums, auch es ein Erbteil der ernsthaftesten »Heiden«, eignete sich hervorragend für den Hauptzweck der frühen Kirche: Neue Christen zu rekrutieren, sie in den Unterschichten zu suchen, sie sorgsam von denen da oben abzuheben. Die Masse der Armen ersehnte seinerzeit eine völlig neue Welt, in der die Reichen in der Hölle schmorten und die Bedürftigen paradiesische Freuden genossen. Die Christenreligion schien fürs erste diese Sehnsucht zu erfüllen. Denn »wo die

Welt aus tausend Wunden blutet, da schlägt die Stunde der katholischen Kirche«[163]. Und wie immer lehrt am eindringlichsten die Not das Beten; nicht ohne Grund blühte der klerikale Anspruch nach 1945, als das deutsche Volk am Boden lag, besonders auf.

Es fanden sich allerdings auch unter Christen bestimmte Gruppen, die einige Worte des Evangeliums ernst nahmen. Doch bereits in der Frühzeit handelte es sich, von den ersten Mönchen abgesehen (die bald auch den offiziellen Weg ihrer Kirche gingen) nur um verketzerte Kreise. Deren Glaubens- und Sittenstrenge ließ sich nicht auf die Masse der Christen übertragen. Da die Oberhirten schon aus politischen und wirtschaftlichen Gründen darauf sehen mußten, möglichst viele Menschen an sich zu binden[164], wurde der Weg jener Harten und Strengen schon bald zum Irrweg erklärt. Ihn konnten allenfalls ein paar Erwählte beschreiten.

Die Oberhirten, die sich auf den einträglichen Weg zur sogenannten Volkskirche gemacht hatten, die aus guten Gründen flächendeckend geplant war, verfolgten andere Ziele. Eine Liebesmoral für Berufene auszuarbeiten gehörte nicht zu diesen. Was Außenseiter lehrten und praktizierten, blieb in dem sich verfestigenden amtskirchlichen Milieu bestenfalls Theorie, Wunschtraum, literarische Welt. Die Wirklichkeit sprach eine andere Sprache, und die kirchliche Predigt übernahm diese.

Während sich die einen um die Ausgebeuteten sorgten, verständigten sich die anderen mit den Ausbeutern. Freilich nicht offen und ehrlich, sondern höchst doppelmoralisch: Auf der einen Seite kritisierte die Kirche die herrschende Gesellschaft und stellte sogar die prinzipielle Neugestaltung der sozialen Verhältnisse in Aussicht. Auf der anderen Seite heiligte sie gleichzeitig, rücksichtslos gegen die allgemeine Not, das Privateigentum, an dem sie selbst zunehmend teilhatte.

Die Rechnung der Oberhirten ging auf: Um auch die Massen führen und reglementieren zu können, mußten sie sich karitativ geben. Um selbst zu überleben, war die Kirche gezwungen, diese Caritas nicht an die eigene Substanz heranreichen zu lassen, sondern sie nur von Fall zu Fall zu üben. Folgerichtig bekam bereits in der alten Kirche der Bischof allein so viel wie die Gemeindearmen zusammen. Und dieses Prinzip änderte sich, wie ich noch belegen werde, bis heute nicht. Im Gegenteil, das Verhältnis verschob sich mehr und mehr zugunsten des Bischofs. Der Samariter blieb verraten. War bei den offiziellen Christen endlich der gute Wille zum Helfen geweckt, konnten sie auch als ehrenamtliche Helfer fungieren. Der Hilfswille derer da unten ließ sich hervorragend – und bis heute – nutzen: Oben änderte sich überhaupt nichts, denn die Kirchenfürsten legten selbst keine Hand an, sondern beschränkten sich auf das verbale Engagement. Unten aber wurde gewerkelt. Da waren die Ehrenamtlichen (ein verdächtiges Doppelwort!) karitativ tätig, allerdings stets unter der Aufsicht derer, die ihrerseits nichts leisteten und keine wirkliche Solidarität bezeugten.

Auch an dieser Arbeitsteilung auf katholisch änderte sich bis heute nicht viel. Noch immer findet sich kein deutscher Bischof ganz unten, vor Ort. Will man einen Kirchenfürsten sehen, muß man in die Dome und Paläste gehen, nicht in die Fabriken und Mietwohnungen. Dort tauchen die Oberhirten nur auf, wenn es um offizielle Besichtigungen (von Gruben beispielsweise) geht und Mikrofone wie Kameras auf die Besucher gerichtet sind. Die Drecksarbeit, auch und gerade auf sozialem Gebiet, tun stets die anderen.

Leopold von Ranke, der eine umfangreiche Geschichte der Päpste schrieb, klagt, ein Beispiel für viele, über die immense Not, die seit eh und je ausgerechnet im eigenen Territorium des Papstes, dem »Kirchenstaat«, herrschte. Von einer hervorstechenden karitativen Tätigkeit der römischen Herren spricht er in diesem Zusammenhang nicht. Das Kirchenfürstentum als Vorbild der Wohltätigkeit anzusehen ist historisch unmöglich.

An jener Stelle der Welt, wo die Stellvertreter Christi allein das Sagen hatten und wo sie, die weltlichen Herrscher, jahrhundertelang schalten und walten konnten, wie sie wollten, herrschte karitative Untätigkeit.

1621 sagen die Gesandten Venedigs, sie hätten auf ihrer Reise durch die Besitzungen des Papstes »große Armut unter den Bauern und in dem gemeinen Volke« angetroffen, »geringen Wohlstand, um nicht zu sagen große Beschränkung bei allen«: eine »Frucht der Regierungsart«[165]. Der Baum der päpstlichen Herrschaft trug offensichtlich andere Früchte; die tatsächlichen Ausgaben der Päpste zählen nach Millionen Golddukaten, die ausschließlich in die eigenen Taschen flossen.[166]
Jahrelange Hungersnöte kümmerten den jeweiligen Papst nicht. Der oberste Oberhirte plünderte die Untertanen noch intensiver aus, als es jene Souveräne wagten, die die Geldwirtschaft und Schuldenmacherei nirgendwo anders gelernt hatten als in der Schule des Vatikans. An Belegen fehlt es nicht: Leo X. kümmerte sich um Luthers Reform ebensowenig wie um die Bedürftigen in seinen Ländereien, verpraßte aus Anlaß seiner Krönung 100 000 Dukaten und verschleuderte im Lauf seiner Hirtenschaft fünf Millionen; bei seinem Tod (1521) betrugen die Schulden 800 000 Dukaten.[167] Unter Innozenz XII. (†1700), der sich nicht um das leibliche Wohl seiner Schäfchen sorgte, solange diese seine Steuerlast trugen, vergeudeten allein die lieben Verwandten (»Nepoten«) neben anderen überreichen Einkünften an die sieben Millionen Dukaten Staatsgelder.[168] Die Familie Pauls V. (dessen Name an der Fassade der Peterskirche steht) brachte zu Beginn des 17. Jahrhunderts allein in der römischen Campagna achtzig Landgüter an sich, und die Privilegien des Papstonkels ermöglichten es ihr, den Besitz unangefochten – und vor allem steuerfrei – zu genießen.[169]
Ein zeitgenössisches Dokument sagt über die päpstliche Tafel, die Leo X. und seine Gäste erfreute und allein 25 Hauptgänge zählte, mit diesen den Kirchenfürsten aufgetischten Mengen hätte »man ganz Rom satt machen können«[170]. Freilich: »man« hat damals nicht, im 16. Jahrhundert, und auch sonst nie. Die Schriftstellerin Natalia Ginzburg über die Metropole, deren Bischof seit Jahrhunderten der Papst ist: »So ist Rom: An die Kranken, Alten und Toten wird nie, auch nicht zufällig, ein Gedanke verschwendet. Statt des-

sen hätschelt man Gedanken von Sommerfrische: Weil dies eine Stadt ist, in der es vielleicht noch möglich ist zu faulenzen ...«[171]. Das schlimmste Übel dieser päpstlichen Stadt: »...eine unerbittliche Gleichgültigkeit, die in jedem kleinsten Winkel zum Vorschein kommt, gegenüber Krankheit, Leiden, Armut und Tod.« »Mich erbarmt das Volk« (Mt 15, 32). Wer so sprach, hatte vielleicht das Recht dazu: Jesus von Nazareth. Wer seither das Bibelwort zitierte, log in die eigene Tasche. Kirchenfürsten verstanden stets besser und teurer als andere zu leben. Sie aßen und tranken vom Feinsten, bauten ihre Villen rings um die Stadt des Papstes, statteten ihre Lieblingskirchen nach Gusto aus – und schafften es immer wieder, neue Quellen für ihre Verschwendung zu erschließen. Nicht in jedem Fall ist heute zu sagen, welche Quellen sprudelten. Nachgewiesen ist jedoch die Methode des Papstes Johannes XXII., der ganze Tariflisten für die »Seelsorge«, für die Erteilung von Absolutionen und Dispensen erstellte. Kaum verwunderlich, daß dieser Stellvertreter Christi 1334 bei seinem Tod 16 Millionen in Münzen und 17 Millionen in Goldbarren hinterließ.[172] Das Geld stammte zum einen aus der geistlichen Erpressung, die die Armen der Erde aussaugte, indem sie ihnen himmlische Gnaden für ihre Pfennige versprach. Zum anderen ging es nachweislich nicht an die Armen zurück, die auf päpstliche Caritas gehofft hätten. Es blieb bis zuletzt, ein Beispiel für eine bis heute bewährte Methode, am Hof des Herrn.

Wer sich um Zahlen bemüht, die die angebliche Caritas der Kirchenherren belegen sollen, und auf manch gutes Werk verweist, das kirchliche Hilfsorganisationen der letzten Jahrhunderte (neben anderen, nichtkirchlichen!) erbrachten, darf nicht außer acht lassen, daß diese karitative Tätigkeit in keinem Verhältnis zu dem steht, was den Klerus wirklich beschäftigte: die Sorge um sein persönliches Wohl.

Oberhirten lebten zu keiner Zeit so schlecht wie ihre Herden, und das sprach sich herum: 1715 fanden sich im ausgepowerten Frankreich nicht weniger als 420000 Geistliche.[173] Das Königreich Neapel zählte 1734 bei einer Bevölkerung von vier Millionen 140 Bischöfe, 56 500 Weltgeistliche, 31 800 Mönche und 25 600 Nonnen; allein in Neapel betrieben über 16 000 Kleriker das Geschäft mit dem Glauben. In Rom, der Hauptstadt des Kirchenstaats, die damals ungefähr 200 000 Einwohner hatte, kümmerten sich 74 Oberhirten, über 1800 Kleriker, 2600 Mönche und 2000 Nonnen, auf 120 Klöster verteilt, um ihr Wohl.[174] Diese horrende Zahl läßt sich aufschlüsseln: Auf jeweils 2670 Untertanen kam ein Bischof, je ein Kleriker hätte 112 Schafe zu betreuen gehabt, und die Angehörigen des Ordensstandes brauchten noch weniger Sorge aufzubringen. Für jeweils 44 Einwohner stand ein Mönch oder eine Nonne bereit.

Wo, wenn nicht hier, hätte die Kirche den Beweis karitativer Tätigkeit antreten können? Doch offensichtlich kümmerten sich ihre heiligen Scharen auffallend wenig um die wirklichen Belange der Menschen. Gerade Rom galt über Jahrhunderte hinweg als einer der sozial am meisten zurückgebliebenen Orte Europas. Während einerseits der Untertan des Papstsouveräns noch im 19. Jahrhundert wegen des Verzehrs von Fleisch an einem Freitag (dem angeblichen Todestag Jesu!) eine Gefängnisstrafe riskierte, zählten auf der anderen Seite Rom und der Kirchenstaat zur gleichen Zeit, also nach Jahrhunderten päpstlicher Bildungspolitik, 70 Prozent Analphabeten.[175]

> *Die Hirten hielten sich gewiß für schlecht beraten, hätten sie die menschenunwürdigen Zustände ändern wollen. Das Licht des Glaubens strahlt nur auf einem dunklen Hintergrund.*

Ausbeutung – und nicht Caritas, soweit diese sich nicht ausbeuten ließ – gehörte zum geistlichen Geschäft. Die Orden, der Theorie nach lebendige Beweise christlicher Liebe zur Armut und zu den Armen, machten keine Ausnahme. Die Prämonstratenser von Laon verfügten über ein Kapital von 45 Millionen in Gold. Die Dominikaner von Toulouse besaßen Grund in Frankreich, Pflanzungen in den Kolonien und Negersklaven, die zusammen auf mehrere Millionen geschätzt wurden. Der Besitz der Mönche von St. Maur belief sich auf 24 Millionen; aus diesem Grundkapital waren Jahr für Jahr acht Millionen zu erzielen.[176]

Nicht, als hätten die frommen Orden ihr Geld für etwas anderes als für sich selbst benutzt. Die Leibeigenschaft erhielt sich am längsten auf den französischen Klostergütern; noch im 18. Jahrhundert besaß ein Domkapitel im Jura 12 000 Leibeigene.[177] Äbte wie Bischöfe nahmen die Rechte adeliger Herren wahr. Ihre weitläufigen Besitzungen – vor der Revolution besaß die Kirche ein Fünftel des französischen Bodens – erstreckten sich manchmal auf ganze Städte. Eigentum und Einkommen der Kirche aber waren von den allgemeinen Steuern befreit; angeblich dienten (und dienen) sie höheren Zwecken. Die Wohltätigkeit gehörte allerdings nach allem, was wir wissen, nicht zu diesen.

Die Kirche, die ein Drittel des Gesamtvermögens Frankreichs besaß, nahm zudem jedes Jahr den Zehnten von den Erträgen eines jeden Bodenbesitzers ein. Mit diesem Geld, mit Spenden, Vermächtnissen, Pachteinnahmen hielt sie ihre Dorfpfarrer in Armut, ihre Bischöfe in ausschweifendem Luxus. Sammelte der schlichte Pfarrer den Zehnten, wußte das Volk, daß zwei Drittel dieses Geldes in die Taschen des Bischofs wanderten, der sich vor Ort nie blicken ließ.

War dies alles Zeichen eines grandiosen Abfalls von den Idealen der frühen Kirche? Zweifel an dieser wohlfeilen These sind erlaubt. Die Vorstellung von einer Gütergemeinschaft kehrt zwar bei manchen Kirchenvätern wieder, verwirklicht wurde sie in der Kirche nie. Doch die Idee findet sich bei Platon, die Realisierung gelang den Essenern.

Was demgegenüber bereits die junge Kirche leistete? Sie kennt schon sehr früh keinen Zweck, für den Geld nicht gebraucht und nicht mißbraucht würde – für religiöse, soziale Zwecke ebenso wie für kriminelle. Und sie stärkt bewußt die besitzfreundliche Richtung ihrer heiligen Schriften. Jesus aus Nazareth ist ja nicht »alles«, auch wenn er als der alleinige Herr der Kirche ausgegeben wird. Wie immer hält Paulus, der eigentliche Begründer und Ideologe des Kirchenchristentums, die Hintertür offen. Der Völkerapostel denkt über Armut und Reichtum bereits ganz anders als der Jesus der Evangelien.[178] Zwar propagiert auch er das Gebot der Nächstenliebe, doch denkt er weiter: Die Ausfälle Jesu gegen die Reichen kann Paulus sich schon nicht mehr leisten. Daher wertet er den Besitz als solchen positiv, und auch die Bruderliebe will er nicht gar so weit getrieben sehen, daß der Besitzende durch sein Almosen an den bedürftigen Bruder selbst in Not geriete. Auffallend liebevoll spricht Paulus von dem gerechten Entgelt, das der Prediger für seine Bemühungen erhalten muß. Von dem jesuanischen »Umsonst habt ihr bekommen, umsonst sollt ihr geben!« (Mt 10, 8) ist keine Rede mehr.

Die neue Theologie kommt der klerikalen Wirklichkeit gerade recht. Die Kirchenherren brauchen die typisch paulinischen Aussagen nicht mehr gar so zu drehen und zu wenden wie die des Herrn Jesus. Was Paulus lehrt, paßt von allein auf ihre Situation und eröffnet ungeahnte Aussichten auf den künftigen Wohlstand. Das vergleichsweise gering bemessene Almosen, welches die sogenannte soziale Seite der Kirche abdeckt, wird sich schon erübrigen lassen.

Nachdem das erwartete Gottesreich ausgeblieben war und die Verkündigung Jesu sich als Irrtum erwiesen hatte, begann die Institution, die sich anstelle des Reichs etablierte, tatkräftig mit dem Aufbau einer eigenen Wirtschaftsmacht. Was daraus wurde, kann sich sehen lassen. Nicht von ungefähr wurde eine Kirche, die auch die Caritas als ihr Warenzeichen zu verwenden gelernt hatte, zur Großgrundbesitzerin.

Die immer wieder gepriesene Kirche der Märtyrer sah schnell genauso aus wie die römische Gesellschaft der Spätantike, die in zwei Gruppen zerfiel: in die kleine der Reichen, die fast alles besaßen, und in die Masse derer, die im dumpfen Fatalismus dahinvegetierten, mehr schlecht als recht von ihrer Hände Arbeit lebten, den Herren Abgaben zahlten – und für all dies verachtet wurden.[179] Nur sehr wenige Kirchenvertreter, der hl. Basilius ist einer von ihnen, traten diesen Zuständen entgegen und nannten den Reichtum in Staat, Gesellschaft und Kirche eine Schande für Menschen und Christen: »Wer den Nächsten wirklich liebt, besitzt nicht mehr als der Nächste.«

Dieses Wort, auch es ein Gerichtswort über die konkrete Kirche von damals wie von heute, machte sich gut in jeder Predigt, hatte jedoch nicht die geringste Chance gegenüber den wahren Herren der Christenheit. Diese orientierten sich längst anderweitig, nahmen mit, was sie bekommen konnten, und überließen das soziale Engagement den Fensterpredigern. Diese doppelzüngige Methode brachte zweifachen Nutzen: Zum einen hielt sie die Armen in Schach und verleidete ihnen den Gedanken an eine gewaltsame Änderung ihrer Lage, zum anderen sicherte sie der eigenen Organisation den Gewinn. Gelang es überdies, den Armen die Doppelmoral zu verheimlichen, indem man die eigene Doktrin als Gebot Jesu predigte und als solches sorgsam von allen »heidnischen« Alternativen abhob, war die Zukunft gesichert. Daß sich nicht alle Adressaten Sand in die Augen streuen ließen und auch die verteufelten Heiden nicht von vornherein die »besseren Werte« der neuen Religion anerkannten, war zwar lästig. Den Siegeszug der wahren Lehre hielt diese Tatsache jedoch nicht auf. Schließlich verfügte die Kirche über jene Mittel, die ihr den Endsieg versprachen: die richtige Predigt und das scharfe Schwert.

Galt noch im 18. Jahrhundert der Islam allgemein als Inbegriff des Edelmutes und der Menschlichkeit und wurden (so von W. A. Mozart) mohammedanische Herrscher – und keineswegs die Päpste – als Vorbilder der Mildtätigkeit und der Humanität vorgestellt[180], sollte sich diese Einschätzung bald ändern. Die christlichen Kirchen waren nicht unschuldig an dieser Entwicklung. Sie hatten ein handfestes Interesse daran, die lästige Konkurrenz abzuschütteln und Vertrauen wie Geld in die eigenen Kanäle umzuleiten. Der Erfolg dieser Strategie ist noch heute überall nachzuweisen.

1890 machte die dem damaligen Papst Leo XIII., dem angeblichen Sozialreformer der Kirche, nahestehende Jesuitenzeitschrift »Civiltà cattolica« einen sozialen Feind des Christentums einmal mehr dingfest: die Juden. Diese »schändliche Rasse« sei dazu angetreten, »sich immer weiter zu bereichern und die Christen arm zu machen«. Daher wende sie »auch die verbrecherischsten Mittel« an, zumal ihnen vorgeschrieben sei, »die Christen grausam zu hassen«. Und nachdem die Juden »die Banken beherrschen, die Monopole in Bergwerken, Industrie und Handel«, aber auch den Journalismus, die Universitäten und die meisten Regierungen, je nachdem sie »die Mühe und den Schweiß der Arbeiter ausnutzen«, müssen Gesetze geschaffen werden, die die »dieser Rasse zuteil gewordenen Freiheiten umsichtig beschränken«. Eine restriktive Judengesetzgebung entspricht nämlich dem Sozialgebot der Liebe, und die Christen schützen mit gesetzlicher Hilfe die Juden »vor der Rache der Völker, die durch jüdischen Wucher und Erpressung schon zu sehr gereizt wurden ...«[181]

> *Es gibt den Menschen guten Willens zu denken, daß eine Organisation, die damit prahlt, die wahre Hochreligion und das Gebot der Nächstenliebe zu vertreten, aus ideologischen wie wirtschaftlichen Gründen so viele Kulturen niedermachte.*

Ist es aber nicht entscheidend der Aufklärung (und darin auch immer den Juden) zu verdanken, daß es heute allgemeine Menschenrechte, Bürgerrechte und Völkerrechte gibt, eine Humanisierung des Strafvollzugs, die Abschaffung der Todesstrafe und grundsätzlich eine Demokratie neuzeitlicher Prägung? Offensichtlich weht der Geist, wo er will (Jo 3, 8), und nicht nur im Vatikan. In Sachen Menschenrechte scheint er sogar eine sichere Vorliebe für Außenseiter, Abweichler, Kritiker, Konfessionslose und Atheisten zu haben. Kirchen hatten jedenfalls ihre liebe Not mit diesem frischen Wind, der ihnen stets ins Gesicht blies.

Kein Wunder auch, daß die Amtskirche erst relativ spät ihre »soziale Frage« entdeckte – und die Folgerungen aus der allgemeinen Menschenrechtsdiskussion noch immer nicht auf ihren eigenen Bereich anwendet (darüber später). Versteht man unter sozialer Frage, daß die gesellschaftlichen (sozialen) Verhältnisse fragwürdig sind, ist die Frage so alt wie die Menschheit.[182] Die Frage selbst rückte freilich erst spät ins Bewußtsein der Menschen – und sie wurde durchaus nicht zuerst von den Kirchen gestellt. Jesus aus Nazareth »beließ seine Zeitgenossen in ihrer völligen Ahnungslosigkeit«, weil er sich »streng in den Grenzen ihrer Erfahrungswelt und ihres Fassungsvermögens« hielt. Diese Grenzen wurden erst durch den Fortschritt neuzeitlicher Erkenntnis gesprengt; zu denen, die Erfahrungswelten öffneten und die Räume des sozialen Bewußtseins erschlossen, zählten die Kirchenvertreter nicht.

Schon die Apostel waren »in allem, worin sie nicht vom Hl. Geist belehrt wurden, Kinder ihrer Zeit und in den allgemein herrschenden Verhältnissen befangen«[183].

Unerfindlich bleibt allerdings, warum die apostolischen Träger der Offenbarung ausgerechnet in der sozialen Frage vom Geist verlassen blieben und ihnen das – mittlerweile angemahnte – »konsequente Weiterdenken der biblischen Botschaft« versagt war. War der von Theologen so häufig als Deus ex machina eingeführte Hl. Geist etwa nur an der Durchsetzung dröger Dogmen interessiert? Warum nur lag ihm daran, die Großkirche »erst langsam Einblick in die Verhältnisse der Welt« gewinnen und sie ausgerechnet auf karitativ-sozialem Terrain hinter der übrigen Welt herhinken zu lassen? Hatte er wirklich keinen Grund, seine Offenbarung allein schon auf die sehr früh drängende Sklavenfrage[184] auszudehnen – und die Catholica diese nicht erst über 1800 Jahre nach ihrer »Stiftung« aufgreifen zu lassen?

Die Theologie kennt, falls sie überhaupt irgendeine historische Redlichkeit akzeptiert, keine andere Antwort als die: Ihre Kirche wurde erst spät der sozialen Frage »ansichtig«. Erst als diese auf sie »zukam«, sah sie Handlungsbedarf. Und selbst dann handelte sie wie gewohnt: Sie erblickte beispielsweise in den Vorgängen um die Arbeiterfrage des 19. Jahrhunderts weniger die soziale Umwälzung als ein kirchenpolitisch bedeutsames Ereignis. Es war nackte Kirchenstrategie und nicht Zuwendung zum arbeitenden und sozial bedrängten Menschen, die sie lehramtlich reagieren ließ. Sie antwortete denn auch auf die andrängenden Fragen mit den Lösungen, die ihrer höchst eingegrenzten Perspektive zur Verfügung standen. Da sie daran interessiert blieb, die einträgliche Symbiose mit den Feudalmächten und dem zur Macht gelangten Großbürgertum fortzusetzen, setzte die innerkirchliche Aggression sich mit den entsprechenden Mitteln zur Wehr und nahm den »ihr aufgezwungenen« Kampf auf.[185]

Wer wie die Großkirche großbürgerlich eingebunden war und aus dieser Liaison ständig seine Profite zog, sah sich nicht in der Lage, das eigene Verhalten rechtzeitig einzurichten. Eine Organisation, die sich – aus einleuchtend finanziellen Gründen – in herrschaftsständischen Vorstellungen beheimatet fühlte, vermochte keine Arbeiterinnen und Arbeiter in ihr Gesellschaftsbild einzuordnen. Diese armen Leute störten einfach – und sie stören noch immer. Solange sich nicht nur Päpste als Souveräne verstehen, sondern auch einfache Seelsorger ihre soziale Position »als Notable und Honoratioren« bestimmen, können sich Kirchenvertreter allenfalls zu den notleidenden Menschen herabbeugen. In den Verdacht wirklicher Parteilichkeit geraten sie nicht. Gerade wenn sie der Meinung sind, ohne Religion und Kirche lasse sich kein gutes Ende erreichen, verschärft sich ihr Interessenkonflikt. Es ist denn auch kaum schwierig zu erklären, weshalb selbst »neuere und neueste lehramtliche Äußerungen der Kirche noch oft den erschreckend deutlichen Stempel des Zeitgeistes« tragen, eines Zeitgeistes allerdings, der hilflos anachronistisch bleibt, weil er sich an längst überholten Epochen orientiert.

Hier spricht kein Kirchenfeind. Ich stütze mich in der Bewertung der sozialen Frage weder auf einen Bestreiter der Caritas noch auf irgendeinen Winkeltheologen, sondern auf keinen Geringeren als den Nestor der katholischen Soziallehre, O. von Nell-Breuning SJ. Dieser urteilt, seine Kirche sei zwar »im Besitz der grundlegenden Wahrheiten, insbesondere des richtigen Menschenbildes« gewesen und hätte »sehr wohl die Lehrmeisterin dieses Lernprozesses sein können«. Tatsächlich habe sie sich jedoch auf die Abwehr von Irrlehren beschränkt und sei »lange Zeit weit zurückgebliebene Schülerin« geblieben. Erst im ausgehenden 19. Jahrhundert interessiert sich ein Papst überhaupt für das Feld, das seinesgleichen bald intensiv beackern und als »Soziallehre der Kirche« etikettieren wird. Vorher, genauer: vor der als schlimme Bedrohung der eigenen (Finanz-)Macht erkannten Doktrin des Karl Marx[186], hatten die Päpste, absolute Herrscher über den immensen Kirchenstaat[187], Besseres zu tun, als sich ausgerechnet um Sozialenzykliken zu bemühen.

Leo XIII., dessen Enzyklika »Rerum Novarum« vom 15. Mai 1891 der Nachfolger Johannes Paul II. hundert Jahre später ähnlich unwahrhaftig zum »epochemachenden, klassischen Werk« stilisieren wird wie die damalige Hofcamarilla am Vatikan[188], hatte noch wenige Jahre vor seiner diplomatisch geschickten Entdeckung der Arbeiterfrage gegen die »Pest des Sozialismus« (diese »todbringende Seuche«) gepredigt und kein gutes Haar an den Forderungen der Unterdrückten gelassen.[189] Es war kein Papst, sondern ein schlichter Priester namens Wilhelm Hohoff (1848–1923), der 1873 an August Bebel geschrieben hatte, nicht Sozialismus und Christentum, sondern Kapitalismus und Christentum stünden sich wie Feuer und Wasser gegenüber.

W. Hohoff machte keine kirchliche Karriere. Die Kirche vereinnahmte den Eigenbrötler erst nach Jahrzehnten, als sich herausstellte, wie sich seine Gedanken nutzen ließen.[190] Praktische Konsequenzen nach innen zog sie aus der für ihre Lebensinteressen bedrohlichen Einsicht Hohoffs nicht. Stets kamen die Anstöße von außen – und wurden flugs, in grotesker Verdrehung der Fakten, zur Eigeninitiative erklärt. Auf einmal ist urchristlich bis urkatholisch, was sich aus fremdem Gedankengut und »heidnischer«, ja »atheistischer« Praxis übernehmen und taufen ließ: 1930 beispielsweise der marxistische Klassenbegriff, nach 1945 endlich auch die Idee der Einheitsgewerkschaft.[191]

Kurt Tucholsky glossierte Kirchen und Kleriker: »Atemlos laufen sie hinter der Zeit her, auf daß ihnen niemand entwische. ›Wir auch, wir auch!‹, nicht mehr, wie vor Jahrhunderten: ›Wir‹. Sozialismus? Wir auch. Jugendbewegung? Wir auch. Sport? Wir auch. Diese Kirchen schaffen nichts, sie wandeln das von anderen Geschaffene, das bei andern Entwickelte in Elemente um, die ihnen nutzbar sein können.«[192]

Nutzbare Elemente? Die kirchliche Soziallehre lehnt es – im Einklang mit dem päpstlichen Lehramt – ab, die Aufgabe der Kirche darin zu sehen, das »irdische Wohl der Menschen herbeizuführen«[193]. Soviel die Kirche nach dieser klerikalen Auffassung auch tatsächlich zur irdischen Wohlfahrt beitragen mag (und das ist, nach Leo XIII., so viel, als wäre sie eigens dafür gestiftet![194]), sie sieht hierin weder ihre Aufgabe noch ihr Ziel, sondern nur einen Nebenerfolg. Ihre wahre Bestimmung soll es sein, die »Gewissen zu wecken, zu schulen und zu schärfen« für den sozialen Bereich des Menschenlebens. Bemüht sie sich um soziale Verbesserungen, »trägt sie zugleich dazu bei, ihrem Ziel entgegenstehende Hindernisse auszuräumen«.

Jesuit O. v. Nell-Breuning bestätigt, was viele vermuteten: Die Kirche denkt an sich selbst zuerst. Sie analysiert das soziale Engagement auf dessen nutzbare Elemente. Was sie schließlich sozial leistet und als Dienst vermarktet, trägt ihr lediglich Nebenerfolge ein. Die Vokabel ist trefflich gewählt: Nebenerfolge wie die Verbesserung von Notlagen lassen sich hervorragend unter der Floskel Caritas bewerben, haben jedoch wenig Eigenwert. Auch und gerade das Neben bleibt zweckbestimmt. Zumindest helfen solche Erfolge mit, die dem eigentlichen Kircheninteresse entgegenstehenden Hindernisse (bei den einzelnen Menschen und in der Gesellschaft) zu beseitigen.

> *Das irdische Wohl verbal zu befördern öffnet der Kirche die Hintertür zum geistlichen Markt. Die soziale Bilanz der Kirche bleibt in ihrem eigenen Kalkül nur Zwischensumme. Da sie höhere Werte, Zwecke und Ziele als bloß irdische Wohlfahrt und Sozialarbeit annimmt, muß ihr Gesamtergebnis übersozial ausfallen.*

Das erwähnte Beispiel der Judengesetzgebung verrät zum einen den immensen Sozialneid der Christen und zum anderen die Absicht, die wirtschaftlichen Gegner – unter dem Vorwand der Liebe – zu schädigen. Katholische Soziallehre ist so maßvoll auf die eigenen Bedürfnisse zugeschnitten, wie es sich die unsoziale Großkirche gerade noch erlauben kann, ohne sich selbst zu gefährden.

Zwar hielt sich Jesus, wie ihn die Evangelien darstellen, in schlechter Gesellschaft auf und kümmerte sich auch um diejenigen, die zu den Verachteten seiner Zeit gehörten. Doch kann keine Rede davon sein, daß er die damals bestehenden Herrschaftsverhältnisse auch nur in Ansätzen in Frage gestellt oder die zeitgenössischen Ansätze gefördert hätte. So weit wollten es die Evangelien nun doch nicht kommen lassen, und die Kleriker, die sich auf seine Frohbotschaft berufen, haben nichts dagegen. Jene Bergpredigt, in der sich Jesus in die Sehnsüchte der Ärmsten hineingefühlt haben soll, blieb denn auch in der Kirche Lippenbekenntnis. Bewegen darf sie heute so wenig wie eh und je. Immer wieder finden selbst jene Theologen Hörer, die dem Neuen Testament »totale soziale Abstinenz« bescheinigen.[195]

Auf dem Stuttgarter Evangelischen Gemeindetag 1985 löste der Mathematikprofessor B. Volkmann Heiterkeit und Beifall aus, als er darauf hinwies, daß die Bergpredigt nicht wörtlich und politisch verstanden werden dürfe. Denn dann müßten die Gerichtbarkeit (»Richtet nicht!«) und die Polizei (»Widersteht nicht dem Bösen!«) abgeschafft werden; ebenso die Rentenversicherung (»Sorget nicht ängstlich!«), die Banken (»Sammelt euch keine Schätze auf Erden!«) und die Gewerkschaften (»Wenn dich jemand anstellt, 40 Stunden zu arbeiten, dann arbeite freiwillig achtzig!«). Wie unschwer zu erkennen ist, hat nicht einmal die Kernaussage des Meisters aus Nazareth eine praktische Bedeutung für jene, die seinen Namen feiern. Konsequenterweise bekannte das offizielle Vorbereitungsheft zum Deutschen Evangelischen Kirchentag in Stuttgart 1952: »Es ist nicht Aufgabe des Evangeliums, an den bestehenden Verhältnissen irgend etwas zu ändern.«[196]

Wie gesagt: Das Dogma und seine Schöpfung aus dem jeweiligen Zeitgeist waren der Kirche immer wichtiger. Hierfür brachten ihre wichtigsten Theologen stets die Zeit auf. Wer Hirte ist, kümmert sich nur um die eigenen Theorien und deren Sieg über die Menschen. Was wirklich auf der Welt geschieht, ist ihm egal. Gewiß, seine Theorie ist »um der Menschen willen« da, aber die Praxis sieht anders aus. Thomas von Aquin, noch immer als der bedeutendste Theologe aller Zeiten anempfohlen, schreibt im 13. Jahrhundert seine gewaltige Summa theologica vor sich hin, schichtet Wahrheit auf Wahrheit, stellt sich Fragen über Fragen, beantwortet sie sich und denen, die ihn lesen sollen, so sorgfältig wie möglich – und lebt im elfenbeinernen Turm. Die großen Kämpfe seiner Zeit, die um Papst und Kaiser toben, gehen an der zeitlosen Philosophie (philosophia perennis) dieses Kirchenlehrers spurlos vorbei.

Was einer liebt, läßt er sich auch Zeit kosten. Es gab in der Kirche eine Dogmenentwicklung und gibt sie noch. Brauchte, verbrauchte die Großkirche Jahrhunderte, »um die ihr anvertrauten Glaubenswahrheiten zu Ende zu denken«[197], ist es für sie »kein Wunder, wenn sie die Verhältnisse dieser Welt ... nur langsam Einblick gewinnt«. Dann leistet sie schon »das Äußerste«, wenn sie den Tatsachen »auf der Spur bleibt«. Von einer Schrittmacherfunktion in Sachen sozialer Frage darf denn auch keine Rede sein. Die Kirche kennt zeitraubendere Probleme. Doch werden wir jene, die gegenwärtig soviel von Caritas predigen, ja noch zu der so offensichtlichen Priorität des Dogmas befragen dürfen.

Wird klare Sicht verlangt, treten sofort Nebelwerfer in Aktion. Die gelenkte innerkirchliche Geschichtsschreibung (wer sollte gelenkt sein, wenn nicht sie?) richtet in den Köpfen vieler Unheil an, jubelt bare Unwahrheiten zur Wahrheit hoch, läßt Menschen glauben, ihre eigenen Päpste hätten ständig die soziale Not anderer zu lindern gesucht, theoretisch wie praktisch. An den klerikalen Beteuerungen ist kein wahres Wort. Bis ins 19. Jahrhundert hinein hat kein einziger Papst für die sozial Bedrängten mehr übrig gehabt als verbale Almosen. Keiner traf praktische Vorsorge, um wenigstens das schlimmste Elend zu lindern. Soziale Neuerungen, die Erfolg hatten, kamen von nichtchristlicher Seite, also wieder einmal von den Heiden. Erst als sich diese Neuerungen durchzusetzen begannen, bequemten sich auch Kleriker dazu, im nachhinein statt der üblichen Verdammung ein vorsichtiges »Ja, aber« zu formulieren, um »die Sache zu einem guten Ende zu bringen«[198]. Dennoch blieben beispielsweise die Gewerkschaften bis heute den Päpsten höchst verdächtig. Wie ich noch nachweisen werde, fürchten die Sozialeinrichtungen der Kirche Tarifverträge wie die Pest.

Päpstliche Rundschreiben, die hin und wieder den schönen Namen Sozialenzyklika führen (1991 stand wieder eine ins Haus), gehen von allgemeinen und daher höchst ungefährlichen Betrachtungen aus. Der jeweilige Papst tut sein Möglichstes: Er bastelt sich eine eigens auf die Verhältnisse im Kirchenfürstentum zugeschnittene und entsprechend monopolisierte Gesellschaftstheorie. Ihm selbst wird diese am allerwenigsten gefährlich, und Folgerungen für die eigene Herrschaft braucht er daher auch nie zu ziehen. Sätze wie »Alle Gewalt geht von Gott und nicht vom Volk aus« tun nicht weh: Gott ist längst vereinnahmt und sozialverträglich. Kommen die Päpste schließlich zum Kern der Frage und sollen sie konkrete Innovationen nennen, die den Herren der Welt (zu denen sie selbst zählen) übel aufstoßen könnten, reden sie drum herum. Bis heute hat noch kein Papst ein wesentliches Mittel genannt oder gar angewandt, das den Grund der Mißstände träfe und helfen könnte, sie zu beseitigen. Die Päpste wissen gut, warum sie solche Konkretionen aussparen. Sie dürfen jene nicht vergraulen, denen sie ihr Wohlwollen verdanken. Predigt Pius XII. 1943, seine Kirche habe »sich immer der gerechten Ansprüche der Arbeiterschicht gegen jede Unbilligkeit angenommen«, sagt er nicht die Wahrheit. Leo XIII., der »Arbeiterpapst« aus dem edlen Hause der Grafen Pecci, bestätigte in seiner Enzyklika von 1891, was bestimmte Herrschaften von ihm hören wollten: Das Privateigentum ist und bleibt gottgewollt. Die Armen sollen nicht danach streben, mehr zu verlangen, als ihnen zusteht. Denn »vor allem ist von der einmal gegebenen unveränderlichen Ordnung der Dinge auszugehen, wonach in der Gesellschaft eine Nivellierung von hoch und niedrig, von arm und reich schlechthin unmöglich ist«[199]. Reiche genießen (der Papst gehört selbst zu ihnen), und den Armen wird bestätigt, daß »Leiden und Dulden nun einmal der Anteil unseres Geschlechtes« sei.

Sich selbst hatten die Hirten schon sehr bald auf die Sonnenseite des Lebens gestellt. Papst Honorius II. (†1130) dekretierte – wie hirtenüblich etwas außerhalb der geschichtlichen Wahrheit – mit der ganzen Autorität seines Amtes: »Seit Anfang der Kirche bieten sich ihren Kindern zwei Lebensformen an; die eine, um die Schwäche der Gebrechlichen zu stützen, die andere, um das Glück der Starken zu vollenden.«[200] Wer noch immer nicht einsah, wo das Glück der Starken lag, erhielt durch Innozenz III. (†1216) Nachhilfeunterricht: »Deshalb befahl der Herr im Gesetz: Die Götter sollst du nicht herabsetzen (2 Mose 22, 28), womit er die Priester meinte, die wegen der Erhabenheit ihres Standes und der Würde ihres Amtes mit dem Namen von Göttern bezeichnet werden.«[201] Und der Römische Katechismus sekundierte im 16. Jahrhundert: »Da die Bischöfe und Priester gleichsam Gottes Dolmetscher und Botschafter sind, welche in seinem Namen die Menschen das göttliche Gesetz und die Lebensvorschriften lehren und die Person Gottes selbst auf Erden vertreten: So ist offenbar ihr Amt ein solches, daß man sich kein höheres ausdenken kann, daher sie zu Recht nicht nur Engel, sondern auch Götter genannt werden.«[202]

Die nicht nur stillschweigend gezogene Folgerung aus dem Status von Göttern: Kleriker heben sich dezidiert von denen da unten ab, und niemandem wird es einfallen, sie ausgerechnet bei den Massen der Armen auf der Erde zu vermuten. Von Solidarität statt von Herablassung konnte – und kann – daher keine Rede sein. Ein Bischof oder Papst, der sich wirklich solidarisierte, vollständig in schlechter Gesellschaft lebte und selbst nur »wie« ein Armer vegetierte: ein Ding der Unmöglichkeit.

O. Lafontaine, Ministerpräsident des Saarlandes (dessen Fläche vom Kirchenbesitz in der Ex-DDR übertroffen wird[203]), hat recht, wenn er – im Zusammenhang mit dem Gerangel über das Thema Bodenrückgabe in den neuen Bundesländern – sagt: »Von Grund und Boden verstehen die deutschen Bischöfe viel, viel mehr als Helmut Kohl vom Zölibat.«[204]

> *Die Kirchengeschichte wartet mit Tausenden von Beispielen auf, die für das wirkliche Leben der Kirchengötter zeugen: Oberhirten als Großgrundbesitzer, als Fürsten, als Verschwender finden sich in allen Jahrhunderten. Solidarisch Arme kennt diese Berufsgruppe nicht.*

Im Gegenteil. Im Frühjahr 1992 wurde dem Kölner Erzbischof J. Meisner in der Sendung »Monitor« ein Deal besonderer Art nachgewiesen. Der Kunstsammler hatte die Gegenstände seiner Passion bei seinem – nicht eben störungsfreien – Wechsel von Berlin nach Köln gleich kofferweise mitgebracht. Eine nähere Erklärung, warum und wie dies gelang, blieb er der Öffentlichkeit schuldig. Der Oberhirte, Inhaber eines der am reichsten dotierten Bischofssitze der Weltkirche und augenscheinlich weitab von persönlicher Armut, konnte bisher nicht einleuchtend erklären, unter welchen Umständen die kostbaren Kunstwerke in seinen Besitz gelangt waren, wer sie aus welcher Kasse bezahlt – und wer zu welchen Bedingungen die höchst ungewöhnliche Erlaubnis zur Ausfuhr aus der damaligen DDR erteilt hatte.
Nichts Besonderes. Die Sorge der Kirchenfürsten um das Seelenheil der Armen war stets berufstypisch abgehoben. Sie blieb kein unvorteilhaftes Geschäft. Victor Hugo hatte diesen Lehrsatz kennenlernen müssen, nachdem er gerufen hatte: »Erhebt euch doch, ihr Katholiken, Priester, Bischöfe, Männer der Religion, die ihr da in dieser Nationalversammlung sitzt und die ich da mitten unter uns sehe! Erhebt euch! Das ist eure Rolle! Was macht ihr da auf euren Bänken?« Die einzige Reaktion: Gelächter.[205]
Ein weiteres Beispiel aus dem 19. Jahrhundert: Kardinal Lambruschini, Staatssekretär unter dem reaktionären Gregor XVI., hatte

einen Neffen, der als Kaplan tätig war und eines Tages seinem mächtigen Onkel mitteilte, er plane, der Unwissenheit seiner Schäfchen durch die Gründung einer Sonntagsschule abzuhelfen. Der Kardinal ermahnte seinen Neffen unter Androhung von Höllenstrafen, »die Unschuld der Bevölkerung nicht durch das Gift der Erkenntnis aufs Spiel zu setzen«[206]. Realisiere er seinen unsinnigen Plan, habe er für die »grausigen Folgen« die Verantwortung vor dem Himmel und dem Hl. Stuhl zu übernehmen ...

Erst als die entstehende Arbeiterbewegung Europas begann, selbst einige Christen aufzuwecken, sahen sich die Päpste – jahrhundertelang Herrenmenschen und nichts als das – genötigt, die Bewegung zu taufen und scheinheilig in die eigenen Bahnen zu lenken. Dieses Süppchen mußte mitgekocht werden. Der »Arbeiterbischof« Freiherr von Ketteler, der arm zu arm und reich zu reich legte wie gewohnt, sah das Risiko der Revolution und nutzte die Chance, alles beim alten zu lassen, indem er an den Rändern kleine soziale Erleichterungen anregte. Der Klerus mußte handeln: nicht aus Einsicht, sondern zum Selbstschutz. Nicht ohne Grund geben alle päpstlichen Botschaften das eine Thema wieder: Die gottgewollte Weltordnung ist nun einmal so, wie sie ist, und alle Not der jeweiligen Zeit kommt allein vom Schwund des wahren Glaubens, alle Arznei vom neuentfachten Glauben an uns, die Hirten.

Pius XII. bekräftigte die alte Meinung, als er 1939 den Bischöfen der USA mitteilte: »Die Erinnerung an jedes Weltalter bezeugt, daß es immer Reiche und Arme gegeben hat; und daß dieses auch immer so sein wird, läßt die unabänderliche Beschaffenheit der menschlichen Dinge voraussehen ... Die Reichen, wenn sie rechtschaffen und redlich sind, üben das Amt von Austeilern und Verwaltern der irdischen Gaben Gottes aus; als Werkzeuge der Vorsehung helfen sie den Bedürftigen ... Gott selbst bestimmte, daß es zur Ausübung der Tugend und zur Erprobung der menschlichen Verdienste in der Welt Reiche und Arme geben soll.«[207]

Wieder sind die Plätze zugewiesen, und einmal mehr stehen die Päpste auf der richtigen Seite. Ihre Caritas kommt nie über das Stadium der Erprobung von Tugend hinaus. Ob Pius XII., privat ein Multimillionär[208], je darüber informiert wurde, was der angebliche Kirchengründer Jesus über die Reichen sagte? Ob ein Gott, der nicht gerade zufällig ein Gott der Reichen und Edlen ist, wirklich der Reichen bedarf, um die Güter der Welt zu verteilen? Ob ein Gott, der nicht von Oberhirten erfunden wurde, daran interessiert ist, daß Tag für Tag 40 000 Kinder auf der Erde verhungern? Ob er weiß, daß in Brasilien, also auf dem »katholischen Kontinent«, pro Jahr vier Millionen Kinder vergewaltigt werden und drei Millionen Mädchen zur Abtreibung gezwungen sind?[209]

Wozu es überhaupt eine Kirche gibt? Wenn diese doch nur feierlich bestätigt, was alle wissen: hier arme Leute, dort reiche? Warum Päpste keine soziale Frage beantworten? Nicht weil sie zu dumm dazu wären. Nein, weil sie klug genug sind, ihre eigene Basis nicht zu gefährden. Denn alle Antworten, die Antworten sind, gefährden Reichtum und Macht dieser Kirche und infolgedessen deren soziale und politische Privilegien. Da macht der Stellvertreter Christi auf Erden lieber von Sozialenzyklika zu Sozialenzyklika viele nette Worte für arm wie reich und beläßt damit alles beim alten.

Fällt diese Übung allzu sehr auf, verweist die offizielle Kirche einmal mehr auf die paar Christen, die sich persönlich anderweitig engagieren. Freiwillig übernommene, individuelle Armut ist ja von Fall zu Fall zugelassen, ja gern gesehen; sie steht dem wahren Gläubigen wie ein gutgeschnittener Anzug und läßt ihn noch besser aussehen. Setzen einzelne solche Zeichen, profitieren alle: Die Betroffenen fühlen sich in der Nachfolge Christi, und das inhumane System selbst, das sich selbst nie ändert, wird aufs neue gestützt.

Wie Päpste mit Einzelkämpfern umgehen? Erzbischof Oskar Arnulfo Romero aus El Salvador wurde beispielsweise wegen seines »naiven bis sektiererischen« Einsatzes für die Armen vom Vatikan jahrelang sehr zurückhaltend beurteilt. Rom beabsichtigte sogar, ihm einen Aufpasser vor die Nase zu setzen, um die in den vatikanischen Augen schlimmsten Auswüchse des Engagements Romeros für die Unterdrückten zu beschneiden. Der mißliebige, weil atypische Bischof mußte sich 1979 bei einer Massenaudienz sogar bis in die vordersten Reihen drängeln, um den Wojtyla-Papst persönlich um eine Audienz bitten zu können. »Ich war dort völlig isoliert«, sagte Romero anschließend, »sie sahen mich an, als spräche ich Chinesisch.«[210]

Im März 1980 wurde Romero unter noch immer öffentlich ungeklärten Umständen ermordet. Seither ist er brauchbar und darf als Märtyrer der guten Sache gefeiert werden. Zwar macht auch diese Schwalbe noch keinen Kirchensommer, doch Romero steht neuerdings ganz vorne, und selbst Johannes Paul II. schmückt sich mit den Lorbeeren des »Mitbruders«. An eine Heiligsprechung des Ermordeten ist freilich nicht zu denken, weil Romero – im Gegensatz zum polnischen Priester Popieluszko?[211] – ein politisches Symbol war und »sogar ein Guerillero«[212].

Ist mit Liebe mehr Staat zu machen als mit Glaube?

»Seht, wie sie einander lieben!« Das frühkirchliche Wort – über seine Berechtigung schweigen wir am besten – verlor im Lauf der Kirchengeschichte mehr und mehr an Boden. Zuzeiten hätte es kein Bischof zitieren können, ohne Gelächter zu ernten. Doch drehte sich der Zeitgeist. Je mehr Menschen im Kirchenkonzern in den Lehren der Chefetage nur noch eine Ausformung absurden Theaters erblickten und je intensiver sie ihre Kirchenmitgliedschaft als Möglichkeit deuteten, Alte, Behinderte, Arme zu unterstützen[213], desto zügiger mußte die Konzernspitze handeln. Kaum hatte der Vatikan wieder einmal den Marktwert der Liebe entdeckt, änderte er seine Strategie. Der neukatholische Wert »Versöhnung« mußte sich vor allem dort bewähren, wo ihn die Welt am meisten vermißte. Nicht etwa bei den Abweichlern im eigenen Lager, auch nicht in Sachen Kalter Krieg (der war schließlich »gerecht«), sondern gegenüber den anderen christlichen Kirchen. Das erschien den Taktikern im geistlichen Gewand vordringlich;

schließlich merkte die Welt gut, wie zerstritten die Kirchen und
Sekten waren, die sich auf den »Gründer« Jesus beriefen. Auf
Dauer konnte sich Rom ein derartiges Schauspiel nicht leisten.
Ruhe an der Heimatfront war angesagt.

1974 plante Papst Paul VI. daher einen Besuch in Genf bei den
christlichen Brüdern. Er wollte nicht mit leeren Händen kommen.
Die getrennten Kirchen warteten gespannt, was auf sie zukäme.
Schließlich hatten die evangelischen Christen noch zu Beginn des
20. Jahrhunderts dem Einheitskatechismus des Papstes Pius X., einem verbindlichen Dokument der Catholica, entnehmen können,
ihre Religion sei »die Summe aller Irrlehren, die vor ihr waren,
nach ihr gewesen sind und nach ihr noch entstehen können, um
die Seelen zu verderben«[214]. Und Papst Benedikt XV. war noch
1915 entfahren, die nichtkatholischen Christen seien »Räuber und
Verschwörer«, ja »Sendboten des Satans«, die mitten in Rom, seiner Heiligen Stadt, »Tempel errichten, in denen Gott die wahre
Ehre verweigert wird«[215]. Bereits 1873 hatte Pius IX. den deutschen Kaiser belehrt, jeder Getaufte, also auch der evangelische,
»gehört in irgendeiner Art und in irgendeiner Weise ... dem Pap-
ste an«[216].

Diese Lehre fand sich im übrigen noch bis 1983 im Kirchlichen
Gesetzbuch, das ohne allzu große christliche Skrupel alle Getauften seinen Normen unterwarf. Schließlich sollte der Papst, wie die
offiziöse Zeitung des Vatikans längst mitgeteilt hatte, »nicht nur
dem Worte nach, sondern auch in der Tat das Haupt der ganzen
christlichen Welt«[217] sein und bleiben.

Der katholische Kulturkämpfer L. Windthorst sprach denn auch
beim Münsteraner Katholikentag von 1885 aus, was die Kirchenfürsten hören wollten: »Von Rom aus wird die Welt regiert, vom
Papst in Rom!«[218]. Zwar war bereits die weltliche Herrschaft der
Päpste den Untertanen übel bekommen; noch Pius IX. hatte beispielsweise zur Verteidigung seines Besitzes 1870 Dutzende von
Menschen erschießen lassen.[219] Doch der geistlich und kirchenpolitisch profitable Anspruch Roms stand felsenfest: Christus hatte
angeblich nur jenem Petrus die »Schlüssel« (und die damit ver-

bundene Gewalt, zu »lösen« und zu »binden«) verliehen, auf den sich der jeweilige Papst beruft. Wer sich sonst noch Christ nannte, sich aber dem Schlüsselinhaber im Vatikan nicht unterwarf, galt als Errichter von »Pestkanzeln, um unter dem Volke Irrlehren zu verbreiten«, als Lügner und Verleumder der wahren Religion.[220] Wer solchermaßen irrte, hatte nach Meinung katholischer Kirchenfürsten noch in den fünfziger Jahren keinerlei Anspruch auf Toleranz.[221]

Doch auch die Friedensschalmeien bliesen. Leo XIII. schrieb 1894 an die »Fürsten und Völker der Erde« (darunter tun es die Herren nie), es sei »Beruf des Papstes, der gottgewollte Förderer des Friedens« zu sein.[222] Freilich hatte er nicht versäumt, diese Worte in den richtigen Zusammenhang zu stellen: Das Endziel des Papstamtes sah der Inhaber darin, Völker und Staaten zur Einheit des Glaubens zurückzubringen und unter dem römischen Papst zu einigen, dessen »heilsamer Einfluß« wieder ins Licht gerückt werden müsse. Denn, so Nachfolger Benedikt XV., nur der Papst sei der »von Gott eingesetzte höchste Dolmetsch und Vertreter des ewigen Gesetzes«[223].

Die Herren waren sich ihrer Sache sicher. Ihre Theologie hatte längst aus ihrer Petrus-Legende[224] eine handfeste Doktrin gebastelt, mit deren Hilfe sich die weltliche Macht des Papsttums über Jahrhunderte legitimieren ließ: In Rom war die höchste Vollmacht des Hirten-, Lehr- und Richteramtes zu Hause; die sie ausübten, sprachen schlichtweg vom »Primat«. Wer sich diesem Dogma nicht unterwarf, war kein richtiger Christ. Soweit der Glaube.

Allerdings bekam der Vatikan mit dem Dogma mehr und mehr Schwierigkeiten; der Unterwerfungsglaube früherer Zeiten war drauf und dran, dem fröhlich unbeschwerten Ungehorsam vieler Menschen zu unterliegen. Viele Gläubige hegen zudem jene fluktuierenden Meinungen, die man vorläufig hat, ohne sie absolut zu setzen, und identifizieren sich allenfalls noch partiell mit jener Kirche, die auf Totalabsorption ausgerichtet ist.[225] Ihnen ist nicht mehr mit den erstarrten Begriffen Dogma, Glaubensabfall, Häresie beizukommen.[226] Kirchenstrafen gehen einfach ins Leere.[227]

Der Papst mußte etwas tun, um zumindest im Lager der Christen wieder an Einfluß zu gewinnen. Folgerichtig sagten ihm die Seinen, der – im wesentlichen unaufgebbare – Primat sei neuerdings einer der Liebe. Also sprach Paul VI. zwiefach zu den getrennten Brüdern: Er gab den Vorrang seines Amtes nicht auf, doch deutete er ihn als »primato della carità«[228]. Damit war das Terrain für weitere Ansprüche bereitet; einem, der von sich sagt, er und sein Amt seien mittlerweile in der Liebe Erste, widerspricht niemand gern.

Paul VI. hielt sich an die selbstgestrickte Devise, und seither gehört sie zum Standardrepertoire päpstlicher Verlautbarungen. Als besonders tauglich erweist sie sich bei den sogenannten Pilgerreisen des jetzigen Papstes. Johannes Paul II. läßt keine Gelegenheit aus, die Liebe auf päpstlich zu predigen: Liebe nicht nur zu den getrennten Brüdern, sondern auch zu den Hilfsbedürftigen und Armen der Welt.

Diese Äußerungen sind Pflichtübungen, solange sie keine praktischen Konsequenzen haben. Die Reden Papst Wojtylas strotzen von Versöhnungsvokabeln und Beteuerungen der Liebe, doch bleiben sie folgenlos. Ich nenne drei Beispiele: Tritt der Papst den nichtkatholischen Christen mit Aufrufen zum Dialog gegenüber, bleiben diese ohne praktische Bedeutung; die Annäherung der römischen Kirche an die Nichtkatholiken wurde unter Johannes Paul II. stark abgebremst. Wojtyla bewegte sich nicht nur keinen Zentimeter auf andere Religionsgemeinschaften zu, sondern drehte in Sachen Aussöhnung sogar das Rad der Entwicklung zurück. Wirkliches Interesse verrät nur seine Machtstrategie: Seine Versöhnungsreden sollten Verbündete gewinnen, die Hirten der Weltreligionen zu Parteigängern im Kampf gegen den Atheismus (»Neuheidentum«) machen. Inhaltlich kommt er seinen Adressaten keinen Deut entgegen.

Auch wurde nicht bekannt, daß Wojtylas »Liebe zu den einzelnen Ortskirchen«[229] der eigenen Kirche irgendwann und irgendwo konkrete Ergebnisse gehabt hätte. Bischöfe, Priester und »Laien« werden unter seiner Regierung wieder mehr im Gehorsam gehalten als noch vor wenigen Jahrzehnten, zu Zeiten des letzten Konzils. Konsequent freilich, daß der Souverän just zu dem Zeitpunkt, da er die bisherige Gewaltausübung bestritten sieht, den Dienst an der Versöhnung und die Liebe entdeckte. Offensichtlich richtet er seine Taktik darauf aus, daß ihm zur Zeit mehr Menschen als seinen Vorgängern auf diesen Leim gehen.

Spricht der Papst – wie etwa zum Gründonnerstag 1982[230] – zu den Priestern vom Zölibat, verwendet er aufdringlich oft die Vokabel Liebe. Doch die Menschenwürde der Betroffenen, vor allem der »gefallenen« Priester, hat bei Johannes Paul II. weniger Chancen denn je: Was unter Paul VI. noch als Barmherzigkeit interpretiert wurde, die Rückversetzung in den Laienstand und die kirchliche Heirat von ehemaligen Priestern, wurde unter dem jetzigen Papst abrupt gestoppt. Je blumiger die Sprache des Papstes daherkommt, je entgegenkommender sie sich gibt, desto unversöhnlicher ist ihr Inhalt.

Immerhin hält der Papst an verdächtigen Morallehren fest, beispielsweise am Verbot der Geburtenkontrolle für kinderreiche Arme in den Ländern der Dritten Welt oder am Verbot des Kondomgebrauchs durch Aids-Kranke. Seine Kirche erfand zudem die inhumansten Gesetze, die das gegenwärtige Europa kennt. Sie praktiziert diese bei jeder Gelegenheit, die Fensterpredigt von der tätigen Liebe ständig im Mund.

Ein Beispiel für solche Normen: der Umgang der offiziellen Kirche mit Priesterfrauen und -kindern. Schon die verbotene Liebe zu einem Gottgeweihten hat menschenunwürdige Konsequenzen, zumal es für jede Frau entwürdigend ist, dauernd verheimlicht zu werden. Dabei sollen allein in Deutschland mehr als 6000 Frauen mit Priestern zusammenleben[231] – für die meisten von ihnen ein »Dasein im Schatten«. Die Beziehungen bleiben in der Regel konspirativ; die betroffenen Frauen müssen häufig ihre gesellschaftlichen Kontakte stark einschränken und sind – wie ihre geweihten Liebhaber – zur Heuchelei gezwungen. Ihre Liaison behält den Charakter des Unverbindlichen. Nicht wenige Kleriker unterhalten gleichzeitig mehrere sexuelle Beziehungen, aus Angst oder

Unfähigkeit zu fester Bindung.[232] Kirchenrechtlich sind die heimlichen Geliebten Freiwild. Hat ihr Lover genug, haben sie keinerlei Versorgungsansprüche. Werden sie schwanger, verlangen manche der sogenannten »Partner«, das Malheur durch eine Abtreibung aus der Welt zu schaffen. Lehnen sie dies ab, werden sie häufig samt Baby sitzengelassen. Einige kämpfen seit Jahren vergeblich um die Zahlung von Alimenten. Die Hirten versuchen ständig, mit allen möglichen juristischen Tricks einen Zugriff auf die Kirchenkassen abzuwehren. In den – unter dem nach außen hin betont menschenfreundlichen Johannes Paul II. abgeschafften – »Laisierungsverfahren« spielten Person, Schicksal und Leben der Partnerinnen ohnehin nicht die geringste Rolle. Interessant war für die Kirchenleitung, die einen amtsmüden Priester von der Zölibatsverpflichtung lösen sollte, allein das Bekenntnis des Antragstellers, physisch oder psychisch ein Versager zu sein. Wer Belege für den praktischen Umgang der Catholica mit Menschenwürde und Caritas sucht, findet hier, im Zentrum nackter Gewalt von Menschen über Menschen, umfangreiches Material.

Auch die spätere Behandlung der verbotenen, sakrilegischen (»tempelräuberischen«!) Kinder durch kirchliche Amtspersonen bleibt ein fortwirkender Skandal. Ist ein Kind von klein auf genötigt, einen geliebten Menschen wie den eigenen Vater beschützen zu müssen, indem es ihn offiziell nicht kennt, wird seine Liebe mißbraucht. Doch da die Kirche strikt an ihrem unmenschlichen Gebot festhält, bezieht sie diesen Mißbrauch bewußt in ihr Kalkül ein. Das Schweigen der betroffenen Menschen ist noch immer der beste Schutz für das System.[233]

Hinter allen frömmlerischen Worten lugt die alte Doktrin hervor. Die neuentdeckte Liebe deckt nur den üblichen Anspruch auf Wahrheit, den die Päpste erheben und den ihre Thronerben nie aufgeben werden, weil sie ohne ihn die eigene Organisation gefährdeten. Die Kirche bleibt nicht von ungefähr die Lehrerin der Wahrheit, deren hierarchische Struktur allen autoritätsgläubigen Menschen Sicherheit verspricht – und den Lehrern selbst Achtung durch die Gläubigen, ja Liebe verheißt.[234]

Vor den französischen Bischöfen sagte Johannes Paul II. 1980, der gute Hirte (eine Lieblingsvokabel der Herrschaft) sorge sich »um Weide und Nahrung für die Schafe«[235]. Bezieht man diese Worte auf den katholischen Pferch, so sind sie zum Teil gedeckt: Die Päpste sind stark daran interessiert, den Ihren (und damit sich selbst) alle möglichen Privilegien zu verschaffen und die weltanschaulich neutralen Staaten der Gegenwart entsprechend anzugehen. Weide und Nahrung für die Schafe, die nicht zum eigenen Pferch gehören, sind nicht gemeint.

Es ist ein offenes Geheimnis, daß sich Pius XII. während der Hitler-Diktatur ständig um den Bestand des deutschen Katholizismus sorgte, für Juden, Kommunisten und andere Nicht-Schafe jedoch keine Hand rührte.[236] Eine ähnlich lieblose Haltung ist von dem Vorzeige-Widerständler der deutschen Kirche, dem münsterschen Kardinal von Galen, zu berichten.[237]

Wojtylas Worte an die Armen sind durch keine Taten von menschlichem und gesellschaftlichem Rang gedeckt: Es ist Augenwischerei, von Parteinahme für die Not zu sprechen, solange der Sprechende selbst nicht nur keinerlei Not leidet, sondern in seinem Kirchenfürstentum zu den Besitzenden und Mächtigen der Welt zählt und keinerlei Abstriche, von gelegentlichen Almosen abgesehen, vom eigenen Besitzstand in Rom und anderswo macht.[238]

Wer Belege für den immensen Abstand sucht, der zwischen dem »Menschensohn, der nicht hat, wohin er sein Haupt legen könnte« (Mt 8, 20), und der Kirche klafft, sei unter anderem auf die Zimmerfluchten verwiesen, die dem Papst zur Verfügung stehen[239], oder auf die Tatsache, daß Paul VI. sommers wie winters sorgfältigst temperierte Appartements bewohnte[240] und sich – auf dem Dach seines Palastes – Garten und Swimmingpool anlegen ließ. Auch ist ein Hinweis auf jene 80 Millionen DM angebracht, die Pius XII. bei seinem Tod als Privatvermögen hinterließ.[241] Es sieht jedenfalls nicht so aus, als hätten sich ausgerechnet die Obersten Oberhirten der letzten Zeit zu Glanzleistungen in praktischer Nächstenliebe hinreißen lassen. In der Bundesrepublik liegen, wie noch zu zeigen sein wird, die Verhältnisse kaum anders.

Die Rechnung Roms geht dennoch auf: Bezeichnet sich der Papst als Vertreter der christlichen Liebe[242], findet er wenig Widerspruch. Noch gewinnträchtiger wird sein Geschäft, wenn diese Liebe auf dem Hintergrund einer gewalttätigen Welt hell erstrahlt: Wo alle hassen und nur einer liebt, sind die Gewichte bereits richtig verteilt. Überall auf der Erde Gewalt, Macht, Profitdenken, gerade bei den Mächtigen, und im Vatikan Demut, Verzicht und Armut: Dieser Heiligenschein fasziniert – und schafft bei allen, die keinen Blick hinter die Kulissen tun dürfen oder wollen, Vertrauen und gar Gegenliebe.

In dieselbe Richtung zielt der Versuch des Vatikans, den Papst neuerdings verstärkt als Vater zu vermarkten. Als Giovanni Montini noch Erzbischof von Mailand war, zitierte er zustimmend Papst Bonifaz VIII. (†1303): »Es ist für das Heil eines jeden Menschen unabdingbar notwendig, sich dem römischen Papst zu unterwerfen.«[243] Kaum war er jedoch selbst Papst, legte er sich als Paul VI. das Image eines Vaters zu, zu dem die »ganze Menschheitsfamilie«[244] in Liebe aufblicken sollte. Keine Rede mehr war von Unterwerfung, dafür viel von dem »Wesentlichen eines Papstes«, geliebter Vater aller zu sein. Offenbar ließ sich der überkommene Herrschaftsanspruch auf diese Weise am besten verbrämen, und einmal mehr deckte Liebe die Gewalt. Die Werbestrategie des Vatikans wird noch erfolgreicher, teilt der Stellvertreter Christi mit, er liebe just jenes Land, das er gerade besucht und dessen Boden er küßt. Schon Pius XII. hatte während der Hitler-Diktatur versichert, wie sehr er dieses Deutschland liebe[245]. Paul VI. hatte mit ähnlichen Gesten Erfolge erzielt[246], und Johannes Paul II. feiert die eigene Liebe geradezu inflationär. Da reichen selbst Superlative nicht mehr aus: Der Wojtyla-Papst beteuert ununterbrochen, wie sehr er, der Vater der Welt, Land um Land liebe.[247] Mittlerweile kann der Oberhirt schon nicht mehr darauf verzichten, seine Wertschätzung öffentlich kundzutun, zumal es wie ein Liebesentzug aussieht, wenn die entsprechenden Hinweise ausbleiben.

Als Paul VI. partout nicht aufhören wollte, um die Liebe der Welt zu werben, und dringender als jeder seiner Vorgänger geliebt sein wollte, ja als er öffentlich eingestand, seine größte Sehnsucht sei, geliebt zu werden, schüttelten Kenner im Vatikan den Kopf: »Ein Papst«, so einer der Prälaten, »kann, wenn er es vermag, Liebe geben. Darum bitten kann er nicht.«[248]

Kann ein Papst Liebe geben? Der zitierte Prälat schränkt wohlweislich ein: »...wenn er es vermag«. Offensichtlich ist selbst der Vatikan nicht davon überzeugt, daß Kirchenfürst ein Synonym für liebender Mensch ist. Konkrete Beweise fehlen in der Tat zu keiner Zeit: Päpste erwiesen sich als liebesunfähige Despoten, seelisch verkümmerte Menschen, Psychopathen, Machtmenschen und Gewalttäter.[249] Mord und Totschlag, Lug und Trug sind über Jahrhunderte die Regel, und vorbildliche Menschen stellen in diesem Beruf selbst nach den von der Kirche aufgestellten Kriterien für die Heiligsprechung die seltenste Ausnahme dar.[250]

Wie Päpste mit Bischöfen und Bischöfe mit ihresgleichen umgehen, ist bis in unsere Tage hinein belegt.[251] Beispielsweise soll der ukrainische Kardinal Slipij gesagt haben, den Papst Paul VI. aus kirchenpolitischen Gründen aufs Abstellgleis geschoben hatte, um die vatikanische Ostpolitik nicht zu gefährden: »Ich erinnere mich jedes Augenblicks meiner sowjetischen Haft, einschließlich der Zeit, in der ich zum Tode verurteilt war. In Rom habe ich Augenblicke erlebt, die schlimmer waren.«[252]

Haben Oberhirten es gar mit Andersdenkenden zu tun, wird ihre Sprache noch schriller: Ein am Geist des Hasses statt an dem der Nächstenliebe geschultes Vokabular, das Andersdenkende mit Tieren vergleicht oder sonstwie unflätig beschimpft, ist im Neuen Testament (2 Petr 2, 12) wie in der Kirchengeschichte vielfach belegt[253] und auch unter zeitgenössischen Hirten nicht ungewöhnlich.[254] Die Theorie heißt Liebe, Liebesleere ist Praxis.

> *Oberhirten, die keine Gelegenheit auslassen, den Menschen Nächstenliebe zu predigen, bleiben verdächtig stumm, wenn es um kirchliche Lieblosigkeit in Geschichte und Gegenwart geht.*

Geht es schon im persönlichen Bereich nicht ohne Haß ab, kann vom System selbst nicht mehr erwartet werden. Zwar reagierte der Vatikan auf die Bestreitung des Hirtenamtes mit dessen sozialer Interpretation[255], doch lugen hinter dieser neuen Deutung ständig die wahren Ziele, Inhalte und Methoden der gewohnten Hirtenherrschaft hervor. Diese sind unschwer zu umschreiben: Sie lauten »Gewalt von Menschen über Menschen«. Nichts vom Gesäusel der Päpste hält der Wirklichkeit der Kirche stand. Ihre Liebe bleibt fromme Zutat.

Wird katholische Sozialarbeit mittlerweile als Grundfunktion der Kirche bezeichnet, so begründet und legitimiert dieselbe Kirche diese Wertung nicht von außen her, schon gar nicht unter Berufung auf staatliche und gesellschaftliche Instanzen. Sie greift ganz hoch: Gott selbst gab ihr diese Aufgabe, setzte ihren Zweck.[256] Damit glaubt sich die Kirche, was ihr gutes Recht ist, vor Nachfragen gerettet. Fragwürdig bleibt freilich, was sie konkret mit dieser – der neuzeitlichen Diskussion entzogenen – Selbstlegitimation anstellt: Wie ich nachweisen werde, lassen sich aus dem Gotteszweck geradezu haarsträubende ideologische und finanzielle Folgerungen ableiten und – gerade in der Bundesrepublik – durchsetzen.

Ein Lobbyist der großkirchlichen Caritas bringt diese Erfahrung auf eine Formel: »Vielleicht wäre manch einer mehr aus der Kirche ausgetreten, wenn ihn diese auch soziale Funktion der Kirchensteuer nicht davon abgehalten hätte.«[257] Schon jetzt kann festgehalten werden: Die Grundfunktion Liebe lohnt sich für die Kirche; das soziale Potential kann vom Gesamtsystem Großkirche weltanschaulich wie finanziell jederzeit genutzt werden.[258] Wer die Kirchen kennt, weiß, daß diese von dieser (wohl letzten?) gesellschaftlichen Chance regen Gebrauch machen.

Fragende, ja zweifelnde Stimmen aus den Kirchen selbst bleiben die Ausnahme: Der Pfälzer Oberkirchenrat A. Zeitler gehört zu ihnen. Er hat zumindest »keine abschließende Antwort auf die Frage, in welchem Umfang diakonisches Handeln als Wortverkündigung durch die Tat zum eigentlichen Auftrag der Kirche gehört«[259]. Ob »das gesamte heutige Spektrum diakonischer Betätigung« in diesen Auftrag einbezogen werden kann? Ob die (west-deutsche) Breite diakonischen Handelns wirklich ein konstitutives Merkmal des Kirchenbegriffs ist? Die von der Lobby gern gebrauchte Formel, das – mittlerweile monopolartig wahrgenommene – Geschäft mit der Caritas sei den Kirchen »zugewachsen«[260], hält jedenfalls keiner historisch-kritischen Betrachtung stand: Hier wuchs nichts naturnotwendig zu, denn alles wurde zielstrebig erkämpft und erobert (darüber später).

Der Gotteszweck weist seine Kehrseite so gut wie nicht vor; die Krise großkirchlicher Diakonie verbirgt sich gekonnt hinter weltweiter Geschäftigkeit. Beteuert die Kirche beispielsweise, sie verstehe sich als Anwältin der Armen, findet sie zunächst Glauben: Gegen dieses »anwaltliche Idealbild«[261] von Liebe argumentieren die Hörerinnen und Hörer nach aller Erfahrung erst spät und vorsichtig. Auch kann sich die klerikal zweckgebundene Liebe gegen den Nächsten, sprich: potentiell gegen alle Bundesbürgerinnen und Bürger, fürs erste stets behaupten[262]; wer als Nächster mit Liebe bedacht wird, erfährt sich zunächst einmal als hilflos. Gegen Nächstenliebe wehrt man sich im allgemeinen nicht, es sei denn, man durchschaut mehr und mehr deren Zweckgebundenheit.

Ob es überhaupt zweckfreie Liebe gibt? Wie sehr sich Liebe und Gewalt in Herrschaftssystemen bedingen, läßt sich immer wieder nachweisen.[263] Gerade in patriarchalisch verfaßten Gesellschaften, und die Catholica ist ein Musterbeispiel für eine solche, nimmt Liebe wie erwähnt eine genau definierte Position ein. Unter dem Vorwand, man wolle ja nur unser Bestes, wird geregelt, normiert, an- und übergeordnet. Keine Hierarchie und schon gar kein Papsttum kommen ans Ziel, wenn sie Caritas nicht in ihrem Sinn zuschneiden, von abweichenden Definitionen abheben und durchgängig zu ihren eigenen Gunsten funktionalisieren.

Jedenfalls ist wieder Liebe angesagt. Von Gewalt spricht der Vatikan nur ungern; sie ist bei den anderen zu Hause, beispielsweise bei den »religionsfeindlichen Systemen« der Erde. Die neuerliche Akzentuierung der Liebe entspricht dem Zeitgeist, dessen Kriegsmüdigkeit es zu nutzen gilt. Auch andere Gründe sprechen für sie.

Zum einen muß die Kirche immer häufiger fürchten, mit der eigenen immens lieblosen Vergangenheit konfrontiert zu werden, ohne ein massenwirksames Argument wie das »Jetzt aber lieben wir« bei der Hand zu haben. Zum anderen verlangen Bewegungen, die auf Armut und Nächstenliebe abzielen, von den Oberhirten eine behutsame Lenkung, bis sie sich – wie ihre Vorgängerinnen – völlig integrieren lassen. Zum dritten ist beispielsweise den Völkern Lateinamerikas ein »modernes Christentum« erstrebenswert zu machen, dessen »soziale Grundsätze« propagiert werden müssen[264], will die Kirche Roms nicht jeden Einfluß auf die katholisch getauften Massen dieses Subkontinents verlieren. Allerdings müssen die Prälaten umsichtig zu Werke gehen. Es ist nicht leicht, einerseits die Armut zu propagieren und andererseits den Reichtum der eigenen Institution nicht aufs Spiel zu setzen. Wollte die Kirche wirklich verarmen, bliebe ihr kein anderer Weg als die Preisgabe des bestehenden Gesamtvermögens, der Verzicht auf jedes Privileg und die Verunsicherung der Einnahmen. Eine wirtschaftliche Konsequenz für den einzelnen Priester wäre unter anderem der bürgerliche Beruf oder der Entschluß, eine Milde-Gaben-Existenz auf sich zu nehmen.[265]

Eine solche Konsequenz zerstörte jedoch das in Jahrhunderten errichtete Gebäude von Dogma, Organisation und Herrschaft. Daher wird sie nie zu erwarten sein. Die Kirche entschied sich, auf dieser Erde Macht unter Mächten zu sein, und dabei soll es bleiben. Anderslautende Ansätze bekommen keine wirkliche Chance; Kirche bleibt im wesentlichen irreformabel.

Die kirchliche Soziallehre geht schon deswegen ständig auf einem schmalen Grat und verlangt viel diplomatisches Geschick, weil alle Einsichtigen wissen, wie sehr sich der Klerus seit eh und je mit der Wirtschaftsstruktur des Kapitalismus identifizierte, wie der Vatikan sich in Grundstücks- und Wohnungsspekulationen verstrickt und wie perfekt sich die Wohlstandsgesellschaft in der Großkirche spiegelt. Diese Gratwanderung gelang, weil sich die Großkirche immer wieder für den – im wahrsten Sinn des Wortes – goldenen Mittelweg entschied. Hatte sie einmal glauben gemacht, selbst der

Krieg sei eine »Äußerung der Liebe«[266], ein Akt der Güte und des Mitleids, eine seelsorgerlich zu verantwortende Aktion, so fährt sie gegenwärtig – bis auf weiteres – besser mit der Betonung von Friedensliebe. Konsequenterweise profitierten ihre Oberhirten von beiden Predigten. Nur wer die Kirchenpolitik für ein Buch mit sieben Siegeln hält, mag über die geldwerte Doppelmoral verblüfft sein.

Kleriker sind nicht von dieser Welt, wenn es sich lohnt, und mitten in der Welt, wenn es sich auch lohnt. Ihre Argumente richten sich stets auf den Profit des Zeitgeistes aus. Offensichtlich spricht sich die Strategie bis nach unten durch. Auch vor Ort, in den Gemeinden, gelten zwei Prinzipien: Der jeweilige Pfarrer betätigt sich neuerdings noch karitativer denn je, ist fallweise geschäftig und um »seine« Armen und Alten besorgt – und wird erst seltsam wortkarg, wenn es um die Grundstücke geht, die seiner Pfarrei gehören, oder auffallend wortreich, wenn er die ortsüblichen Privilegien seines Amtes verteidigt. Hier gilt der Grundsatz, den Dutzende von Gesprächen mit den Betroffenen wiedergeben, die ich führte: »Unser Pfarrer läßt den Papst einen guten Mann sein«. Seelsorger opfern sich täglich und stündlich auf, lassen selbst über die härtesten Dogmen ihrer Kirche mit sich reden, tun im stillen allerhand Gutes – und ändern damit nichts am System, sondern stabilisieren dieses durch diese persönliche Milde.

Ich nenne diese Übung doppelmoralisch. Wer beispielsweise in der Seelsorge überhaupt nicht mehr vom Ablaß spricht, um den bekanntlich schlimme Kämpfe der deutschen Geistesgeschichte geführt wurden, und wer den Begriff Hölle vermeidet, obgleich der Vatikan offiziell von einem »ewigen Feuer« ausgeht[267], handelt seinen Schafen gegenüber unehrlich. Wer bei der Eucharistiefeier nicht mehr davon spricht, es handle sich um den »Leib Christi zum ewigen Leben«, sondern sagt, der Gläubige solle »dieses Stück Brot einfach als Zeichen der Freundschaft nehmen«[268], streut Sand.

> *Mit Glaubensgründen können heute nicht mehr so viele Menschen wie früher dazu bewogen werden, mit ihrem Geld die Kirche zu unterhalten. Daher ist jetzt verstärkt die Caritas im Gespräch. Die einschlägigen Reden haben eine Überlebensfunktion für die Amtskirche eingenommen.*

Auf der gleichen Ebene bewegen sich Päpste, die – zum Erweis ihrer »franziskanischen Gesinnung«[269] – einzelne diamantenbestückte Kronen[270] oder kostbare Bischofskreuze und -ringe zugunsten der Armen verschenken (im vatikanischen Fundus bleiben noch hundert andere zurück[271]) oder, wie Paul VI., in der Schlußfeier des Konzils zugleich mit Brot und Wein einen Dollarscheck für ein afrikanisches Hospital opfern. Ob solche Schecks dem persönlichen Vermögen des Spenders entstammen? Oder den Beständen der Vatikanbank? Oder tragen sie die Unterschrift eines US-Bürgers? Die Gesten wollen symbolisch sein, doch gerade deswegen treffen sie daneben.

Kritik an der »neu aufsteigenden Kraft des christlichen Sozialimpetus«, die »selbst Atheisten nachdenklich macht«[272], kommt auch aus der Kirche selbst. Nicht alle Gläubigen sind damit einverstanden, daß beispielsweise die Ziele der Ordensgründer zugunsten eines »freiweltlichen Sozialengagements«[273] aufgegeben werden. Fangen Orden damit an, ihrem Gemeinschaftsleben einen an der Sozialhilfe meßbaren Sinn zu geben, sprechen sogar Katholiken von einer kaum noch zu übertreffenden »Bankrotterklärung des gesamten Ordensstandes«[274].

Die Gefahr, die der Kirche durch derlei droht, ist nicht von der Hand zu weisen. Evangelische Bischöfe äußerten mir gegenüber, eines Tages sei ihre Organisation soweit, mit dem Roten Kreuz konkurrieren zu müssen – und zu unterliegen. Abhilfe schaffe nur die Rückbesinnung auf das Wesentliche und Unverwechselbare, den Glauben. Man darf gespannt sein, wenn sich die gegenwärtige Liebe wieder spürbarer in diese Richtung dreht. Christlich sein muß offenbar mehr bedeuten als »sich bloß sozial engagieren«[275].

Nicht von ungefähr beäugt der Papst die Kirche in Lateinamerika und ihre Experimente unter dieser Perspektive. Der taktische Grundsatz, nach dem nur ein weltoffener und altruistischer Klerus auch dort glaubwürdig sei, wo man den Glauben verachtet[276], ist wohl nicht das letzte Wort aus dem Vatikan.

Johannes Paul II., der Europa in Ost und West neu katholisieren will, ausgerechnet seine eigene Kirche als kulturelles Vorbild feiert und deren Soziallehre als Programm zum Bau einer »Zivilisation der Liebe« feilbietet[277], weiß offensichtlich, was er zu tun hat. »Die Welt muß wissen, daß Afrika in Armut versinkt«, stellte er im Januar 1990 fest. Wer sein Herz vor solchem Elend verschließe, mache sich der »brudermörderischen Verelendung« schuldig. Im September desselben Jahres nahm dieser Papst jedoch trotz weltweiter Proteste den Protzbau einer Basilika nebst einem Park (dreimal so groß wie der Vatikan) vom Diktator der Elfenbeinküste zum Geschenk an.[278]

Offensichtlich galt das Wort von der Mitschuld an der Verelendung Afrikas nicht für den Fensterprediger selbst, dessen asoziales Geschenk unter anderem 7800 Quadratmeter an Glasfenstern und 120000 Quadratmeter Marmor verschlang. Auch die Tatsache, daß neun von zehn Familien der Elfenbeinküste nicht über Strom verfügen, der afrikanische Petersdom aber von 1900 Scheinwerfern zu 1100 Watt angestrahlt wird, hielt Wojtyla nicht zurück. Diese eine wohlüberlegte Geste, ein bleibender Schandfleck mehr für das Papsttum Wojtylas, dürfte der Kirche im öffentlichen Ansehen nachdrücklicher geschadet haben als die Aktivitäten von Hundertschaften aufmüpfiger Kleriker.

Was alle Welt bestätigt sieht: Auch die Torheit der Regierenden (B. Tuchman) ist im Vatikan zu Hause. Doch die Regierten schwiegen zu diesem augenfälligen Verrat ihres Papstes an den Armen der Welt. So handeln Komplizen.

Wie aber will Johannes Paul II. dem Verdacht begegnen, ein Papst mit gespaltener Zunge zu sein, und glaubwürdig eine Option für die Armen vertreten, wenn er Tag für Tag zuallererst die Option für den Reichtum seiner Kirche wahrt? Welches Urteil wird die

Geschichte einmal über Herrn Wojtyla fällen, dessen Seelsorgevisiten Unsummen verschlingen, die den Armen in den Besuchsländern rücksichtslos entzogen werden? Gewiß findet sich im Vatikan kein einziger Bibelkundiger, der seinen Chef wenigstens an das passende Wort Jesu an die Verfluchten des Jüngsten Gerichts erinnerte: »Was ihr einem von diesen Geringsten nicht getan habt, habt ihr auch mir nicht getan« (Mt 25, 45).

Hirtenherren, die edelsteinbesetzte Evangeliare[279] durch ihre Kathedralen tragen lassen und diese beweihräuchern und besingen, können mit biblischen Inhalten gewiß wenig anfangen. Das liegt auf wenigen Gebieten kirchlicher Tätigkeit so offen wie beim angeblichen Dienst für die Unterprivilegierten. Gibt die Kirchengeschichte einen Blick auf die wahre Lage frei, zeigt sie die Geistes-Armut einer Institution, die mit dem Schatz des Evangeliums nichts anderes als die Sicherung ihrer eigenen Herrschaft anzufangen wußte.[280]

Was die Kirchen überhaupt aus den Hl. Schriften übernahmen, wurde regelmäßig und konsequent – in Form von Glauben und Liebe – zum Ausdruck und zur Funktion der Macht. Ihre Theologen aber gaben sich dazu her, sämtliche Übernahmen zu rechtfertigen: Theologie ist Legitimationswissenschaft[281], Sicherungsideologie gerade der Denker, die darin ihren Brotberuf haben. Nicht besonders auffällig, daß alle Schreibtischtäter sich um Theologien der Armut sorgten, doch die Theologie des Reichtums vernachlässigten.[282] Die letztere brauchten sie nicht; da genügte die Praxis. Reichtum wird – wie das Almosen, das vom Tisch der Besitzenden fällt – individuell angegangen; das hat Methode. So läßt sich zum einen das einzelne Schaf anpredigen und zu Spenden für die guten Werke seiner Hirten anregen, und zum anderen macht sich die Kirche den Pelz nicht naß. Wenn schon »ein Reicher schwer in das Himmelreich eingeht« (Mt 19, 29 f.), darf dieses Wort nie auf die Organisation angewandt werden: Es wäre auch schlimm, könnte die Himmelslobby selbst nicht in den Himmel kommen ...

Also sammeln sich in den Kirchen zwar die Größen des Verzichts, doch gelten ihre Opfer und Verzicht allenfalls in bezug auf Frauen

(Zölibat). Weder das satte Geld, das in die Taschen der Hirten fließt[283], noch der strukturelle Reichtum an Privilegien[284] sind gemeint, wenn Kirchenleute vom Opfer faseln.

Karl Marx stellte, wie die Theologen K. Barth und P. Tillich zugaben[285], den Gott dieser Welt, Mammon und Kapital, in aller Nacktheit dar, nahm Partei für das gedrückte Volk und richtete prophetische Anklagen gegen die Herrschenden. Er entgötterte alle Gottheiten einer Ideologie – und spottete darüber, daß die anglikanische Staatskirche eher 38 von ihren 39 Glaubensartikeln aufgebe als auch nur 1/39 ihres Grundbesitzes.[286] Von Hirten kann vieles verlangt werden, nur nicht das eine: Verzicht auf die eigenen geldwerten Vorteile.

Braucht es noch einen Beweis, daß Kirchenfürsten nichts mit bestimmten Aussagen Jesu zu schaffen haben wollen und sich am allerwenigsten vor dessen Gericht fürchten? Es fiel den Päpsten, von Fensterreden abgesehen, durchweg leichter, sich zum Wesentlichen ihres Amts zu bekennen. Zwar war nicht jeder von ihnen so undiplomatisch offen wie Leo X. († 1521), der das Papsttum nur genießen wollte und ehrlich sagte, die »Fabel von Christus« habe »uns« nur genutzt.[287] Doch in der Praxis hielten es fast alle Amtsinhaber gleich. Die Welt durfte miterleben, wie satte Prälaten über den Hunger anderer sprachen, vatikanische Großgrundbesitzer ihre Solidarität mit den Besitzlosen interpretierten und Päpste die Rechte der Reichen (also ihre eigenen) gegen die Armen verteidigten.

Eines der jüngsten Beispiele liefert der gegenwärtige Amtsinhaber. Papst Johannes Paul II. stellte unlängst klar: »Das Evangelium darf niemals durch eine besondere Sensibilität für soziale Probleme verdunkelt werden.«[288] Wer aufmerksam zuschaute, stellte denn auch fest, daß wirkliche Reformer früher oder später die Kirche verließen, weil sie stolz darauf waren, »nichts mit den Prälaten gemein zu haben, die in ihren Basiliken sitzen und sich den Segnungen der Zentralheizung hingeben«[289].

Der Jesuit Henri de Lubac, 1991 als Kardinal gestorben, meinte einmal, die wahren Feinde der Kirche erkenne man daran, daß sie die Kirche so haben wollten, wie sie ist. Stimmt dies, ist die Kirche am stärksten von innen her bedroht. Dann aber müssen die Gutwilligen ihre Gegner da aufspüren, wo sie sich einnisteten: in den Bischofspalästen und päpstlichen Ministerien. Da sie hier, unter den Hirten, fündig würden, suchen die treuesten Schafe gleich gar nicht. Doch finden sich andere, die diese Aufgabe wahrnehmen.

Reformer, die ihren Namen zu Recht tragen, basteln allerdings nicht mehr an Modellen der Kirchenreform herum. Sie haben die Studierzimmer der Berufstheologen satt und überlassen das Schicksal der Armen nicht mehr länger der Taubheit und Kälte der Kurie oder irgendeinem Theologieprofessor, sondern legen selbst Hand an. Die zurückbleibende Kirche bleibt für sie ein bloßes Phänomen, dem längst »das Leben abgesprochen war, bevor irgend jemand den klinischen Tod feststellte«[290].

Ist es keine Überlegung wert, ob jenes Christsein wirklich lebt, das an Schreibtischen entworfen, von Kanzeln und Kathedern verkündigt und in Domen gefeiert wird? Dieses Herrenchristentum bleibt ja von Wirtschaftsfragen ebenso unberührt wie von sozialer Not. Statt dessen ist es »umwickelt mit viel transzendentalem Gestus«. Seine reine Theorie dient dazu, »die Praxis des weißen christlichen Imperiums zu verschleiern«. Seine Vordenker, allesamt Mittelschichtstheologen, leben in schöner Muße, bringen die Zeit auf, jedem Jota ihres Fachgebiets nachzugehen – und darüber zu vergessen, wie abhängig sie von ihren Geldgebern und deren Zielsetzungen sind.[291]

Nein, die Kirche ist in der Bundesrepublik nicht verfolgt. Konflikte entstehen nur, wenn Glauben und Lieben Einfluß auf die praktische Politik von Kirche und Staat gewinnen wollen. Sich gar von den Armen der Erde statt vom Papst und den Seinen anleiten zu lassen: ein Ding der Unmöglichkeit. Gott ist »klein und häßlich«[292] in Deutschland. Nicht einmal eine ernstzunehmende Diskussion über das Zentrum Gott ist die gegenwärtige Großkirche zu führen in der Lage; Kirchenfragen von minderer Bedeutung und hausgemachte Probleme nehmen sie zeitraubend in Anspruch.

Was sind 200 Jahre Arbeiterbewegung, was ein paar Jahrzehnte taktischer Aufmerksamkeit gegenüber der Dritten Welt im Vergleich zu den 2000 Jahren katholischer Tradition? Der erste Augenschein spricht denn auch nicht für den Tod der Institution, sondern für ein reich blühendes Leben in der Bundesrepublik. Wo Milliardenbeträge in die Caritas und Diakonie investiert werden und Hunderte von Anstalten in kirchlicher Trägerschaft existieren, mag nur der sprichwörtlich Böswillige hinter die Kulissen dieses kirchenfrohen Lebens schauen. Wer sich freilich über nichts mehr wundern will, wage ruhig den Blick.

Eine milliardenschwere Mogelpackung
Oder:
Wer die christliche Wohltätigkeit wirklich fördert

Wer die Tätigkeit von Klerikern nach kircheneigenen Schilderungen bewertet, möchte glauben, die Kirche sei in all ihren Teilen ein einziges gewaltig großes Institut der Caritas.[1] Der Heiligenschein leuchtet milde, die Legende strahlt. Ein Bild voller Sozialromantik: Aus tausend geöffneten Kirchen- und Klostertüren reichen Priester und Mönche der hilflosen Armut Speise und Trank, Nonnen trocknen die Tränen der Geängstigten, Diakone gehen von Haus zu Haus und stillen die Schmerzen der Beladenen. Alles geschieht noch immer genau so, wie es in den vielen Jahrhunderten der Kirchengeschichte tagtäglich fromme Übung war. Denn Mutter Kirche hat auch das ganze Wirtschaftssystem mit unendlicher Weisheit und Güte geordnet: »Den Faulen nötigt sie mit sanftem Zwange zur Arbeit, den Reichen befreit sie von seinem Überflusse. In ihren Händen sammelt sie den Ertrag der Arbeit der Völker und läßt ihn wieder in die Hütten der Bedürftigen fließen. In dankbarer Rührung bringen Bauer und Bürger den Zehnten auf den Altar der Kirche, schenken ihr in ihrer Sterbestunde ihren irdischen Besitz, damit er wiederum den Armen zugute komme und sie desto sicherer ewigen Lohnes teilhaftig werden. Dem Sünder spendet die Kirche Trost durch den Ablaß, und gerne wendet der Begnadigte der Kirche zum Danke hierfür ein größeres oder geringeres Geldgeschenk zu.«[2] Es ist alles so weise geregelt!
Wer das Märchen auf sich wirken ließ, steht entrüstet vor der Kritik, die Wirklichkeit aufdeckt und Information statt Ikonenmalerei bietet. Aufklärung beispielsweise über die Tatsache, daß der Kirche zuzeiten ein Drittel des Bodens in Mitteleuropa gehörte[3],

daß die römisch-katholische Kirche die größte nichtstaatliche Grundbesitzerin in der Bundesrepublik ist[4] und die Kirchen in der ehemaligen DDR über alle Enteignungen hinweg[5] einen Besitz an Agrar- und Waldfläche behielten, der gut und gern der Größe eines westdeutschen Bundeslandes entsprach.[6] Aufklärung auch über die Tatsache, daß es der katholischen Kirche unter anderem in Ungarn gelang, bis zur Bodenreform in Ungarn rund 575 000 Hektar Grund anzusammeln und die Bischöfe zu den größten Grundbesitzern im Land werden zu lassen.[7]

Interesse wecken dürfte auch die Mitteilung, daß sich der Grundbesitz der Kölner Erzdiözese auf annähernd 120 Quadratkilometer beläuft; der einschlägige Haushalt schweigt hierzu.[8] Ein Kenner der Szene: »Es ist leichter, in Köln etwas über den Verfassungsschutz in Erfahrung zu bringen als über die Besitzverhältnisse der Kirche.« Und: »In der BRD muß die katholische Kirche über umfangreiche Kapitalbeteiligungen verfügen, und wenn, ist etwas in Köln zu holen.«[9]

> *Immerhin sprechen die Fakten nicht dafür, daß eine immer reicher werdende Kirche sich allzu solidarisch für die Besitzlosen einsetzte. Doch auch wenn sich die Frommen der Forschung nicht stellen: Das auf Goldgrund gemalte Bild kirchlicher Mildtätigkeit hält der Realität früherer Jahrhunderte ebensowenig stand wie der Gegenwart.[10] Um so aktiver sind die Illusionisten.*

Zwar gehören Märchenerzähler in den Orient. Sie sind beispielsweise in Marokko zu Hause. Wer über den Markt der wunderschönen Stadt Marrakesch schlendert, wird ihnen begegnen. Die Besucher aus dem Westen wundern sich über diese sympathische Tradition. Tausendundeine Nacht wird für ein paar Minuten Wirklichkeit. Sind aber die Reisenden aus dem fernen Morgenland zurückgekehrt, unterliegen sie wieder dem nüchternen Lebensgefühl des Westens. Daher sind Märchenerzähler der orientalischen Art hierzulande nur selten anzutreffen. Niemand vermutet sie hinter der nächsten Ecke.

Dabei kennt auch die Bundesrepublik ihre eigenen Märchen. Eines von ihnen hat einen besonders frommen Inhalt; vielleicht wird es deswegen so gern weitererzählt. Einschlägige Erzähler finden sich überall; selbst im kleinsten Dorf haben sie ihr Quartier. Offenbar muß jemand großes Interesse haben. Und den entsprechenden Profit.

Erzählt wird die Legende von der sozialen Großkirche. Die fromme Mär hat mehrere Kapitel; die Folgen werden von Fall zu Fall mit neuen Theorien und alten Beispielen ausgeschmückt. Die Methode ist bewährt; sie jongliert gekonnt mit den Prinzipien amtskirchlicher Caritas: Fensterpredigt, Almosen statt Solidarität im Teilen, Fremdtätigkeit und Fremdfinanzierung. Manche sind fasziniert. Anderen fällt es schwer, den Märchenerzählern zu glauben. Immer mehr Fragende lassen nicht locker. Sie bestehen auf Sachinformationen.

Warum funktioniert die kirchliche Betreuungsindustrie überhaupt noch?

Beim Geld ist für viele Schluß mit dem Glauben. So sieht es wenigstens zur Zeit aus. Manche, durchaus nicht alle Kirchenleitungen schauen mit wachsender Sorge auf die Kirchenaustrittszahlen.[11] Der Boom, der vor etwa drei Jahren einsetzte, scheint unaufhaltsam. Allein im Januar 1992 gingen in Köln 854 Katholiken zum Amtsgericht, um eine Kirche zu verlassen, die nicht mehr die ihre ist (und vielleicht nie war). Diese Zahl ist die höchste seit 15 Jahren. 1991 traten im heiligen Köln, nach dessen früherem Erzbischof, Kardinal J. Höffner, »die treue Tochter Roms«[12], 6607 Katholiken und 4459 Protestanten aus. In anderen Großstädten entwickeln sich die Austrittszahlen ähnlich explosiv; stiegen die Austritte bisher jährlich um etwa zehn Prozent, werden inzwischen Steigerungen zwischen 80 und 110 Prozent genannt. 1991 verloren die beiden Großkirchen allein in Nordrhein-Westfalen 117 052 Mitglieder, ein historischer Höchststand.[13] Seit 1980 waren die Austrittszahlen in der Bundesrepublik zwar auf einem relativ hohen Niveau geblieben, doch erst 1989 wurde mit insgesamt über 240 000 Austritten ein neuer Rekord erreicht. 1990 und 1991 gab es dann einen regelrechten Einbruch in der Mitgliederstruktur; allein die katholische Kirche mußte 1990 über 143 000 Austritte hinnehmen, davon 103 000 in den alten Bundesländern. Nach den Angaben des evangelischen Bischofs G. Müller verließen schon 1990 nicht weniger als 144 000 Menschen die Kirche; 1991 waren es bereits 60 Prozent mehr.[14] Nicht enthalten sind darin die Zahlen aus den neuen Bundesländern. Nach internen Angaben waren es dort 1991 um die 119 000 Austritte. Da die Zahlen für 1992 nochmals höher liegen[15], handelt es sich um einen dramatischen und in seiner Dimension einmaligen Ablösungsprozeß.

Die bisherigen Austrittswellen in diesem Jahrhundert – nach dem Ersten Weltkrieg, zur Zeit des Nationalsozialismus, bei der 68er-Generation – hatten einen sachlichen Zusammenhang zwischen Austritt und allgemeiner politischer Entwicklung erkennen lassen.[16] Die gegenwärtige Welle, die folgenreichste in Deutschland seit 120 Jahren (Beginn der Statistik), läßt sich nicht mehr politisch einordnen. Sie traf, so Bischof Müller, die Kirche in einer »gewissen Ahnungslosigkeit«[17].

Die Austrittswelle führt ihr Eigenleben: Während kirchengebundene Theologen mit kirchlichen Amtsträgern medienwirksam um Kaisers Bart streiten, ziehen die Menschen an der Basis die längst fällige Konsequenz.

Wer dagegen noch eine »Reform« der Großkirche erhofft und nach Jahrzehnten nicht merkte, was er vom Reformwillen der Oberhirten zu halten hat, dem ist nicht zu helfen. Millionen waren und sind klüger: Themen wie Jungfrauengeburt, Empfängnisverhütung und Zölibat sind für die Mehrheit auch dann nicht mehr interessant, wenn sie dutzendfach neuaufgelegt werden.

Konsequenter Kirchenaustritt? Ein Beispiel aus dem schwäbischen Heidenheim steht für viele: Schon 1990 war ein Höchststand an Austritten erreicht, der exakt das Zehnfache der im Jahr 1948 vermerkten Austritte verkörperte.[18] Auf evangelischer Seite schließt man nicht aus, daß sich die Zahl in 1992 geradezu verdoppeln wird. Damit aber nicht ausgerechnet die besten Steuerzahler der Kirche den Rücken kehren, wurden mit diesen nach Rücksprache mit dem Oberkirchenrat in Stuttgart Ausnahmen ausgehandelt. Um einen Austritt der Finanzkräftigen gerade noch zu verhindern, genießen diese künftig eine Sonderbehandlung. Ihre Kirchensteuer verschwindet nicht wie beim Normalvolk in einem großen anonymen Topf, sondern wird »umgepolt und zielgerichtet für ganz bestimmte Zwecke eingesetzt«[19]. Welche diese genau sind, wurde nicht mitgeteilt.

Schon in den letzten Jahren vor dem aktuellen Boom (zwischen 1970 und 1987) war der Anteil der evangelischen Christen in Hamburg von 70,6 Prozent auf 50 Prozent zurückgegangen, der in West-Berlin von 67 auf 48,3 Prozent, der in Bremen von 80,6 auf 59,7 Prozent.[20] Hatten noch 1961 50,5 Prozent der Bevölkerung (28,4 Millionen) der Evangelischen Kirche Deutschlands angehört, waren es 1989 nur mehr 25,1 Millionen oder 40,1 Prozent.[21] Aus den neuen Bundesländern kamen mittlerweile gegen drei Millionen hinzu, doch verbessert dieser Zugewinn angesichts der ungleich höheren Zahlen an Konfessionslosen aus der ehemaligen DDR den prozentualen Anteil der evangelischen Kirche keineswegs.

Bereits in den alten Bundesländern hatte sich der Anteil der großkirchlich Ungebundenen (in den Statistiken schamhaft als sogenannte Sonstige geführt) von 6,4 Prozent (in 1970) auf 16 Prozent (in 1990) erhöht. Heute gibt es, nach dem Schub aus den neuen Bundesländern, neben etwa 27 Millionen Katholiken und 28 Millionen Protestanten schon um die 20 Millionen Bundesbürgerinnen und Bundesbürger, die keiner dieser Steuerkirchen angehören.[22] Die Tendenz zum Kirchenaustritt ist wie gesagt stark steigend[23]; auch finden sich zunehmend Doppelmitgliedschaften in

Kirche und »Sekte«.[24] Spätestens im Jahr 2000 dürfte eine Drittelung der Bevölkerung erreicht sein: Je ein Drittel Katholiken, Protestanten und Kirchenfreie. Die Zahlen berücksichtigen nicht die statistisch kaum erfaßbare, doch für die Kirchen äußerst gefährliche Diskrepanz zwischen nomineller Mitgliedschaft und substantieller Kirchlichkeit. Die Kirchen zeigen nicht das geringste Interesse, dieses Auseinanderfallen aufzudecken oder gar politisch auswerten zu lassen. Ihre Hauptvertreter sehen keinen Anlaß, gesellschaftliche Konsequenzen aus der auf sie zukommenden Minderheitenposition der Christen zu ziehen.

Nach der neuesten »Statistik über das kirchliche Leben« für 1988 und 1989 besuchen durchschnittlich nur noch fünf Prozent der evangelischen Christen sonntags die Gottesdienste (1975 waren es noch 5,5 Prozent). Die Zahl der Gottesdienstbesucher in manchen Landeskirchen (West-Berlin, Bremen, Oldenburg) erreicht nicht einmal mehr drei Prozent.[25]

Und das katholische Bayern? Die alljährlichen Aufmärsche der Gläubigen am sogenannten Fronleichnamsfest finden selbst in diesem Bundesland immer weniger Anklang beim Kirchenvolk, dafür aber um so mehr bei extremen Traditionalisten. Am Umzug des Jahres 1992 in München nahmen nach Angaben des Erzbischöflichen Ordinariates nur noch 6000 Gläubige teil. Innerhalb von nur zehn Jahren bedeutet dies einen Schwund um 80 Prozent; das verbleibende Fünftel kommt nicht einmal mehr an die Quote der jährlichen Kirchenaustritte heran.

Die Zusammensetzung der Münchner Prozession 1992 dürfte besonders aussagekräftig sein. Neben zahlreichen Klerikern, die von Berufs wegen teilzunehmen hatten, traten Vertreter der Landes- und Kommunalpolitik in Erscheinung: Ministerpräsident Streibl und Kultusminister Zehetmaier (CSU) sowie SPD-Oberbürgermeister Kronawitter. Hinzu kamen Abordnungen der »Ordnungskräfte« (Bundeswehr, Polizei, Feuerwehr), mittelalterliche katholische Ritterorden (z. B. Malteser) sowie Burschenschaften, Trachtengruppen und Mitglieder so okkulter Vereinigungen wie dem Opus Dei.[26]

In weltanschaulich neutralen Staatswesen wie der Bundesrepublik Deutschland oder dem Freistaat Bayern gilt die Teilnahme von Bürgermeistern mit Amtskette und öffentlich Bediensteten in Dienstkleidung an einer katholischen Prozession allerdings nicht als Verstoß gegen das Verfassungsprinzip der Trennung von Staat und Kirche.[27] Dieses Beispiel mag als Petitesse abgetan werden, doch weist es über sich hinaus. Die Liste der augenfälligen Verfassungsverstöße ist ja ungleich länger und weist erheblich dickere Brocken auf[28], ohne daß sich bisher in der politischen Öffentlichkeit etwas regte.

Wer sich unbefangen in der Bundesrepublik umsieht, kommt nicht entfernt auf den Gedanken, daß das Grundgesetz die Trennung von Staat und Kirche vorsieht. Allein ein – vorläufiges – Verzeichnis der institutionalisierten Mitwirkungsrechte der Großkirchen im staatlichen Bereich umfaßt 17 Druckseiten.[29] Es verwundert unter diesen Umständen nicht, daß die längst ihres Fußvolks entleerten Minderheits-Kirchen noch dieselben Privilegien wie vor Jahrzehnten von seiten unseres Staats beanspruchen, als habe sich nichts Wesentliches zu ihren Ungunsten geändert.[30] Die Willfährigkeit der Parteipolitiker lädt geradezu zu einem solchen Vorgehen ein.[31]

> *Die bundesdeutschen Großkirchen lassen sich, Glaubwürdigkeit hin oder her, auch weiterhin von einer überwältigenden Mehrheit an Mitläufern aushalten. Gingen die Kirchen in Geldangelegenheiten von der Zahl der praktizierenden Gläubigen aus, wären ihre Organisationen pleite. Nur die statistische Unehrlichkeit, von Bedenken gegen die Rechnung mit der (längst nicht mehr existierenden) Volkskirche[32] zu schweigen, erhält die Großkirchen hierzulande überlebensfähig.*

Unter solchen Umständen davon zu sprechen, die Bundesrepublik sei noch immer ein christliches Land, ist grob fahrlässig. Meine langjährige Erfahrung läßt freilich den Schluß zu, daß nicht wenige Kirchenvertreter auf diesem Gebiet mit Vorsatz handeln und bewußt alle Karteileichen ihrer Organisation mit ins politische Kalkül einbeziehen. Die angeblich große Zahl ließ sich ja stets rentierlich ins Feld führen, wenn es darum ging, Vorteile gegenüber anderen Verbänden herauszuschlagen.[33]

Lassen sich Kirchen überhaupt auf staatliche Institutionen ein, darf davon ausgegangen werden, daß sie mit Abstand die besseren Geschäfte machen. Das ist nicht nur historisch[34], sondern auch aktuell erwiesen.[35] Obgleich belegt ist, daß in der überwiegenden Mehrzahl der Fälle die Großkirche besser an einem Konkordat oder Kirchenvertrag verdient als der Staat, ließen es sich die Vertreter Deutschlands nicht nehmen, solche gerade finanziell höchst nachteiligen Abkommen einzugehen.

Eine weitere deutsche Spezialität: Während selbst so »katholische« Länder wie Italien und Spanien jene Kirchenverträge längst kündigten, die faschistische Diktaturen mit dem Hl. Stuhl geschlossen hatten, ist das 1933 unter schmählichsten Umständen zustande gekommene Reichskonkordat nach wie vor geltendes Recht in Deutschland. Dieser Schandvertrag zwischen Hitler und dem Papst steht dazu im Rang einer – vom Bonner Grundgesetz abgesegneten – Verfassungsnorm.

Wer Beispiele für praktizierte politische Doppelmoral sucht, findet diese zuhauf, wenn er allein die Privilegierung der Kirche sowohl von seiten der Diktatur als auch von seiten der Demokratie untersucht. In beiden Fällen gelang es der Kirche, sich Entgegenkommen zu sichern und geldwerte Vorteile auszuhandeln.

Papst Leo XIII. hatte gegen Ende des 19. Jahrhunderts eine entsprechend geschmeidige Devise für diese Art politischer Theologie verkündet: Uns sind alle Staatsformen lieb, solange nur die eigenen Interessen gewahrt bleiben.[36] Sich dieser Moral zu erinnern und das entsprechende Wissen in das eigene Verhalten gegenüber Kirchenvertretern miteinzubeziehen, kann den Politikern aller Parteien nur angeraten werden: Es kommt einer Wendekirche nicht darauf an, welche Staatsform und welche Politiker sie als Partner ihres Deals wählt. Sie ist ausschließlich daran interessiert, welchen Parteipolitikern sie die meisten Privilegien abhandeln kann.

> *Wer die Zusammenhänge kennt, wird kaum versucht sein,*
> *ausgerechnet der Kirchenlobby Versagen bei der Vorteilsnah-*
> *me vorzuwerfen. Gerade, wenn diese von »Partnerschaft« zwi-*
> *schen Staat und Kirche spricht, ist Vorsicht geboten!*

Dabei sind die Zeiten ein für allemal vorbei, da das sogenannte christliche Sittengesetz wegweisend, wenn nicht fordernd in die Verfassung einiger Bundesländer aufgenommen werden konnte. Gegenwärtig ließen sich solche und ähnliche Formulierungen in den Landesparlamenten kaum mehr durchsetzen. Zu viele Bürgerinnen und Bürger erkannten inzwischen, daß Verfassungsbestimmungen, die schlankweg jeden Menschen dem Gesetz des – von einer Minderheit, der Klerikergruppe, interpretierten – Christentums subsumieren, nur noch an eine überholte Epoche deutschen Rechtsdenkens erinnern. Mittlerweile wurden auch viel mehr Fakten aus Geschichte und Gegenwart der Kirchen ans Licht der Öffentlichkeit gehoben[37], als diesen lieb sein kann.[38] Es wird nur noch eine Frage der Zeit sein, bis sich aus dem neuen Wissen und der gewandelten Sensibilität der Wille zu tatkräftiger politischer und gesellschaftlicher Konsequenz entwickelt.
Vor Jahrzehnten sah alles noch etwas anders aus. Baden-Württemberg hatte 1953 in seine Verfassung geschrieben, »der Mensch« sei berufen, seine Gaben »in der Erfüllung des christlichen Sittengesetzes« zu entfalten, und die Jugend des Landes sei »im Geiste der christlichen Nächstenliebe« zu erziehen.[39] Der Freistaat Bayern hob sich im Vorspruch zu seiner Verfassung vom 2. Dezember 1946 zu Recht von einer eben erst überwundenen »Staats- und Gesellschaftsordnung ohne Gott« ab, die ein Trümmerfeld hinterlassen hatte. Daß freilich auch christliche Staats- und Gesellschaftsordnungen Trümmer hinterließen[40], weiß die Landesverfassung nicht. Um so verständlicher, daß Bayern den

Geistlichen in der Erfüllung ihrer Amtspflichten nicht nur »den Schutz des Staates« zuspricht, sondern auch »jede öffentliche Verächtlichmachung der Religion, ihrer Einrichtungen, der Geistlichen und Ordensleute« verbietet[41] – und, wie sollte es anders sein, ausdrücklich »das kirchliche Eigentum gewährleistet«[42].

Die Verfassung des Landes Nordrhein-Westfalen geht nicht gar so weit, spricht aber einleitend von einer »Verantwortung vor Gott« und, in Artikel 7, vom »vornehmsten« Erziehungsziel der »Ehrfurcht vor Gott«. Auch das Saarland erkennt in seiner Verfassung von 1947 die Kirchen »als Bildungsträger« an und spricht bei der Erziehung der Jugend vom »Geist christlicher Nächstenliebe«[43]. Rheinland-Pfalz nennt Gott den »Urgrund des Rechts und Schöpfer aller menschlichen Gemeinschaft« und spricht bei den Erziehungszielen von »Gottesfurcht und Nächstenliebe«[44]. Schließlich werden – von der Verfassung eines zur Neutralität verpflichteten Landes! – die Kirchen pauschal als »anerkannte Einrichtungen für die Wahrung und Festigung der religiösen und sittlichen Grundlagen des menschlichen Lebens« bezeichnet.[45]

Aussagen, die ausgerechnet die historisch auf das schwerste belasteten Kirchen[46] – repräsentiert durch deren Hirten – für die sittlichen Grundlagen nicht nur des Christenlebens, sondern des menschlichen Lebens schlechthin verantwortlich machen, klingen mittlerweile hohl. Die Kirchen selbst halten jedoch an der früheren Zielsetzung fest. Ein Hirtenbrief der katholischen Bischöfe zur Landtagswahl in Baden-Württemberg am 5. April 1992 erinnert nicht von ungefähr an die zitierte Landesverfassung und folgert, »die Würde jedes einzelnen Menschen wie auch Freiheit, Frieden und Gerechtigkeit« blieben gewährleistet, »wenn die bürgerlichen Rechte und Pflichten in diesen Grundwerten verankert sind«[47].

Angesichts der Geschichte der Catholica, die eine millionenfache Verletzung von Freiheit, Frieden und Gerechtigkeit kannte[48], wirkt ein solcher Hinweis auf alle Nichtchristen (und Demokraten!) verletzend. Die Würde jedes einzelnen noch immer pauschal von christlichem Sittengesetz und christlicher Nächstenliebe abhängig zu machen, muß Millionen desavouieren, die unterdessen zu sehen lernten. Solange die Bischöfe alle Menschen einfach unter ihre konfessionellen Fittiche nehmen, argumentieren sie unfair.

Während es sich beim großen Gewinn, den die beiden Steuerkirchen aus ihren Zahlmitgliedern ziehen, um eine nachweisliche Realität handelt, sind die große Zahl der Gläubigen und der kirchliche Einheitsglaube ebenso nachweisbar getürkt.

Die Austrittszahlen für die katholische Kirche liegen neuerdings über denen der geistlichen Konkurrenz.[49] Das weist auf einen gewissen Nachholbedarf hin (in den Jahrzehnten zuvor war es umgekehrt). Doch ist die typisch katholische Zeitverzögerung keineswegs der einzige Grund für die Austrittswelle.

Mittlerweile fragen auch Kirchenobere, die in den vergangenen Jahren den Weggang ihrer Schäfchen relativ gelassen hinnahmen, verstärkt nach den Motiven für die Austritte.[50] Die unter Bischöfen hin und wieder anzutreffende »Laisser-faire«-Haltung ist der faktischen Entwicklung ebenso unangemessen wie die oberhirtliche Meinung, es komme heute nur darauf an, durchzuhalten und dem Prinzip »Nach uns die Sintflut« zu folgen. Denn die Austritte fallen mehr und mehr ins Gewicht; die Steuerverluste addieren sich.

Freilich: Da die beiden Wendekirchen den bequemsten und sichersten Weg wählten, um an unser Geld zu kommen, und sich geradezu nahtlos dem bundesrepublikanischen Wirtschafts- und Steuersystem anpaßten (die Frage nach dem Zeitgeist stellt sich den Kirchen nie, wo es um das eigene Wohl geht!), haben sie auch Anteil am wachsenden Steueraufkommen. Es wundert daher nicht, daß die Kirchensteuern in den letzten Jahren kontinuierlich und überdurchschnittlich wuchsen[51] – und 1991 mit über 15 Milliarden einen Höchststand erreichten.[52] Diese Steigerung beträgt gegenüber dem Vorjahr nicht weniger als 16 Prozent.[53] Von daher gesehen, gilt der steuerliche Aderlaß, den die Austrittswelle mit sich bringt, manchen Finanzdirektoren der Kirchen noch immer als wenig bedrohlich.[54]

Was Kirchensteuereinnahmen konkret bedeuten, wird vielen erst in einem goldigen Bild deutlich.[55] Manche mögen neulich im Fernsehen zugeschaut haben, wie der Aga Khan, leiblicher Nachkomme des Propheten Mohammed und als solcher nach dem Glauben der islamischen Sekte der Ismaeliten kaum weniger als Gott selbst, sich auf einen Thron setzte – und von seinen Gläubigen in purem Gold aufgewogen wurde. Die Bilder von diesem Vorgang gingen um die Welt, und gute Christen sprachen von Skandal: Ein »Sektenführer« – und Milliardär – läßt sich mit Goldbarren aufwiegen!

Die bundesdeutschen Kirchensteuerzahlerinnen und -zahler haben nicht den geringsten Grund, Ärgernis zu nehmen. Zum einen stiftet der Aga Khan die ihm zugedachte Summe wohltätigen Zwecken, zum anderen läßt sich leicht eine Gegenrechnung aufmachen. Am 13.10.1992 kostete am Frankfurter Markt ein Kilobarren Gold 16430,– DM (ohne Mehrwertsteuer). Angenommen, der Aga Khan habe seinerzeit um die 150 Kilo Lebendgewicht auf die Waage gebracht (die Angaben gehen auseinander), ergibt dies einen Gegenwert in Höhe von 2,46 Millionen DM. Nehmen wir weiter an, die 15,2 Milliarden DM an Kirchensteuern (für 1991) wären nicht lautlos von den staatlichen Finanzämtern eingezogen worden, sondern in einer öffentlichen Zeremonie den evangelischen und katholischen Oberhirten der Bundesrepublik als Geste gläubiger Dankbarkeit übergeben worden.

Das bedeutete: Die größte Goldwaage aller Zeiten vor dem Kölner Dom und ein Guiness-verdächtiges öffentliches Schauwiegen. Bei 16340 DM pro Kilobarren feinsten Goldes ergäben sich allein 1991 nicht weniger als 930232 Barren. Diese 930 Tonnen Feingold an Kirchensteuern wären von den deutschen Kirchenfürsten beim besten Willen nicht auszugleichen; selbstverständlich ist der Hirten-Dienst nicht einmal mit Gold aufzuwiegen. Selbst wenn alle Herren und die eine Dame aus Hamburg (bei den ersteren setze ich – bei vollem Ornat – ein Durchschnittsgewicht von 80 Kilo an) auf die imaginäre Waage spröngen, neigte diese sich nicht ein bißchen. Erst wenn der Papst und alle Bischöfe der Catholica (etwa 11000) in der anderen Waagschale Platz nähmen, stellte sich ein

Gleichgewicht zwischen ihnen und dem bundesdeutschen Kirchensteuergold ein. Verglichen mit diesem Beispiel nimmt sich der Aga Khan unverhältnismäßig bescheiden aus.

Legen wir zudem jene Milliardensummen an staatlichen Subventionen auf die Goldwaage, die die beiden Großkirchen jährlich für ihre eigenen Zwecke kassieren, nimmt sich das Christenkalkül mit dem Geld aller Bundesbürger noch dreister aus: Der Religionsunterricht kostet unser Gemeinwesen pro Jahr den Gegenwert von 185 Tonnen Feingold, die Militärseelsorge bringt es auf satte 3000 Kilobarren, und die Bundesländer wiegen allein den Unterhalt von Einrichtungen der Theologenausbildung mit weit über tausend Zentnern Gold im Jahr auf …

Normalsterbliche mögen jetzt den eigenen Besitz an Gold (Eheringe, Halskettchen) überschlägig bewerten – und auf Werte kommen, die sich nur in Gramm ausdrücken lassen. Bundesdeutsche Kirchengläubige zahlen freilich im Lauf ihres Arbeitslebens durchschnittlich 30–60 000 DM (Goldwert etwa 1,5 bis 3 Kilobarren) Kirchensteuer. Das bedeutet, daß sie eine Stunde pro Woche, eine Woche pro Jahr – und ein ganzes Jahr ihres Lebens nur für »ihre« Kirche schuften. Unter diesen Umständen überlegt sich mancher, ob das Preis-Leistungs-Verhältnis noch stimmt. Oder ist die Kirche einfach zu teuer? Für die bezahlten Zehntausend DM wird relativ wenig geboten: Ein wenig Predigt zum Beispiel; die genehmigen sich die Durchschnittszahler eh nicht. Kirchlich-bürgerliche Festtage wie Hochzeit, Taufe, Kinderkommunion, Konfirmation schlagen im übrigen extra zu Buche. Beerdigungen auch. Wo bleibt denn unser Geld? So fragen sich viele. Da sie trotz der Hochglanzprospekte der Kirchen keine befriedigende Auskunft erhalten und der Mär von den gläsernen Taschen der Bischöfe nicht glauben, treten sie aus. Auch die – für viele andere stehende – Mitteilung, daß von den im Haushalt 1993 des Erzbistums München-Freising ausgewiesenen 815,5 Millionen DM zwar rund 420 Millionen in die Seelsorge fließen, doch nur 167 Millionen DM für soziale Ausgaben und Dritte Welt ausgegeben werden sollen[56], läßt aufhorchen – und Konsequenzen ziehen.

Das summiert sich. Nehmen wir, vorsichtig geschätzt, an, daß der bundesdeutsche Durchschnittsbürger jährlich 800 DM Kirchensteuer berappt, so erbringt der Austritt von 150 000 Steuerpflichtigen (in 1990) den Großkirchen einen satten Verlust von 120 Millionen DM, der von etwa einer halben Million Zahlern (in 1991) bereits einen Steuerausfall in Höhe von 400 Millionen DM. Das ist beileibe keine Bagatelle mehr. Immerhin entspricht die Summe in etwa dem Jahresgehalt von achttausend Pfarrern.

> *Die Kirchenaustritte nehmen bedrohlich zu, und Lohnschreiber im Kirchensold bekommen immer größere Schwierigkeiten, Argumente für ihre Arbeitgeber zu erfinden. Die Kirchenorganisation wird von einer wachsenden Mehrheit als hilflos unzeitgemäß entlarvt.*

Die wahren Gründe für den Mitgliederschwund aufzudecken ist nicht einfach. Allzu lange ließen die Kirchenoberen die sich abzeichnende Entwicklung treiben und wurstelten einfach vor sich hin. Wie gewohnt lief die Seelsorge weiter, die Menschen zahlten unbesehen, ließen ihre Kirchensteuerbeträge brav abbuchen und glaubten den frommen Worten, alles werde einem guten Zweck zugeführt.

Viele von den Briefen, die ich nach dem Erscheinen meines Buches »Die Kirche und unser Geld« (1990) erhielt, deuteten eine Tendenzwende an: Erstmals waren Daten, Fakten und Hintergründe der kirchlichen Finanzwirtschaft aufgedeckt – und schon kamen Zehntausende ins Grübeln. Es war konsequent, daß viele auch die Folgerungen zogen.

Die Kirchen kamen ihrerseits nicht so recht mit den Fakten klar. Manche Hirten zerbrechen sich erst jetzt den Kopf über die Motive für den Massenexodus. Der Kölner Stadtdechant J. Westhoff bat 1500 der verlorenen Schäfchen um eine Antwort, und rund 100 der Ausgetretenen nannten ihm im nachhinein ihre Gründe. Offenbar sind die Zeiten des »harschen Protestaustritts«[57] vorbei, die in den späten sechziger Jahren viele Menschen aus den Kirchen trieben. Gegenwärtig werden die Kirchen nicht »wüst beschimpft«. Die Ausgetretenen erklären den Pfarrern eher freundlich, warum »es einfach nicht mehr geht«.Viele gehen wegen der zunehmenden finanziellen Belastung, andere nennen kirchenpolitische Gründe wie die Tätigkeit des jetzigen Papstes oder das Vorgehen der Amtskirche gegen Theologen. Doch bleiben diese Gründe eher am Rand der Motivation. Freilich dürfen gerade finanzielle Motive zumindest nicht von einer Kirche geringgeschätzt werden, die selbst hemmungslos mit Milliarden operiert und jede sich bietende Gelegenheit nutzt, sich alte Quellen sichern zu lassen und neue zu erschließen. Auch ist der auf weiteste Strecken hin undemokratische bis inhumane Umgang mit abweichenden Meinungen Grund genug für einen Kirchenaustritt.

Eine demokratisch geschulte Öffentlichkeit ist immer seltener bereit, Zensurvorgänge und Strafaktionen kommentarlos hinzunehmen. Die gestiegene Sensibilität für die Verletzung von Meinungs- und Wissenschaftsfreiheit mag zwar die Hirten ärgern, doch ehrt sie die gegenwärtige bundesrepublikanische Gesellschaft.

> *In das Zentrum der Austrittsbewegung führt ein anderer Weg: Die Argumentation, auch wer nicht in der Kirche bleibe, könne ein guter Christ oder, noch häufiger, ein guter Mensch sein. Daher wolle man das Caritas-Monopol der Großkirchen brechen und sein Geld gezielt an andere Organisationen geben.*

Hält diese Entwicklung an, wofür alles spricht, und führt sie zu gesellschaftlichen und politischen Konsequenzen, ist das Ende für die ausschließlich großkirchlich betriebene Diakonie in Sicht. Dann tut sich wieder der nur mühsam zugedeckte Spalt zwischen Glaube und Liebe auf: Die Kirche kann schon ihre spezifischen Glaubensinhalte nicht mehr hinreichend vermitteln. Sie findet wenig Glauben an die Lehre vom Leben nach dem Tod, an die

Erlösung durch Jesus Christus oder an ein Jüngstes Gericht. Versagt sie auch in ihrer Liebe, zumal sich überall bessere Alternativen auftun, ist sie überflüssig.

Noch können als eine der Hauptursachen für den Verbleib in der Großkirche »Hilfseinsätze und das soziale Engagement der Kirchen« sowie »das, was die Kirche in der Dritten Welt leistet«, genannt werden.[58] Doch ist es nur eine Frage der Zeit – und der entsprechenden Aufklärung –, bis sich auch diese Argumente bei den meisten Adressaten als das erweisen werden, was sie tatsächlich sind.[59] Hängt die Zukunft der Gesellschaft von den Kindern und Jugendlichen ab[60], so kommen erst recht finstere Zeiten auf die verfaßten Kirchen zu. Ein Trend zu den Alternativen zeichnet sich bereits ab: Trotz ungebrochener Spendenfreudigkeit geraten großkirchliche Wohlfahrtsunternehmen vor allem bei jüngeren Menschen mehr und mehr ins Hintertreffen. Die Bereiche mit der größten Spendenbereitschaft sind nach einer Repräsentativuntersuchung im Auftrag der bayerischen Evangelischen Landeskirche[61] der Umweltschutz (40 Prozent), der Sport (33 Prozent), Behinderte (24 Prozent) und der Tierschutz (23 Prozent). Der katholische Caritasverband kann Spenden nur mehr von jedem siebten Befragten erwarten, und für die evangelische Diakonie votierten nur noch drei Prozent, bei unter 30jährigen sogar nur noch ein Prozent. Weit attraktiver sind das Rote Kreuz, die Krebs-Hilfe und, bei jungen Menschen, die Aids-Hilfe. Kirchenferne spenden im übrigen auffallend gern für Greenpeace, während nur 13 Prozent der Kirchengebundenen für diese Organisation etwas übrig haben.

Gewiß ist das Argument nicht von der Hand zu weisen, der bundesdeutsche Spendendschungel verführe dazu, daß sich auch schwarze Schafe unter die als gemeinnützig anerkannten Organisationen mischten. Zumal die Bundesdeutschen allein 1992 mehr als vier Milliarden DM den mehr als 20000 anerkannten Hilfswerken spendeten[62], halten alle möglichen Leute die Hand auf. Doch bedeutet dies noch lange nicht, daß allein die Institutionen der großkirchlichen Wohlfahrtspflege die weißen Schafe wären und deshalb alle Spendengelder abbekommen müßten. Zum einen erhält Spendengeld in Klerikerhand keine besondere Qualität, zum anderen kann jeder Spendenwillige vor der guten Tat einen guten Rat einholen: Das Deutsche Zentralinstitut für soziale Fragen (Berlin) vergibt seit einiger Zeit ein eigenes »Spendensiegel« an soziale Hilfsorganisationen, die ihre Mittel sparsam einsetzen, deren Verwaltung nicht zuviel kostet, die ihre Einnahmen und Ausgaben belegen können und die zweckdienlich unmittelbar helfen. Dem Mißbrauch der Hilfsbereitschaft ist ein Riegel vorgesetzt: Bisher erhielten 42 Organisationen das Siegel; Terre des hommes, die Welthungerhilfe und die Kindernothilfe sind darunter.

Wie häufig die Großkirche – trotz ihrer Milliardeneinnahmen aus Kirchensteuer und Subvention – die Ihren in Form von Spendenaufrufen zur Kasse bittet und welche »Anliegen« dabei im Vordergrund stehen, zeigt der »Terminkalender für die Diözesankollekten und Opferbeckensammlungen 1993« in einer einzigen bundesdeutschen Diözese[63]:

▶ 6. Januar 1993: Kollekte einschließlich Opferbecken für Katechetenausbildung in Afrika,

▶ 7. März 1993: Kollekte einschließlich Opferbecken für caritative Zwecke und Einrichtungen des Kath. Sozialdienstes,

▶ Fastenzeit 1993: Kollekte in den Schülergottesdiensten als Fastenopfer der Kinder für Misereor,

▶ Fastenzeit 1993: Kollekte in den Jugendgottesdiensten für den Gemeinsamen Kreuzweg der Jugend für die Jugendarbeit in Osteuropa,

▶ 28. März 1993: Kollekte einschließlich Opferbecken für das Fastenopfer Misereor,

▶ 9. und 10. April 1993 (Karfreitag und Karsamstag): Opferbecken für das Hl. Grab und den Verein vom Hl. Land.

▶ 11. und 12. April 1993 (Ostersonntag und Ostermontag): Kollekte einschließlich Opferbecken für die Errichtung von Kirchen und Gemeindezentren,

▸ Tag der Erstkommunion: Kollekte als Diaspora-Opfer der Erstkommunionkinder,

▸ Tag der Firmung: Kollekte als Diaspora-Opfer der Firmlinge,

▸ 2. Mai 1993: Kollekte einschließlich Opferbecken für kirchliche Aufgaben in Mittel- und Osteuropa,

▸ 23. Mai 1993: Kollekte einschließlich Opferbecken zum Welttag der Kommunikationsmittel,

▸ 30. und 31. Mai 1993 (Pfingstsonntag und Pfingstmontag): Kollekte einschließlich Opferbecken für Theologenfonds, kirchliche Berufe, Exerzitien und Jugendseelsorge,

▸ 13. Juni 1993: Kollekte einschließlich Opferbecken als Diaspora- und Schulkollekte,

▸ 4. Juli 1993: Kollekte einschließlich Opferbecken als Papstspende,

▸ 19. September 1993: Kollekte einschließlich Opferbecken zur Caritassammlung,

▸ 24. Oktober 1993: Kollekte einschließlich Opferbecken als Missio-Kollekte am Sonntag der Weltmission,

▸ 1. und 2. November 1993 (Allerheiligen und Allerseelen): Opferbecken zur Priesterausbildung in der Diaspora Ostdeutschlands,

▸ 14. November 1993: Kollekte einschließlich Opferbecken als Martinusopfer (Stiftung Lebensraum für die Familie),

▸ Advent 1993 Kollekte in den Jugendgottesdiensten als Opfergang der Jugend für die Jugendarbeit in Osteuropa,

▸ 25. und 26. Dezember 1993 (Weihnachten): Kollekte einschließlich Opferbecken zur Aktion Adveniat,

▸ Weihnachten 1993: Kollekte im Rahmen der Sternsingeraktion.

Hinzu kommen das monatliche Priestersamstagsopfer (Opferbecken für das Päpstliche Werk für Priesterberufe), das Opferbecken »Miteinander teilen« der gleichnamigen Aktion, die sogenannten Bonifatiusbeiträge (Mitgliedsbeiträge für den Bonifatiusverein) sowie die an der Kasse der Diözesanverwaltung abzuführenden Einnahmen der Priester für doppelte »Meßstipendien«. Nur am Rande sei erwähnt, daß fraglos auch an allen Sonn- und Feiertagen (wenn nicht Werktagen), der »Klingelbeutel« herumgeht und den Gläubigen auch »Kollekten, die aus nicht vorausschaubarem Anlaß angesetzt werden müssen«, angedroht sind.

Die Einführung einer befristeten Ergänzungsabgabe in Höhe von 7,5 Prozent auf die Lohn- und Einkommensteuer ließ zwar viele ihr finanzielles Verhältnis zur Kirche überdenken, doch kann der folgende Kirchenaustritt »nicht einfach als Schlaumeierei oder Gesinnungslosigkeit moralisch abgetan werden«, wie selbst in Kirchenkreisen eingeräumt wird.[64] Vielmehr merken die Kirchen am Geldbeutel, wie vielen Menschen sie aus dem Blick gerieten. Vielleicht merkten sie mittlerweile auch, daß sie sich allzu lange auf die Frage »Wie kommen wir an anderer Leute Geld?« konzentrierten.

Es ist nicht verwunderlich, daß 40 Prozent der im Auftrag der bayerischen Evangelischen Landeskirche Befragten die Kirchen ohnedies für zu reich hielten, so daß Spenden sich erübrigen. Verteilten die Kirchen ihre Kirchensteuereinnahmen anders als gewohnt (nämlich bis zu 80 Prozent für das eigene Personal[65]), sind nach Meinung dieser 40 Prozent unter den Befragten auch kirchliche Spendenaufrufe überflüssig.

Das Dilemma, in dem sich die Kirchen befinden, ist viel größer, als Kirchenfürsten zugeben können: Den Glauben wollen die meisten Mitglieder der sogenannten Volkskirche nur noch sehr beschränkt und am liebsten zu Feiertagen folkloristisch aufgeputzt annehmen[66], »jugendfreie Gottesdienste«[67] sind vielerorts die Regel, und die großkirchlich vermarktete Liebe bekam längst tüchtige Konkurrenz. Kein Wunder, daß immer mehr Menschen nachzudenken und nachzurechnen beginnen. Daß es im übrigen genug Länder auf der Welt gibt, wo das offizielle Christsein wesentlich preiswerter zu erhalten ist und die Menschen weder Kirchensteuern noch staatliche Subventionen kostet, macht den hiesigen Steuerkirchen die Argumentation für das »Modell Deutschland«[68] nicht leichter. Wenn wir gerade bei der Liebe sind: Die Kirchen kommen nicht darum herum, den Menschen erklären zu müssen, warum die eigene Geschichte alles andere als die der Caritas und der Diakonie war. Doppelgleisig zu fahren, auf der einen Seite Liebe zu predigen und auf der anderen die lieblose Geschichte und Gegenwart der eigenen Praxis zu verheimlichen, führt auf das Abstellgleis.

Immer mehr Menschen fühlen sich durch die Fakten der kirchlichen Geschichte und Gegenwart beschmutzt. Zwar wird es dauern, bis es als Schande gilt, sich zur offiziellen Kirche zu bekennen. Bis dahin wird es beispielsweise als christlich gelten, die Millionen Opfer, die auf dem Gewissen der Kirche lasten (hätte sie denn eines!), zu ignorieren und zu »verdauen«. Doch die nachkirchliche Zeit ist schon da.

Selbst wenn es noch nicht so aussieht: Die Kirchen bluten aus. Und auch wenn es utopisch klingt: Spätestens seit dem Zusammenbruch der Weltmacht Sowjetunion wissen wir, wie schnell Herrschaftssysteme, die ideologisch als stabil gelten, den Rückhalt in den Massen verlieren können. Könnte es den – weltanschaulich wie finanziell hochgerüsteten – Kirchen der Bundesrepublik nicht eines gar nicht mehr so fernen Tages ebenso ergehen?

Die am meisten von einer solchen Entwicklung Gefährdeten, die Kirchenfürsten, wissen, was zu tun ist: Sie versuchen auf jede erdenkliche Weise, einerseits die Massen an sich zu binden – und andererseits die Unterstützung der politisch Mächtigen nicht zu verlieren. Beide Ziele lassen sich noch immer am besten erreichen, wenn sich diese Kirchen als soziale Großorganisationen verkaufen. Finden sie den entsprechenden Glauben, fließt auch das Geld in ihre Taschen. Doch es hapert mittlerweile auch mit diesem Glauben an das gute kirchliche Werk: Je weiter die Informationen über die wahre Lage bei den zur Zahlung Herangezogenen vordringen, desto stärker wackelt das System.

Doch noch immer garantieren die alten Bundesländer den Klerikern wesentliche Inhalte ihrer Diakonie. So heißt es beispielsweise in der Verfassung des Saarlandes: »Die von den Kirchen … oder ihren Organisationen unterhaltenen sozialen und karitativen Einrichtungen sowie ihre Schulen werden als gemeinnützig anerkannt« (Artikel 40). Von nichtkirchlichen (gewerkschaftlichen o. ä.) Organisationen ist keine Rede, als gäbe es sie einfach nicht. Ihrem Dienst am Menschen wird der Verfassungsrang versagt. Wie lange solche Artikel noch Bestand haben werden? Wann werden sich die Mehrheiten der Andersdenkenden durchsetzen und wenigstens eine Gleichbehandlung aller fordern? Sie hätten allen Grund zum Widerstand: Obgleich das Prinzip der Trennung von Staat und Kirche auch in der Bundesrepublik gilt (selbst wenn der äußere Anschein wie gesagt das Gegenteil lehrt), haben die Wendekirchen ihre Schäfchen mit staatlicher Hilfe längst ins trockene gebracht.[69] Staat und Kirche sind gerade in der Bundesrepublik über die handelnden Personen in Parteien und Verbänden hinaus strukturell verfilzt.

Beispielsweise ist die in den vergangenen Jahrzehnten betriebene »Verchristlichung« der bayerischen Schulen nicht mit dem Grundgesetz, doch mit Parteipolitik vereinbar.[70] Bereits 1975 untersagte das Bundesverfassungsgericht ausdrücklich den Volksschulen dieses Bundeslandes jede christliche Missionierung.[71] Bundesrechtlich sind sämtliche Behörden und Gerichte an diese Entscheidung zwingend gebunden. Diese Bindung verhindert in Bayern allerdings nicht den Erlaß der »Leitsätze für den Unterricht und die Erziehung nach gemeinsamen Grundsätzen der christlichen Bekenntnisse an Grund-, Haupt- und Sondervolksschulen« vom 6. Dezember 1988. Diese Dienstanweisung verlangt unmißverständlich die Verpflichtung des Lehrpersonals auf die christliche Botschaft, das »Beheimatetsein in seiner Kirche und das Bemühen um eine persönliche Glaubenspraxis«. Die Anforderungen richten sich wohlbemerkt nicht nur an Religionslehrerinnen und -lehrer.[72] Vielmehr sind auch der soziokulturelle Lernbereich (Orientierungshilfe: das biblische Menschenbild!), die mathematisch-naturwissenschaftlichen Fächer (Orientierung: die sogenannte Schöpfungsordnung), die musischen Fächer und der Sportunterricht (Orientierung an den von Gott geschenkten Fähigkeiten) betroffen.[73]

Zumal das Grundgesetz der Bundesrepublik Deutschland das Grundrecht der Erziehung zuerst den Eltern eines Kindes, doch nicht dem Staat oder gar einer Großkirche zuweist[74], hätte der Gesetzgeber positiv auf die seit Jahrzehnten fortschreitende Säkularisierung der Gesellschaft zu reagieren. Statt dessen beantwortet zumindest Bayern die zunehmende Entchristlichung mit erneuter Missionierung im Sinn der Amtskirchen.[75] Zu den Aufgaben der Schulen gehört es jedoch nicht, den Christenglauben aufs neue »zu säen«[76] und Kinder zwangsweise einer großkirchlichen Beeinflussung auszusetzen.

Dagegen wäre dem Grundgesetz wie dessen Auslegung durch das Bundesverfassungsgericht Geltung zu verschaffen. Es verstärkt sich jedoch der Eindruck, als gälten noch immer die Worte des Papstes Pius IX., die Trennung der allgemeinbildenden Schulen von der Kirche sei ebenso wie die Einführung der »abscheulichen Civilehe« nichts anderes als ein »verbrecherisches, gottloses und durchaus gottesräuberisches Unterfangen«[77].

Wurde der Anspruch auf klerikale (Mit-)herrschaft in den Schulen je aufgegeben? Fand der Welthaß der Kirchenlobby ein Ende? Oder nutzt er gegenwärtig nur andere Argumente? Noch vor gut hundert Jahren wurde kirchenamtlich gelehrt, die alleinseligmachende Kirche, die »Erzieherin des Menschengeschlechtes für den Himmel«[78], gebe sich selbst auf, betrachtete sie sich nicht exklusiv als solche.[79] Änderte sich an diesem – politisch ausgesprochen gut zu nutzenden – Glaubenssatz überhaupt Wesentliches?

1868 fanden katholische Kirchenfürsten Gründe, zu beklagen, daß ihre Gläubigen von Gesetzes wegen verpflichtet werden sollten, aus öffentlichen Mitteln die Schulen mitzuerhalten: »Die Katholiken haben das Recht, zu verlangen, daß, wenn man für ihr Geld Schulen errichtet, sie so beschaffen seien, daß sie ihre Kinder in dieselben mit gutem Gewissen schicken können, … damit sie nicht der Gefahr ausgesetzt sind, daß die zarte Blüte des Glaubens und der sittlichen Scheu geknickt werde ...«[80] Mittlerweile haben sie allem Anschein nach keinen Grund für ein solches Lamento. Im Gegenteil. Zumindest in Bayern sind gegenwärtig alle Bürgerinnen und Bürger verpflichtet, aus öffentlichen Mitteln jene Schulen mitzuerhalten, in denen der konfessionelle Geist weht, und nur der ...

Zwar drohen die Oberhirten heute nicht mehr gar so offen mit dem Jüngsten Gericht, wie es noch vor einem Jahrhundert der Bischof von St. Pölten tat, der denen, die weder von der Unsterblichkeit der Seele noch vom Dasein Gottes überzeugt waren, zurief: »Ihr werdet Ihn schon einmal empfinden, den Ihr jetzt nicht glaubt!«[81] Doch ist die Verquickung von zeitlichem und sogenanntem ewigen Wohl gerade in Erziehungsfragen noch immer die Regel: Wer sich um sein Heil sorgt, trägt auch die beste Sorge für sein irdisches Wohlergehen. Daher will die Kirche, die im Auftrag des göttlichen »Urhebers und Rächers«[82] unwandelbare Gebote verteidigt, die Hand auf der Schule und anderen Einrichtungen der Sozialisation haben.

Doch auch das Christentum müßte inzwischen soweit sein, im Interesse aller Menschen die unmenschliche Tradition abzubrechen, im Andersdenkenden einen möglichen Konvertiten zu sehen. Kann eine Kirche schon nicht darauf verzichten, Mitglieder ohne aktives Zutun der Betroffenen zu rekrutieren (Säuglingstaufe!), so müßte sie sich dennoch dazu verstehen, an öffentlichen Orten, die der Allgemeinheit dienen (Schulen, soziale Einrichtungen, Bundeswehr) ihre – zu allem Überfluß von allen Steuerzahlerinnen und Steuerzahlern vorfinanzierte – Missionstätigkeit einzustellen.[83] Schafft sie dies nicht, beweist sie wenig Gespür für demokratische Entwicklungen, doch viel Angst um ihre Zukunft. Immerhin sprach das höchste deutsche Gericht schon 1965 vom Staat als der »Heimstatt aller Staatsbürger«[84]. Das bedeutet unter anderem, daß die »Privilegierung bestimmter Bekenntnisse untersagt« ist und die Bundesrepublik »den Glauben oder Unglauben ihrer Bürger nicht bewerten darf«[85]. In Wirklichkeit hat keine

Interessengruppe eine auch nur annähernd ähnliche Bevorzugung zu erwarten wie die Großkirchen der Republik. Wer diese Überprivilegierung der Himmelslobby hinnimmt, beweist eine gelungene kirchliche Erziehung, aber wenig demokratisches Bewußtsein. Wem sie gar korrekt vorkommt, der versteht viel von dem Prinzip, das das Verhältnis von Staat und Kirche hierzulande bestimmt: Im Zweifelsfall entscheiden sich Politiker lieber für die Privilegien einer Kleingruppe (der Kleriker) als für die allgemeinen Grundrechte. Dieser Grundsatz hat immense finanzielle Folgerungen, vor allem im Sozialbereich. Wer sich um Details müht, kommt aus dem Staunen nicht mehr heraus.

Ein Beispiel für viele: Im Rahmen des Münchner Evangelischen Kirchentags teilte der Finanzreferent der Evangelischen Landeskirche mit, daß 80 Prozent des Landeskirchenhaushalts von 900 Millionen DM auf Personalausgaben entfallen. Mitarbeiter der kirchlichen Diakonie waren davon nicht betroffen, wie der Herr auf Nachfrage einer kirchlichen Sozialarbeiterin einräumen mußte. Für die gesamte Sozialarbeit (einschließlich der innerkirchlichen Gemeindediakonie) bringt die bayerische Landeskirche 40 Millionen DM auf; das sind gerade 4,4 Prozent des Etats.[86] Hier wurde die Katze einmal, wenn auch nicht ganz freiwillig, aus dem Sack gelassen. Denn es ist im allgemeinen sehr schwierig, die sogenannten Zuwendungen der Großkirchen an Verbände und Einrichtungen der freien Wohlfahrtspflege von Fall zu Fall auszumachen. Die Haushaltspläne und Finanzstatistiken der Kirchen, auf die die betroffenen Finanzdirektoren gern verweisen, sind nicht gar so aussagekräftig, wie die Herren dies unterstellen. Wie im Fall des kirchlichen Wertpapier- und Grundbesitzes ist, was mir beispielsweise entnervte Redakteure und Rechercheure vieler Printmedien und Rundfunkanstalten berichten, auch auf dem Gebiet dieser Zuwendungen eigentlich unter verschiedenen Haushaltstiteln mehr versteckt als offengelegt oder gar erklärt. Das wirtschaftliche Großunternehmen Kirche hat mancherlei Geschäftsgeheimnisse; eine »ausgeklügelte Selbstdarstellung«[87] tut das Ihre.

Gläubige, die sich ein Herz fassen und nachfragen, werden erst recht abgewimmelt. Sie bekommen bereitwillig den Etat des Bistums oder eine bunte Broschüre in die Hand gedrückt – und dann bleiben sie mit ihren Fragen allein. Um so viel offenzulegen, wie dies in demokratisch geschulten Institutionen üblich ist, reichen die bisherigen Mittel nicht aus.[88] Dafür benötigten wir eine Schar von gewieften Fahndern. Was jahrzehntelang unter den Teppich gekehrt wurde und nur den Eingeweihten bekannt war, die nach Belieben Auskunft erteilen konnten oder nicht[89], kann nicht von heute auf morgen geoutet werden. Im übrigen verfügen die Großkirchen über ein Heer von Bediensteten, die schon dafür sorgen werden, daß sich am Status ihrer Arbeitgeberinnen nichts ändert. Das eigentliche Mysterium der Kirchen, ihr Umgang mit unserem Geld, bleibt bestehen.

Nach allem, was mir erzählt wird, möchte ich schon gar nicht hochrechnen, wie groß der Besitz der Kirche an Wertpapieren und Immobilien ist, der allein auf letztwillige Verfügungen zurückgeht. Da Seelsorger und Nonnen als mögliche Erben Posten am Sterbebett beziehen können und in Deutschland anders als etwa in Frankreich[90] testamentarisch bedacht werden dürfen, handelt es sich um kein gering einzuschätzendes Finanzproblem. Verständlich, daß auch aus Altenheimen und Krankenhäusern über die Sitte (besser: Unsitte) berichtet wird, den todkranken Erblassern zugunsten angeblich »guter Werke« allerhand abzureden.

Noch 1989 muß J. Degen seine Arbeit über die Finanzstruktur der Diakonie mit resignativen Sätzen einleiten: »Übersichtliche Auskünfte über das komplizierte System der Finanzierung diakonischer Arbeit finden sich nur sehr vereinzelt. Die folgende Darstellung kann daher zunächst nur Bausteine zu einer Gesamt-Finanzstatistik der Diakonie bieten.«[91] Diese Auskunft spricht ebenso für sich wie der Hinweis des Autors, weder Kirche noch Diakonie seien »an einer Offenlegung ihrer Ausgaben- und Einnahmenpolitik« wirklich interessiert.[92]

> *Während historisch-kritische Forschung die Bibel auf weiteste Strecken hin entzauberte und die Dogmenkritik manchen als unantastbar geltenden Glaubenssatz als Zeitereignis entlarvte, überstand das kircheneigene Geheimnis »Fiskus« bis vor kurzem relativ unbeschadet alle Versuche der Entmythologisierung.*

Seelsorger, die üblicherweise – »wir auch!« – zu allem und jedem etwas zu sagen haben, werden seltsam einsilbig, wenn sie detaillierte Auskunft über die finanzielle Basis ihrer Gemeinden und gar über die der Großkirche selbst geben sollen. Und Oberhirten haben Angst, durch Offenlegung ihrer Finanzen entstehe der Eindruck, das »Heil«, die Gewissenssphäre, der Glaubensbereich würden einfach (finanz-)amtlich verwaltet.[93] Daß sie selbst seit eh und je etwas, und nicht gerade wenig, mit Amtlichkeit und Behörden zu tun haben, störte diese Argumentation freilich noch nie. Störend wirkt in diesem Zusammenhang eher die Tatsache, daß Kirchenfürsten

▶ einen milliardenschweren Ideologie-Konzern mittragen, dessen Spitzenmanager sich ihre Gehälter aus öffentlichen Steuermitteln bezahlen lassen,

▶ ihre Hilfshirten hierzulande nach der Besoldungsordnung für Beamte bezahlen,

▶ am Begriff »Kirchensteuer« nichts auszusetzen haben, sondern ihn als Modell feiern lassen,

▶ Steuerschulden offenbar auch zur Weihnachtszeit nicht stunden[94],

▶ Scharen von Kirchenjuristen und -notaren beschäftigen,

▶ Banken gründen und diese spezifische Geschäfte machen lassen,

▶ riesige Devisentransaktionen auch etwas außerhalb der Legalität betreiben,

▶ im Vatikan Besuch von Steuerfahndern und Kriminalbeamten erhalten,

▶ selbst auf Haftbefehle wegen illegaler Finanzgeschäfte gefaßt sein müssen.

Wer so etwas hinnimmt, könnte auch seine Finanzen und die damit verbundene Bürokratie aus dem Dämmerlicht befreien, ohne einen Verlust an Glaubensgeheimnis befürchten zu müssen. Da das Geld am Ursprung fast aller Dinge steht und das Geheimnis fast aller Dinge bleibt, habe ich eine relativ einfache Regel, nach der ich bestimme, ob ein Mensch die Hirten durchschaut: Versteht er, was Kirche und Geld notwendig gemeinsam haben, ist er zum Wesen der Institution vorgedrungen. Allerdings steckt auch hier der Teufel im Detail. Den staatskirchlichen Finanzfilz der Bundesrepublik aufzudröseln wäre selbst für ein Team qualifizierter Fachleute schwierig. Allein die Haushaltspläne ungezählter Kommunen und die einfachen Dienstanweisungen von Amt zu Amt auf versteckte Subventionen an die Großkirchen zu durchkämmen, um endlich die riesigen Geldströme zu rekonstruieren, die Jahr für Jahr an die beiden Großkirchen fließen, wäre eine Sache von Jahren. Anfragen in dieser Richtung gingen zum Beispiel[95] in einer größeren Stadt an das Sozialamt, das Jugendamt, das Schulverwaltungsamt, das Gesundheitsamt, das Amt für Altenversorgung, das Bauamt, das Kulturamt, das Liegenschaftsamt. Dutzende von Sachbearbeitern wären beschäftigt, anordnungsbefugte Dienststellen müßten mithelfen und mitermitteln. Ich wundere mich unter diesen Umständen nicht, daß so gut wie nichts gegen den grundgesetzwidrigen Filz geschieht. Ich staune allenfalls darüber, daß Tausende von Beamten und Angestellten im öffentlichen Dienst von Bund, Ländern und Gemeinden Mitwisser sind und Mittäter bleiben. Die katholische Kirche, ansonsten gern um den Nachweis ihrer zentral gesteuerten und dabei weltumfassenden Bedeutung bemüht, kennt noch nicht einmal eine zentrale Finanzstatistik.[96] Die Bistümer führen in der Regel ihre Ausgaben für soziale Dienste getrennt in den Haushaltsplänen auf, folgen jedoch keinem einheitlichen Schema, so daß Abgrenzungsprobleme entstehen: Schulen und andere Ausbildungsstätten werden nicht in jedem Fall zu den karitativen Einrichtungen gerechnet, Investitionszuschüsse sind verschiedentlich nicht getrennt für soziale Dienste ausgewiesen, und aus den Angaben in den Haushaltsplänen geht nicht immer eindeutig hervor, welcher Teil der Ausgaben durch zweckbestimmte Einnahmen (zum Beispiel Leistungsentgelte) gedeckt ist, so daß die Gefahr von Doppelerfassungen besteht.

Groben Schätzungen des Deutschen Caritasverbandes zufolge teilten sich die Mittel bei der Finanzierung der laufenden Hilfeleistungen der Sozialeinrichtungen in der ersten Hälfte der 80er Jahre wie folgt auf [97]: Leistungsentgelte (z. B. Krankenkassenleistungen, Zahlungen von Betroffenen[98]) 60 Prozent, Zuwendungen der öffentlichen Hände 18 Prozent, und Einnahmen aus Spenden, Mitgliedsbeiträgen sowie aus kirchlichen Zuwendungen 22 Prozent. Unter dem Posten »kirchliche Zuwendungen« sind allem Anschein nach die Zahlungen gemeint, die ausschließlich aus Kirchensteuermitteln stammen. Wer also wissen will, wieviel an echter Kirchensteuer in solche Caritas fließt, ist hier richtig am Platz: Es handelt sich durchschnittlich um weniger als ein Fünftel der Gesamteinnahmen.

Für den Bereich der Diakonie sieht es beinahe noch schlimmer aus.[99] Nach den Eigenberechnungen des Diakonischen Werkes waren am Gesamteinkommen des Jahres 1986 die Leistungsentgelte mit 82 Prozent (1982: 78,8 Prozent[100]), die öffentlichen Hände mit 10,8 Prozent, Spenden, Mitgliedsbeiträge und andere Eigenmittel mit 3,4 Prozent – und die Zuwendungen der Kirchen mit ganzen 3,8 Prozent beteiligt. Da 1982 die sogenannte Kirchenquote noch bei 8,2 Prozent lag, hat die Großkirche die tatsächlichen Leistungen aus Kirchensteuermitteln an die Diakonie innerhalb weniger Jahre wesentlich – nämlich um über 60 Prozent – reduziert!

Auch andere Berechnungen kommen zu keinem wesentlich anderen Resultat: 1986 sind nach Mitteilung in der Dissertation von E. Goll von 1991 gegenüber Leistungsentgelten von 79,5 Prozent, Zuwendungen der öffentlichen Hände von 12 Prozent und Spenden von 2,3 Prozent ganze 4,7 Prozent Kirchenquote auszumachen, eine Zuwendung aus Kirchensteuermitteln von stark verminderter Bedeutung.[101]

Im Gesamtbereich der Evangelischen Kirche in Deutschland (EKD) wurden im Rechnungsjahr 1984[102] für kirchliche Sozialarbeit (die nicht schon öffentliche ist) 2,077 Milliarden DM ausgegeben.[103] Das entsprach gerade 21,8 Prozent der gesamten Ausgaben. Das ist schon für sich genommen relativ wenig, wenn die immensen Ausgaben für das kirchliche Personal zum Vergleich herangezogen werden.[104] Noch fragwürdiger wird die Zahl, wenn mitbedacht – und endlich einmal auch ausgesprochen – wird, daß diese Ausgaben zu 67,5 Prozent aus Einnahmen bestritten werden, die nichts mit kirchlichen Geldern (Kirchensteuereinnahmen, Mittel des allgemeinen Finanzvermögens) zu tun haben.

Unter dem Strich zahlte die EKD lediglich 674,65 Millionen DM aus eigener Kasse; das sind knapp 13,1 Prozent der Kirchensteuereinnahmen im selben Rechnungsjahr, die sich 1984 auf 5,156 Milliarden DM beliefen.[105] E. Goll kommt aufgrund seiner Berechnungen zu dem Schluß, daß die tatsächliche Kirchenquote der Diakonie in einer Größenordnung unter fünf Prozent anzusiedeln ist.[106] Im Fall der katholischen Kirche, die 1986 aus ihren Kirchensteuermitteln in Höhe von 5,802 Milliarden DM nur rund 960 Millionen DM an Einrichtungen und Verbände der Caritas zahlte, liegt die entsprechende Quote bei 16,7 Prozent.[107]

Nimmt man gar die Gesamteinnahmen der freien Wohlfahrtspflege in der Bundesrepublik in Höhe von 46,6 Milliarden DM (für 1986) zur Basis, nimmt sich der Kirchenanteil in Höhe von ganzen 1,73 Milliarden DM noch mickriger aus. Viel Staat ist mit dem bißchen kirchenfinanzierter Nächstenliebe also nicht zu machen. Dagegen liegt die »Sozialstaatsquote« (Staatsquote plus Leistungen der gesetzlichen Versicherung) ungleich höher, mindestens bei 72 Prozent.[108]

121

> *Die entlarvend niedrige Kirchenquote von 3,7 Prozent*[109] *gibt nicht im entferntesten Anlaß, die noch immer massenwirksame These vorzutragen oder gar zu stützen, ohne die Kirchen breche das Sozialsystem der Bundesrepublik zusammen. Wer so argumentiert, will die Gesellschaft erpressen.*

Noch nicht einmal von einer auch nur halbwegs zufriedenstellenden Finanzierung der sozialen Dienste und Einrichtungen in kirchlicher Trägerschaft durch die betroffenen Kirchen selbst kann die Rede sein.[110] Das weitaus meiste Geld, das in der Bundesrepublik für soziale Zwecke ausgegeben wird, fließt in Form von Leistungsentgelten, Spenden, Mitgliedsbeiträgen und Zuwendungen aus öffentlichen Kassen aus den Taschen der Bundesbürgerinnen und Bundesbürger an die Wohlfahrtspflege. Da die Kirchen zwar lauthals von ihrer unbezahlbar wichtigen karitativen Tätigkeit sprechen, jedoch kaum Geld aus Eigenmitteln für diese aufbringen, müssen wir alle einspringen.

> *Kirchliche Caritas ist überwiegend fremdfinanzierte Hilfe.*[111] *Den Hauptteil der Kirchensteuer kassieren die Kirchenoberen selbst. Sie denken nicht im entferntesten daran, mehr als einen Bruchteil ihrer Kirchensteuereinnahmen für öffentliche soziale Zwecke auszugeben.*

Die betroffenen Großkirchen zeigen aus verständlichen Gründen kein Interesse, die Bevölkerung sachgerecht über die Tatsache aufzuklären, daß ihre Diakonie zum überwiegenden Teil eine reine »Pflegesatzdiakonie«[112] darstellt. Noch herrscht in der Bundesrepublik in Sachen Caritas ein intensives Denkverbot. Nach einer Umfrage, die die Katholische Nachrichtenagentur (KNA) im April 1988 wiedergab[113], sind sich zwar fast alle Kirchensteuerzahler einig, daß die Einnahmen aus der Kirchensteuer vor allem für soziale Zwecke ausgegeben werden müßten. Doch zeigt die Wirklichkeit ein anderes Bild: Die 16 Milliarden DM, die gegenwärtig (mit steigender Tendenz) an Kirchensteuern einkommen, werden von den Kirchen zum weitaus überwiegenden Teil gerade nicht für Soziales, sondern für den Eigenbedarf verwandt. Diesem Gebaren, das 80 Prozent der Ausgaben für sich (»Personalausgaben«) beansprucht, ist noch bis in unsere Tage hinein die amtskirchliche Legitimation sicher.[114]

Nicht ganz am Rande: Bereits 1970 wurde das Anlagevermögen der Diakonie auf rund 10 Milliarden DM geschätzt. Die jährlichen Investitionen (geschätztes Gesamtvolumen 400 Millionen DM) werden nur zu acht Prozent aus kirchlichen Darlehen, zu sieben Prozent aus kirchlichen Haushaltsmitteln und zu 15 Prozent aus Eigenmitteln (Gestellung der Grundstücke, Spenden) finanziert: der Hauptanteil von 70 Prozent entstammt öffentlichen Mitteln oder Anleihen auf dem Kapitalmarkt.[115] Auch auf diese Weise mehrt eine Kirche ihr karitatives Vermögen.

Eine Spezialität der bundesdeutschen Kirchen, die ich gar nicht erst werten will: Um Unterstützung geworben wird auffallend gern unter dem Etikett »Caritas und Diakonie«, doch das eingeworbene Geld wird hauptsächlich für Eigenzwecke – und nicht für die Caritas – verbraucht. Inmitten einer Gesellschaft, die sich jede Dienstleistung bezahlen läßt oder verweigert, stellen Kirchen keine Ausnahme dar; sie haben in einem unvergleichlich überdimensionierten Maß Anteil am Zeitgeist.

Die höchst eigentümliche Option des Klerus führte dazu, daß noch kaum ein Geistlicher in der Bundesrepublik öffentlich über seine Bezüge klagte. Während die Mitbrüder der bundesdeutschen Kleriker in den meisten europäischen Ländern oft darben müssen, lassen sich die Herren hierzulande nach den Gehaltssätzen für Beamte im höheren Dienst bezahlen. Ein Pfarrer arbeitet also keineswegs um Gotteslohn; er verdient sogar erheblich mehr als die überwiegende Mehrheit seiner Gemeindemitglieder.[116]

Sorgen nun aber die Kleriker vor allem für sich selbst und lassen sie sich ihre Seelsorge gerade in der Bundesrepublik so teuer wie nirgendwo sonst auf der Welt bezahlen, muß die Armenpflege von anderen übernommen werden. Es ist, wie vieles im Verhältnis von Staat, Gesellschaft und Kirche der Bundesrepublik, unglaublich, aber wahr: Auch wenn sie es je gewollt hätten, schaffen es die Eigenen längst nicht, für den Sachbereich Caritas aufzukommen. Was sie selbst finanziell zu ihrer sogenannten Wesensaussage Diakonie beitragen, sind ziemlich mickrige Prozentteile.

> *Die unausbleibliche, wenn auch höchst paradoxe Schlußfolgerung: Die bundesdeutsche Kirche kann wesentliche Bereiche ihrer Tätigkeit nur mit Unterstützung Kirchenfreier garantieren.*

Ohne die Finanzspritzen aus öffentlichen Geldern, die nicht nur von Christen aufgebracht werden, sondern auch von den 20 Millionen kirchenfreien Bürgerinnen und Bürgern unserer Republik, wäre unter anderem die soziale Tätigkeit, die sich die Kirchen wie einen Orden anheften, längst am Ende.[117] Kirchenfreie Mitzahlerinnen und Mitzahler dürfen sich freilich hierzulande vorhalten lassen, sie nähmen Sozialeinrichtungen in kirchlicher Trägerschaft in Anspruch, ohne einen eigentlichen Anspruch auf diese zu haben ...

> *Eine üble, wenn auch unter Christen häufig verwandte Methode ist es, konfessionslose Mitbürgerinnen und Mitbürger als Schmarotzer kirchlicher Sozialeinrichtungen zu diffamieren oder ihnen unter fadenscheinigsten Vorwänden eine Art Ersatzabgabe abzuverlangen.*

Grundsätzliche Beispiele für diese christliche (und auch christenpolitisch bewährte) Haltung, Andersdenkende zunächst verbal zu stigmatisieren und anschließend zur Kasse zu bitten, liegen bereit: Schauplatz ist Schwaben. Im Juli 1992 forderte der Chef der Jungen Union in Baden-Württemberg die Einführung einer gesonderten Karitativsteuer, die jene Konfessionslosen berappen sollen, welche »sich aus der sozialen Verantwortung stehlen«[118]. Da ohnehin bekannt sei, daß die Kirchensteuer überwiegend für soziale Zwecke verwandt werde (!), müßten Nicht-Kirchenmitglieder einen vergleichbaren Beitrag leisten. Diese von Sachkenntnis wenig getrübte Äußerung, eine durchsichtige Drohgebärde und Ausdruck unverantwortlicher Stimmungsmache gegen einen Personenkreis von mittlerweile 20 Millionen Bundesdeutschen, fand zu Recht kein politisches Echo bei den Parteien.

Im Sommer 1992 trifft sich in Böfingen (Ulm) der katholische Gesamtkirchengemeinderat. Thema sind die Kindergärten in kirchlicher Trägerschaft (47 Gruppen mit 1100 Kindern) – und der besondere Wert, der »auf eine christliche Erziehung der Kinder im Sinne des Evangeliums« gelegt wird.[119] Übrigens werden aufgrund eines neuen Gesetzes, das ab 1996 jedem dreijährigen Kind Anspruch auf einen Kindergartenplatz gibt, in Ulm rund 500 Plätze fehlen.[120] Und der von Christenpolitikern regierte Freistaat Bayern geht seinen eigenen Weg: Als einziges Bundesland räumt Bayern auch künftig keinen Anspruch auf einen Kindergartenplatz ein.[121] Ein Beitrag zur Diskussion um den § 218 StGB – und eine von den großspurig angekündigten »flankierenden Maßnahmen« für das (ungeborene) Kind?

Eine Bemerkung nicht ganz am Rande: In anderen europäischen Ländern ist der Kindergartenplatz für jedes Kind seit langem eine bare Selbstverständlichkeit. Über die Tatsache, daß das weithin kirchlicherseits kontrollierte System in der Bundesrepublik nicht nur in Sachen Kindergarten hinter der europäischen Entwicklung herhinkt, wird noch zu sprechen sein.[122]

Im Verlauf der Ulmer Diskussion, die sich um die Qualität statt die Quantität der kirchlichen Einrichtungen drehte, teilte ein Pfarrer mit, er empfinde es als Schmarotzertum, wenn kirchenfreie Eltern ihre Kinder in katholische Kindergärten schickten, und fordere deswegen von diesen die Zahlung eines Zuschlags. Offensichtlich teilte das Gremium diese Auffassung und beschloß, die zuständige Diözesanleitung aufzufordern, »sich für eine Einführung einer Ersatzsteuer einzusetzen«. Nur so könne die »Ausbeutung« der Kirchensteuerzahler verhindert werden, kommentierte ein weiterer Pfarrer. Subventionieren wolle man die Abtrünnigen denn nun doch nicht.

Die beiden Seelenhirten zeigten gewiß jenen Eifer, der für ihren Dienst genügen mag. Doch haben sie offenbar keine Ahnung von den tatsächlichen Adressaten milliardenschwerer Subventionen: den Großkirchen. Zumindest geben sie eine solche Kenntnis nicht zu erkennen. Flugs wurden sie denn auch von den eigenen Oberen »mit unmißverständlicher Deutlichkeit« zurückgepfiffen.[123] Denen war die Angelegenheit gerade unter den jetzigen Umständen, da die Kirche und unser Geld ins Gerede kamen wie nie zuvor, wohl allzu peinlich. Das letzte, was sich die Großkirchen gegenwärtig leisten können, ist nämlich die Forderung ans Parlament, eine neue Steuer – in diesem Fall eine Art Sozialstrafsteuer für Konfessionslose – einzuführen. Ich bin freilich nicht sicher, ob damit das Problem einer »Kirchensteuer durch die Hintertür« ganz vom Tisch ist oder nur eine günstigere Gelegenheit abgewartet wird, um an anderer Leute Geld zu kommen. Bezeichnend war immerhin die Tatsache, daß der Pressesprecher der Diözese Rottenburg-Stuttgart sich in der Ulmer Südwest Presse zum Thema »Entlastung für den Staat« äußerte und nachzuweisen versuchte, wie konkret diese ausfällt. Er hätte allerdings seinen Beruf verfehlt, wie ihm die Diplom-Psychologin U. Neumann vorhielt[124], behauptete er keine Halb- und Viertelwahrheiten. Denn »gelogen ist auch, wenn Wahres absichtsvoll verschwiegen wird«. Die informierte Leserin hält dem Lobbyisten denn auch vor, für jeden Pfarrer zahle das Bundesland Baden-Württemberg einen Besoldungszuschuß (nach einer vorsichtigen Schätzung insgesamt 20 Millionen DM pro Jahr). Zudem berappe das Land sämtliche Kosten für Religionslehrer an staatlichen Schulen (auch für Pfarrer, die den Religionsunterricht übernehmen). Überdies würden die Gehälter des Bischofs und der Domkapitulare[125] aus allgemeinen Steuermitteln finanziert[126], ebenso die der Krankenhaus-, Polizei- und Gefängnisseelsorger.

Die Behauptung des Pressesprechers, die Diözesen bezahlten die MitarbeiterInnen in Kindergärten u. ä. aus Kirchensteuermitteln, nennt U. Neumann »schlicht unwahr«. Ähnlich wie in der offenen Sozialarbeit handelt es sich um eine Mischfinanzierung durch Land, Gemeinden und Eltern. Verschwiegen wird außerdem, daß das Bundesland die Gehälter der Lehrpersonen an den allgemeinbildenden Schulen in kirchlicher Trägerschaft zahlt sowie die Pensionslasten mitträgt.

U. Neumann faßt mit überzeugenden Argumenten zusammen: »Rechnet man gegeneinander auf, was der Steuerzahler für die Kirche und was die Kirche für den Steuerzahler leistet, so kommt man zu dem Ergebnis: Die Kirche macht einen guten Schnitt ... Die überwiegend oder vollständig aus allgemeinen Steuermitteln finanzierten kirchlichen Beratungsstellen, Kindergärten usw. werden ja keineswegs nur aufgrund eines löblichen sozialen Engagements beibehalten. Vielmehr erhält sie dadurch vielfältige Möglichkeiten der Indoktrination ... Viele Leute, die längst aus der Kirche ausgetreten wären, bleiben drin, weil sie irrtümlich glauben, was im sozialen Bereich den Namen ›katholisch‹ trägt, würde von der Kirche finanziert. Der Leserbrief des Pressesprechers der Diözese Rottenburg-Stuttgart hat keine andere Funktion, als diesen Irrglauben aufrechtzuerhalten.«

Nicht genug, daß die Lobby geldwerte Binsenirrtümer verbreitet und verfestigt. Die beschämenden Praktiken der Großkirchen kennen noch weitere Spielarten. So wird noch immer und immer wieder versucht, um jeden Preis zusätzliches Geld einzufahren. Ein Vorgang aus den neuen Bundesländern: Mehrere Betroffene führen Klage über die Tatsache, daß auch von Arbeitslosen und Empfängern von Altersübergangsgeldern, die nie einer Großkirche angehörten, Kirchensteuer einbehalten wird.[127] Dieses Gebaren bestätigt einmal mehr die Übung der Steuerkirchen, unter allen Umständen – und bis zu einer gegenteiligen Entscheidung ordentlicher Gerichte bis hin zum Bundesverfassungsgericht – Geld auch bei Nichtmitgliedern einzutreiben.[128]

Im übrigen stößt man hier und da bereits heute auf Ersatzabgaben, die Kirchen den Kirchenfreien zumuten. Ich greife aus der Fülle ein Gebiet heraus, das manchen als besonders heikel gilt. Viele fragen, wer sie einmal bestatte, wenn sie keiner Steuerkirche mehr angehören. Da kommt wieder einmal die – in der religiösen Erziehung absichtsvoll angelegte – Angst ins Spiel. Auch wer sich ein Leben lang in keiner Kirche sehen ließ, möchte doch seine letzten Dinge geregelt sehen. Dabei geht es nicht einmal um die Zeit danach, wo – nach kirchlicher Doktrin – eine Art Rachegottheit auf die arme Seele wartet. Es geht um die schlichtere Frage, auf welchem Friedhof ein Mensch seine letzte Ruhe findet. Auch in einem solchen Fall treffe ich auf vielfache Ängste. Schließlich will niemand nur verscharrt werden, eine Angst, die von der klerikalen Propaganda eifrig geschürt wird.[129]

Die letzte Meldung, ein weiterer Blick auf die subtil inhumane Urteilskraft von Kirchenleuten: Der evangelische Dekan G. Münderlein (Memmingen) spricht von den freien Grabrednern und nennt in diesem Zusammenhang »arbeitslose Schauspieler«, eine »kleine Berufssparte für Leute, die sich nebenher Geld verdienen«. Dies werde »nicht unbedingt der Situation der Trauer gerecht«. Sein Kollege P. Guggenberger stellt fest, daß solche Leute »die Beerdigung mit Zitaten aus der Weltliteratur schmücken«[130]. Solche Hirtenworte würdigen nicht nur den freien Willen Andersdenkender herab, die sich – aus guten Gründen – statt eines Pfaffen einen Mitmenschen am Grab wünschten.[131] Sie verraten auch eine weitreichende Unkenntnis menschlicher Kultur: Steht etwa die Weltliteratur am offenen Grab dem Bibelzitat nach? Wer sich bei Bestattungen umsieht, erfährt jedenfalls schnell, wie die Gewichte verteilt sind: Hier – in der menschenverachtenden Diktion der Hirten – die »Nebenherverdiener«, die »arbeitslosen Schauspieler«, dort die beamteten Großverdiener, die von keiner Arbeitslosigkeit bedrohten Kirchenvertreter. Hier Literatur von Weltrang, dort die Phrase, aus uralten, unpersönlichen Ritualien abgelesen. Was »der Situation der Trauer gerecht« wird, möge jeder selbst entscheiden. Die Vorstellung, Kirchenfreie würden nicht richtig bestattet[132], ist ebenso abwegig wie die Meinung,

Konfessionslose könnten nicht standesamtlich heiraten. Man sollte sich Gedanken über wichtigere Dinge machen.

Doch gehören den Großkirchen hierzulande schon aus historischen Gründen nicht wenige Friedhöfe; in den meisten Gemeinden der Bundesrepublik finden sich sogar ausschließlich Friedhöfe in kirchlicher Trägerschaft. Diese Tatsache trägt die Versuchung in sich, daß das letzte Terrain von den Trägern (Kirchengemeinden) geradezu eifersüchtig gehütet – und am liebsten nur für Gleichgläubige reserviert – wird. Die früheren inhumanen Gepflogenheiten christlicher Träger sind zwar mittlerweile beseitigt: Immerhin liegt die Zeit nicht lange zurück, als Nichtkatholiken auf dem geweihten katholischen Gottesacker entweder gar keine Aufnahme fanden oder ihnen allenfalls ein Randplatz zugebilligt wurde. Auch die edelkatholische Sitte, Andersgläubige, die ja auch Christen waren, wenn auch mit dem falschen Gesangbuch, nur draußen vor der Stadt bei Nacht und Nebel bestatten zu lassen, ist aus der Übung gekommen.[133]

Aber an jenen Mitmenschen, die keiner Großkirche angehörten, hält sich der wahre Christ um so lieber schadlos. Besaß einer schon nicht den richtigen Glauben, so läßt sich an ihm doch noch richtiges Geld verdienen. Ein Vorgang von 1992(!): Für die Bestattung ihrer Mutter sollte eine Frau an die zuständige Kirchengemeinde doppelt soviel zahlen, wie von dieser im Normalfall berechnet wird.[134] Das sah die Frau, deren Mutter kein Mitglied einer Steuerkirche gewesen war, nicht ein und klagte gegen die Kirchengemeinde. Sie bekam (fürs erste!) sogar von der 1. Kammer des Verwaltungsgerichts Braunschweig recht. Die Erhebung eines Andersgläubigenzuschlags (ein spezifisch großkirchlicher Begriff, der gut in das Wörterbuch des Unmenschen paßte!) für die Bestattung von Großkirchenfreien auf einem kirchlichen Friedhof verstößt nämlich in der Regel gegen den Gleichheitsgrundsatz des Grundgesetzes und ist damit unzulässig. Er wäre, so die Richter, nur gerechtfertigt, wenn die von den Mitgliedern einer der beiden Großkirchen zu zahlenden Kirchensteuern nachweislich in die Gebührenkalkulation für den betreffenden Friedhof einfließen.

Ebendiesen Nachweis konnte die beklagte Kirchengemeinde nicht erbringen. Kirchensteuermittel waren in Sachen Kirchhof offensichtlich nicht eingeplant. Damit war einmal mehr bewiesen, daß sich Kirchen zwar eigene Einrichtungen halten und mit Argusaugen über deren klerikale Ausrichtung wachen, diese aber gar nicht oder nur zum weitaus geringeren Teil aus Eigenmitteln finanzieren, sondern aus allgemeinen Steuern und aus Leistungsentgelten.

Genau das ist in der Bundesrepublik unter wohlwollender Duldung politischer Parteien die Regel: Zum einen wenden die Hirten nur einen verschwindend geringen Prozentsatz ihrer Steuereinnahmen für öffentliche soziale Zwecke auf, zum anderen finanzieren Kirchenfreie über ihre allgemeinen Steuern nicht nur die Priesterausbildung und den Religionsunterricht[135], sondern auch die Militärseelsorge und andere oberhirtlich abgesegnete Einrichtungen mit. Stellt man die kirchlichen Sozialleistungen den Subventionen der öffentlichen Hand für klerikale Zwecke gegenüber, ergibt sich ein Verhältnis von mehr als 1:8 zum Nachteil der Konfessionslosen.

Ich rate, sich vor Ort um derlei zu kümmern und gerade dann nicht lockerzulassen, wenn wieder vertuscht werden soll. In jeder bundesdeutschen Kommune muß es Menschen geben, die Aufklärung über das gewohnte klerikale Finanzgebaren verlangen und Licht in das finanzpolitische Dunkel bringen, auf das sich nicht selten kirchliche und politische Gemeinde in aller Stille einigten. Eine Leserin teilte mir beispielsweise mit[136], daß sie – angeregt durch den erwähnten Friedhofsfall in Herzberg – in ihrer Heimatgemeinde nachgefragt habe und zu erstaunlichen Ergebnissen gelangt sei: Die Gemeinde hat 16 Friedhöfe. Fünf davon trägt die politische Gemeinde; hier, wo demokratische Verhältnisse herrschen, gibt es keinen Andersgläubigenzuschlag. Von den elf Friedhöfen in kirchlicher Trägerschaft (man beachte beiläufig das Verhältnis von 5:11 zugunsten der Großkirche) fordern sieben einen hundertprozentigen, zwei einen fünfzigprozentigen Aufschlag für die Bestattung von Mitmenschen, die keiner Steuerkirche angehörten. Damit nicht genug. Gegenwärtig liegen von zweien der Friedhöfe mit hundertprozentigem Aufschlag Anträge auf Finanzhilfe an die politische Gemeinde vor! Wäre dies nur ein Einzelfall! Die großkirchliche Finanzmoral lebt von der Regel: Zu wesentlichen Teilen aus Mitteln der öffentlichen Hand bezahlte Einrichtungen werden zusätzlich durch Sonderabgaben jener Kirchenfreien finanziert, deren Steuern bereits einvernahmt wurden. Die Großkirche scheut sich demnach nicht, in solchen Fällen doppelt zuzulangen. Sie verletzt auf eklatante Weise den Verfassungsgrundsatz der Gleichheit. Sie legt eine förmliche Strafabgabe auf.

Wer Beispiele für großkirchliche Geschäftsmoral sucht, braucht nicht ins Mittelalter auszuweichen. Da sich in der Kirche nichts Wesentliches reformieren läßt, findet er vor der eigenen Haustür genug aktuelle Exempel.

Ich will gar nicht erst an die kirchenüblichen Fensterpredigten in Sachen Diakonie erinnern. Ich schenke mir das Wort des »Kirchenstifters« Jesus: »Was ihr dem geringsten Mitmenschen getan, das habt ihr mir getan« (Mt 25, 40) ebenso wie das Gebot »Umsonst habt ihr empfangen, umsonst sollt ihr geben!« (Mt 10, 8). Solche und ähnliche Worte sind nachweislich in den Wind gesprochen. Sie sind so unkonkret, daß sie der großkirchlichen Alltagspraxis nicht gewachsen sind. Offensichtlich muß unsereins – konfrontiert mit den ganz und gar üblichen Unverschämtheiten klerikaler Geldbeschaffung – bereits froh sein, daß wenigstens die Ökumene auf den besagten Friedhöfen ein Plätzchen fand: Immerhin muß für katholische Christen, die auf evangelisch-lutherischen Kirchhöfen bestattet werden, kein Strafzuschlag (mehr) bezahlt werden ...

Christen unter sich: Pius IX.[137] hatte in einer Ansprache vom 22. Juni 1868 die gesetzliche Regelung im kaiserlichen Österreich förmlich verdammt, nach der »die ganze Autorität der Kirche über die Friedhöfe aufgehoben« wurde und »die Katholiken gezwungen sind, auf ihren Friedhöfen die Leichname der Ketzer zu beerdigen«[138]. Und die nachgeordneten Hirten sprangen dem Pontifex bei, indem sie erklären ließen,»ungetaufte Kinder, Exkommunizierte, Duellanten, Selbstmörder und unbußfertig in der Civilehe Verstorbene« (!) seien »an besonders auszumittelnde Plätze des Friedhofs zu verweisen«[139].

Ebenso wie bei der Beerdigung von Nichtkatholiken (»Ketzern«) hatte in solchen Fällen jede rituelle Handlung zu unterbleiben: Chorpersonal, Meßdiener, Küster blieben unter Androhung sofortiger Entlassung[140] zu Hause, und »jedes Geläute aus Anlaß des Sterbefalls« war verboten.[141] Wurden Menschen, die den Frommen als Ungläubige, Heiden, Ketzer galten, gegen den Willen des Ortspfarrers (der die Friedhofsschlüssel an sich bringen mußte, um eine Profanisierung zu vermeiden![142]) auf einem geweihten katholischen Kirchhof bestattet, war dieser förmlich entweiht. Damit sich auch Katholiken wieder auf ihrem Gottesacker wohl fühlen konnten, bedurfte dieser – »nach vorheriger Entfernung des profanierenden Gegenstands«[143] – einer Wiedereinweihung.

Sollen wir solche Hirtenworte und -taten einfach vergessen, nur weil sie etwas über hundert Jahre zurückliegen? Oder dürfen wir gar nichts von ihnen wissen? Nichts haßt das christliche Europa mehr als die kritische Aufklärung, nichts fördert es weltanschaulich und finanziell mehr als die Ignoranz. Ist aber schon die christliche Geschichte nichts anderes als Propagandageschichte, so will besonders die christliche, sprich: bildungsfeindliche, Pädagogik verdummen; der Schaden, den sie in den Köpfen und Herzen anrichtete und anrichtet, ist folgenschwerer als alles Unheil, das sonst vom Christentum ausging.[144] Das will etwas heißen.

Gegenüber den Versuchen, diese Geschichte weiterzuschreiben, wiederhole ich meinen Rat: Möglichst viele Bürgerinnen und Bürger dieser Republik müssen nachforschen, nachrechnen, den Schleier des (fiskalisierten) Geheimnisses lüften helfen, öffentliche Diskussionen über Kirchengewohnheiten und -unverschämtheiten anzetteln, die Zahlen auf jeden Tisch legen lassen. Das ist der Beginn einer langen Wanderschaft, an deren Ende der Wahltag und die Abstimmung über die Frage stehen, ob die Bundesdeutschen es sich noch länger leisten können und wollen, die teuerste Kirche der Welt so zu finanzieren, wie es gegenwärtig geschieht. Was auch ins Zentrum solcher Diskussionen gehört: Das beliebte Argument von Kirchenvertretern und Parteipolitikern[145], die karitative Tätigkeit der eigenen Organisation entlaste unser Staatswesen erheblich, wenn nicht entscheidend.[146]

Allein angesichts der erwähnten Kirchenquote, die keinen Vergleich mit den Leistungen von staatlichen Instanzen wie von Privatpersonen aushält, entlarvt sich das Argument als wohlfeiles Gerede der Großkirchenlobby. Erst wenn Tricks angewandt und beispielsweise die Grenzen zwischen Seelsorge und Caritas als fließend interpretiert werden (darüber sogleich mehr), lassen sich auch die Personalkosten in Bausch und Bogen der sozialen Tätigkeit der Kirchen zuschlagen. Dann gewinnen die kirchlichen Rechenkünstler einige Prozentpunkte hinzu. Das Problem selbst ist allerdings nicht gelöst; wieder liegt bloß eine problemerzeugende Pseudolösung vor.

Vorerst bleibt jedoch die Lage in der Bundesrepublik, wie sie ist. Die Großkirche genießt die Folgen der Säkularisation in Form verschiedener Staatsleistungen ebenso unbeschwert[147] wie die Privilegien, die ihr beispielsweise ihr Konkordat mit Hitler einbrachte. Die Politiker haben offensichtlich wichtigere Dinge zu tun, und die Milliarden an Subventionen, die sie für Zwecke der Großkirchen bewilligen, unterliegen bestimmt als letzte irgendeinem Kürzungsversuch. Die derart reich dotierten Großkirchen aber freuen sich über den Status quo. Sie rühren keinen Finger. Sie wären schlecht beraten, wollten sie ihr gemachtes Bett verlassen und das »Modell Deutschland« auch nur in Frage stellen lassen. Es bringt ihnen ja Jahr für Jahr Milliarden ohne größere Gegenleistung[148] ein.

> *Dankten Bischöfe je den Millionen – konfessionslosen oder nichtchristlichen (z.B. islamischen) – Steuerzahlern für die Milliardenbeiträge, die diese für spezifische Kirchenzwecke aufbringen müssen? Nein. Das Gegenteil ist wahr: Sie werden als eine Art Parasiten kirchlicher Liebestätigkeit betrachtet.*

Wie soll ich die Realität bischöflichen Denkens und Handelns charakterisieren? Da kassieren Oberhirten auch von Menschen, die die Herde eben dieser Hirten verließen, Beträge in Milliardenhöhe. Da werden die eingenommenen Riesensummen nicht etwa für Zwecke verwandt, die allen Staatsbürgerinnen und Staatsbürgern zu gleichen Teilen zugute kommen. Vielmehr wird kein Hehl daraus gemacht, daß Konfessionslose hierzulande für Religionsunterricht, Atheisten für theologische Fakultäten, Kirchenfreie für Kirchbauten mitzahlen, als sei dies die normalste Sache der Welt. Es dürfte schwerfallen, eine Praxis in einem demokratischen Land der Erde zu belegen, die auch nur annähernd mit der bundesdeutschen zu vergleichen wäre. Deutschland ist ein verdammt schwieriges Vaterland.

Es ist zwar kaum vorstellbar, doch seit Generationen deutsche Wirklichkeit: Oberhirten lassen nicht nur jedes Wort des Dankes vermissen, sondern äußern sogar öffentlich ihren mangelnden Respekt vor den Andersdenkenden. Machen sie weiter wie bisher, bleiben sie der jahrhundertealten Überlieferung treu: Kirchen sind unverhüllte Ankündigungen von Denkverbot und Geistesverletzung. Die Vertreter der Amtskirchen können freilich der Schützenhilfe mancher Theologen sicher sein. Dies wird in der künftigen Geschichtsschreibung kaum übersehen werden, falls sie sich überhaupt der Theologie des 20. Jahrhunderts annimmt.

So stehen Theologen noch immer in der christlichen Tradition, die nicht-gottgläubigen Menschen zu diskrimieren. Da sie sich offensichtlich darüber im klaren sind, nicht alle Zweifel der Kirchengläubigen lösen zu können, greifen sie zum Mittel der theologischen Aggression: Um den Glauben an Gott auch für einen rational denkenden Menschen akzeptabel zu machen, suchen sie zu zeigen, daß der Gottesglaube (wie sie ihn verstehen) letztlich allein einer vernünftigen Entscheidung entspreche. Hingegen soll eine atheistische Weltsicht nicht nur radikale Rationalität vermissen lassen, sondern zwangsläufig in den Nihilismus und das existentielle Chaos führen.[149] Hinter solcher Sinnfragerei, die der fehlgläubigen Gegenseite irrationale Argumentationen bis hin zum Zustand der Verzweiflung unterstellt und sich selbst Vernünftigkeit bescheinigt[150], lugt der Christenzweck hervor.

Kein Kenner wird bestreiten, daß dieser Zweck höchst vernünftig ist: Die Jagd nach Macht, Einfluß, Geld und die Sicherung jahrhundertealter Besitzstände sind kaum als irrationale Zwecksetzungen zu bezeichnen. Ebensowenig ist die Wahl der Verpackung, nämlich das nackteste Besitzstreben weltanschaulich zu bemänteln, kein Wahn, sondern probate Methode. Keine Kirche, keine Religion wäre zu dauerhafter Gewalt über Menschen gelangt, hätte sie sich lediglich als Wirtschaftsmacht geriert oder auch nur als solche kenntlich gemacht. Nur mit Hilfe ideologischer Verschleierungen wurde sie zu dem Finanzimperium, das sie ist – und bleiben will. Aufklärung stellt einen ständig neu zu erringenden Zustand dar, in dem die Menschen wissen, daß die Welt an sich keinen Sinn hat, sie selbst aber ihrem Leben und damit der Welt um sich Sinn verleihen können.[151] Die nicht hinterfragten Reste der wichtigsten Traditionslinien im abendländisch-christlichen Denken und Handeln aufzudecken, die noch immer das Bewußtsein mitbestimmen[152], ist Pflicht jener, die grundsätzlicher denken und klarer sehen. Denn wenn schon Sinnfrage, dann konsequent: Religiösen Unsinn zu entlarven ist Sinn genug eines wissenschaftlichen Lebens.

Die Pantomimen des Glaubens hingegen müssen unausweichlich den Denkverzicht von den Menschen fordern, ein schlichtes Vertrauen gegen Gott und die Kirche einklagen und zum Wegsehen aufrufen. Der Grundfehler der bundesdeutschen Theologie bleibt es denn auch, die für unser Land spezifischen Formen großkirchlicher Korruption nicht einmal zu thematisieren.

Es fällt Universitätslehrern leichter, immer neue Theologien der Befreiung jenseits des Ozeans zu preisen, als sich auch nur in Ansätzen um eine Klärung der bundesdeutschen Verhältnisse zu bemühen. Nie las ich bei solchen auch nur eine Zeile zum Thema, wie das von der Religionsausübung nach Großkirchenart besetzte Heimatland und seine Menschen zu befreien seien.

Die Probe aufs Exempel läßt sich jederzeit machen. Ein Gang in die nächste Buchhandlung oder Bibliothek beweist alles: Jahr für Jahr handeln die einschlägigen Autoren dickleibig dogmatische, moralische, ethische Probleme aller Art ab. Doch die Frage nach den finanziellen und staatskirchenrechtlichen Bedingungen der eigenen (Mittelstands-)Theologie verstecken die ForschHerren nicht einmal in Fußnoten.

> *Sagen Propheten den Menschen, wie es ist (und nicht wie es in Zukunft sein wird), verstellen Schultheologen diesen Blick auf die Welt und – noch behender, intensiver, wortreicher – auf die Kirche. Doch da es mehr staatlich finanzierte Theologen als Propheten gibt, bleibt in der großkirchlichen Praxis der Bundesrepublik vorerst alles, wie es ist.*

Entsprechend bieder fällt der angebliche Dialog mit der Religionskritik aus.[153] Es gelingt den »wolkenbildenden« und »wortvernebelnden«[154] Apologeten zwar nicht, trotz eines immensen Aufgebots an Autoren und Literatur die klaren und unauflöslichen Widersprüche zwischen den Zentralaussagen über Bibel wie Glauben und »der für jeden erfahrbaren Wirklichkeit wie auch den heute als unverzichtbar geltenden ethischen Standards«[155] aufzuheben. Doch erfüllen sie eine wichtige Funktion als Zuträger beider Kirchen: Den Oberhirten garantieren sie indirekt das ruhige Gewissen, einmal mehr auf der richtigen Seite des weltanschaulichen Lagers zu stehen, und direkt liefern sie ihnen bereitwillig jene Munition gegen alle Andersdenkenden, die sie im »Kulturkampf«[156] der Gegenwart offensichtlich dringend brauchen.

Solche Wissenschaft hat die Kirche bitter nötig. Sie versorgt ihre Lobby gerade dann mit ideologischem Nachschub, wenn bei dieser die Aggression zu erlahmen droht. Verständlich, daß der Ratsvorsitzende der EKD, der badische Landesbischof Engelhardt, seinen katholischen Amtsbrüdern Dyba und Meisner im Meinungskampf unserer Tage nicht nachsteht – und in der neugefüllten Mottenkiste wühlt. In einer Predigt »gegen die deprimierende Konsequenz abendländischer Gottlosigkeit« sieht er in den Ungläubigen den Inbegriff alles Verwerflichen, Zerstörerischen und Egoistischen. Der Repräsentant einer angeblichen Kirche der Nächstenliebe meint 1992 zum Thema Konfessionslosigkeit: »Es ist jene Haltung, die dem Menschen alles zutraut und alles zumutet, die ihn zum Homo faber macht. Er lebt auf Kosten der anderen ... Er erwartet ihr Schuldbekenntnis, um sich selbst in seiner moralischen Überlegenheit bekanntzumachen ... Muß erst alles zugrunde gerichtet werden, damit ein Neuanfang möglich wird?«[157]
Dem geistlichen Herrn – Haltet den Dieb! – ist zu antworten, daß sich niemand schon deswegen moralisch überlegen fühlt, weil er seine demokratische Bürgerpflicht tut. Sucht der evangelisch-lutherische Oberhirte schon Leute, die sich tausendfach ihrer moralischen Überlegenheit rühmten und rühmen, so findet er sie mitten im Schoß der beiden Großkirchen, auf Bischofssitzen und Lehrstühlen, auf Kathedern und Kanzeln. Wo denn anders als im vatikanischen Papstpalast, Herr Landesbischof einer lutherischen Kirche, residiert beispielsweise der »moralische Fels einer prinzipienlos gewordenen Welt«[158]?
Verständlich, daß Oberhirten beider Großkirchen, denen das Wasser am Hals steht, ihren gemeinsamen Feind im dritten Lager suchen, dem der Kirchenfreien. Nach den langen Jahrhunderten, da die Christen sich untereinander bis aufs Blut bekämpften, ist zwar heute einmal auch unter den getrennten Brüdern und Schwestern Friede angesagt.[159] Doch braucht die ökumenische Kumpanei nicht soweit getrieben zu werden, Andersdenkenden alle Schlechtigkeit zuzuschreiben. Wer unbedingt Beispiele für kriminelle Energien suchen will, findet sie im eigenen Kirchenschiff.

Offenbar ertragen gerade die guten Christen die Sicherheit der Andersdenkenden nicht. Ihre eigene Unsicherheit, ihre Identitätskrisen, ihre beseligenden Harmonien treiben sie in einen Kulturkampf nach dem anderen. Bischöfe reagieren empört und lassen öffentlich mit Haß reagieren – der großen Domäne der Liebesreligion. Sie antworten nach innen, auf dem Weideland, mit Denkverboten, Index und Zensur, und nach außen, wo ihre Hirtenworte längst entlarvt sind, mit Verleumdungen, mit Gift und Galle. Die Wirklichkeit aber bleibt verdrängt, weggedrückt, abgehakt, zur Nebensache, Episode, Bagatelle degradiert, allenfalls zum bedauerlichen Fakt deklariert. Wo das Gewissen – in jahrelanger Arbeit – einfach »entfernt«[160] wurde, ist es ein sanftes Ruhekissen. Meine Frage an einen evangelischen Bischof, ob er denn noch 1992 gut schlafe, quittierte der Hirt mit einem mannhaften »Sehr gut, wie stets!«

Auch wenn Oberhirten dies kaum je begreifen werden: Es hat weder mit einer Art päpstlichen Überlegenheitsgefühls noch mit Haß zu tun, wenn Bürgerinnen und Bürger Beispiele für die historisch und aktuell nachzuweisende Unmoral der Großkirchen belegen und sich erlauben, das unter uns schuldig gewordene System zu kritisieren.[161] Hätten Oberhirten recht, die unsereinem einen Maulkorb umbinden wollen, dürften kritische Menschen, denen ständig jene Ausgewogenheit, Objektivität und Redlichkeit abverlangt werden, die Kirchenvertreter nur in den seltensten Fällen bewiesen, sich ihre Betroffenheit nicht anmerken lassen. Dann müßten Kritiker ihre Menschlichkeit, ihre demokratische Sensibilität, ihr Gespür für Menschenrechtsverletzungen an der Garderobe abgeben, wenn sie Kirchenterrain betreten. Dann wären sie aufgerufen, mitten im geistigen Kampfklima, wie Klerikale es fördern, einfach dazu zu schweigen, daß die Hirtenherren Tag für Tag Verstand und freien Willen der Menschen beleidigen. Den Gefallen tun wir den Bischöfen nicht: Mitten im Milieu der kirchenbezahlten Falken sind wir nicht wie die Tauben. Wir übersehen die Jahrhunderte der Kriminalgeschichte nicht. Mit den Mördern ins Gericht zu gehen, die Leiden der Opfer nicht zu verschweigen, nicht hinzunehmen, daß die Großkirche eine Geschichte voller Verbrechen aufweist und bis heute in Millionen Köpfen und Herzen Unheil anrichtet, bleibt Pflicht. Oder sollen denkende Menschen sich wirklich darüber hinwegsetzen, daß noch viel mehr passieren darf, bis endlich der letzte Gläubige die Konsequenzen zieht, bis auch sein Gewissen nicht mehr unheilbar gesund ist? Wer zum Schweigen aufruft, solidarisiert sich mit dem Verschweigen.

Einen Neubeginn zu fordern ist, mag es nun einem Bischof gefallen oder nicht, gerade auf dem Terrain finanzieller Korruption eine unverzichtbare individuelle wie gesellschaftliche Aufgabe.[162] Mit der Erfahrung, daß der Kirchenkritiker »sich leicht besudelt«[163], wenn er ins Wespennest greift, und »nichts rachsüchtiger« ist als die klerikale Demut, läßt sich schon leben. Kirchenvertreter wären gut beraten, sprächen sie gerade heute nicht allzu laut von jenen, die »auf Kosten anderer leben«. Eine sensibler gewordene demokratische Öffentlichkeit wird nicht mehr zögern, die Prediger an ihren eigenen Worten zu messen.

Beispiele für die Tatsache, daß Großkirchen ausschließlich auf Kosten anderer überleben, liegen wahrlich zur Genüge bereit.

Wird schon von Kirchenreform geredet und erscheint auch ein innerkirchlicher Neuanfang nicht ganz ausgeschlossen, so weise ich ein Ziel: die konsequente Einbindung der Großkirchen in den anstehenden Solidarpakt.[164] Wollen sich selbst die Kirchen solidarisch zeigen, so mögen sie als Sofortmaßnahme die Streichung jener zehn Milliarden DM betreiben, die sie – in Form von Zuschüssen und Steuererleichterungen[165] – Jahr für Jahr kassieren. Auf diese Summen zu verzichten setzte ein christliches Zeichen, und dem öffentlichen Leben in Deutschland erwüchse kein Nachteil.

Denn ohne Militärseelsorge, um nur ein Beispiel zu nennen, könnte die überwiegende Mehrheit der Bundesdeutschen auch existieren. Nicht allen Steuerzahlern leuchtet ein, daß ihr Staat den Trost für soldatische Gewissen[166] massiv fördert, während er die Kriegsdienstverweigerung[167] noch immer für so suspekt erachtet, daß er sie als nachfrage- und untersuchungsbedürftig[168] bewertet.

Nicht jedem Bundesdeutschen ist lieb und teuer, daß Gott auch auf der Hardthöhe eine Planstelle hat und »nicht nur als Zeuge, sondern aufmunternder Betreiber und Befehlshaber der gerechten Sache«[169] Dienst tut.

In welche Enge trieben Kirchenvertreter diesen Gott, als sie ihn zum großen Legitimierenden eines Apparates machten, der »nur unterhalten wird, damit er in der Stunde X seine Kinder töten kann«[170]? Gott kann sich nicht dagegen wehren, daß er ständig als Gewissenstrost herhalten muß und immer wieder reklamiert und requiriert wird. So allmächtig, daß er sich dagegen verwahren dürfte, ist er nun auch wieder nicht.

Die staatlichen Subventionen an die beiden Großkirchen stiegen in den letzten Jahren dermaßen an, daß spätestens jetzt von einer staatlich finanzierten Kirche in Deutschland gesprochen werden muß. Damit desavouiert der Staat nicht nur Tag für Tag seine eigene Verfassung, sondern unterläuft auch die Entscheidung jener Millionen Menschen, den Kirchen die finanzielle Unterstützung durch Austritt zu entziehen. Das den Kirchen für ihre Eigenzwecke (z. B. Religionsunterricht!) zugeschobene Geld ist nichts anderes als jenes Geld, das im Sozialbereich und für den Aufbau der neuen Bundesländer fehlt. Ob damit nicht schon der Tatbestand der Veruntreuung öffentlicher Gelder erfüllt ist?

Ich fasse zusammen: Die klerikale Betreuungsindustrie läuft in unserem Land wie geschmiert, weil nicht nur jene Minderheit für sie zahlt, die sie auch in Anspruch nimmt, sondern ausnahmslos alle Bundesdeutschen indirekt zur Kirchenkasse gebeten werden. Dieser Sachverhalt wurde von den Profiteuren nie aufgedeckt; es handelt sich um einen der am grandiosesten inszenierten Etikettenschwindel der Republik.

Ist Seelsorge ein Werk tätiger Nächstenliebe?

Wieder einmal handelt es sich um eine Frage der Definition. Die Kirchen machen eine schlechte Figur, wenn sie – auf langes Nachfragen und Drängen – zugeben müssen, daß sie aus ihren Kirchensteuereinnahmen nur wenig für öffentliche soziale Zwecke abzweigen. Daher retten sie sich in die Sprachregelung und konstatieren, man dürfe redlicherweise (eine Lieblingsvokabel derer, die alle Moral pachteten!) soziale Zwecke und seelsorgerische Aufgaben nicht trennen, da jeder Seelsorger sozial tätig – und beispielsweise auch die Predigt ein Werk der Nächstenliebe sei.

So kann man sich – innerkirchlich, interfraktionell – auf eine Begriffsbestimmung einigen – und alles, was ein Seelsorger tut oder läßt, zur Mildtätigkeit rechnen, diesem – neben Frieden[171] und Versöhnung – neuerdings höchsten Gut. Nach Orwell's Muster regeln Steuerkirche und Steuerstaat die Sprache ihrer Realpolitik. Die Fabrikanten von Worthülsen und die Universaldilettanten[172] sind unter sich. Was sie bereden und anfassen, trieft von Wortöl, und die pathetischen Unsäglichkeiten werden durch Salbung nicht besser.

Krankenpflege ist nach diesem Verständnis »immer auch Seelsorge, denn der Auftrag der Pflegeberufe richtet sich auf den ganzen Menschen«[173]. Mit Hilfe dieser Argumentation schmuggelt sich die Großkirche durch die Hintertür in jedes Menschenleben, vor allem, wenn ihr »Nächster« der Hilfe bedarf. Die großkirchliche Ideologie von der Diakonie geht von einer zweckbestimmten Grundannahme aus: Sie kann und darf sowohl das »Menschenbild« als auch die gesamte Umwelt der Menschen so konstruieren, daß diese der (enggeführten) Sozialarbeit der Kirchen kompatibel werden.[174] Wird zunächst der Mensch passend definiert, bekommt selbst der Seelsorger seine Funktion.

Zumindest für die Seelsorger von Berufs wegen ist es dann klar, daß der Mensch nicht nur vom Brot allein leben kann, sondern daß das fällige Wort Gottes auch nur von ihresgleichen gereicht werden darf. Woher der Wind weht, wird einsichtig, wenn der Text fortfährt: »Das Milieu des modernen, hochtechnisierten und spezialisierten Krankenhauses ist jedoch nicht mehr genuin christlich. Es ist weithin durch einen fast naiv fortschrittsgläubigen Humanismus gekennzeichnet, der auf die individuellen Lebens- und Existenzfragen des Kranken nur ungenügend Antwort geben kann. Die Möglichkeiten der modernen Medizin bedürfen dringend der Interpretation durch ein christliches Menschenbild.« Der Präses der evangelischen Kirche von Westfalen H.-M. Linnemann wird konkret. Auf dem Hochglanzpapier des Diakonischen Werks seiner Großkirche teilt er 1988 mit, die Krankenkassen bezahlten in der Regel »nur die Zeit für die reine Pflege« in den Krankenhäusern. Zusätzliche Hilfen, Gesprächsangebote und Seelsorge aber müßten von den kirchlichen Trägern der Sozialeinrichtungen »selbst finanziert« werden. Das ist nicht gerade redlich. Zum einen unterstellt die Spendenwerbung des Oberhirten dem Pflegepersonal, es sei bloß mit der von den Krankenkassen bezahlten »reinen Pflege« beschäftigt, erübrige also nicht einmal die Zeit zu zusätzlichen Gesprächen innerhalb wie außerhalb der Dienstzeit. Diese Unterstellung desavouiert den Pflegedienst all jener, die eben nicht nur Arzneien bereitstellen, Essen tragen oder Fieber messen. Zum anderen verschweigt er die Tatsache, daß bundesdeutsche Krankenhausseelsorger keineswegs (nur) aus kirchlichen Mitteln bezahlt werden. Im übrigen versucht er den Eindruck zu erwecken, selbst für diese Seelsorge reichten die Kirchensteuer-Milliarden nicht aus, so daß zusätzliche Spenden eingeworben werden müßten.

Klerikale Definitionsversuche wissen zwar nichts von der nicht ganz genuin christlichen Tradition der Krankenpflege. Auch kommen sie einmal mehr nicht ohne Aggression gegen den »naiven Humanismus« aus. Dagegen retten sie, wie nicht anders zu erwarten, die Definierenden: Wer prinzipiell alles, was Kleriker tun oder lassen, als sozial ausgibt, hat einmal mehr seine Schäfchen ins trockene gebracht. Falls er nur Glauben für die angeblich dringende Notwendigkeit christlicher Interpretation findet ...

Das Wortspiel hat Geschichte. Frühere Kleriker waren nicht einmal damit zufrieden, daß das ursprüngliche Kircheneinkommen in vier Teile geteilt worden war: Ein Teil für den Bischof, ein Teil für dessen Klerus, ein Teil für Bau und Erhaltung der Kirchen – und ein Teil für die Armen.[175] Zwar war schon diese Teilung reichlich obszön; immerhin sackte die Kirche für die Ihren dreimal mehr als für die Bedürftigen ein, so daß das Personal schon von Anfang an Dreiviertel des Kuchens abbekam. Auch dieser Löwenanteil erschien denen noch zu gering, die sich ihrer Nachfolge Christi rühmten. Daher verteilten sie von unten nach oben um, indem sie umdefinierten: Unter den »Armen«, denen das letzte Viertel zustand, seien – die Kleriker zu verstehen, die das »Gelübde der Armut« abgelegt hätten![176] Damit war alles in die richtigen Hände gelegt, so daß die armen Kleriker immer reicher wurden.

> *Die Fakten bleiben bestehen: »Wer hat, dem wird noch dazugegeben werden!« (Mt 13, 12), eines der wenigen Bibelworte, die sich ohne große Schwierigkeit auf amtskirchliche Aktivitäten anwenden lassen. Was sich in Nuancen ändert, ist die zugrundeliegende Ideologie, die Jahrhundert für Jahrhundert dafür zu sorgen hat, daß die klerikale Liquidität erhalten und vermehrt wird.*

Schon im 19. Jahrhundert und bis in die letzten Jahre unserer Zeit hinein war beispielsweise jene Bürgerangst vor der »wüthigen Demokratie« und dem »erklärten Atheismus«[177] Hauptadressatin der klerikalen Predigt, die das Geld in kirchliche Taschen fließen ließ. Stellte sich die katholische Kirche als das gewaltigste Bollwerk gegen das andrängende »socialistische« Proletariat dar, konnte sie mit reichen Zuwendungen rechnen. Verstärkte sie ihre Argumentation durch Ausfälle gegen alle Alternativen, gegen die Liebestätigkeit nichtkatholischer Kreise (und Kirchen[178]), so lenkte sie den Geldzufluß auf die eigenen Mühlen.
Nichts von alldem ist nur historisch – und gilt damit nach der unnachvollziehbaren Meinung mancher als abgelegt, ja bereinigt.

Vielmehr wissen die Großkirchen nach wie vor, mit welchen Argumenten sie das Geld in ihre Kanäle leiten müssen. Man wundert sich freilich, was da alles als Caritas vermarktet wird: Hauptinhalt solcher Liebe ist die sogenannte Seelsorge und was dazu gehört. Es leuchtet ein, daß unter Nächstenliebe gegenwärtig nicht in erster Linie der Dienst am Krankenbett u. ä. gemeint ist. Nachdem immer mehr Kirchensteuerzahler herausfanden, daß der weitaus überwiegende Teil ihrer Zahlungen ans Bodenpersonal fließt und eben nicht dem Sozialbereich zugute kommt, ist es eine nackte Notwendigkeit, daß die Kirchenlobby die Seelsorgetätigkeit als Werk praktischer Liebe bewirbt.

In diesem Zusammenhang ist zu beachten, daß die klerikale Sprachregelung noch um einheitliche Begriffe ringt. Statt von Nächstenliebe oder von Seelsorge kann beispielsweise auch von »Dienst am Menschen« gesprochen werden. Einheitlichkeit stellt sich erst ein, wenn das Fazit gezogen wird: Was die Großkirchen aus Kirchensteuermitteln finanzieren, kommt ihnen selbst zugute.

Der Finanzreferent der bayerischen Landeskirche, Oberkirchenrat H. Kamm, wies denn auch bei einem Gespräch mit Vertretern der Steuerberaterkammern im September 1992 darauf hin, daß in der Kirche »der Dienst am Menschen nur durch Menschen« geschehen könne. Deshalb sei es nicht verwunderlich, daß »bis zu 70 Prozent der kirchlichen Ausgaben auf Personalkosten entfielen«[179].

Man kann es drehen und wenden, wie man will: Die Kirchenlobby argumentiert stets in die eigene Tasche. Sie geht vom Status quo aus, den gegenwärtigen Milliardeneinnahmen aus Kirchensteuer und Zuschüssen der öffentlichen Hände, und versucht – in immer neuen Ansätzen, Argumentationsformen, Definitionstricks – diese Liquidität ins jeweils nächste Jahrzehnt zu transportieren. Ob sich die steuerkirchliche Ideologie nun für die Rückkehr zur expliziten Kirchlichkeit früherer Jahrhunderte entscheidet und infolgedessen eine stärkere Konturierung und Abgrenzung des spezifisch Christlichen an der Sozialarbeit ausspricht oder ob sie sich fortschrittlich gibt und von einem »Sich-Einlassen auf die modernisierte Moderne« handelt[180], immer will sie sich – und ihre bevorzugte Finanzierung – retten.

Sie weiß, warum. Nur wenn beispielsweise der Religionsunterricht der Großkirchen schlechthin als unverzichtbarer Dienst am Menschen gedeutet wird, lassen sich jene gut drei Milliarden DM vertreten, die ihn mitfinanzieren – und die an anderer Stelle fehlen. Nur wenn auch die Tätigkeit der Theologischen Fakultäten an staatlichen Universitäten als Ausübung der Seelsorge, wenn auch im weitesten Sinn, interpretiert wird, fällt das für sie eingesetzte Geld unter die beschwichtigende Generalklausel Dienst am Menschen. Nur wenn es gelingt, selbst die Militärseelsorge damit zu erklären, daß sie bei der Bundeswehr für »getröstete Gewissen«[181] sorgt, gelten die vom Steuerzahler aufgebrachten Millionen als gut investiert. Nur wenn auch die teuren Sendezeiten, die die Großkirchen in den öffentlich-rechtlichen Anstalten beanspruchen und wie selbstverständlich eingeräumt bekommen[182], allgemein als Menschendienst anerkannt sind, wächst der Ärger jener Gebührenzahler, die ihre eigene Weltanschauung – etwa in einem »Freien Widerwort zum Sonntag«[183] – in den Sendern gar nicht vertreten sehen, nicht noch weiter.[184]

> *Wer aufmerksamer als üblich hinschaut, stellt freilich fest, daß die Interpretation der erwähnten Dienstleistungen gegenwärtig nicht mehr gar so leicht fällt wie früher. Hinter den Worten vom Dienst lugt mehr und mehr der nackte Kirchenzweck hervor. Kein Wunder: Jeder der aufgezeigten Fälle beweist, daß die gewünschte Bedeutung »Dienst am Menschen« erst hinzutreten muß – und nicht von vornherein enthalten ist.*

Die Großkirchen bauten in den letzten Jahrzehnten unzählige Kirchen. Allein in der Erzdiözese Paderborn wurden zwischen 1950 und 1967 nicht weniger als 518 Kirchen, 8 Notkirchen und 393 Dienstwohnungen errichtet. Das Bistum Trier plante 1968 für den Bauhaushalt etwa 17 Millionen, für den Sozialsektor nur etwa

sechs Millionen DM ein.[185] Das Bistum Rottenburg-Stuttgart
scheint auch gegenwärtig nicht viel in dieser Hinsicht einsparen
zu wollen. Es baut unverdrossen weiter und setzt allem Anschein
nach lieber auf Steine statt auf Menschen. Ist denn der Bau von
Kirchen – oder gar der von Kirchtürmen – von vornherein ein
Dienst am Menschen? Oder nur ein Service für Kirchengläubige,
der zum überwiegenden Teil aus öffentlichen Mitteln finanziert
wird?

Während sich in den Niederlanden oder in Schweden[186] die Einsicht durchsetzte, daß immer mehr Kirchen entbehrlich werden,
dürfen sich in der Bundesrepublik Landpfarrer und Architekten
von lokaler Bedeutung gegenseitig ihren Bau- und Kunstsinn bestätigen.[187] Wozu denn noch Kirchtürme?[188] Um ein sichtbares
Zeichen für Gottes Gegenwart zu setzen? Um auf »Gottes Finger«
hinzuweisen? Um Glocken unterzubringen? Um einer Masse von
Armbanduhrträgern den gemeinnützigen Uhrenbau zu demon-
strieren?

Wer noch immer nicht glaubt, wie weit sich das unsoziale Anspruchsdenken der Kirchenlobby vorwagt: In München-Freimann
hofft die evangelische Kirche, städtische Zuschüsse für den Bau
einer Kirchenuhr im neuen Pfarrgemeindezentrum zu ergattern,
indem die geplante Uhr zur »öffentlichen« umgewidmet wird. Da
der Turm von allen Seiten sehr gut einzusehen sei, solle die Stadt
die Kosten für die Uhr übernehmen, um die Kasse der evangelisch-lutherischen Gemeinde zu entlasten.[189] Offenbar benötigt
die evangelische Kirche ihr Geld dringender für andere Zwecke.
Zwei Meldungen aus 1992 sprechen für sich: Die Pfründestiftung
der bayerischen Landeskirche plant unweit des Bayreuther Stadt-
zentrums ein gastronomisches Großprojekt, den Neubau eines
Hotels mit Restaurant.[190] Und die Landeskirche erwarb für vier
Millionen DM ein Schloß in Unterfranken, das »der charismatisch
geprägten geistlichen Gemeindeerneuerung«[191] dienen soll …
Diakonie allerorten? Wer will, kann überall die Resultate des klerikalen Repräsentationsbaus betrachten. Nicht wenige aber bekommen Glaubenszweifel und nähern sich dem Kirchenaustritt,

wenn sie überlegen, wofür genau die Wohlstandskirchen, die so publikumswirksam über Geldmangel klagen, immer wieder Mittel zur Verfügung haben: für jene Spezial-Seelsorge, die allem Anschein nach nur in Hotels, Romantik-Restaurants und Schlössern jesuanischen Erfolg hat. Ins Grübeln gerät auch, wer nachrechnet, daß neue Kirchen erstellt oder alte aufwendig renoviert werden, um sonntags eine Handvoll Gläubige – auf Kosten aller Steuerzahler! – zu bedienen. Von daher gesehen, sind die Kirchen in der Bundesrepublik völlig unrentabel. Sie halten keinen Vergleich mit denen anderer Länder aus. Wer aber so milliardenschwer am tatsächlichen Bedarf vorbeiplante, kann sich nicht auf den Dienst am Menschen berufen.

> *Versteht sich die Großkirche als Service-Unternehmen, das seine Filialen möglichst breit gestreut anbietet, muß sie sich nicht wundern, wenn bald die Serviceleistungen anderer Unternehmen der Bewußtseinsindustrie attraktiver als die ihren sein werden. Schließlich sind die Alternativen preiswerter, und so immense Subventionen wie die Kirchen brauchen sie auch nicht.*

Noch ein Beispiel: Die sogenannte Militärseelsorge wird neuerdings mit gewandelten Argumenten verteidigt.[192] Ähnlich wie für Strafgefangene und Menschen in psychiatrischen Anstalten soll auch für Soldaten ein Sonderstatus gelten. Denn diesen sei – durch die Wehrpflicht – eine freie Religionsausübung, also ein Grundrecht, ebenso verwehrt oder erschwert wie den Menschen im Strafvollzug. Der Staat habe daher eine Bringeschuld. Dieser entledige er sich, indem er in beiden Fällen die Durchführung kirchlicher Seelsorge gleichsam als »freiheitserweiternde Leistung« organisiere und finanziere.

Diese Begründung ist absurd. Einmal mehr sucht sie lediglich den Status quo – beispielsweise die Tatsache, daß jährlich 96 000 DM Steuermittel allein für Altarkerzen und Militärmeßwein vorgesehen sind – zu legitimieren. Angehörige der Bundeswehr kennen ihren Alltag besser; um 17 Uhr werden regelmäßig die Stiefel in den Spind gestellt, und das Verhältnis von Wochenenddienst und Wochenendurlaub gestaltet sich sogar günstiger als in manchem nichtmilitärischen Beruf. Soldaten, die ihrem Bedürfnis nach Religion nachkommen wollen, haben ebenso genug außerdienstliche Zeit zur Verfügung wie nichtkasernierte Bürger. Wer sich schon um das Problem der Militärseelsorge kümmern will, der mache sich tiefergehende Gedanken. Dabei könnte er die Militärgeschichte einer Großkirche bedenken, deren Theologie die (institutionelle) Gewalt legitimierte und schützte, statt die Menschen vor Gewalttat jeder Art zu schützen. Auch ließe sich die ungehinderte historische Kontinuität dieser Spezialseelsorge thematisieren: Sie verrät detailliert ihre Herkunft aus obrigkeitsstaatlichem Denken und bezieht noch immer das feste Bündnis von Kaserne und Altar, von Gewehr und Glauben in ihr Kalkül – und in ihre Reden voller Kirchensalbung und Vaterlandsschleim[193] – ein. Ob eine solche Verwandtschaft freilich nicht nur die »Mächte« Kirche und Staat gleichermaßen gut bedient, sondern auch den betroffenen Menschen nutzt?[194]

Der seit Januar 1992 amtierende Generaldekan (welch schön staatskirchliches Wort) J. Ottemeyer mahnte bereits, man solle den Streit um die Militärseelsorge nicht »auf dem Marktplatz« austragen.[195] Der Konflikt sei allzu sehr von der Diskussion um die Durchsetzung kirchenpolitischer Positionen bestimmt – und die betroffenen Menschen blieben bislang fast völlig aus dem Blick. Diese Warnung ist grundsätzlich berechtigt. Allerdings ist noch nicht ganz klar, ob der Lobbyist mit seinem Vorschlag, sich den Menschen zuzuwenden und diese in den Meinungsbildungsprozeß einzubeziehen, nicht doch nur die probate Devise neu auflegt, handfeste kirchenpolitische Interessen hinter dem Begriff »Menschendienst« zu verstecken.

Die im Frühjahr 1992 gestellte Frage, was »Theologen zur Lösung nationaler und internationaler Konflikte beitragen«[196] könnten, rührt an des Pudels Kern. Der Journalist K. Lefringhausen scheut sich nicht nachzufragen, ob die Kirchen es zuließen, »daß der christliche Glaube zur ideologischen Waffe umgeschmiedet« werde und sie gar selbst »durch Parteilichkeit zum Polarisierungsfaktor« würden. Er spricht zu Recht das Streitpotential der Religionen an und verweist darauf, daß manche Kirchen sich auf die Innerlichkeit privater Frömmigkeit zurückziehen, um durch Weltflucht eine weiße Weste behalten zu können. Freilich übergeht er dabei, daß weder Christen je eine solche weiße Weste hatten noch verhindern wollten, daß ihr Glaube politisiert wurde. Nichts spricht dafür, daß sich diese Tradition abbrechen läßt: Die Nationalitätskirchen Rumäniens und Jugoslawiens machen kaum Anstalten, »die Fesseln nationaler Bindungen abzustreifen«. Die Kirchen in den Konfliktregionen der Dritten Welt hingegen sind zu zerstritten und zu abhängig, um einen Mittlerdienst zu leisten, selbst wenn sie wollten. Und der Vatikan läßt sich kaum in Sachen Friedensfähigkeit der Religion herausfordern; er vertritt, etwa in Irland, Kroatien, Osteuropa, seine eigenen Interessen. Seine im stillen praktizierten und häufig öffentlich gepriesenen Vermittlerdienste sind nicht gar so frei von egoistischen Nebenabsichten, wie der Autor ihm bescheinigt. In eben jenen Situationen, »in denen religiöse Überzeugungen sich ineinander verkeilt haben«, weiß auch der jetzige Papst, wie er zu handeln hat – und warum er von Fall zu Fall nichts tut.[197]

Wenn schon vom Dienst am Menschen geredet wird: Atomwaffen sind nicht einfach eine »Weiterentwicklung der Artillerie«, wie der praktizierende Katholik K. Adenauer das Grauen zynisch bagatellisierte.[198] Atomwaffen-Inhaber sind an sich keine freundlichen Zeitgenossen, und ein Papst, der für Menschen spräche, müßte sie als Person ächten – und nicht bloß das Teufelszeug, das sie verteidigen. Von bundesdeutschen Hirten, die ihre herzenswarme Humanität gegen die Abtreibung ins Feld führen, ist freilich kein Sterbenswörtchen über die bundesdeutsche Tatsache zu hören, daß noch 1992 auf ihrem Weideland 1500 Massenvernichtungsmittel liegen und liegen bleiben.[199] Bestimmte Sünden sind den Gottesmännern, die zuzeiten alle in einer bloß standesamtlichen Ehe lebenden Katholiken als »öffentliche Sünder der schlimmsten Art«[200] beschimpften, offenbar weder öffentlich noch schlimm genug.

Zweifellos finden sich zunehmend einzelne Christen oder christlich bestimmte Gruppen, die menschlicher handeln als ihre Amtskirche. Ebenso außer Zweifel steht es jedoch, daß die Einzelkämpfer nur in den seltensten Fällen den Segen der Oberhirten erteilt bekommen: Weder der aufrechte Widerstand von Priestern gegen den Nationalsozialismus noch die praktische Solidarität eines Erzbischofs A. Romero mit den Unterdrückten seines Landes fanden, als es Zeit gewesen wäre, die Zustimmung der offiziellen Kirche.[201] Im übrigen kommt die eingeforderte öffentliche Anwaltsfunktion der Bischöfe[202] auch in Sachen Ausländerfeindlichkeit nicht über das Stadium der obszön heilen Fensterpredigt hinaus. Freilich sind Fortschritte zu verzeichnen: Während der Hitler-Diktatur hängten sich die Herren noch nicht einmal so weit aus dem Fenster, als es galt, verfolgte Mitbürgerinnen und Mitbürger zu schützen. In der Unterstützung der Verfolger hingegen waren sie nicht gar so zimperlich.[203]

> *Immer wieder dasselbe Problem: Jene Seelsorge, die da so laut-stark als Dienst an allen vermarktet wird, um ihre Finanzierung durch alle zu stützen, entpuppt sich als höchst zweckgebundene Tätigkeit. Seelsorge steht im Dienst einer nur im eingeschränktesten Sinn altruistischen Lobby. Werden Denken und Handeln dieser Lobby genauer geprüft, entlarven sie sich – historisch wie aktuell – als höchst fragwürdig.*

Schon die Glaubensgrundlage der Großkirche ist mißlich. Schließlich weist bereits die Heilige Schrift, ohne Zweifel eine Basis der konkreten Seelsorge, eine derartige Fülle extrem inhumaner Züge auf, daß das wohlfeile Wort vom Dienst am Menschen entzaubert ist: Die Aufforderung Gottes zum Beispiel, mitleidlose Eroberungs- und Ausrottungskriege zu führen und im

Zuge der Landnahme auch vor Völkermord nicht zurückzuschrecken.[204] Oder die historisch seit Jahrtausenden belegte Intoleranz gegen Andersgläubige und Andersdenkende, die fast durchgängig zu beobachtende Attraktivität von Blut und Blutvergießen, die – auch im Neuen Testament nicht abgeschwächte – Androhung ewiger Gottesstrafen, das Ausmalen extremer Quälereien an fehlgläubigen oder nicht nach der jeweils herrschenden Christennorm lebenden Mitmenschen, die Rückführung von psychischen und physischen Krankheiten auf die Besessenheit von Teufeln und Dämonen, die weitgehend negative Zeichnung des Menschen als sündig, die absolute Rechtlosigkeit des »Sünders« vor Gott, die Aufforderung zur Prügelpädagogik[205], die Diskriminierung von schwächeren Bevölkerungsteilen (Frauen) und Minderheiten (Juden).

Wen eigentlich lieben überzeugte Christen außer sich selbst? Wem außer ihrem System dienten sie je? Doch wohl nicht »den« Menschen! Großkirchlich betriebene Seelsorge heißt: Eine Fülle von Normen vermitteln, mit einer Masse von Sündenängsten belasten, ein bißchen Erlösung anbieten, geschäftsmäßig Angst und Hoffnung machen.

Ob die Milliarden DM, die Jahr für Jahr den Großkirchen zufließen, gut angelegt sind? Mitbürgerinnen und Mitbürger, die bislang unbesehen zahlten, fragen sich zunehmend, ob sie genug für ihr Geld bekommen und was sie persönlich von alldem haben. Überlegen sie sich die Sache richtig, kommen sie häufig zu dem Ergebnis, daß sie die Seelsorger eigentlich nicht brauchen. Die Argumentation der Großkirchen beginnt zu wackeln. Handwerker, die ins Haus kommen, wenn die Waschmaschine leckt, oder Dienste, die am Wochenende den kaputten Fernseher reparieren, sind den Menschen mittlerweile wichtiger. Teuer sind sie natürlich auch, aber man weiß wenigstens, was man für sein Geld bekommt. Bei den Seelsorgern, die sich ihren Dienst auch nicht gerade gering bezahlen lassen[206], ist das nicht so klar. Viele Menschen, die brav ihre Kirchensteuern zahlen, klagen darüber, daß sie einen Pfarrer so gut wie nie zu Gesicht bekommen.

Sollen sie doch zur Kirche kommen, dann sehen sie mich! So mag der eine oder der andere geistliche Herr sagen. Um so argumentieren zu können, mußte er freilich alle anderslautenden Aussagen seines Herrn Jesus weginterpretieren oder im eigenen Sinn abschwächen. Nun hört sich der Name Seelsorger für manche nicht schlecht an. Gibt einer schon in seiner Berufsbezeichnung an, er sorge sich (um andere), klingt das gut. Zwar nennen sich die Experten für den Körper schlicht Ärzte und nicht Leibsorger, doch ist das eben so eine Sache mit der Seele. Jedenfalls lehrten die geistlichen Fachleute zu allen Zeiten, der Mensch lebe nicht vom Brot allein – und die Seele sei wesentlich wichtiger als der Körper. Wie dem auch sei: Immerhin finden sich seit Jahrzehnten auch Mitmenschen, die keine Kirchenvertreter sind und sich doch um die Psyche kümmern. Auch sie sind nicht umsonst tätig, doch lassen sie sich für unser Geld wenigstens sehen und sprechen. Auch mit dem Krankenschein kann man bei ihnen etwas anfangen.

Ist die Seele, wie Theologen sie deuten, etwas anderes, ja sogar mehr als die Psyche, um die sich die Psychotherapeuten sorgen? Fragt man einen Seelsorger, so wird er einem behend erklären, genau da liege des Pudels Kern. Mit den Beweisen, die auch neuzeitliche Menschen überzeugten, hapert es freilich. Unter dem Strich kommt in jedem Fall die Frage heraus, ob der Mensch eine religiöse Anlage habe oder ob niemand einen Gott hätte, wenn dieser ihm nicht zuvor anerzogen worden sei.

Jene Menschen, die als einzige wirklich von der Religionsausübung profitieren, predigten zu allen Zeiten, jeder Mensch sei von Natur aus religiös.[207] Ohne Religion könne er nicht existieren, sondern verkomme wieder zu dem Tier (in neuerer klerikaler Diktion: Ratte, Wühlmaus, Parasit[208]), das er in vorreligiöser Zeit gewesen sei. In den urgewaltig klingenden Sätzen verrät sich der Kern der Beweisführung: Die Anmaßung der Religionsdeuter, die sich von den Tieren (deren Unschuld nicht zu übertreffen ist) zu unterscheiden versteht und alle Mitmenschen zu unterjochen sucht, als handle es sich um eine Wahrheit.

Demütig machen müßten die Deuter des Religiösen bereits ein paar Fakten der Menschheitsgeschichte. Zum einen wissen wir sehr wenig von den frühesten Zeiten, die im Vergleich zu den bekanntgewordenen Teilen der Geschichte unverhältnismäßig lange dauerten. Aufs Ganze dieser Geschichte gesehen, ist die gegenwärtige Religion »Christentum« eine Bagatelle. Ihre 2000 Jahre nehmen sich sehr bescheiden aus. Sie sind nur in Promillewerten auszudrücken. Und wie heruntergekommen ist diese Hochreligion bereits nach zwei Jahrtausenden ihrer Heilsgeschichte!

Wo die allen Menschen angeblich als Naturanlage mitgegebene Religion doch nicht anzutreffen war, mußte immer wieder und immer nachdrücklicher nachgeholfen werden. Offensichtlich verlangte die Menschennatur nach Nachbesserung, und die Anlage Religion mußte in den meisten Fällen erst aktiviert werden. Bei den Germanen zum Beispiel oder bei den Millionen Indios, die das Christenschwert traf, bis sie sich dem Christentum ergaben.

Es gibt keinen Beweis für die Behauptung, Religion sei ein universelles, gleichsam in der Natur verankertes Phänomen.[209] Vielmehr spricht weiterhin alles dafür, daß sich in der Religion der jeweils erreichte Entwicklungsstand einer Gesellschaft spiegelt und Religion eine historische, zeit- und epochenbedingte, grundsätzlich aufzulösende Erscheinung darstellt. Die Religionskritik von I. Kant, L. Feuerbach, K. Marx, F. Nietzsche, S. Freud und A. Camus ist nicht widerlegt. Die Thesen, daß Menschen, Männer, Patriarchen[210] sich ihre Götter nach dem eigenen Bild schaffen und Religion eine kulturell bedingte Massenneurose darstellt sowie Ausdruck von realem Elend und zugleich eingebildeter Trost (heilsegoistische Droge) ist, sind nach wie vor gültig.

Diese Feststellung beinhaltet noch nicht, daß Religion im Verlauf weiterer Entwicklungen der Gesellschaft im Bewußtsein aller Menschen austrocknen (absterben) wird oder nicht. Nicht wenig spricht dafür, daß sie auch künftig als »Auffangbecken für die Restrisiken im Leben der Individuen«[211] fungieren wird. Von daher gesehen gelten selbst die vielfach korrumpierten Großkirchen nicht einfach für alle als tot.[212] Geschichtlich überwundene religiöse Haltungen, Paradigmen, Normen leben im Bewußtsein vieler Menschen – gerade als rudimentäre Formen – noch fort. Damit erweitern sie den Umfang der individuellen Denk- und Handlungsmöglichkeiten um diverse anachronistische Varianten.

Hier gewinnt auch die zeitgeistige Theologie ihre Funktion: Gelingt es ihr, die Kirche gleichzeitig als partiell reaktionär zu kritisieren wie als grundsätzlich befreiend darzustellen, weist sie einen goldenen Mittelweg, selbst die reformierte Religion unserer Breiten als menschenfreundlich auszugeben. Dann kommt es auf Dauer nur auf den guten Willen (sprich: die Taktik) der Amtskirche an, sich der Reformwünsche ihrer Gläubigen anzunehmen, um das eigene Überleben zu sichern. Oberhirten wären schlechte Strategen, ergriffen sie früher oder später die gebotene Chance nicht: Lösen sie aufgrund unübersehbarer Sachzwänge sogenannte Reformprobleme wie Zölibat, Priestertum der Frauen, Geburtenkontrolle schließlich doch noch, sind viele Gläubige wieder mit ihnen zufrieden. Ist gar ein neuer Johannes XXIII. in Sicht, sehen sich manche veranlaßt, wieder in die Kirche einzutreten. Das Grundproblem »Religion« ist unter solchen Umständen freilich so wenig gelöst wie eh und je.

Ganz so unbedarft von einer religiösen Uranlage des Menschen zu sprechen wie gewohnt ist reiner Hohn. Dasselbe gilt für die Behauptung, diese Uranlage sei im Christentum voll und ganz erfüllt. Gegen diese Annahme sprechen schon die Schreie eines einzigen Indiokindes, das die Träger der Frohbotschaft an der Brust seiner Mutter erstachen. Nur sehr wenige Menschen hatten in den vergangenen 2000 Jahren überhaupt die Chance, ihrer Uranlage froh zu werden. Die weitaus meisten wurden blutig missioniert und zwangsgetauft.

Aber auch wenn eine religiöse Natur einmal angenommen (wenn auch nicht konzediert) wird, stellt sich den Beschäftigten der Großkirchen die Frage, ob und aus welchen Gründen ausgerechnet sie – oder gar nur sie! – dazu ausersehen und befähigt seien, sich um diese Anlage zu sorgen. Bringt man die angeführten Beweise auf den Punkt, so handelt es sich ausnahmslos um Selbstlegitimationen. Kein Hirt hat je einen anderen Beleg für seine Behauptung, er sei für die Menschen bestellt, vorlegen können als den, sein eigener Gott habe ihn dazu berufen.

Der Selbstbestätigung der Seelsorge entspricht hierzulande die Fremdfinanzierung dieser Tätigkeit; beide stehen zueinander wie Zwillingsschwestern.

Seelsorge nach Art der Großkirchen bleibt paternalistisch angelegt: Sie geht von einem – längst überholten – Gottes- und Menschenbild aus. Das gesamte Christen- und Menschenleben soll gleichsam von der Wiege bis zur Bahre genormt sein, damit das »ewige Heil« amtlich vermittelt und garantiert sei und der einzelne nicht verlorengehe. In einem solchen System darf es keine Lücken geben, die Restschuld zurückließen und Gehorsamsleistungen des Kindes gegen die Väter unnötig machten.[213] Väter müssen immer präsent bleiben (daher gibt es so viele geistliche Herren); zu allen Zeiten und an allen Orten müssen sie eine erlösende Lösung anbieten können, stamme diese nun aus der Bibel oder aus dem Vatikan.

Eine solche Seelsorgevaterschaft höbe sich selbst auf, ließe sie Entscheidungsräume zu, die ihrem Machtbereich entzogen wären. Das aber ist die wirksamste und zäheste Form des Kampfes gegen die Befreiung: Den Menschen Bedürfnisse einzuimpfen, die die veralteten Formen des Kampfes ums Dasein verewigen.[214] Alles ist hier – entweder biblisch oder päpstlich – geregelt. Die Seelsorger beanspruchen ein ihnen streng reserviertes Wissen um die Lebensvollzüge der Menschen; beispielsweise sprechen ehelose Werteväter auffallend häufig über die Angelegenheiten derer, die nicht so zölibatär leben wie sie selbst, über Sexualmoral, Schwangerschaftsabbruch, Geburtenkontrolle.[215]

Stärke gewinnt das immense theologische Schrifttum unserer Tage (auch das achtel-, viertel-, halbradikale), das an so vielen Stellen aus barem Unsinn Sinn schaffen will und den Anschein von Tiefsinn erzeugt, ebensowenig wie seine Leserinnen und Leser. Die Traktätchen bleiben blasses Papier. Da Dogmen dem duckmäuserischen Denken dienen, können sie sich nie zur Größe aufrechter Vernunft erheben. Ihr Anspruch auf Freiheit bleibt der verräterische Zuspruch an den eigenen Mut, in Gehorsam (»Glaube«) gebückt zu sein. Zwar finden sich noch immer genügend Opferseelen, die ihre gebeugte Haltung als die vor Gott – und der Großkirche – einzig aufrechte zu definieren lernten. Eine gute Portion Schuldbewußtsein gehört denn auch beim gutsituierten Christentum zum schlichten Wohlbefinden. Niemandem steht es frei, Christ zu werden. Zum Christentum wird man nicht einfach bekehrt; man muß krank genug dafür sein.[216]

Ein Beispiel für viele: das Dispenssystem der Catholica.[217] Nur wer sich für Fremdbestimmung entscheidet, wird sich freudig damit begnügen, seine Lebensvollzüge (z. B. das Recht auf Ehe) von Wertevätern reglementieren zu lassen. Dann unterwirft er sich gehorsam jenen paternalistischen Amtsakten der Oberhirten, die die Verpflichtungskraft eines kirchlichen Gesetzes in einem besonderen Fall aufheben[218], und läßt sich – von Ehehindernissen, von der Sonntagspflicht – dispensieren. Damit aber verzichtet er nicht nur auf seine Selbstbestimmung, sondern bestärkt das gültige klerikale Prinzip immer wieder aufs neue: Kirchengesetze werden erst einmal geschaffen, um Menschen zu beschweren. Wird die Last allerdings zu groß, kommt Mutter Kirche wieder zu Hilfe und dispensiert. Abgestufte Abhängigkeiten schaffen aber heißt, Macht bis in den Gewissensbereich der Menschen hinein entfalten. Von einer Seelsorgetätigkeit kann in solchen Fällen durchaus gesprochen werden, nicht aber vom Dienst am Menschen. Wer – wie gegenwärtig noch die Kirche – die Hand auf der Ehe hat, kann Millionen Gewissen gängeln.

Das Dispens-System hat es in sich, und es ist zuinnerst unmenschlich. Es führt dazu, daß der eine Mensch (stets ein »Laie«!) immer als Bittsteller fungiert, dem kein Recht auf die Gewährung seiner Bitte zusteht, und der andere (immer ein klerikaler Seelsorger!) Macht ausübt, indem er, nach Ermessen, von einem Gesetz dispensiert, ohne dessen Existenz es überhaupt keine Bittsteller gäbe. Das alte Lied: Die römische Kirche stellt, aus Gründen der eigenen Machtentfaltung und -erhaltung, Gesetze auf, die die Menschen (den ganzen Menschen) belasten. Und sie gewährt, aus Gründen der Machterhaltung, von diesen Dispens. In beiden Fällen bindet sie die Menschen in ihren Pferch.

Was ist von einem Recht und einer Moral zu halten, die von dem Grundgedanken leben, zunächst Berge von Normen aufzubauen und diese dann einzeln wieder abzutragen? Wie sagte doch jener angebliche Kirchenstifter? »Die Schriftgelehrten und Pharisäer sitzen auf dem Lehrstuhl des Mose ... Sie machen Worte, handeln aber nicht danach. Sie binden schwere, ja unerträgliche Lasten zusammen und bürden sie den Leuten auf. Selbst aber rühren sie mit keinem Finger daran« (Mt 23, 2–4).

Sehr viele Menschen von heute gesunden in ihrem Gewissen. Sie kommen zum Beispiel zu dem persönlichen Schluß, daß Pfarrer regelmäßig versagen, wenn wirkliche und nicht bloß eingeredete Probleme auf sie zukommen. Suchen Menschen Hilfe, müssen sie sich selbst um Alternativen kümmern. Die Pfarrer wissen einfach nicht weiter. Wie sollten sie auch, zumal sie ganz andere Dinge gelernt haben und praktizieren, als beispielsweise karitativ tätig zu sein? Schließlich waren die bundesdeutschen Seelsorger jahrelang an einer Universität. Da kann einer zwar vieles hören, doch praktische Nächstenliebe ist kein Lehrfach.

Dagegen hörte der künftige Seelenhirte viel über das kirchliche Dogma und manches über die römisch oder nicht-römisch interpretierte Hl. Schrift, lernte allerlei Grundsätze der Moral und des Rechts kennen, gewann auch Einblicke in bestimmte Ausschnitte der Kirchengeschichte und wurde in die Theorie der Pastoral (Hirtenseelsorge) eingewiesen. Das waren handfeste Fächer, und doch kranken ihre Inhalte an einem wesentlichen Fehler: Sie taugen nur innerhalb eines geschlossenen Glaubenssystems. Darüber hinaus reichen sie nicht. Grenzen zu sprengen ist ihre Sache nicht. Wo bleiben die Pfarrer, wenn sie gebraucht werden? Sprechen die Theologen von der Seele, so fallen sie gern mit der Tür ins Haus.

Unter »Himmel und Hölle« tun sie es nicht gern. Daher sprechen sie in diesem Zusammenhang so oft von Erlösung (und Verdammnis). Auf diesem Gebiet kennen sie sich aus; das erlernten sie. Da geht es gleich um Leben und Tod, also um jene Fragen, die den Kirchenleuten wesentlich sind, zumal niemand sie definitiv beantworten kann.

> *Seelsorge und Theologie sind Therapien für Krankheiten und Bedürfnisse, die es ohne Kirche gar nicht gäbe. Kulturell tragen sie nicht. Das Christentum ruft kein besonderes Interesse mehr hervor.*[219] *Emotionen finden sich nur, wenn sich Kirchen unter dem Vorwand des Wächteramtes aggressiv in Belange von Nichtchristen einmischen – und sich diese unberufene Hilfe noch dotieren lassen.*

Wie immer, wenn es in der Bundesrepublik um die Kirchen geht, sind auch auf dem Gebiet Kirche und Wissenschaft/Kultur beeindruckende Zahlen zu nennen. Die Großkirchen lassen sich nicht lumpen: Geld ist zur Genüge da, und beispielsweise Akademien in kirchlicher Trägerschaft gibt es auch.[220] Diesen wird beigelegt, sie hätten sich als »besonders hochqualifizierte Bildungseinrichtungen der Kirche«[221] um den Dialog mit der Welt von heute zu bemühen und dafür ein »breitgefächertes, sich an die gesamte Gesellschaft richtendes Themenangebot« bereitzustellen. Auch sollen sie die Gläubigen »aus einem geistigen und kulturellen Getto hinausführen«; eine Aufgabe, die nachweislich immer seltener gelingt.

Zum großkirchlichen Betreuungsangebot kommen – von allen Steuerzahlern finanziert – eigene Universitätsfakultäten.[222] Ob aber die Resultate dem Aufwand entsprechen? Die Maulkorbexistenz, die die Schultheologen führen müssen, behagt nicht jedem Wissenschaftler. Er bringt wenig Verständnis für die Kollegen auf, die nur hinter vorgehaltener Hand mitzuteilen wagen, was sie wissenschaftlich für wahr halten. Kein Wunder, daß sich immer mehr Intellektuelle aus dem Dialog mit Kirchenleuten zurückziehen; er lohnt sich einfach nicht. Die beherrschenden Themen der Diskussion werden nicht von kirchlichen Kräften getragen, geschweige denn angeregt. Verstehen sich die Großkirchen als hochdotierte Systeme der Informationsabwehr, halten sie sich, was ihnen gefährlich wird, vom Leib, nutzen auch die intellektuellen Verrenkungen, mit deren Hilfe uralte Glaubensinhalte an Frau und Mann gebracht werden sollen, nicht mehr.

Kein Wunder im übrigen, daß auch die Arbeiterinnen und Arbeiter den Kirchen längst entfremdet sind und sich die neue Werbung um diese Klientel nicht richtig auswirken will.[223] Fahren Oberhirten in Bergwerke ein und tauchen sie verdreckt wieder auf, so ist das – für Bistumsblätter – eine halbe Sensation. Die überwiegende Mehrheit der verlorenen Schafe läßt sich jedoch von solchen Ausflügen der Hirten in den Alltag der anderen nicht mehr beeindrucken.

Verständlich, daß immer mehr Menschen erfahren, wie wenig die typisch theologischen Antworten praktisch weiterhelfen. Zwar soll hier und da ein neues Interesse an christlicher Wirtschaftsethik bestehen[224], und mancher Manager läßt sich sogar einmal auf ein kirchliches Wochenendseminar ein. Auch machten die Großkirchen die von anderen eingeleitete Umwelt-Wende nach Kräften mit.[225] Wo aber vor Ort konkretere, alltäglichere, humanere Hilfe verlangt ist, kommt die Seelsorge meist an ihr Ende. Dabei müßte sie Solidarität beweisen, wenn Menschen schuldig wurden – und nicht gleich große Worte wie Buße und Reue machen. Trost im Leid müßte sie anbieten – und nicht Vertröstung aufs Jenseits oder gar Messen und Rosenkränze für die Toten. Mitfreude beim stillen Glück wäre gefragt, wenn eine Frau ein Kind erwartet – und keine Frage nach dem Tauftermin. Mitsorge wäre geboten, wenn ein Kind unerwünscht ist – und nicht gleich die Großrede vom ungeborenen Leben.

In Fragen, die das alltägliche Menschsein betreffen, sind Pfarrer keine Experten. Ihre erlernten Worte sind stets ein paar Nummern zu groß. Im besten Fall sind Pfarrer »Menschen wie du und ich«, bemühen sich nach Kräften um Lösungen, wollen zumindest Ansprechpartner sein. Aber sobald sie sich um Lösungen sorgen, bleiben sie allein. Ihre Theologie hilft nicht weiter. Um mit Jugendlichen Fußball zu spielen oder das Thema Aids (im Religionsunterricht) zu besprechen, braucht keiner eine Ordination oder Weihe.

Wird der zeitgemäßen Seelsorge der »Einsatz für das Leben, der Kampf gegen Hunger und Krankheit in der Welt, gegen Unfreiheit und jede Einschränkung des Lebensvollzuges« zugerechnet[226], so läßt sich nicht nur jedes einzelne Kriterium aus Geschichte und Gegenwart der Großkirchen schlüssig widerlegen, sondern auch belegen, daß ebendiese Inhalte nicht spezifisch christlich, sondern ererbt sind. Die Kirchen übernahmen auch in diesem Fall Leistungen anderer und integrierten sie in ihr Wissens- und Handlungssystem.[227] Geben Seelsorger solche Inhalte als die ihren aus und hantieren sie mit ihnen, mogeln sie.

Es ist bloß noch peinlich, wie atemlos die sich für fortschrittlich haltenden Pfarrer und Theologen hinter ihrer Zeit herrennen, damit ihnen nur nichts entgehe. Ich nenne diese überall anzutreffende Haltung das »Wir-auch-Syndrom«. Gestern Sozialismus? Wir auch. Heute kein Sozialismus mehr? Wir sind selbstverständlich dabei. Engagement für die Dritte Welt? Wir auch. Umweltschutz? Wir auch. Öko-Bewegung? Wir auch. So fordert beispielsweise der Umweltbeauftragte der evangelischen Kirche 1992 zum Kauf von Öko-Produkten auf, da zum »fortschrittlichen Christentum« bewußtes Ernähren gehöre.[228]

Das Wörtchen »auch« charakterisiert die Seelsorger aufs genaueste. In keinem einzigen Fall gingen sie voran. Immer halten Hirten sich bedeckt, bis sie die Richtung abschätzen können, in die der Zeitgeist bläst. Dann sind sie sofort »auch« dabei. Ihr bloßes »Auch-Engagement« richtet sie bei den Engagierten. Denn Kirchen schaffen nichts, sondern sie wandeln das bei anderen Vorgedachte und Verhandelte in Elemente um, die ihnen nutzen.[229]

Schon das vermeintlich urchristliche Liebesmahl der Schwestern und Brüder, die Agape, wurde der heidnischen oder jüdischen Umwelt entlehnt – und schließlich zur Eucharistie umgeformt. Diese aber stellt sich gerade unter den heutigen Umständen – allen ökumenischen Beteuerungen zum Trotz – als eine konfessionell eng umrissene Gemeinschaftsübung dar: Da zur katholischen Eucharistiefeier offiziell weder fehlgläubige Christen noch Nichtchristen zugelassen sind, vermag selbst die hin und wieder zu beobachtende Sitte der Agape in Form von bemühter Gemeinschaft mit den vom Wesentlichen Ausgeschlossenen[230] das Urteil nicht abzuschwächen: Katholische Gläubige fühlen sich am sichersten unter ihresgleichen.

Die kircheneigene Theologie warnt denn auch davor, die Anpassung allzuweit zu treiben und sich mit jedem Menschen, jeder Meinung über Gebühr zu solidarisieren. Das »ernsthafte Sich-Einlassen auf die jeweilige Situation« kommt stets an die eigene Grenze: Kirchenchristen ziehen sich spätestens da, wo ihre Identität in Gefahr gerät, auf die Insel zurück. Dann sprechen sie, gleichsam ex cathedra, jedenfalls von oben herab, von der »kritisch-desintegrierenden Rolle« der Institution. Denn »so großzügig die Kirche in echter Solidarität und im Mitleiden mit allen Menschen Akkommodation im Kleinen und Alltäglichen üben sollte, so entschieden muß um die unverkürzte Vermittlung des Begriffs gerungen werden, soll nicht Akkommodation zur Assimilation, Gleichschaltung und Unverbindlichkeit führen.«[231]

Auch ein Bischöfliches Hilfswerk wie das mit vielen Spenden Unwissender bediente »Adveniat«[232] stellt weder eine Erfindung kirchlicher Wohlfahrtpflege dar, noch ist es anders als zweckbestimmt: Schließlich hatte es das Ziel in seine Wiege gelegt bekommen, den sich immer stärker abzeichnenden Priestermangel in Lateinamerika überwinden zu helfen sowie den Auf- und Ausbau der kirchlichen Infrastruktur auf dem Subkontinent zu fördern. Kein Wunder, daß es noch immer von jenen Oberhirten kontrolliert ist, die ihm zwar den bischöflichen Namen liehen, doch nichts anderes tun, als die eingehenden Spenden der »Laien« im eigenen Sinn zu verwenden.[233] Auch dieser Menschendienst ist seelsorglich – und damit großkirchlich – normiert.

161

Geradezu selbstverständlich wird dieser Hauptzweck kirchlicher Wohltätigkeit verschleiert. Unter dem Vorwand, für alle Menschen ohne Ansehen der Person und ohne Rücksicht auf Rasse oder Religion tätig sein zu wollen, lassen sich die Hirten in der Bundesrepublik von allen finanzieren. Müßten sie die Karten auf den Tisch legen, kneifen sie: Die einschlägigen Beiträge im Standardwerk »Lexikon der Pastoraltheologie« klammern die Tatsache, daß auch Millionen nichtkatholischer und nichtchristlicher Bürgerinnen und Bürger mitzahlen, schlicht aus.[234]

Hat denn unser Volk keinen Anspruch auf weniger Phrasen und mehr Wahrhaftigkeit?[235] Müssen wir Deutsche auf der Flucht vor unserer Wahrheit[236] bleiben? Ist das Volk, nach Hegel[237], derjenige Teil des Staates, der nicht weiß, was er will? Soll es nicht wissen, was es wollen müßte?

Betreten Kleriker das Terrain, das sie als das ihre ausgeben, und antworten sie auf Lebensfragen, versagen sie in allen Fällen, wo Antworten gefragt wären: Beispielsweise ist die großkirchliche Theologie nicht in der Lage, ihr Gottesbild darauf auszurichten, daß es Antwort auf eine einfache, aber wesentliche Frage gibt. Oder darf es dem großkirchlichen Gott einfach die Sprache verschlagen, wenn er erfährt, daß in den vergangenen zehn Jahren mehr als 1,5 Millionen Kinder bei bewaffneten Konflikten getötet wurden, weltweit vier Millionen »Kindersoldaten« durch Verwundungen dauerhaft körperbehindert sind und 5 Millionen Kinder durch Kriege ihr Obdach verloren?[238] Daß allein 1992 mindestens zehn Millionen Kinder und Heranwachsende durch Kriege psychisch geschädigt wurden und viele von ihnen lebenslang geschädigt bleiben?[239]

Wo bleibt der Kirchengott, wenn er gebraucht wird? Die USA geben pro Tag zehnmal mehr Geld für einen Soldaten als für ein Schulkind aus.[240] Mehr als eintausend Milliarden Dollar fließen jährlich in die militärisch-industriellen Komplexe und »sichern den Frieden«, der nie gesichert sein wird, solange diese – den Stellvertretern Gottes auf Erden keine Predigt werten – Komplexe existieren. Welche Prioritäten, welche Zeichen setzt die Kirche Gottes überhaupt, wenn beispielsweise kindlicher Keuchhusten, der auch in der Dritten Welt relativ preiswert zu beheben ist, nicht einmal thematisiert wird, wohl aber der teuerste Wahnsinn auf Erden, die Rüstung, den Segen der staats- und kirchentragenden Parteien genießt?

Weshalb schweigen jene Hirten, die den – von andern erarbeiteten – tätigen Sinn für die Umwelt unter der Vokabel »Bewahrung der Schöpfung« vermarkten, wenn sie ihren Gott einmal lebensnaher als in den Formeln ihres Sonntags-Credo bekennen müßten? Interessiert sich ihr Schöpfer nicht für den Wahnsinn, mit dem seine Ebenbilder die Mitgeschöpfe attackieren? Immerhin sind von den Milliarden Lebensarten, die seit 3,5 Milliarden Jahren auf Erden existieren, mittlerweile 99,9 Prozent ausgestorben, sprich: ausgerottet worden. Allein 1988 exekutierten Menschen 8750 Tier- und Pflanzenarten, und in den nächsten 20 bis 30 Jahren wird es wiederum ein Viertel der noch existierenden Arten sein, das sich für immer aus der Schöpfung verabschieden muß. Pro Tag verschwinden in der besten aller Welten 100 bis 300 Arten auf Nimmerwiedersehen.[241]

Viele Pfarrer merkten längst, wie sehr ihre Kirche und deren Theologie sie Tag für Tag im Stich lassen. Sie gehen daher ihre eigenen Wege und betreiben Seelsorge, besser: Menschensorge, auf ihre Art. Manche unter ihnen brechen unter der Last zusammen; immerhin ist die Zahl der suchtkranken Kirchenbediensteten relativ hoch.[242] Die meisten werkeln weiter wie gehabt, reiben sich an Pseudoproblemen (wie dem Zölibat[243]) auf und betreiben Seelsorge nach Guthirtenart: Auffallend, wie viele Pfarrer sich vor allem, wenn nicht ausschließlich, um jene Menschen kümmern, die zum engsten Kreis gehören und als praktizierende Christen gelten. Sie verwalten ihren Beruf wie einen Besitz und beten vielleicht hin und wieder zu ihrem Gott, daß alles so bleibt, wie es ist. Seelsorge höchst praktisch: 1992 behandelte ein münsterländischer Pfarrer im katholischen Religionsunterricht das Lieblingsthema Gotteskindschaft. In diesem Zusammenhang sagte der Seelsorger zu einem kleinen Mädchen: »Du bist kein Kind Gottes, denn du bist ungetauft.« Das Kind sah sich dem Spott der Schulklasse ausgesetzt und erlitt einen Schock. Es lief nach Hause; die getauften lieben Kleinen hatten ihm bewiesen, wie schon die jüngeren Christen mit Menschen umzuspringen verstehen.

Schlimm, daß es sich keineswegs um einen Einzelfall im »Dienst am ganzen Menschen« handelt. Wer sich aufmerksam umschaut, wird in seiner näheren Umgebung Beispiele finden. Wenige Tage nachdem die Geschichte mit den Gotteskindern passiert war, stürzten sich in einem anderen Ort des Münsterlandes Schulkinder auf einen ungetauften Mitschüler und erklärten ihm, er habe eigentlich gar keinen Namen und werde deswegen in Zukunft mit »mmm« angeredet. Von einem Eingreifen des Klerus war nichts zu hören. Die Würde des Menschen ist zwar unantastbar, doch erstreckt sich diese Verfassungsnorm in katholischen Regionen offenbar nicht auf jene, für die die Gleichung Ungetaufte = Unpersonen gilt.

Die einzige Gefahr, die der amtlichen Seelsorge von seiten ihrer engeren Adressaten droht, liegt in den fundamentalistischen Haltungen begründet, die sich im Pferch immer mehr Gehör verschaffen. Treue Schafe fühlen sich nämlich in einem geordneten – und gut finanzierten – Stall am wohlsten. Machen die Hirten keine Anstalten, das Weideland wieder unter ihre Kontrolle zu bringen, mucken die Frommen auf. Die Schafe sehen sich nicht mehr so fremdbestimmt, wie sie dies lieben, und werden bockig. Handelt also die Laienschriftstellerin Christa Meves im Sommer 1992 von der Krise der katholischen Kirche[244], so fällt der durchweg aggressive Unterton gegen alles – von den Hirten gedeckte – Progressive auf. Die Wortwahl ist verräterisch, und die auf den wenigen Seiten verwandten Vokabeln haben es in sich: »Angriff«, »feindseliger Geist«, »Agitation«, »Unterwanderung«, »Zersetzung«, »Stoßrichtung«, »Immunisierung«, »verheerende Verführungssituation«, »Verteidigungsfähigkeit«, »Wagenburg«, »Feldzug«.

Soll dies jene religiöse Sprache sein, die gerade erst ein Pfarrer der Jugend in den neuen Bundesländern zu erlernen empfahl[245], um Leid- oder Glücksgefühle zu bewältigen? Fehlt den Jugendlichen ausgerechnet dies religiös geprägte Vokabular zum Glück? Brauchen sie, in Ost und West, eine »Verstehenslehre religiöser Alltagserfahrung«? Womöglich eine ausschließlich von Großkirchen vermittelte? Ist dieser Dienst am Menschen so unverzichtbar heilsam, daß er mit Milliarden finanziert sein muß?

Wer sich durch den greulichen Stil[246] der Autorin Meves nicht schon nach wenigen Zeilen verletzt sieht, fühlt sich auf ein Schlachtfeld versetzt. Alle Bemühungen, eine menschenwürdigere Gesellschaft und selbst Kirche mitzuschaffen (was ich freilich für aussichtslos halte!), sind daher nicht nur marxistisch unterwandert, sondern von der Stasi gelenkt und finanziert, während die katholische, sprich: gehorsame, Frau am besten bei der Männer-Hierarchie und deren »wunderbarem Sinn« aufgehoben bleibt.

C. Meves deutet die Krise ihrer Kirche behend als Nutzkrise.[247] Der Ruf nach dem starken Mann und dessen Autorität ist ja in diesen Kreisen nicht neu. Daher verlangt sie von den Hirtenmännern ausdrücklich mehr Mut, eine »gezielte Verteidigung«, eine stoßgerichtete Initiative gegen alle progressiven »Wühlmäuse« (Theologen, Pfarrer, Gläubige). Da sich die Lage der Kirche »im vergangenen Jahr enorm zugespitzt hat«, wird frau doch wohl wieder Seelsorge im Herrengeist erwarten dürfen …

Greifen die Hirten nicht ein, ist die Utopie der rechthaberisch gläubigen Autorin am Ende. Dann gleichen die Pfarrgemeinden auch künftig Hühnerhöfen, auf denen »gehackt und gekrallt« wird und »der Neid … schlimmerweise immer wieder die Oberhand gewinnt«. Dann versinkt Gottes Reich »im Jahrmarkt der Möglichkeiten einer aktionistischen Pluralität«. Dann wird »der große Feldzug zum vorehelichen Geschlechtsverkehr« weitergeführt, damit der »diabolische Zeitgeist« siegt – und die »verführungsbereiten Schafe« verkommen. Noch ist es aber nicht soweit. Noch dürfen die meisten Seelsorger ihren Dienst wie gehabt ausüben, noch ist das widerchristliche feministische »Gerangel um Machtpositionen in der Kirche« nicht an der katholischen[248] Tagesordnung.

Dafür wird der sogenannte Menschendienst in den engeren Zirkeln noch immer in den mittelalterlichen Formen von Wallfahrt, Reliquien- und Heiligenverehrung[249] und Ablaß verwirklicht. Es fällt schwer, diese Frömmigkeitsformen anders denn als Ausdruck eines subtilen Heilsegoismus zu deuten. Beispielsweise wird der Ablaß beschrieben als ein »seit langer Zeit wichtiges Mittel, persönlichen Einsatz und christliche Hoffnung in der Kirche miteinander zu verbinden«[250]. Doch kann selbst theologisch nicht einsichtig gemacht werden, ob und inwieweit die sogenannten Ablaßleistungen (Gebete, fromme Werke) mehr sind als Übungen einzelner Christen, sich Erlaß der Sündenstrafen zu verschaffen. Die Frage, »mit welchen Aktionen menschlicher Liebe man sich in der Kirche solidarisch macht« oder wie sich »dem Leben heute etwas von seinem Strafcharakter nehmen läßt«[251], stellt sich in Sachen Ablaßwesen den Frömmsten zuletzt.

> *Der Spruch, Seelsorge sei schon praktische Nächstenliebe oder Dienst am Menschen, kann nur unbesehen hingenommen werden, so viel Sand streut er seinen Adressaten in die Augen. Je intensiver die Praxis untersucht wird, desto weniger hält das Pauschalurteil stand.*

Ein paar Anmerkungen zu den zentralen Inhalten der römisch-katholischen Doktrin von der Liebe Gottes, wie sie, wenn auch mittlerweile taktisch abgeschwächt, die Seelsorge befruchtet:

Gott, liebender Vater, bereitet seinen Kindern (Jo 1, 12) grundsätzlich alles Liebe und Gute (Rö 5, 8; 8, 14). Er schenkt ihnen beispielsweise die wahre Freiheit (Rö 8, 21; 2 Kor 3, 17). Nach aller menschlichen Erfahrung ist Gott aber nicht bereit, allen Menschen schon hier auf Erden die gleiche Freiheit zu garantieren. Offensichtlich ist der Schöpfer geneigt, die Freiheit von Millionen dadurch einzuschränken, daß er sie in äußerster Not leben läßt. Sollen dadurch die »Kinder Gottes« die Freiheit erhalten, sich mildtätig zu verhalten?[252]

Und da drüben? Ich schließe mich denen an, die finden, der christliche Traum von einem überirdischen Himmel verrate einen »erschreckenden Mangel an moralischem Empfinden«[253]. Greifen wir ein Beispiel heraus, an dem sich christlicher Heilsegoismus besonders gut belegen läßt: die Vorstellung vom Jenseits, wie es nach Gut und Böse, nach Himmel und Hölle aufgeteilt wird. Zwar ist gegenwärtig von der Hölle in der Seelsorge weniger die Rede als noch vor Jahren. Doch auch der Himmel hat es in sich. Wie ihn erlangen, verdienen, in Gnaden geschenkt bekommen? Wohltätigkeit und Nächstenliebe sind neuerdings, wie gesagt, als zentrale Grundfunktionen des Christseins – und selbst der Kirche! – entdeckt. Doch kein Seelsorger behauptet (wie die heidnischen Griechen), diese Verhaltensweisen seien an sich gut, weil sie dem Menschen als einem sozialen Wesen zukommen.[254]

G.E. Lessing dachte in seiner »Erziehung des Menschengeschlechts« (1780) weit über die Zwischenphase des Christentums hinaus, in der viele Menschen noch heute stecken: »Nein, sie wird kommen, sie wird gewiß kommen, die Zeit der Vollendung, da der Mensch, je überzeugter sein Verstand einer immer bessern Zukunft sich fühlt, von dieser Zukunft gleichwohl Bewegungsgründe zu seinen Handlungen zu erborgen nicht nötig haben wird, da er das Gute tun wird, weil es das Gute ist, nicht weil willkürliche Belohnungen darauf gesetzt sind ...«[255]

Handelt der Christ als Christ karitativ, hat er die (ewige) Belohnung im Visier, seinen Endzweck im Auge. Er erfüllt ein Gebot Gottes – und erhofft die Erlösung. Zwar hat ein solches Selbstinteresse eine furchtbare Tendenz, denn es zerstört das Mitleid mit anderen von Grund auf. Doch schert sich der Gläubige um derlei am allerwenigsten. Seine Diakonie basiert auf der Grundannahme des Lohn-Strafe-Denkens, auf einer Art Vergeltungsdogma[256], auf einer sehr primitiven, doch ausgesprochen effektiven Moral. Ein gottbezogener Mensch bleibt selbstbezogen; ethisch und sozial zu handeln bedeutet ihm, die eigene Seele zu retten. Sein Gott schaut nun einmal auf solche guten Werke.

> *Die Behauptung, ohne Religion gebe es keine Moral, ist nur stimmig, wenn bestimmte Absichten mit in die Überlegung einbezogen sind. Schlimm genug, daß selbst in säkularisierten Ländern Religiosität nicht auf ihren Zweck hin bedacht, sondern noch immer als Basis für Sittlichkeit ausgegeben und entsprechend honoriert wird.*

Der Lohn der Guten und die Strafe für die Bösen. Eine »bestürzende Wahrnehmung«, die der führende Philosoph H. Blumenberg machte[257]: Den Gedanken des Mitleids gegenüber den auf ewig Verdammten hat es in der Kirchengeschichte niemals gegeben. Nicht nur dem Höllenprediger Jesus aus Nazareth, sondern auch der Kirche fehlt es ganz offensichtlich an Mitgefühl und Wissen um die tragische Situation, in der Menschen hüben wie drüben leben.[258] Jesus schert sich um wesentliche Teile der Menschheit überhaupt nicht, selbst wenn er von den Armen dieser Erde spricht. Das Bild, das sich heute große Teile der Öffentlichkeit noch immer vom »Stifter« der Kirche und Helden des karitativen Christenseins machen, ist phantastisch.[259] Es ist weitgehend von zwei Aussprüchen bestimmt: »Wer unter euch ohne Sünde ist, werfe den ersten Stein!« (Jo 8, 7) und: »Vater vergib ihnen, denn sie wissen nicht, was sie tun!« (Lk 23, 34). Doch beide Sprüche fehlen in den ältesten und wichtigsten Handschriften des Neuen Testaments.

Schildert ein Kirchenfürst das wundersame Wirken Jesu, übergeht er wesentliche Inhalte dieser Tätigkeit (und Predigt) keineswegs. Zunächst hört sich alles nach Menschenfreundlichkeit und Liebe an: »Wo er nahte, verließen die Kranken ihr Schmerzenslager, die Lahmen wandelten, die Blinden sahen, Eltern und Geschwister erhielten die Toten, die sie beweinten, zurück.«[260]

Doch die direkte und indirekte Strafandrohung Jesu, die sich an die Ungläubigen richtet, bekommt auch ihren Platz. Der Oberhirte lenkt die Aufmerksamkeit der Seinen auf »das Höchste, was er brachte, die Botschaft vom Reiche Gottes, ... das Licht der Wahrheit und der Gnade«. Ebendieses Höchste aber ist, wem sonst?, der Kirche anvertraut. Deren gedeihliches Wirken hat den Zweck, die Menschen dazu anzuhalten, sich einen »Platz zur Rechten ... des wiederkehrenden Menschensohnes« zu erwerben. Rechts sitzen dann die Guten, denen die Liebe zum Sieg verhalf.[261]

Der Hirtenbrief bezeugt die jesuanische Wahrheit. Begründet Jesus nämlich die Gebote seines Vaters, so tut er dies auf höchst problematische Weise. Explizit nennt er das nahe Ende und sagt, auf die reuelosen Sünder warte die Hölle. Zudem führt er als Motiv für den Dienst am Nächsten nicht etwa dessen Wohlergehen an, sondern das Seelenheil der Helfenden (»auf daß es dir wohl ergehe«): »Freut euch, daß eure Namen in den Himmeln angeschrieben sind!« (Lk 10, 20) und: »Sammelt Schätze im Himmel!« (Mt 6, 20). Auch verheißt jede der neun Seligpreisungen eine Belohnung. Und dann: »Wahrlich, ich sage euch: Was ihr dem Geringsten nicht tatet, habt ihr auch mir nicht getan« (Mt 25, 40). Die Bösen, Hilfsunwilligen gehen demzufolge in die ewige Pein, die Gerechten ins ewige Leben.

Ist der Mensch auf Erden, um in den Himmel zu kommen, wie tausend Hirten rufen, machen sich Caritas und Diakonie der Christen bestens bezahlt. Die vielgerühmte christliche Moral entpuppt sich als Selbstsucht. Die jesuanische Ethik legte den Grund: Die Frohbotschaft des Neuen Testaments kennt die Idee der »guten Tat, die ihren Wert in sich trägt« gerade nicht. Dabei gab es auch im Umkreis Jesu Menschen (Sadduzäer), die die Jenseitsvorstellungen der Zeit ausdrücklich verwarfen – und dennoch bewußt Gutes taten. Und noch immer finden sich genug Menschen unter uns, die versuchen, eine Moral jenseits der christlich-billigen Heilsegoismen aufzubauen und praktisch zu leben.[262] Freilich werden gerade sie von Kirchenvertretern als »nicht ganzheitliche, verstümmelte« Menschen angegriffen (über diese Infamie später).

Auffallend, daß im übrigen der gesamte Heiligenkalender der Kirche keinen einzigen Heiligen aufweist, der ausdrücklich für eine Arbeit von öffentlichem Nutzen zur Ehre der Altäre erhoben worden wäre. Anstatt Menschen als soziale und politische Lebewesen zu verstehen, wird in der christlichen Ethik die gesellschaftliche Persönlichkeit weitgehend von der sittlichen getrennt.[263] Der entscheidende Mangel der abendländischen Religion bleibt ihr Individualismus: Den Willen Gottes zu erfüllen bedeutet ihr Tugend, und ebendies kann der einzelne ganz unabhängig vom Zustand der Gemeinschaft.[264] Kein Wunder, daß gerade die christlichen Kirchen seit Jahrhunderten immense Schwierigkeiten beweisen, die schlimmen Strukturen der Welt auch nur ansatzweise zu bessern.

Es bleiben erhebliche Zweifel nicht nur gegen die historische und gegenwärtige diakonische Praxis der Großkirchen, sondern auch und gerade gegen die Botschaft Jesu als einer Liebesbotschaft. Immer wieder muß ja gesagt werden, daß zum einen das berühmte Gebot der Nächsten- und der Feindesliebe durchaus keine Erfindung Jesu war. Schon den Zeitgenossen Jesu, den Essenern, galt Brüderlichkeit als religiöse Pflicht, Nächstenliebe als moralisches Gebot.[265] Das Samaritergleichnis findet sich im übrigen nur bei Lukas, während alle Evangelisten als Jesu Wort gleich mehrfach überliefern, wie höllisch es jenen ergehen werde, die seiner Botschaft nicht glauben.[266]

Gerade die vielbeschworene Liebe zu allen Menschen (Nächsten, Feinden) wird von ihrem angeblichen Erfinder häufiger gefordert als verwirklicht; geht es gar um den Glauben an den »Sohn« und seinen »Vater«, spart Jesus nicht mit den schroffsten Urteilen über andere Menschen. Der angeblich größte Morallehrer aller Zeiten zeigt sich nicht selten bar jeden Erbarmens.[267] Nur jemand, der gegenüber den Fähigkeiten der Mitmenschen blind ist, kann die Meinung vertreten, Jesus sei der hervorragendste Mensch aller Zeiten gewesen.[268]

Die Haltung des »neuen Mannes Jesus« gegen Frauen ist, ein weiteres Beispiel, nicht gar so menschenfreundlich, wie gegenwärtige

Theologinnen und Theologen lehren. Dabei kann niemand ernsthaft behaupten, die antifraulichen Sprüche Jesu (oder die des
Frauenhassers Paulus) seien Ausdruck des damaligen Zeitgeistes.
Immerhin finden sich in der zeitgenössischen Philosophie Gegen-
beweise.[269] Doch für derlei Menschenwerk scheint dieser Lehrer
des Menschseins überhaupt kein Interesse gehabt zu haben. Nirgendwo werden die Ergebnisse »heidnischer« Wissenschaft von
Jesus gepriesen oder auch nur erwähnt.[270] Offensichtlich genügte
sich Jesus selbst, und die Kirche konnte es dabei belassen.

Schon die älteste Christenheit war, von ihrem Endzeitwahn her,
ausgesprochen bildungsfeindlich.[271] Jesus hatte gelehrt, alles zu
hassen, was Gott nicht dient, und Paulus predigt, die Weisheit
dieser Welt sei Torheit. Folgerichtig wurde die Medizin ebenso
verketzert wie die Naturwissenschaft; die Kirche hatte demgegenüber weniger Mühe, den gemeinsten Gespenster- und Hexenglau-
ben zu propagieren.

Offensichtlich wußte sie, warum sie am besten zu den Ergebnissen
der Weltweisheit schwieg und die Errungenschaften des menschlichen Geistes geringer achtete als ihre eigenen Doktrinen. Wären
beide Seiten redlich und objektiv miteinander verglichen worden,
hätte die Kirche nur zu häufig den kürzeren gezogen. Selbst die
sogenannte Bergpredigt, gern als Höhepunkt menschlichen Denkens, Fühlens, Handelns vermarktet, ist alles andere als vorbild-
lich[272]; in vorjesuanischer Zeit finden sich ebenso viele zumindest
ebenso beispielhafte Haltungen und Lehren wie in den nach-
christlichen Religionen. Immer wieder scheitern auch die Versuche, aus der Ethik des Neuen Testaments eine Soziallehre abzulei-
ten, die sich konkretisieren ließe. Manche Worte Jesu stehen sogar
einer solchen Soziallehre entgegen.[273] Durchaus nicht unbiblisch,
verfocht die spätere Kirche über Jahrhunderte hinweg beispielsweise die Erhaltung der Sklaverei.[274]

Das Schweigen der Kirche über die Ergebnisse aller »anderen«
korrespondiert notwendigerweise mit der abwehrenden und ab-
wertenden Haltung gegenüber allem nicht-kirchlichen Bemühen
der Menschen. Noch heute werten Kirchentheologen bewußt die

»rein menschliche« Anstrengung ab. Beispielsweise gilt ihnen das nicht gebildete, sprich: nicht amtskirchlich, geschulte Gewissen als ein irrendes, nicht ganzheitlich geformtes, die religiöse Uranlage aussparendes Etwas. Denn sie allein wollen wissen, was »der ganze Mensch« ist und wie ein gebildetes Gewissen funktioniert.

Sie haben ihre Gründe. Beanspruchten die Hirten kein derartiges Sonderwissen, keine über das Menschsein hinausreichende Offenbarung, hätten sie keine Existenzberechtigung mehr. Daher vertreten Kirchenlobbyisten gleichsam als Monopolisten der Menschlichkeit, von bundesdeutschen Parteipolitikern auffallend eifrig unterstützt[275], die sogenannten letzten Werte. Da selbstbestimmte Menschen das Ende jeder kirchlichen Institution bedeuten, müssen Menschen in Abhängigkeit von derlei Werten gehalten werden. Zwar werden Menschen, damit sie sich verantwortlich fühlen, als frei behauptet, doch sobald sie verunsichert sind, betont die Kirche die zentrale Rolle, die sie in der Gewissensbildung spielen will.[276]

Daher zeigt sich Erschrecken im Klerus immer dann, wenn Menschen erkennen lassen, daß sie nicht jenes Bedürfnis nach existentiellen und metaphysischen Werten aufweisen, das zu kanalisieren sich die Hirten reservierten.[277] Schließlich braucht zwar nicht jedes Schäflein seinen Glauben, doch jede Kirche ihren Pferch. Wie viel die Hirten vom eigenen Überleben und wie wenig sie vom Leben der Menschen verstehen, zeigt sich darin, daß sie glauben (und glauben machen), unser aller Leben habe nur dann einen Sinn, wenn es ein weiteres, jenseitiges Leben gebe.[278] Die Verleumder des Diesseits benötigen solche Phantasien. Dieser Dienst am Menschen nützt den Predigern. Doch hat er die Konsequenz, daß Menschen aufgrund der sinnlosen Lehre von einem künftigen Leben gehindert werden, sich schon hienieden mit ihrem Glück zu befassen – und äußere Hindernisse wie das vermeidbare Leid von Millionen tatkräftig zu beseitigen.

Noch immer gehen viel zu viele Menschen den Verkündern eines vergleichsweise besseren Jenseits auf den Leim. Noch immer werden »die guten Onkel und Tanten des Menschengeschlechts«

mehr geachtet als die geistigen Väter und Mütter[279], eben jene
Propheten, die endlich allen die Wahrheit sagen, den Blick aller für
die Wirklichkeit aller schärfen, die Perspektive auf den Sonder-
wahn der Priester öffnen.
Dieser Wahn wäre relativ leicht zu entlarven. Er erschließt sich
bereits, wenn gefragt wird, wie es einmal da drüben zugehe, wo
die Geretteten unter sich bleiben dürfen. Was vermehrt zum Beispiel den Lohn der christlichen Dienstleistenden im Himmel? Der
sanfte Franziskanertheologe und Kirchenlehrer Bonaventura
kannte die Antwort schon vor Jahrhunderten. Er glaubte fest daran, daß das – wohlbemerkt, von der göttlichen Liebe bescherte –
Los aller, die nicht von ihren Sünden lassen wollten und dafür in
ewiger Höllenglut schmoren werden, bei den Geretteten, den Se-
ligen »die Freude des Lebens verdoppelt«[280]. Und sein Kollege
Thomas von Aquin lädt geistlichen Sondermüll auf die folgende
Doktrin ab: Den Bewohnern des Himmels ist es – wiederum nach
Gottes Liebe – gegeben, »die Strafe der Gottlosen vollkommen zu
schauen, damit ihnen die Seligkeit noch erfreulicher sei und sie
Gott dafür noch überschwenglicher danken«[281]!
Körperliches und geistiges Vergnügen aus anderer Menschen Leid
zu ziehen ist freilich die klassische Definition von Sadismus. Doch
ebendieses – geistlich angereicherte! – sadistische Pläsir wird als
himmlischer Zustand, als auf Ewigkeit berechnete Seligkeit der
guten Christen beschrieben, und dies nicht von irgendeinem geringen Pfäfflein, sondern vom größten, selbstverständlich längst
heiliggesprochenen Theologen der Kirchengeschichte …
Eigentlich müßte es schon reichen. Doch da unsere Gesellschaft
noch immer ungeübt im Umgang mit verlogener Spiritualität
ist[282], werden nicht nur die jenseitigen Höllenbilder sadistischer
Kirchenlehrer, sondern auch die unmenschlichen Zustände nur in
Ausnahmefällen analysiert, die im christlichen Diesseits herrschen. Zum Beispiel in den kirchlichen Kinderheimen und Erzie-
hungsanstalten. Der Blick in die Hölle, die Tausenden von Kindern
auf katholisch beschert wurde, ist ja gesellschaftlich noch nicht
geschärft genug; Schläge, Essensverweigerung, psychischer Ter-

ror – die ganze Palette des kirchlichen Dienstes am ganzen Menschen Kind wird viel zu selten beschrieben.[283]

Die Bekenntnisliteratur, die sich mit dem im Prozeß klerikaler Sozialisation empfangenen Traumata beschäftigt[284], kommt erst langsam zu sich. Immer aber bezeugt sie jene schauerliche, besitzergreifende Egozentrizität der Mutter Kirche, die fast unausweichlich den Charakter der Pflegebefohlenen verkrüppelt. Diese sind in Gefahr, unmündige Kindlein zu bleiben, abhängig, süchtig bezogen auf die großkirchlichen Gnadenmittel, verkrüppelt in ihrer Beziehungs- und Lustfähigkeit. Wer sich so an den Kindern vergreift, die ihm anvertraut sind, der ist – unter uns – der eigentliche Skandal dieser Zeit. Doch ist Seelenmord, gerade wenn er hunderttausendfach verübt wurde, noch kein strafrechtlich verfolgtes Delikt. Und der Mantel der Liebe ...

Zum anderen sind Sandstreuer tätig, wenn der Seelsorgealltag medienwirksam vermarktet wird.[285] In einer Zeit, da sich Kirche und Theologie friedfertiger geben, als dies über Jahrhunderte hinweg der Fall war, läßt sich die Gesellschaft leicht betäuben und einschläfern. Jene stets kriegsbereiten Prediger und seelenstabilisierenden Wehrsoldempfänger[286] halten sich gegenwärtig bedeckt, die Gott am mannhaftesten dienten, indem sie Lob und Segen spendeten, wenn Granaten auf Sünder abgefeuert wurden und Bomben auf böse Menschen fielen.[287]

Alles ist unheimlich friedlich geworden in dieser Kirche, und daher ist es auch »gut, daß es Maria gibt«, wie Thekla Maria Wied als motorradfahrende TV-Nonne dem eingelullten Millionenpublikum bescheinigt.

Wie sagte schon 1455 Papst Nikolaus V.? »Um in den Hirnen der ungebildeten Masse dauerhafte Überzeugungen zu schaffen, muß etwas vorhanden sein, was das Auge anspricht. Ein Glaube, der sich allein auf Doktrinen stützt, kann immer nur schwach und wankend sein.«[288]

Der Papst riet denn auch auf dem Sterbebett seinen Kardinälen zum Bau größerer und luxuriöserer Kirchen. Über fünfhundert Jahre später, da diese Mausoleen Gottes an Attraktivität verloren,

wird die ungebildete Masse von bundesdeutschen Programmdi-
rektoren mit Nonnen- und Pfarrerstories versorgt. Serien, in denen sich auf Volksnähe gestylte Kirchenbedienstete um das wahre,
telegene Wort balgen – und, vorzugsweise, um die betroffenen
Menschen.

Die amtlich vermittelte Religion sank mittlerweile in den Alltag
der Pfarrer und Klosterfrauen hinab, beweist sich auf dem Moped
und an der Theke, weicht keinem Gespräch mit Hilfsbedürftigen
jeder Provenienz mehr aus, geht jedem verlorenen Schaf in dessen
Hinterhöfe nach und gibt sich, höchstes der gegenwärtigen Ziele,
betont karitativ. Nichts Menschliches ist diesen Frommen mehr
fremd, die Hände des Herrn Strack und der Frau Wied sind an den
Puls des wirklichen Lebens gelegt: Man schaut in diesen Kreisen
dem Volk auf Maul.

Doch die aufgesetzte Lebensnähe haucht keiner abgewirtschafte-
ten Seelsorge mehr Leben ein. Die Probleme, die Fernsehnonnen
aufdecken oder gar lösen, bleiben Schein. Wer sie den Mimen ins
Drehbuch schrieb, dürfte ebensowenig an der Sache selbst interessiert sein wie die Schauspieler, die sich ihre Gage mal so, mal so
verdienen. Meint Hochwürden Strack, er bewirke einen kirchlichen Frühling, indem er zwischen zwei Schoppen Wein, in kleid-
sames Schwarz gezwängt, seine Berufsprobleme nach außen
kehrt, irrt er sich.

Christen durften sich allzu lange daran gewöhnen, ihre hausgemachten Probleme zu »Fragen der Menschen« aufzuwerfen und
ihre Scheinantworten zu vermitteln. Ihr Angst- und Hoffnungs-
modell ist überholt. Menschen brauchen keine Mitmenschen, die
im Besitz eines höheren Wissens als der Vernunft sind und dieses
gar noch als Erlösung verkaufen wollen. Selbst im angeblich
christlichen Deutschland – in Wirklichkeit einer von den Ansprüchen der Christenführer durchsetzten Republik – benötigen nur
noch Minderheiten eines der vielen angebotenen Christentümer,
um leben und überleben zu können. Nur noch eine Minorität der
jüngeren Eltern sieht in der religiösen Erziehung ihrer Kinder ein
lohnendes pädagogisches Ziel. Die Redakteure im Kirchenfunk

wissen meist, woran sie sind. Bim-bam-bino und der Li-La-Laune-
bär machten bei den jüngsten Zuschauern bereits das Rennen.
Kein Land in Sicht: Auf die Frage, ob sie häufiger zur Kirche gingen, wären die Kirchen »so wie im Fernsehen«, antworteten
96 Prozent der Befragten mit einem klaren Nein. Die Einstellung
zu den realen Kirchen verbesserte sich durch die TV-Serien mit
kirchlicher Thematik bei nur neun Prozent, verschlechterte sich
bei fünf Prozent – und blieb bei 86 Prozent wie zuvor. Offensichtlich lösen die Schauspielpfarrer kein einziges Problem. Denn die
Menschen brauchen sich nur umzusehen, um zu erkennen, was
wirklich gespielt wird.

Nicht wenige Pfarrer fahren dickere Autos als die meisten ihrer
Gemeindeglieder. Sie rufen – übers Diensttelefon – jene an, die
ohnedies »dazugehören« oder von denen sie noch mehr wollen.
Sie leben relativ sorgenfrei in ihren Dienstwohnungen – und bekommen auch schon mal Energiekosten, Dienstgespräche, Auto-
kilometer erstattet. Alles sei ihnen gegönnt, unterscheidet es sie
doch auffallend wenig von den bessergestellten Kindern dieser
Welt.

Seelsorge nach Gutsherrenart? In den entsprechend verwalteten
Gemeinden finden sich Beispiele genug: Die Gläubigen kennen
sich recht gut, ihr Hirte kennt sie mit Namen, verabschiedet sich
nach dem Gottesdienst mit Handschlag von ihnen, kommt zu Fa-
milienfesten auch mal ins Haus, vor allem, wenn dies eine Villa
ist. Von dieser Seite erhält er Unterstützung; von den so Umsorgten denken nur wenige daran, einen Schlußstrich zu ziehen und
die Kirche zu verlassen. Man ist bestens aufgehoben. Man kennt
sich und man schätzt sich. Man kann nicht auf sich verzichten.

Nicht alle Gemeindeglieder haben ähnliches Glück. Die Proben
aufs Exempel lassen sich leicht machen, indem man in der eigenen
Straße oder im Wohngebiet nachfragt, ob der zuständige Seelsorger je seine Hausbesuche machte – und bei wem. Schlimm genug
ist die Erfahrung vieler, daß Pfarrer nur auftauchen, wenn sie etwas von einem wollen, ein »besonderes Anliegen« haben – und
schlicht Geld wollen. Selbst in diesen Fällen schicken manche Hir-

ten nur ihr Hilfspersonal vorbei: die Caritas-Sammlerinnen oder die Sternsinger.

Wo man Pfarrer auch kennenlernen kann? Noch immer verlangen Pfarrer in manchen Diözesen sogenannte Stolgebühren.[289] Die Bezahlung dieser Abgaben, die bei einigen Sakramenten (Taufe, Trauung) oder Sakramentalien (Beerdigung) fällig werden, konnte noch unlängst durch Androhung kirchlicher Strafen erzwungen werden. Als öffentlich-rechtliche Abgabe stehen diese Gebühren in der Nähe der verpflichtenden Kirchensteuer, doch kommen sie den Ortsgemeinden direkt zugute. Offensichtlich reicht die überdurchschnittlich hohe Bezahlung der Geistlichen in der Bundesrepublik nicht allen. Die Mehrheit der katholischen Priester nimmt auch noch sogenannte Meßstipendien an. Hier fließt eine weitere Finanzquelle. Diese Stipendien (die als reale Einnahmen steuerpflichtig sind) werden als eine Art »Gegengabe« entgegengenommen; der annehmende Priester verpflichtet sich, in der Intention des Gebenden eine oder mehrere Messen zu lesen. Jeder Pfarrer weiß auch, daß manche Mark in seine Taschen fließt, die für einen guten Zweck gestiftet wird, den er selbst frei bestimmen kann.

Rechnet ein Jugendlicher seine Chancen hoch, so kommt er zu dem Ergebnis: Werde ich Pfarrer in der Bundesrepublik, habe ich nicht nur ideologisch für mein ganzes Leben ausgesorgt. Mit 25 bis 30 Jahren in den Beruf und bis zum Lebensende versorgt, das gelingt so schnell nicht jedem. Das bißchen Zölibat im katholischen Fall läßt sich dafür in Kauf nehmen. Erwies es sich einmal als lohnend, wie Gott in Frankreich zu leben, so ist es gegenwärtig noch einträglicher, als Pfarrer in der Bundesrepublik tätig zu sein. Lassen wir einmal alle großen Sprüche über die Berufung beiseite, die noch nicht einmal auf klerikale Jubelfeiern passen, und fragen wir nüchtern nach: Wo kämen wir hin, wenn ein geistlicher Herr selbst die Hypotheken für sein Haus abtragen müßte? Oder sich gar auf Wohnungssuche begäbe? Wie machte er sich auf dem Arbeitsamt, wie als Empfänger von Sozialhilfe? Mancher Familienvater mit durchschnittlichem Einkommen

177

kommt ins Grübeln: Dem Herrn Pfarrer, der noch heute in Landstrichen der Republik »Hochwürden« heißt, geht es wirtschaftlich besser als mir. Die stolzen Worte vom Opferleben der Priester gehören auf den Abfallhaufen der Theologie. Ein Lügner und Heuchler, wer sie noch immer verwendet. Denn kein einziger Pfarrer in der Republik leidet leibliche Not. Keiner hungert oder friert. Keiner kann sich zu jenen 20 Prozent der Bundesdeutschen rechnen, die an der Armutsgrenze leben. Keiner treibt seine Solidarität mit denen da unten zu weit.

Aufgrund des Kirchensteuersystems stellt sich der Dienst als Pfarrer in der Bundesrepublik finanziell überdurchschnittlich gut. Er gehört auch zu den Berufen, die es ermöglichen, ein relativ sorgenfreies Leben zu führen – und terminlich nicht gerade überlastet zu sein. Denn entgegen dem Anschein, den viele Hirten erwecken wollen[290], haben sie keinen übervollen Terminkalender. Zumal seit sie im Vergleich zu früher von vielen Aufgaben entlastet sind (z.B. Religionsunterricht), gewinnen sie immer wieder ein Stündlein Zeit für ihre Hobbys. Ein praktischer Arzt hat in der Regel mehr zu tun als ein Pfarrer.

Der Apostelfürst Petrus selbst stellt – wenigstens nach drei von vier Evangelisten (so wichtig war denen die Sache!) – seinem Herrn die peinlichste Frage, die das Neue Testament enthält: »Siehe, wir haben alles verlassen und sind dir nachgefolgt. Was kriegen wir denn dafür?«[291]

Kennt jemand die Geschichte der Seelsorge und der sie tragenden Ideologien, so rechnet er mit dieser Frage. Stünde sie nicht schon in der Bibel, wäre sie von einem Kirchenvertreter in die Welt gesetzt worden. Erfunden ist sie ohnedies. Denn die Antworten, die Jesus in den Mund gelegt sind, entsprechen typisch klerikaler Geistigkeit: »Ihr werdet bei der Erneuerung der Welt … mitherrschen« (und gewiß die erwähnte doppelte Freude über die Höllenqual anderer genießen!). Und: »Niemand verläßt sein Haus, Brüder, Schwestern, Mutter, Vater, Kinder oder Grund und Boden um meinetwillen, ohne es hundertfach wiederzubekommen, jetzt auf dieser Welt: Häuser, Grund und Boden.« (Mk 10, 29 f.) Schon jetzt sichtbar den hundertfachen Lohn empfangen, sich den Verzicht vielfach rückerstatten zu lassen, Häuser und Grundbesitz annehmen um des Gottesreiches willen: Das ist Geist vom Geist derer, die ein Opferleben führen.

Ist es nicht bezeichnend, daß C. Meves mit keinem Wort auf diese beneidenswert glücklich Lage ihrer Hirten eingeht? Offenbar erstreckt sich die von ihr ausgerufene Krise der bundesdeutschen Kirche nicht auf Nebensächlichkeiten wie die milliardenschwere Finanzierung durch andere. Auf diesem Auge sind alle Schafe so blind wie ihre Hirten.

> *Wer freilich meint, Pfarrer und andere Kirchenbezahlte seien bessere Leute und die Nachfolge Christi müsse sich zumindest auf Erden lohnen, wird sich für die Verwendung des Löwenanteils der Kirchensteuern als Zahlung an das Bodenpersonal aussprechen. Nur sollte er diese geldwerte Meinung nicht auch noch als Förderung der Seelsorge – und diese als tätige Liebe – vermarkten.*

Das soziale Elend der Wohlstandskirchen

Oder:

Warum der Kirchendienst keine ungefährliche Sache ist

Religiöse Lyrik kommt an sich schon zu staunenswerten Resultaten. Um dieses Urteil zu bestätigen, braucht der geneigte Leser nur die Darlegungen zu verfolgen, in denen sich kirchlich eingebundene Professoren auf jene Weise, die sie wissenschaftlich verantworten können, mit Fakten der Kirchengeschichte, mit Sinnfragen und Menschenbildern oder mit dogmatischen wie ethischen Spekulationen befassen. Noch märchenhafter nimmt sich jene Poesie aus, die das Christentum als Religion der Nächstenliebe und Großkirchen als karitativ bestimmte Organisationen zum Gegenstand hat.

Der Papst selbst strickt an solchen Legenden; sie erhalten ihm den Einfluß auf alle Gutgläubigen. Kaum hat er das Sonderflugzeug verlassen und den Flughafenbeton eines nicht-europäischen Landes geküßt, trägt er die neuesten Produkte vatikanischer Sozialromantik vor und kommt auf sein – nach der Sexualität – liebstes Thema zu sprechen. Er präsentiert dann die Kirche Roms als Kirche für die Armen (nicht Kirche der Armen) und betont die »entschiedene und unwiderrufliche Option«[1] dieser Institution für alle Bedürftigen.

Diese angeblich vorrangige Option war allerdings schon 1979 (also aufs Ganze der Kirchengeschichte gesehen relativ spät) von der Lateinamerikanischen Bischofskonferenz (CELAM) »beschlossen« worden. Wie soll dann aber bewertet werden, daß sich der brasilianische Kardinal A. Lorscheider soeben davon beeindruckt zeigte, daß Johannes Paul II. sie 13 Jahre später aufnahm und als Leitbild für die Zukunft bekräftigte?[2]

Selbst in diesem Zusammenhang unterdrückte Papst Wojtyla den kleinsten Hinweis auf so augenfällige Symbole solidarischer Armut wie die Paläste seiner von Dunkelmännern durchsetzten[3] Kurie oder die reiche Verwendung von Gold und Edelsteinen auf den Kreuzen und Gewändern der Hirten seiner Herde. Auch verzichtete er auf einen so schlagenden Wahrheitsbeweis wie die Tatsache, daß er eben erst einen verschwenderisch ausgestatteten afrikanischen Petersdom nebst Nebenbauten als Geschenk eines der ärmsten Länder der Welt annahm.[4] Die Kosten seiner überdimensionierten Seelsorgereisen sprach dieser Papst ebenfalls noch nie an; allein für seine zweite Brasilien-Visite wurden 1991 den besuchten Städten sieben Milliarden Cruzeiros (an die 24 Millionen DM) in Rechnung gestellt.[5] Mexiko ließ es sich drei Millionen Dollar kosten, eine Prachtstraße auszubauen, die der Pontifex auf seinem Weg durch die Slums zur »Jungfrau von Guadelupe« passieren sollte.[6]

Rio de Janeiro hatte bereits 1980 die Statue Christi auf dem Corcovado mit Hilfe einer halben Million Liter Wasser und einigen Tonnen Reinigungsmitteln waschen lassen, damit sie »so weiß wie die Soutane« des Gastes würde.[7] Damals weihte Wojtyla eine Kapelle ein, anstelle derer fünfhundert Wohnungen für die Armen hätten errichtet werden können …

Gewiß lernte Johannes Paul II. über solche Fremdkörperfunktionen seiner Kirche zu schweigen. Zahlte er je aus eigener Kasse, griff er die Bestände des Vatikans an, um die den Ärmsten der Armen in der Dritten Welt verkündete besondere Zuneigung zu beweisen? Um so beredter behandelt er Themen, die ihn – auffallend oft im Zusammenhang mit einer Armenrede – bewegen: Beispielsweise identifiziert er das materielle Wohlbefinden seiner Kirche mit dem Wachsen des Gottesreiches und beschimpft in der Dritten Welt jene, die darüber erstaunt sind, daß immer neue Kirchen errichtet werden, statt alle Mittel für die Verbesserung des materiellen Lebens einzusetzen, sie hätten schlicht »den Sinn für die geistlichen Wirklichkeiten« eingebüßt.[8] Auch fordert er Kirche und Staaten zur Neuevangelisierung Lateinamerikas auf[9], als hätte nicht schon die mordgesellenhafte erste Evangelisierung des Subkontinents[10] jedes staatsgestützte Kirchenchristentum desavouiert.[11] Eine Dreistigkeit noch draufgesattelt: auf dem blutroten Hintergrund eines der gewaltigsten Massaker der Geschichte ausgerechnet den Indios und den Afro-Amerikanern[12] eine »besondere Botschaft der Solidarität und der Nähe« zu verkünden. Offenbar rechnete der Papst, der beiden Gruppen zudem die verstärkte Aufmerksamkeit der Kirche androhte und den Afro-Amerikanern die Reinheit der katholischen Doktrin (zur Abwehr evangelischer Sektenwerbung[13]) empfahl, mit einer simplen Tatsache: Kein Adressat der Botschaft sollte sich jener Millionen Blutopfer erinnern, die Christen Indios und Afro-Amerikanern abverlangten.[14] Wojtyla spricht jedenfalls nur selten bis gar nicht von der erwiesenen Mitschuld seiner Kirche am historischen Prozeß des Genozids und Ethnozids der Indianervölker in den vergangenen 500 Jahren.[15] Die dringend gebotene Aufarbeitung der Geschichte verweigert der ranghöchste Prediger der Caritas und der Solidarität; soviel Ehre erweist er den Opfern nicht.

Die deutschen Bischöfe wirken nicht viel ehrlicher. In ihrem Aufruf zur Aktion Adveniat 1992 sprechen sie von Europäern, »die mit Gewalt ihre Herrschaft über den Kontinent ausbreiteten und viel Unrecht an seinen Bewohnern begingen«[16]. Und als hätten sie damit schon zuviel zugegeben, nennen sie im nächsten Satz flugs jene Handvoll Europäer, »die die Botschaft Jesu Christi zu den Völkern Amerikas brachten und die Menschenwürde vor der Gewalt der Eroberer verteidigten«. Wer aber nur gute und schlechte »Europäer« ausmacht, unterschlägt, daß beide Gruppen ausschließlich aus Christen bestanden – und die »schlechte« Gruppe unverhältnismäßig größer als die »gute« war. Lehren die Bischöfe anschließend, »auch im Handeln der Christen und der Kirche in den letzten 500 Jahren der Geschichte Amerikas« lägen Licht- und Schattenseiten nahe beieinander, schichten sie die historischen Gewichte noch einmal zu ihren Gunsten um: Der riesige Schatten, den die Missionsgeschichte auf ihre Kirche wirft, ist durch solche Klitterei nicht zu erhellen.

Auch wenn mittlerweile lateinamerikanische Bischöfe um Verzeihung bitten[17] und europäische Katholiken dies schon wieder als sittliche Großtat bewerben, ist Vorsicht am Platz. Zum einen waren es nicht die Oberhirten, die als erste auf den Gedanken kamen, gerade eine Kirche könne und müsse sich öffentlich entschuldigen; Kritiker der Kirche verlangten dies längst, und die Entschuldigung der Hirten ist nur eine verspätete Konsequenz.

Zum anderen bezieht sich das Schuldbekenntnis ausdrücklich auf die Greueltaten im Zusammenhang mit der Eroberung und Evangelisierung Amerikas vor 500 Jahren, und das ist viel zuwenig. Von der bis auf den heutigen Tag andauernden, wenn auch aus kirchenfremden Gründen nicht mehr blutigen, Eroberung und Evangelisation ist keine Rede. Statt dessen wird einmal mehr die Außenwelt, in diesem Fall die wirtschaftliche Struktur (»neoliberale Wirtschaftspolitik«), angeklagt. Inwieweit seine Kirche von dieser Politik profitiert, spricht kein Oberhirte an; auch ist es offensichtlich keine Frage wert, ob nicht die Kirche selbst in Lateinamerika seit Jahrzehnten genügend (Wirtschafts-)Politiker höchst zweifelhafter Qualität gestützt habe und stütze.[18]

Ende Oktober 1992 fand sich in meiner Post ein Brief des Erzbischofs von São Paulo, Kardinal P. E. Arns. Der Kirchenfürst schrieb dem »sehr geehrten Herrn Professor«, er kenne in Brasilien Regionen, in denen neun Erwachsene von zehn weder lesen noch schreiben können. In diesen Gebieten sterbe jedes dritte Kind, bevor es das erste Lebensjahr erreicht habe. Dieser Zustand einer Welt, in der selbst Computer lesen können, aber nicht alle Menschen die Chance bekommen, das Alphabet und das Einmaleins zu lernen, sei anderem zu ändern, indem unsereins sich mit mindestens 600 DM an einer neuen »Gemeinschaftsstiftung Franz von Assisi« beteilige. Auf diese Weise könnten wir dazu beitragen, »durch dieses gute Werk für die Ärmsten dieser Erde eine menschenwürdige Zukunft zu schaffen«. Wer spendet und stiftet, bekommt eine vom Kardinal unterzeichnete Urkunde.

Ab in den Papierkorb! Der kirchenfürstliche Bettelbrief (hektographiert) kommt ja mit keinem einzigen Wort auf die Tatsache

kirchlicher Verantwortung für das Elend Brasiliens zu sprechen;
die fünfhundertjährige Mitschuld der eigenen Kirche am An-
alphabetentum Lateinamerikas[19] ist dem Kardinal nicht einmal eine Frage wert. Ob der Hirte nicht weiß, daß sich mit die höchste
Zahl europäischer Analphabeten im 19. Jahrhundert im Kirchenstaat und noch im 20. Jahrhundert in den katholischen Ländern
Spanien und Italien fand?[20] Ob er verdrängte, daß niemand anders
als der Papst als Souverän des Kirchenstaats für den elenden Zustand seiner Untertanen verantwortlich gemacht werden muß?
Wie viele Adressaten des Bettelbriefs (und des beigefügten Über-
weisungsformulars) dürfen denn noch für dumm verkauft werden? Sollen wir ausgerechnet die Erben der Täter unterstützen?
Reicht das erwähnte Schuldbekenntnis der lateinamerikanischen
Bischöfe nicht einmal für die kleinste Konkretion?
Im Januar 1993 beging die Catholica in Westeuropa und Nord-
amerika den »Afrikatag«. Das Leitwort für die einschlägige Kollekte lautete »Afrika wird wieder blühen«; die Bischöfe bezogen
das Wort auf den Propheten Jesaja, der freilich wenig von dem
Kontinent und dieser Umwidmung geahnt haben dürfte. Waren
wenigstens hier Konkretionen zu erwarten? Die Oberhirten wagten wirklich eine Aussage: »Die Afrikakollekte kommt einer der
ganz wenigen echten Zukunftshoffnungen für Afrika zugute.«
Man durfte gespannt sein, worin die »echte Zukunft« lag. Die
Sammler-Bischöfe blieben sich und ihrer Ideologie treu: »Kate-
chisten, ihre Ausbildung, ihr karger Unterhalt«[21] sind die Lösung
des Rätsels. Afrika und die Kenner der wirklichen Nöte dieses
Kontinents werden sich einmal mehr über die Engführungen der
Christen-Hilfe wundern. Die missionarisch bestimmte Katechi-
sten-Kollekte unter dem Etikett »Nach dem Hungerjahr« beworben zu haben, ist besonders schäbig. Menschenfeindlicher Dienst
am Menschen ein weiteres Mal ganz konkret: Das Abtreibungs-
Problem ausgerechnet von einem Papst unter dem Stichwort
»Kultur des Todes«[22] abgehandelt zu sehen, läßt zumindest jene,
die die jahrhundertealte Todeskultur der Kirche kennen, nicht
dem Verdacht erliegen, Christenhirten und -herden hätten die

Sorge für das Leben gepachtet. 1992 in ein und derselben Predigt vom Schutz des ungeborenen Lebens zu sprechen und die latein-amerikanische Mordgeschichte zu verschweigen, will gelernt sein. Es ist ein Kreuz mit der Caritas.

Dieses soziale Elend der Kirche hin oder her, historische Wahrheiten beiseite, neuerdings wird, wie gesagt, die christliche Diakonie von den Klerikern nachdrücklicher denn je betont, »richtiger bewertet«[23] und eifriger (eifersüchtiger!) als wesentliche Lebensäußerung der Kirche dargestellt. Kann dem Trend zur Entkirchlichung nur durch »eine grundlegende Reform der Kirche ... wirksam begegnet«[24] werden, ist die richtige Strategie zum Überleben notwendig: Zum einen gewinnen offensichtlich jene religiösen Menschen an Einfluß, die nicht dem ideologisch-dogmatischen oder liturgisch-rituellen Typus angehören, sondern dem pragmatisch-ethischen. Sie wollen weniger wissen, was genau sie zu glauben haben. Sie sind auch nicht so intensiv wie die Orthodoxie an theologischen Streitfragen oder gar an einem neuen Weltkatechismus interessiert. Sie bevorzugen die Orthopraxie[25], möchten anpacken und Gutes tun. Um Randchristen anzusprechen, denen Mitarbeit wichtiger ist als Mitgliedschaft, »muß die Kirche außerkirchliche, gesellschaftliche Notstände angehen«[26]. Wo genau, bitte, wenn schon nicht innerkirchliche Notstände?

Zum anderen bekamen selbst hinterwäldlerische Christen mittlerweile mit, daß die säkulare Welt außerhalb der verfaßten Kirchen »den Erweis aller ›religio‹ gerade in Mitmenschlichkeit fordert und akzeptiert«[27]. Nachdem das privatistische Weltverständnis, wie es unter Kirchengläubigen bis in unsere Tage hinein anzutreffen ist, an Boden verlor und viele erkannten, daß es humane Reformen unmöglich macht[28], wird in Kirchenkreisen sogar von einem Primat der Nächstenliebe im konkreten Christen-, Gemeinde- und Gesellschaftsleben geschrieben. Ganz Wagemutige gehen so weit, die Diakonie zu einem Grundbegriff nachkonziliarer Ekklesiologie (Lehre von der Kirche) zu erheben und davon zu sprechen, sie sei erst jetzt zu einem solchen »geworden«.[29] Übersah der Autor N. Sidler, daß seine Formulierung den Verdacht verstärkt, vor dem Zweiten Vatikanischen Konzil sei Diakonie eher eine theologische Nebensache gewesen?

Im übrigen bekommt der fromme Verfasser bereits mit dem Konzil Schwierigkeiten. Da er einräumen muß, daß die hochheilige Versammlung den Begriff Diakonie nur selten verwandte, greift er zu einem unter Theologen nicht unüblichen Mittel. Er versucht den Nachweis, das Konzil habe zwar nicht die Vokabel benutzt, doch das Gemeinte wenigstens in wechselnden anderen Begriffen ausgedrückt. Diese Hilfskonstruktion ermöglicht es, daß der Begriff Diakonie im gegenwärtigen theologischen Denken »an Raum gewinnt«.

Eine ebenso vorsichtige wie verdächtige Formulierung. Doch je größer die Zweifel sind, desto eherner – und unerschütterlich felsenfest – stehen die neuesten Sätze zum Thema: Diakonie ist – ausgehend von der Bedienung bei Tisch (Lk 22, 27) – plötzlich nicht allein der »Kern des Christusgeschehens«, sondern auch »Prinzip der Nachfolge Jesu«[30]. Sie konkretisiert sich im »Dienst an den Brüdern«.

Ob aber unter den »Brüdern« all jene Menschen gemeint sind, von denen heute – beim sogenannten Dienst am ganzen Menschen, den die Großkirchen leisten wollen – lauthals die Rede ist? Oder ist nur die eigene Gemeinde gemeint? Gerät gar das Endheil, Zentralbegriff der kirchlichen Lehre vom Menschen[31], in den Blick?[32] Entscheiden die Werke der Barmherzigkeit über Heil und Unheil?

Die Beschränkung auf Eigen- und Sonderinteressen[33], die für die karitative Blöße der Kirchen steht, läßt sich auch an weiteren Stellen hinter den übergroßen Worten hervorlocken: Paulus selbst ist »Diakonos« des Herrn, doch ist sein Apostelamt Diakonie, die sich realisiert »in der Verkündigung und dem Aufbau der Kirche«. Und die christliche Gemeinde versteht sich als eine im Glauben geeinte (und damit grundsätzlich auf den Einheitsglauben hin kontrollierbare) Liebesgemeinschaft aller Glaubenden. Ist aus taktischen Gründen aber auch von einer christlichen Gemeinde, die »Gemeinde für andere«[34] ist, und vom Dienst an allen Menschen die Rede, so wird dieser sofort wieder ideologisch eingegrenzt. Denn das sogenannte christliche Leben kann nicht im sozialen Engagement »aufgehen«, das Evangelium darf nie durch eine besondere Sensibilität für Soziales verdunkelt werden[35], und jene Mitmenschlichkeit, »die Gott und die Gottbezogenheit des Nächsten ignoriert«, ist Christen bleibend untersagt. Ihr Einsatz für ein menschenwürdiges Leben aller und jedes einzelnen dient nämlich der »Verchristlichung, d. h. Vermenschlichung der Welt«. Die Gläubigen haben schlichtweg die irdischen Wirklichkeiten mit christlichem Geist zu durchdringen – und so wieder eine kirchliche Aufgabe zu erfüllen.[36] Ob die zur Weltmission Aufgerufenen freilich je Erfolg hatten? Ob sich jene Caritas bewährte, die – überindividuell – zur Veränderung von Weltstrukturen[37] eingesetzt werden sollte?

> *Wo zeigen sich denn jene Strukturverbesserungen, die Christen im Auftrag ihrer Botschaft bewirken wollten? Sind Europa oder Amerika, die über Jahrhunderte hinweg von Christen aller Denominationen missioniert wurden, »besser« als Erdteile, die sich der Christenmission versagten? Brachte das Christentum in 500 Jahren eine soziale Ordnung Lateinamerikas zustande?[38] Änderten Kirchen irgendwo auf der Welt etwas im Verhältnis von arm und reich?[39]*

Das Wort des Papstes Leo XIII. in der Enzyklika »Rerum Novarum« (1891), seine Kirche habe als Vertreterin und Wahrerin der Religion ein »mächtiges Mittel, die Reichen und die Armen zu versöhnen«[40], klingt ebenso hehr wie hohl. Dem Bekenntnis des letzten Konzils, diese Kirche gehe »den Weg mit der ganzen Menschheit gemeinsam« und erfahre »das gleiche irdische Geschick mit der Welt«[41], ergeht es nicht anders: Allein eine überschlägige Bestandsaufnahme kirchlichen Besitzes und vatikanischen Vermögens[42] straft die Worte des Zweiten Vatikanischen Konzils Lügen.

Fromme bleiben – auch im neuesten Katechismus aus Rom – jede Antwort auf die gestellten Fragen schuldig. Um so tiefer drang die Keckheit in ihr Bewußtsein, mit der Verchristlichung mit Vermenschlichung gleichgesetzt wird. Den Schock der Säkularisierung einer ganzen Welt akzeptierten die Gläubigsten nie.[43] Wie sollten sie auch annehmen, daß das Schweigen ihres lebendigen Gottes zu den Nöten seiner Schöpfung auf Millionen Mitmenschen schrecklicher wirkt als jeder Glaubensverlust, da kein gutes Argument dieses Schweigen erklären kann? Wie hinnehmen, daß die Blicke der Menschen nicht mehr nach oben gerichtet sind, sondern sich zu öffnen beginnen? Daß aus Gotteskindern Menschenfreunde, aus Betenden Arbeitende, aus Kandidaten für das Jenseits Studenten des Diesseits, aus Himmelsanwärtern Weltbürger, aus geduckt Gläubigen aufrecht Gehende werden?

Ihre Schultheologen fanden nach dem ersten Schreck wieder einen Ausweg: Nachdem sie die Entwicklung erst als Abfall bezeichnet und die Legitimität der Neuzeit bestritten hatten[44], vereinnahmen sie neuerdings alle Menschen als anonyme Christen[45] – und die säkulare Welt als Übungsfeld ihres Gottes und seiner Stellvertreter. Schließlich ist ihr Welthaß der Meinung, jede innerweltliche Utopie sei von vornherein unzureichend. Daher müßten die Kirchen (womöglich schon während der »immer engagierten Information«[46] des schulischen Religionsunterrichts?) solche Utopien vom Paradies auf Erden, die sie tragenden gesellschaftlichen Institutionen und die fehlgläubigen Menschen schlechthin »für das ewige Leben öffnen«[47]. Vielleicht ist diese Praxis Ausdruck jener missionarischen Liebe, die ein Autor schlankweg als Politikum bezeichnet.[48] Wie Hirten die kirchenpolitische Aufgabe angehen? Karl Rahner, der bedeutendste katholische Theologe des Jahrhunderts, lehrte, ein Mensch könne »in der Gnade Gottes gerechtfertigt sein und somit sein Heil finden«, selbst wenn er »ohne Schuld« soziologisch nicht zur Kirche gehört, ja »sogar meint, sich als Atheisten verstehen zu müssen«. Und schon wieder stehen die Hintertüren dem Missionszweck offen. Denn diese Lehre vom anonymen Christen stellt nicht nur die »Voraussetzung der Hoffnung auf den Erfolg der ausdrücklich christlichen Verkündigung« dar, sondern sie fordert auch den Boten des Evangeliums auf, in immer neuen Bemühungen jene »inneren Erfahrungen im Adressaten der Botschaft zu entdecken und anzurufen«, die in ihm bereits aufgrund seiner »Verwiesenheit und Bewegtheit auf Gott hin« gegeben sind, bevor ihn das Wort des Evangeliums erreicht.[49] Damit macht die bedeutendste Theologie zwar keine Proselyten, doch um ungefragt ein paar Millionen neuer Christen einzugemeinden, reicht es schon.

Von dieser Missionslyrik zurück zur Poesie des Karitativen: Hier verschweigt der fromme Dichter die Tatsache, daß nicht nur die Bedienung bei Tisch, sondern die gesamte Anlage der Diakonie, die Lehre von den Werken der Barmherzigkeit[50] inklusive, vom Christentum nur ererbt wurde und deswegen beispielsweise das Beherbergen von Fremden entgegen klerikalen Behauptungen[51] kein religiöses Motiv ist. Auch schenkt er jenem Gleichnis keine besondere Beachtung, das Priester und andere Kirchendiener an dem unter die Räuber gefallenen Mitmenschen einfach vorbeigehen läßt (Lk 10, 30–32).

Um so eigennütziger fallen die aufgezählten Konkretionen der Diakonie aus: Gottesdienst, Seelsorge, Verkündigung, Predigt, Bruderdienst – und selbst »die Funktionen der Leitung der Kirche, die dienend dazu beitragen, Diakonie der Kirche zu ermöglichen«. Es fällt gar nicht mehr auf, daß die Generalklausel Dienst jede Tätigkeit der Kirche – in Geschichte und Gegenwart – abdeckt. Es braucht auch nicht mehr Aufsehen zu erregen, denn diese sichernde Rede ist gewollt. Sucht man ein Beispiel für Gummiparagraphen, die alles und jedes unter das Etikett Diakonie fassen lassen, braucht man jetzt nicht mehr weit zu gehen. Eine Tatsache ist Beweis genug: Die Geschichte des Christentums kennt Aberhunderte von Beispielen, in denen der »gerechte Krieg«[52] als Heilsdienst gepredigt wurde.

Einen gerechten Krieg gab es außerhalb der Katechismuslügen nie. Was sich fand, waren immer selbstgerechte, kriminelle Kirchenpolitiker, die Gerechtigkeit sahen, wo Menschen in ihrem Blut lagen.[53] Solche und ähnliche Musterexemplare des gerade in den Kirchen anzutreffenden Männlichkeitswahns[54] liegen beispielsweise noch während des Golfkrieges und nach diesem auf den Knien und beten zu ihrem Kriegsgott: Immerhin benötigten ihre gerechten Waffen nur 100 Stunden, um mehr als 150000 Menschen sterben zu lassen.[55] Der ehemalige US-Präsident Bush zum Thema allgemein: »Aber das Größte, was in der Welt in meinem Leben – in unserem Leben – passiert ist, ist dies: Dank der Gnade Gottes hat Amerika den Kalten Krieg gewonnen ...«[56]

Der Dienst an allen Menschen, den die Kirchen predigen, hat seine zwei Seiten. Ich schildere Szenen aus einem einzigen bundesdeutschen Hirtenleben: Militärbischof Johannes Dyba (Fulda), gnadenlos in Sachen Schutz des ungeborenen Lebens, fand den kriegerischen Eingriff sowohl in Grenada[57] wie auch am Golf ausdrücklich in Ordnung. Der exemplarische Hirte, promoviert mit dem Thema »Einfluß des Krieges auf völkerrechtliche Verträge«, seit 1989 als Glöckner von Fulda lärmend um die Föten bemüht, hatte schon 1984 die Friedensbewegung und die »aufgeregte Kirche der Sektierer, Friedensmarschierer und Theologen« attackiert. 1990 ließ er sich in militärischer Montur und Klerikerkragen auf einem Panzer der Bundeswehr ablichten, nannte bei seiner Einführung ins Amt des obersten Militärseelsorgers Friedensdemonstrationen keine christlichen Tugenden und beschimpfte 1991 in einem offensichtlich am Gebot der Nächstenliebe geschulten Vokabular Aids-Infizierte als »hergelaufene Schwule«[58]. Auch wenn die Schäfchen und die lieben Mitbrüder im Bischofsamt solche Hardliner zunehmend isolieren[59], Hauptsache, der weltanschauliche Anspruch ist erhoben. Dann können historische und aktuelle Einwände[60] gegen den Liebesdienst nach Kirchenart[61] ausgeklammert werden. Die – wohlbemerkt, allen Menschen verordnete – Bewußtseinsbildung auf christlich[62] schafft sich ihren Raum. Ihre Konkretionen sind schäbig.

Warum verträgt sich christliche Liebe nicht einmal mit Tarifverträgen?

Kirchliche Kultur wird nicht von ungefähr früh eingeimpft. Organisationseigene Einführungs- und Erziehungsprozesse haben wesentlichen Anteil an dieser Sozialisation: Eigens errichtete (und verteidigte) Institutionen[63] (Schule, Religionsunterricht[64], Katechismus, Seelsorge) machen den Prozeß selbst in der neuzeitlichen Gesellschaft selbstverständlich und handhabbar, zumindest bei der Funktionselite Klerus und der Minderheit der Kirchentreuen.[65]

Solche Erziehung will bewußt geistige Zeugung[66] sein; sie soll den Menschen erst zu dem machen, was als gottgewollter Endzweck definiert wurde: zum überzeugten Christen. Typisch und ausschließlich kirchliche Engführungen im Humanum werden in diesem Zusammenhang verschwiegen. Dabei ist Erziehung stets Reduktion.[67] Wer zudem die Welthorizonte begrenzt, indem er ungleichzeitige Denk- und Empfindungsstrukturen stabilisiert wie die Kirche, reduziert doppelt. Um so aggressiver muß er das Ergebnis als Dienst am geistlichen Wohl aller ausgeben. Die zu Opfern eines solch heilsamen Erziehungssystems gemachten Menschen akzeptieren schließlich mehr oder weniger bereitwillig ihren Status.[68]

Die Amtskirche versucht ihrerseits, spezifisch klerikale Rollen als Dienstrollen zu propagieren. In einer Zeit, da es Post- und Polizeidienste gibt und ebenso selbstverständlich von Beamten- wie von Finanzdiensten gesprochen wird, darf die Kirche nicht zurückstehen. Sie versucht allerdings – und dies ist wieder einmal spezifisch –, ihren eigenen Dienst als etwas Besonderes, Berufenes, Begnadetes zu vermarkten. Dabei handelt es sich bei ihren angeblichen Dienstrollen faktisch um kirchlich formalisierte Machtrollen.[69] Die Macht der Hirten bedeutet, auch wenn sie sich noch so häufig als Dienst feiern läßt[70], die tägliche Chance, letztendlich über Kirche und Menschen zu verfügen. Das Amt bestimmt ja die Rolle der hierarchisch[71] untergeordneten Menschen und definiert (sanktioniert) die Rollenerwartungen anderer an die eigene Rolle. Oberhirten sagen anderen Menschen, wie diese sich als Priester, Nonnen, Erzieher, Pflegepersonen und so fort bis hin zum einfachen Christen zu verstehen und konkret zu verhalten haben, um noch christlich oder, erst recht, kirchlich zu bleiben.

Die sich selbst legitimierende Definitionsgewalt großkirchlicher Arbeitgeber ist nicht ungefährlich für Dienende und Bediente: Hunderttausende von Arbeitnehmerinnen und Arbeitnehmern im Kirchendienst sind ihr ebenso unterworfen wie jene Millionen Menschen, die den Dienst einer Sozialeinrichtung in kirchlicher Trägerschaft in Anspruch nehmen (müssen).

Kirchen wissen mittlerweile gut, wie sie sich zu verstehen und auf welche fast unentrinnbare Weise sie die Welt zu überwältigen haben, damit sie »in ihrem Selbstvollzug notwendigerweise der Ort vielfältigen Erziehungsgeschehens«[72] werden. Sie stellen nicht nur eine als ganzheitlich geltende Weltanschauung bereit, sondern organisieren auch die ihr anvertrauten Sozialeinrichtungen ebenso perfekt in ihrem Sinn, wie sie dies mit Personal und Nutzern tun. Kirchliche Sozialberufe sind durchideologisiert und – organisiert: Um seinen Dienst wirksam – sprich: im Sinne der Amtskirche – verrichten zu können, bedarf das Personal selbst eines katechismusnahen Menschenbildes, auf das hin es »dem Menschen zur Selbstverwirklichung verhelfen« kann.

Diese Weltanschauung gilt in Kirchenkreisen als bewährt.[73] Zwar mögen sich Wissenschaftler im Kirchendienst ihre Gedanken über die praktische Handhabung der Ideologie machen und dabei zu denkerischen Konsequenzen wie der Forderung nach einer »Pastoralkulturpathologie« und »Pastoraldeontologie«[74] gelangen. Das Menschenbild grundsätzlich festzulegen, aber auch (quasi-) lehramtlich den jeweiligen Sachzwängen anzupassen bleibt Aufgabe der Kirchenleitungen. Diese sind an taktischen Überlegungen interessiert: Das Berufsbild derer, die sich um den ganzen Menschen kümmern, muß im Alltag wie im Rechtsleben als ideologische Basis – etwa für Tarif- und Dienstverträge – zu nutzen sein. Was aber nicht in das Bild paßt, wird entweder übersehen und verdrängt oder diskriminiert und ausgeschieden.

> *Sprechen Kirchen im Zusammenhang mit ihrer Tätigkeit vom ganzen Menschen, meinen sie jenen Sektor des Menschseins, der von ihnen sorgfältig auf die eigenen Bedürfnisse zugeschnitten wurde.*

Kein Wunder, daß schon die Umschreibung der kirchlichen Sozialarbeit und ihrer Berufe organisationstypisch ausfällt. Um sich überhaupt noch auf dem Wohlfahrtsmarkt halten zu können und nicht mehr und mehr im direkten Vergleich mit der Konkurrenz zu unterliegen, suchen und betonen die Großkirchen ihr Spezifikum. Es fällt freilich auf, daß sie desto ängstlicher suchen und desto bereitwilliger ins ideologische Ghetto flüchten, je säkularer und weltbestimmter die Wettbewerber ihre eigenen sozialen Dienste gestalten. Gerade die großkirchliche Wohlfahrtspflege scheint zutiefst durch jene konkurrierenden Wert-, Norm- und Handlungssysteme verunsichert zu sein, die längst schon den weltanschaulichen Markt mit ihrem reichen Angebot an Sinn überfluten und gegenwärtig auch die amtskirchlichen Bemühungen um Sozialisation aushebeln. Die im vorigen Jahrhundert von den bedeutendsten Soziologen geäußerte[75] Einschätzung der Religion als eines vorwissenschaftlichen Versuchs, sich der Gesellschaft anzupassen (A. Comte), oder die Meinung, Religion sei ein vom Menschen geschaffenes Einheitsprinzip ohne Realitätsgehalt (E. Durkheim), scheint ihre Wirkung mittlerweile auch bei den Kirchen nicht verfehlt zu haben. Hinzu tritt überall die mit Händen zu greifende Erfahrung, daß zunehmend viele, ja die meisten Menschen ihr Leben – auch und gerade in Notsituationen wie der Krankheit – »ohne die Wohltat religiöser Interpretation« (P.L.

Berger) gestalten – und dabei eben nicht jenen persönlichen Schiffbruch erleiden, den die Prediger ihnen so aufmerksam und liebevoll prophezeiten.

Die Reaktion der Hirten ist bestimmt von aufgeregten Vermeidungsritualen, die versuchen, alle Außenweltgefahren (die Innenregungen sind) von sich und den Gläubigen abzuhalten.[76] Ihre Inhalte sind – neben dem Verzicht auf die Ergebnisse wissenschaftlicher Untersuchungen[77] – zum einen der Versuch, sich um alles in der Welt an herkömmlich Bewährtem, angeblich Zeitlosem (weil Biblischem, traditionell Kirchlichem) festzusaugen und zum anderen eben dieses »gültige Menschenbild«, koste es, was es wolle, zum sozialen Leitstern aller Menschen zu stilisieren. Meldungen von 1992, nach denen »Barmherzige Schwestern« in der früheren Tschechoslowakei nach der Wende ein Heim mit 300 geistig behinderten Kindern räumen ließen, um ganze 14 Nonnen unterzubringen[78], erweisen sich in dieser Hinsicht als störend.

Ist schon die theoretische Grundlage des sozialen Handelns der Großkirchen mißlich, wirkt die aus dieser abgeleitete »richtige Praxis« geradezu gemeingefährlich. Das christliche Menschenbild bevorzugt nicht nur eine ausschließlich zweckgebundene, von Eigeninteressen enggeführte Auffassung vom Dienst (Mission) an allen. Seine berufsalltäglichen Konkretionen desavouieren es auch in bezug auf jene, die für diesen Dienst motiviert werden sollen. Gerade hier, wo Redlichkeit gefordert wäre, klaffen Anspruch und Wirklichkeit besonders weit auseinander. Predigt und Praxis entsprechen sich nicht. Mag einigen die ideologische Perspektive noch einleuchten, der Blick auf die reale Lage lehrt sofort anderes. Ein schlagendes Beispiel: Der Vergleich von Fensterpredigten über Sinn und Aufgabe von Gewerkschaften und der Beherzigung der hehren Grundsätze durch die Prediger selbst.

Der Beitrag einer Münsteraner Zeitung vom 3. März 1990 behandelt als »soziales Stichwort« die Gewerkschaften. Die christliche Sozialethik (die ehrlicher katholisch und ganz ehrlich klerikal genannt werden müßte) verlange von diesen eine demokratische Struktur und eine weitgehende Achtung von Minderheitspositionen in der Mitgliedschaft. Hauptamtliche Funktionäre dürfen sich nicht von den Mitgliedern verselbständigen. Die Forderungen der Gewerkschaft unterliegen einer Gemeinwohlverpflichtung; sie sollen daher nicht nur die Interessen der Mitglieder, sondern auch allgemeine Interessen im Auge haben (Verbraucher, Steuerzahler) und auf Drittwirkungen achten (Arbeitslose, Umwelt, Dritte Welt). Um eine solche Rücksichtnahme zu gewährleisten, ist eine öffentliche Kritik an den Gewerkschaften legitim und unerläßlich. Sind dies Forderungen der christlichen Sozialethik, und daran zweifelt niemand, dann gilt diese Ethik in keinem Fall für die Catholica selbst. Über das Recht der Großkirche, überhaupt an irgend jemanden Forderungen zu stellen, rechte ich hier nicht. Mir reicht schon die Feststellung, daß jede einzelne dieser an die Gewerkschaften gerichteten Forderungen von der Kirche, die sich als Wächterin über die Demokratie aufwirft, nicht erfüllt wird. Sie kennt weder eine demokratische Struktur noch eine weitgehende Achtung von Minderheitspositionen. Ihre Funktionäre sonderten sich dogmatisch wie soziologisch faßbar von den »Laien« ab und verselbständigten sich. Ihre Ansprüche haben die Kircheninteressen und nicht etwa die der Allgemeinheit im Visier. Drittwirkungen sind ihnen höchstens aus taktischen Gründen wichtig, und eine öffentliche Kritik an der Kirche gilt weder als unerläßlich noch als legitim.

Woher nimmt eine derart feudalistisch verfaßte Kirche das Recht, den freien Selbsthilfeorganisationen jener Arbeitnehmerinnen und Arbeitnehmer[79] Maßregeln zu erteilen, die die Päpste jahrzehntelang als eine Art störende Nebensache bewerteten? Die Großkirche kann sich allein auf ihre Selbstlegitimation berufen; unter Demokraten ist dies viel zuwenig. Hinzu kommt die historische Erfahrung, daß die katholische Kirche nie frei von Mißtrauen gegen das gewerkschaftliche Prinzip selbst blieb: Päpste wollten die soziale Frage auf karitativem Wege lösen. Die Gläubigen wurden in die Armenpflege hineingepredigt; im Dienst in den »Armenhäusern« sollten sie die empfohlene Herablassung zu den Notleidenden einüben.

Solche Predigten erschienen den Oberhirten am ungefährlichsten, denn die liebgewonnene herrschaftsständische Struktur der Gesellschaft blieb durch jede Almosen-Lösung unangetastet.[80] Ihre Gläubigen sollten wie eh und je auf die Caritas nach Hirtenart vertrauen – und auf gesellschaftliche Autoritäten, vor allem auf die Monarchien bauen.[81] Setzte die gewerkschaftliche Weltanschauung aber Macht gegen Macht und wollte sie den Ansprüchen der Arbeiterschaft gar durch Arbeitskämpfe Geltung verschaffen, sah sich die Arbeitgeberin Kirche in ihrem Innersten bedroht. Kein Wunder, daß die Souveräne dieser Kirche die lehramtliche Notbremse zogen und »verdammten«. Verständlich auch, daß der – noch heute zumeist aus dem Mittelstand sich rekrutierende – Seelsorgeklerus nach wie vor Vorbehalte gegen die Gewerkschaften (und die diesen verbundene Sozialdemokratie[82]) hegt.

Und der vielberufene Dienst am Menschen? Das in diesem Zusammenhang beanspruchte Wächteramt der Kirche versagte, als es wirklich gefragt war: In England war die Industrialisierung schon gut 50 Jahre alt, als die Riesin Kirche erwachte. Es gab bereits funktionierende Gewerkschaften, als die Catholica noch fundamentale Schwierigkeiten mit eigenständigen Arbeiterorganisationen hatte. Staatliche Schutzgesetze für die Arbeiter waren längst Wirklichkeit, als Papst Leo XIII. solche in seiner sogenannten Sozialenzyklika forderte. Und auch einzelne Gläubige waren in der organisierten Arbeiterschaft engagiert, als »Rerum Novarum« christliche Arbeitervereine empfahl.

War schon der sogenannte deutsche Gewerkschaftsstreit um die Jahrhundertwende schlimm, den O. v. Nell-Breuning »eine der größten seelsorglichen Katastrophen seit der Reformation« nannte, so war noch schlimmer die Tatsache, daß Millionen von katholischen Arbeitnehmern seinerzeit durch das Lehramt ihrer Kirche im Gewissen verunsichert wurden. Am schlimmsten aber wirkt die Feststellung, daß bis auf den heutigen Tag die Amtskirche beider Konfessionen nur wenig Anstalten macht, die eigenen Bediensteten an gewerkschaftlichen Positionen teilhaben zu lassen. Kirchenlobbyisten mögen es drehen und wenden, wie sie wollen, der Kirchendienst ist und bleibt gefährlich unsicher. Hunderttausende von Kirchenbediensteten müssen nämlich in den Sozialeinrichtungen ohne neuzeitliche Tarifverträge arbeiten; katholische Priester gar sind völlig rechtlos.

Inzwischen wurde erkannt, daß frühere christliche Sozialtheoretiker »wegen ihrer Vergangenheitsorientierung nur wenig Verständnis (für die Welt der industriellen Arbeit und die Arbeiterschaft) hatten«[83]. Auch versuchten die Kirchen, das schwere Versäumnis der Vergangenheit wettzumachen, indem sie die verlorene Klientel zu einem bevorzugten Gegenstand ihrer Seelsorge machten. Doch sind die vielfältigen Probleme keineswegs gelöst. Es stellt sich für die wachesten Seelsorger sogar die Frage, »ob die Welt der Industrie nicht Vorzeichen einer völlig säkularisierten Welt ist, die der christlichen Religion und ihren Kirchen jegliche Zukunftschance nimmt«[84].

Das Problem bleibt: Wer auf dem Terrain, wo er schalten und walten kann, wie er will, als Arbeitgeber seinen Arbeitnehmern fast alle Errungenschaften neuzeitlicher Gewerkschafts- und Tarifpolitik versagt, ist nicht attraktiv. Die klassischen Mittel der Repression, nämlich eine autoritäre Personalpolitik und viele drakonische Vorschriften, mögen eine Festung verteidigen helfen, Menschen ziehen sie nicht in ihren Bann.

Solange im Kirchendienst jene Menschenrechte unterdrückt bleiben, die in der Industriewelt bare Selbstverständlichkeit sind, wird kaum mit einer Rückkehr der Arbeiterinnen und Arbeiter in die Unterdrücker-Kirchen gerechnet werden können. Mögen die Kirchen auch ihre frühkapitalistische Haltung, nach der Arbeitgeber ein Verfügungsrecht über Arbeitnehmer haben, mühelos in die 90er Jahre hinübergerettet haben und mit der entsprechenden »religiösen Dimension« sogar kokettieren[85], anziehend wirkt dies gerade nicht.

> *Weder die finanzielle Bilanz der Großkirchen noch die geistli-*
> *che Bilanz[86], die Oberhirten ziehen, sind imstande, die Nega-*
> *tivsumme der sozialen Bilanz im Kirchendienst aufzuheben.*

Sorgen die Hirten nicht für ihre Bediensteten, wie das in neuzeitlichen Sozialstaaten gang und gäbe ist, müssen sie ihre Gründe
haben. Ich nehme an, daß die Großkirchen in der Bundesrepublik
eine Güterabwägung vornahmen: Auf der einen Seite schätzten
sie die Außenwirkungen ab, die ihr unsoziales Verhalten hat. Auf
die andere Waagschale legten sie ihr Herrschaftsinteresse (die In-
nenwirkung), und siehe da, die Waage neigte sich zugunsten der
Ausübung von Gewalt über Menschen. Es ist also nicht nur Torheit der Regierenden, wenn Kirchenbedienstete relativ rechtlos
bleiben. Es handelt sich um ein Kalkül: Der Vorwurf, undemokra-
tisch an den Eigenen zu handeln, wiegt noch immer leichter als die
Gewißheit, die Eigenen fest an der innerkirchlichen Kandare zu
haben.
Hinzu kommt die Überlegung, daß selbst die kurzen Zügel, an
denen alle Beschäftigten im Kirchendienst gehalten werden, ideologisch immer wieder gestrafft werden können. Bei Bedarf ist in
Kreisen der Kirchenleitungen die Rede vom besonderen Charakter des Kirchendienstes, der sich schlechterdings nicht mit einer
gewöhnlichen Arbeit vergleichen lasse, sondern Bruderdienst sei.
Die Oberhirten bringen es in dieser Argumentation zu wahrer
Meisterschaft.
Die katholischen Bischöfe der Bundesrepublik veröffentlichten
am 27. Juni 1983 eine wegweisende »Erklärung zum kirchlichen
Dienst«. In dieser finden sich alle Elemente, die die Ideologie stützen und, was dasselbe ist, die kirchenfürstlichen Verfasser in ihrer
Herrschaft bestätigen. Viele dieser Grundzüge sind uns bereits
begegnet; viel Neues fiel den Bischöfen nicht ein. Auch die fein-
sinnige Wortwahl, die beispielsweise von »Anstellungsträgern«
(statt Arbeitgebern) und »Mitarbeitern« (statt Arbeitnehmern)
spricht, ist Ausdruck der gewohnten Verschleierungstaktik. Statt

endlich redlich zu werden und offen zu sagen, daß die Großkirchen und ihre Wohlfahrtsorganisationen auf dem Feld der Wohlfahrtspflege Unternehmerinnen sind wie andere auch[87], wird versucht, über Sprachregelungen eine kirchenspezifische Ausnahme nach der anderen durchzusetzen. Das Ganze findet wie selbstverständlich unter dem Motto statt, schon aufgrund ihrer eigenen Soziallehre müsse die Kirche darum bemüht sein, »menschenwürdige Arbeitsverhältnisse und gerechte Lohnbedingungen zu schaffen und zu sichern«.

Ob kein Hirte bemerkte, wie er sich und sein Amt durch ein solch inhumanes Dokument entlarvte? Grundlage und Ausgangspunkt für die Gestaltung des Kirchendienstes soll wieder einmal die Sendung der Kirche sein. Sie authentisch zu interpretieren ist freilich ausschließlich Sache der Oberhirten. Man weiß also schon zu Beginn, wohin der Hase läuft. Da von dieser Sendung als Eigenart des kirchlichen Dienstes dessen religiöse Dimension abgeleitet wird, muß diese »für die arbeitsrechtlichen Beziehungen zwischen den kirchlichen Anstellungsträgern und den Mitarbeitern bestimmend sein; es genügt nicht, daß sie bloß mitbedacht wird«[88]. Im Klartext: Statt sich näher über die religiöse Dimension des Dienstes auszulassen, wird sofort das Ziel des Ganzen genannt: Das Arbeitsrecht muß von ihr bestimmt sein, und basta! Bereits der erste Gummiparagraph der oberhirtlichen Erklärung stellt den Oberhirten einen Freibrief in Sachen Tarifautonomie aus. Da sie – und nur sie – darüber zu befinden haben, wie konkret die religiöse Dimension beschaffen ist, haben sie freie Hand gegenüber allen, die sich dieser Doktrin unterwerfen.

In dieselbe Richtung zielt die nächste Aussage: Die Mitarbeit im kirchlichen Dienst fordert nicht nur Arbeitskraft, Funktion und Leistung, sondern »wesentlich die Person selbst«. Weshalb? Weil die Mitarbeiter die Kirche nach außen verkörpern und die Glaubwürdigkeit der Organisation und ihrer Einrichtungen vom Außenzeugnis der Beschäftigten abhängt. Im Klartext: Dieser zweite Gummiparagraph ermöglicht es denen, die ihn festschrieben, jederzeit neue Konkretionen der Glaubwürdigkeit nach außen zu definieren – und die Kirchenbediensteten daran zu messen. Damit ist es möglich, bis in den privaten Bereich der Bediensteten hinein (»Lebenswandel«) amtskirchlicherseits erwünschte Haltungen zu erzwingen. Wer sich nicht an den jeweiligen Komment hält, ist den schwersten arbeitsrechtlichen Sanktionen unterworfen. Diese Bestimmung betrifft nach Meinung der Bischöfe nicht allein katholische Arbeitnehmerinnen und Arbeitnehmer, sondern auch alle Nichtkatholiken, die in den Dienst von Sozialeinrichtungen in katholischer Trägerschaft treten. Von diesen wird ausdrücklich verlangt, daß sie »den Wahrheiten und Werten des Evangeliums nicht widersprechen, sondern sie achten und die sich daraus ergebende Ordnung anerkennen«. Allerdings bleiben die Oberhirten jede Antwort auf die Frage schuldig, was konkret unter solche auch für Nichtkatholiken (evangelische Christen, orthodoxe Gläubige, Muslime) verbindlichen Werte des Evangeliums fällt. Offenbar will man sich erst von Fall zu Fall festlegen.

Doch dürfte schon jetzt klar sein: Das eigene Verhalten gegenüber den vergleichsweise rechtlos gehaltenen Arbeitnehmerinnen und Arbeitnehmern fällt nach Auffassung der Bischöfe ebensowenig unter die Kategorie Werte des Evangeliums wie beispielsweise die Devisengeschäfte des Vatikans.[89] Letztere trugen der Catholica eine Glaubwürdigkeit von einer Dimension ein, die im Dienstrecht der bundesdeutschen Bischöfe gar nicht erst vorgesehen ist. Keiner der betroffenen Kardinäle, Bischöfe und Prälaten des Vatikans hätte nämlich die Chance gehabt, in einer Sozialeinrichtung der bundesdeutschen Kirche eingestellt oder auf Dauer beschäftigt zu werden.[90] Oder vielleicht erst recht ...? Nachdem die Oberhirten in ihrer Erklärung von 1983 die religiöse Dimension behauptet haben, ohne sich um irgendeine nähere Begründung oder Konkretion zu kümmern, lassen sie die Katze aus dem Sack: »Modelle, die im außerkirchlichen Bereich in Geltung sind«, kann diese Kirche nicht brauchen. Sie läßt das Tarifsystem fallen wie eine heiße Kartoffel: Es beruht schließlich »auf der funktionellen Trennung von Kapital und Arbeit« und wird »vom sozialen Interessengegensatz zwischen Arbeitgebern und Arbeitnehmern bestimmt«.

Ein ekliges Insekt, die Tarifautonomie. Denn in der Kirche ist alles anders. Hier fliegen nur schönbunte Schmetterlinge. Hier stehen sich Arbeitgeber und -nehmer ja keineswegs als Tarifpartner gegenüber, denn hier lieben sich alle[91], schon weil sie derselben »religiösen Grundlage und Zielrichtung verpflichtet« bleiben.[92] Schon gar nicht darf ein Bischof als Arbeitgeber verstanden werden, zumal er »die umfassende Verantwortung für das Heil der ihm anvertrauten Gläubigen trägt«. In der kirchlichen Dienstgemeinschaft findet sich ein Konsens aller, und jeder Arbeitskampf ist »mit den Grunderfordernissen des Kirchendienstes unvereinbar«.

Die bischöfliche Angst vor den Freiheiten der Mitarbeiterinnen und Mitarbeiter gewinnt langsam, aber sicher die Oberhand: Schließen sich Kirchenbedienstete zusammen[93], dann sind Beitritt und Betätigung nur zulässig, falls die Vereinigungen (Gewerkschaften?) keine kirchenfeindlichen Ziele verfolgen.[94] Als kirchenfeindlich gilt schon der Kampf gegen das Dienstrecht der Großkirche; jede »Werbung für Tarifvertrag und Streikrecht« ist daher ausgeschlossen. Hunderttausende erleben damit in ihrem Arbeitsalltag, daß sie zwar auf die christliche Liebe verpflichtet werden, diese sich aber mit grundlegenden Errungenschaften der Arbeiterschaft nicht vereinbaren läßt.

Schlimm, doch nicht gerade unüblich: Wer in Einrichtungen der Kirche arbeitet, ist zwar neuerdings seines Lohnes (Lk 10, 7), doch nicht seines Rechtes wert. Das kirchliche Dienstrecht bleibt qualitativ weit hinter den staatlichen Regelungen zurück.[95] Die betriebliche Mitbestimmung der ArbeitnehmerInnen gehört mittlerweile zwar zum normalen Berufsverständnis. Doch die Kirchen teilen dieses nicht. Sie setzen sich sogar ausdrücklich von ihm ab. Als in der Frühzeit der Bundesrepublik die Mitbestimmung in einem »Personalvertretungsgesetz« geregelt werden sollte, trafen sich zwei Kölner Bürger – Bundeskanzler K. Adenauer und Kardinal J. Frings – und kamen überein, dieses Gesetz auf kirchliche Arbeitsverhältnisse nicht anzuwenden. Als Ersatz versprach der Kirchenfürst eine innerkirchliche Regelung, die »in sozialer Hinsicht beispielhaft« sein werde. Doch erst 1977 wurde das Versprechen eingelöst; exemplarisch war nur die Verzögerung, nicht der Inhalt dieser »Mitarbeitervertretungsordnung« (MAVO) der bundesdeutschen Catholica.[96]

Kann und darf die Verweigerung wesentlicher Rechte aber auch weiterhin so unangefochten wie bisher praktiziert werden? Dürfen die Einordnungsleistungen der Beschäftigten keine Gegenleistungen in Form von Mitspracherechten erwarten?[97] Bleiben die Loyalitätsanforderungen nach wie vor bloße Machtmittel, mit denen sich kirchliche Organisationsprobleme regulieren lassen?[98] Muß der vergleichsweise rechtlos gehaltene kirchliche Mitarbeiter noch lange direkt und schutzlos der klerikalen Exekutivgewalt ausgesetzt sein?[99]

> *Offenbar ist es inmitten eines Rechts- und Sozialstaats neuzeitlicher Prägung allein den Großkirchen erlaubt, patriarchalische Arbeitgeberinteressen auch patriarchalisch durchzusetzen.*[100]

Da sich keine Theologen finden, die über ihrer Tätigkeit am Dogma die Zeit erübrigen, endlich auch einmal für Hunderttausende kirchlicher Mitarbeiterinnen und Mitarbeiter einzutreten, frage ich ersatzweise: Weshalb ist der eingangs zitierte Hl. Geist noch immer nicht bereit, die Kirchen gründlicher zu erleuchten und ihr Dienstrecht endgültig aus den feudalistischen Fesseln zu befreien? Offenbar hat Gott gegenüber Stellvertretern einen besonders schweren Stand.

Gerade die Kirche beweist immense Schwierigkeiten, ihre sogenannte Heilswirklichkeit anders als von oben nach unten zu definieren. Unter Sozialarbeit nicht nur den Dienst an den Menschen, sondern den mit Menschen zu verstehen ist ihr fast unmöglich. In der Regel zieht sie theologische Argumente (religiöse Dimension, Sendung, Dienstgemeinschaft[101]) heran, um soziale Differenzierungs- und Ausgrenzungsvorgänge (Unterscheidung Klerus/Laien, Tendenzschutz ihrer Betriebe) zu legitimieren.[102] Die Vermittlung des Glaubens – auch und gerade auf dem Feld der Caritas – wird ihrerseits nicht in Form einer Begegnung von Person zu Person gesehen, sondern sie ist »an die Institution eines von Amts wegen irrtumsfreien Lehrbetriebs gebunden«, und nicht die Entfaltung der Persönlichkeit, sondern die Ausschaltung der individuellen Besonderheit (der Beschäftigten im Kirchendienst) wird zum Ziel erhoben.[103]

> *Trägt die religiöse Dimension im Kirchendienst solche Früchte, haben die meisten Arbeitenden zu Recht nichts mehr mit Religion zu schaffen. Christen jedoch müßten sich endlich fragen, ob ihr Glaube wirklich dieses unzeitgemäße soziale Elend zum Inhalt habe. Von ihrer Antwort hängen die Konsequenzen ab, die sie für oder gegen die amtskirchliche Praxis zu ziehen haben.*

Kaum zu glauben, aber wahr: Ausschließlich oberhirtliche Eigeninteressen, also die Zweckbindungen einer verschwindend kleinen Funktionärsgruppe, sind in Form der genannten Gummiparagraphen geltendes Dienstrecht für die Kirchenbediensteten in der Bundesrepublik. Da die Großkirche nach dem Bonner Grundgesetz ihre Angelegenheiten selbständig regelt, darf sie sich solche Normen leisten. Die Amtskirche hat sich gleichsam aus der grundgesetzlichen Rechtsbindung befreit. Da der Staat nicht festlegen kann, was Kirche ausmacht und macht, tut deren Konzernspitze dies selbst und regelt alles allein.[104]

Der Erfolg des genialen Rechtstricks der Lobby: Solange die Ideologie ebensowenig durchschaut ist wie der staatskirchenrechtliche Kunstgriff, lassen sich Hunderttausende ihrer – eigentlich selbstverständlichen und von allen Gewerkschaften längst errungenen – Rechte als Arbeitnehmerinnen und Arbeitnehmer berauben. Daher finden sich im Kirchendienst unverhältnismäßig viele Dienende – und wenige, die auf ihren Grundrechten bestehen. Denn die meisten Kirchenbediensteten, die sich vom Dienstangebot der Großkirchen nicht blenden ließen, gaben längst ihren Dienst am ganzen Menschen auf – wie Kirchenobere ihn amtlich und damit ausschließlich eigeninteressiert interpretieren.

Ein Rest blieb. Denn Erzieherinnen und Erzieher, die keiner Großkirche angehören (was das Grundgesetz immerhin nicht verbietet), haben in stark konfessionalisierten Gebieten Deutschlands nicht die geringste Chance, ihren Beruf auszuüben. Haben Menschen in Sozialberufen wie in manchen Regionen der Republik keine echte Wahlchance, bleibt ihnen nicht viel übrig: Die Alternative zur Wahl einer kirchlichen Einrichtung hieße, ganz auf den angestrebten Beruf zu verzichten. Da der Staat sich auf das – von der Catholica sehr eigeninteressiert interpretierte – Subsidiaritätsprinzip (darüber später) zurückzog und nicht überall unabhängige Einrichtungen unterhält, sind praktische Berufsverbote die Folge. Konfessionslose SozialarbeiterInnen gelten in bestimmten Landstrichen als schwer vermittelbar.[105]

Andere – immer weniger! – scheinen von der oberhirtlichen Ideologie gläubig überzeugt zu sein. Zumindest lassen sie sich von den Bischöfen ihre Rechte abkaufen. Mitarbeitervertretungen fürchten fürs erste um Arbeitsplätze, falls sich grundsätzliche Folgerungen im System der freien, sprich: kirchengebundenen, Träger ziehen ließen. Doch so konsequent handeln die Deutschen noch lange nicht; die typisch bundesdeutsche Gläubigkeit deckt den Sumpf gar noch mit Banknoten zu. Die Großkirchen erschienen selbstmordgefährdet, änderten sie etwas an dieser Lage.

Ein Blick in Zeitungsannoncen: Einrichtungen in kirchlicher Trägerschaft suchen Personal. Fast immer wird schon im Inserat als eine Art beruflicher wie menschlicher Qualifikation verlangt, daß die Bewerberinnen und Bewerber entweder konfessionell gebunden sind oder sich mit den Zielen der Kirche (die nur in amtskirchlicher Deutung die des Evangeliums sind!) identifizieren sowie bereit sind, ihr Leben an diesen auszurichten. Da sucht eine Kirchengemeinde einen Mitarbeiter für das Liegenschaftswesen, der selbstverständlich katholisch sein muß (ein Nichtkatholik könnte vielleicht zuviel über den Grundbesitz vor Ort erfahren). Dort werden eine Altenpflegerin, Krankenschwester, Erzieherin gesucht, die sich »identifizieren« sollten, und so fort. Vergleichbare Stellenangebote anderer Wohlfahrtseinrichtungen weisen nicht ein einzigesmal ähnliche Merkmale auf. Freilich fehlt dem Deutschen Roten Kreuz auch die religiöse Dimension; wer sich in dessen Obhut begibt, muß wissen, daß er zwar sein Magengeschwür los wird, doch nicht ganzheitlich geheilt, sprich: bekehrt, werden wird.

Die Leitungen der Großkirchen mögen die Zeiten zurücksehnen, da der karitative Dienst in den Krankenhäusern fast ausschließlich durch handverlesenes Eigenpersonal geleistet werden konnte. Solange es noch Ordensfrauen und Diakonissen in Mengen gab, war die amtskirchliche Diakonie in Ordnung. Damals brauchte es noch nicht einmal eigene bischöfliche Erklärungen zum kirchlichen Dienst, denn keine der frommen Frauen stellte je die Frage nach Tarifvertrag und Streikrecht. Die den Nonnen auferlegte Ideologie vom fraulichen, christlichen Opferdienst war für jede Gehorsamsleistung gut.

Ganzheitlichkeit, Zuwendung, Mitmenschlichkeit, Intuition und Empathie galten denn auch als Merkmale weiblichen Arbeitsvermögens.[106] Es handelte sich um Bereiche, die in der volkskirchlichen (wie bürgerlichen) Gesellschaft traditionell der Frau zugeschrieben wurden. Während die Kirchenmänner die entscheidenden Plätze in der Hierarchie besetzten und Ideologien schufen, wurden den Frauen da unten die Berufsrollen des Für-andere-Daseins auf den Leib geschrieben. Waren die so Bezeichneten mit den Zuschreibungen zufrieden, konnten sie sich selbst – und ihre Menschenrechte – dabei vergessen. Ob aber der »befriedigende Frauenberuf«, der unter Ausbeutungsbedingungen ausgeübt wurde, nicht nur die Männergesellschaft befriedete, sondern auch die Frauen je ganzheitliche Menschen sein ließ?

Die Geschichte der Krankenpflege als Frauengeschichte[107] ist bislang so wenig geschrieben wie die der Orden als Geschichte der Ausbeutung religiöser Gefühle. Noch immer herrscht eine ideologische Betrachtung vor. Sie ermöglicht es den Kirchenoberen bis heute, mit ihren Rollenzuschreibungen – die religiöse Dimension eingeschlossen – fortzufahren. Der extrem patriarchale Charakter dieser Zuweisungen hat sich, aus taktischen Gründen, nur in Nuancen und an den Rändern geändert. Standen über Jahrhunderte hinweg die Werke der Barmherzigkeit im Vordergrund, die um des eigenen Seelenheiles willen gepredigt und geübt wurden[108], trat mittlerweile der völlig ideologisierte Begriff des Dienstes am ganzen Menschen an deren Stelle.

Unverändert blieb das hinter jedem Austausch der Motivation versteckte Machtinteresse der Kirchenleitung. Und wie Liebe zur Legitimation der Unterdrückung von Frauen in der Ehe herhalten mußte[109], wurde sie als Mittel der Unterdrückung von Frauen in der Wohlfahrtspflege instrumentalisiert. Die Ideologie von der frauentypischen Liebe war und ist in vielfacher Hinsicht funktional für die Kirche.[110]

Das als wegweisend geltende »Lexikon für Theologie und Kirche« zur Stellung der Frau in der heilen christlichen Macho-Welt[111]: »Ihr Wesenszug ist Mütterlichkeit. Das Muttertum wurzelt im Empfangen und Tragen; es reift zur opferfreudigen, sich nie versagenden Hingabe … Die bessere Anpassungsfähigkeit und die größere Variationsbreite fraulicher Möglichkeiten wird erkauft durch eine entsprechende Labilität und Wandlungsfähigkeit des Wollens … Das Emotionale geht ihr über das Rationale, das Herz über den Verstand, das Gute über das Wahre, die Sitte über das Recht … Sie fühlt sich sicherer im ahnenden und intuitiven Erfassen als im schlußfolgernden Denken.« Das Ordenswesen eignete sich hervorragend dazu, diese angeblich von keinem Zeitgeist abhängige Bewertung in die Praxis umzusetzen und die geschlechtsspezifische Arbeitsteilung durch eine besondere Art geschlechtsspezifischer Pädagogik zu fördern. Zunächst hatten sich die Ordensfrauen auf kontemplative Tätigkeiten (Gottesminne) festlegen lassen. Doch brachte ihnen diese Ausrichtung den Vorwurf ein, Klöster seien nur für fromme Egoistinnen da[112], die sich »im Himmel einen höheren Grad der Seligkeit verschaffen«[113]

wollten. Zudem erforderten die andrängende Not wie die im weltlichen Raum entstehende »neue Krankenpflege«[114] eine ausdrücklichere Aktivität auch von Nonnen nach außen.

Die »diakonische Erneuerung« im 19. Jahrhundert kennt daher eine Unmenge von Neugründungen karitativer Genossenschaften. Während bürgerliche Wissenschaftler einen »zum Krankendienst glücklich befähigten weiblichen Körperbau«[115] ausmachten, übernahm die kirchliche Doktrin ähnlich sexistische Auffassungen – und übertrug sie auf die angeblich religiöse Dimension des Frauseins. Entsagung, Uneigennützigkeit, Liebe, Unterordnung waren damit getauft; solche Haltungen ließen sich den »Ordensgeschöpfen«[116] glänzend vermitteln. Die Idee der Hingabe erwies sich gerade für den in Ordensschulen hinlänglich deformierten fraulichen Sozialcharakter als anziehend[117]; von einem »tyrannischen Joch«[118] sprachen nur die Gegner.

Das Produkt der klösterlichen Ausbildung war schließlich jenes perfekte Dienstmädchen, das Demut und Unterordnung unter dem Etikett Nächstenliebe verinnerlicht hatte und sich »Schwester« nennen durfte, um als billige Arbeitskraft eingesetzt werden zu können. Selten findet sich in diesem Zusammenhang der Hinweis auf die Gesundheitsverhältnisse der Schwestern: In den katholischen Orden war die Sterblichkeitsrate (Tuberkulose) um die Jahrhundertwende immerhin doppelt bis dreimal so hoch wie in der übrigen weiblichen Bevölkerung.[119] In manchen Orden starben sogar 90–100 Prozent der Frauen, die als Barmherzige Schwestern ihren Tod in der Aufopferung fanden[120], an der tückischen Krankheit. Über die psychischen (religiösen) Verhältnisse der Ordensfrauen wird gar nicht gesprochen. Hier ist noch aufzuarbeiten, was Kirchen- und Ordensleitungen diesen Frauen antaten. Die Historie solcher Caritas ist nicht ausgereizt.

Schwierigkeiten machte seit jeher nur die Doppelerfahrung, daß Nonnen zum einen nicht vollständig in den Krankendienst integriert werden konnten, weil sie eigenen Obrigkeiten unterworfen blieben, und zum anderen eben diesen Oberinnen auch nicht ganz ausgeliefert bleiben konnten, weil sie eben viele Stunden des Tages hindurch in der Krankenpflege tätig waren. Dieses Zwei-Herren-System wurde oft bemängelt.[121] Die eingeschränkte Verfügbarkeit der Schwestern belastete beide Seiten; die Interessen der Klosteroberen waren ebenso tangiert wie die der Krankenhausleitungen.

Noch heute ist der Arbeitnehmerstatus von Ordensangehörigen umstritten.[122] Zudem ist diese Personengruppe meist nicht nur in anerkannten Sozial- und Gesundheitsberufen ausgebildet, sondern sie erfuhr auch eine kirchliche Bildung.[123] Durch letztere soll sie befähigt sein, auf das Spezifische des Kirchendienstes zu achten und sich nicht von vornherein als »bloße Arbeitnehmerschaft« (als sei dies, die Tätigkeit von Millionen, etwas Zweitrangiges!) zu betrachten. Da sich die typische Sozialisation von Ordensangehörigen in aller Regel zugunsten der amtskirchlich vorgegebenen Ideologie auswirkt, sind viele Nonnen wie Diakonissen nach wie vor bereit, ihren sozialen Dienst entsprechend stumm zu versehen und nicht auf irgendwelche Rechte von Arbeitnehmerinnen zu pochen. Das kann sich sehen lassen, meint die Kirchenlobby. Ein Autor des 19. Jahrhunderts fragte bereits wegweisend: »Haben die Feinde der heiligen Kirche und der geistlichen Orden Ähnliches aufzuweisen?«[124]
Finanziell gesehen ergeben sich freilich kaum mehr nennenswerte Einsparungen, wenn Träger von Sozialeinrichtungen Ordenskräfte und Diakonissen einsetzen; auf diesem Gebiet zogen die Kirchen aus guten Gründen nach und erreichten das marktübliche Niveau.[125] Die frühere – nicht allein in religiös-kirchlichen Kreisen – favorisierte Meinung, Krankenpflege sei Liebestätigkeit, deren Heiligkeit und Würde eine angemessene Bezahlung nicht zuließe[126], wird nicht mehr häufig vertreten. Doch »Wohlthun ist die beste Spekulation der Klöster«[127].
Emanzipationschancen, die sich mit denen ihrer Kolleginnen in der Krankenpflege vergleichen ließen, scheinen die Ordensfrauen und Diakonissen allerdings noch nicht immer genügend zu haben. Selbst wenn sie solche annehmen wollten, stießen sie auf äußere und innere Hindernisse: Ihre bewußt enggeführte Sozialisation

läßt schon die Frage nicht in jedem Fall zu. Solange im übrigen das Mutterhaussystem die Kasernierung wie Kontrollierung der Ordensfrauen und Diakonissen vorsieht und die Betroffenen meist in persönlicher wie ökonomischer Unselbständigkeit gehalten werden, bleibt weitergehenden Bestrebungen ein Riegel vorgeschoben.

Nicht jede Frau von heute macht derlei mit.[128] Die Bedeutung der Orden und ordensähnlichen Gemeinschaften im Sozialdienst ging mittlerweile erheblich zurück.[129] Zwar weist die Caritas-Statistik zum 1. Januar 1987 über 24 000 vollzeit- und teilzeitbeschäftigte Ordensangehörige aus; das sind gerade einmal 8 Prozent der hauptberuflichen Mitarbeiter der Caritas. Das Diakonische Werk gibt zum selben Stichtag über 16 000 aktive Diakonissen und Schwestern (bzw. Pfleger) an, wozu noch etwa 2200 Diakoninnen und Diakone kommen.[130] Doch sind die Zahlen in diesen am strengsten kirchengebundenen Berufsgruppen stark rückläufig. Noch 1909 gehörten ja der genossenschaftlich-religiösen Krankenpflege über 47 000 Personen an, der freien Krankenpflege etwa 21 000.[131] Wurden in den dreißiger Jahren des 20. Jahrhunderts in Deutschland Ordensniederlassungen zuhauf gegründet[132], mußten in den letzten Jahren ganze Klöster und Konvente schließen.

Der Ordensnachwuchs fehlt von vornherein oder läßt sich weltanschaulich nicht mehr so straff organisieren, wie es die Kirchenleitung gern sähe. Austritte aus den Gemeinschaften nehmen zu, die Altersstruktur der Orden ist besorgniserregend.[133] Seit Jahrzehnten zeigt der Zuwachs gerade in den sogenannten aktiven, also auf den nicht-kontemplativen Außendienst gerichteten Schwesterngemeinschaften eine fallende Tendenz.[134] Den 2411 Novizinnen des Jahres 1962 standen bereits sechs Jahre später nur noch knapp die Hälfte gegenüber. Gab es 1956 noch 11 915 Ordensfrauen unter 30 Jahren, waren es 1967 nur noch 8173, und gegenwärtig sind es nach Schätzungen rund 4000. Das bedeutet, daß die Zahl der jüngeren Schwestern innerhalb weniger Jahrzehnte um etwa zwei Drittel abnahm.[135]

Zu den Gründen, die zu dieser Entwicklung führten, zählen die konkreten Erfahrungen, die junge Frauen mit dem überkommenen Lebensstil und der offiziellen Ideologie des Ordenslebens machten, sowie jene oft schlimmen Zustände, die manche Mutterhäuser nicht behoben, oder auch die anachronistischen Zumutungen, die Oberinnen an Frauen von heute stellen. Eine wenig beachtete Folge gerade der Überalterung in den Ordensgemeinschaften ist auch die Tatsache, daß initiative Funktionsträgerinnen ermüden und neue nicht in gleichem Maße nachwachsen. Hinzu kommt die Erfahrung, daß überalterte Gemeinschaften – in kollektiver Selbstbezogenheit – ihr Interesse mehr und mehr auf das bald zu erwartende Jenseits richten und ihre Anstrengung bewußt oder unbewußt weniger der aktiven Caritas als der Sicherung des Glaubenszweckes dient. Verbände, die ihr (sinkendes) Arbeitsvolumen für sich selbst absorbieren, wirken freilich auf jene jungen Frauen wenig attraktiv, die tatkräftig helfen und vor Ort anpacken wollen.

Auch wenn Schwesterngemeinschaften mittlerweile zu retten suchen, was überhaupt noch zu retten ist, und den Übergang in eine neue Epoche[136] vermelden, steigt ihre Attraktivität nicht. Wieder einmal hinken diese Anstrengungen nur hinter dem allgemeinen Bewußtsein her. Der Übergang vom Ordensstand zur Dienstgemeinschaft war (schon aus taktischen Gründen) ebenso längst überfällig wie das Streben, sich aus dem Heilsegoismus und der damit verbundenen Isolierung zu befreien. Verkünden Ordensobere neuerdings, ihre Gemeinschaften seien auf dem Weg von der individuellen Heilssuche zu mitmenschlicher Verantwortung, so ist dies weder für die Vergangenheit dieser Orden ein Ruhmeszeugnis noch ein Beweis für die Schrittmacherfunktion: Andere beschritten den Weg zur mitmenschlichen Verantwortung, lange bevor Ordenstheologen dieses Ziel entdeckten.

> *Warum sollen sich Frauen noch in Ordensregeln zwängen, wo ihnen eine ganze Welt aktiver Wohlfahrtspflege offensteht? Finden sie nicht überall Alternativen, die den Ballast des Nonnenlebens nicht mit sich herumschleppen?*

Die Großkirche scheint sich solchen Fragen gestellt zu haben. Fürs erste versucht sie allerdings, wieder eine problemerzeugende Pseudolösung durchzusetzen. Anstatt auch in diesem Fall endlich die Legitimität der Neuzeit anzuerkennen und die vielfältigen säkularen Formen der Diakonie nicht schon aus Konkurrenzgründen abzuwerten, überträgt sie ihre Dienst-Ideologie selbst auf jene Pflegepersonen, die sich zwar in den kirchlichen Dienst begeben, doch nicht schon wie Ordensleute oder Kleriker leben wollen. Mönchische Ideale von Nicht-Ordensangehörigen übernehmen zu lassen war seit jeher fragwürdig. Den ganzheitlichen – und zumindest individuell[137] nicht auf Erwerb und Gewinn ausgerichteten – Dienst von Ordensangehörigen von allen Mitarbeiterinnen und Mitarbeitern im Kirchendienst zu verlangen erwies sich als unmöglich. Freilich versuchen Bischöfe wie gesagt noch immer, wenigstens die angeblich religiöse, in Wirklichkeit mönchisch enggeführte Dimension ebendieser Diakonie zu retten – und sie in die Auseinandersetzungen um die Dienstverträge und Tarife einzubringen. Diese Experimente werden jedoch früher oder später an der zunehmenden Heterogenität der Mitarbeiterschaft[138] scheitern; Konfliktmanagement und Interessenausgleich zwischen den betroffenen Personengruppen sind nicht das letzte Wort. Die amtskirchlich berufene Dienstgemeinschaft, die die Interessengemeinschaft der Bischöfe verdecken soll, ist auf dem Weg, eine bloße Vokabel zu werden. Die Konflikte – beispielsweise zwischen den Ärzten in kirchlichen Krankenhäusern und fachlich nicht kompetenten, doch kirchentreuen Funktionären – werden sich verstärken.
Kirchliche Sozialeinrichtungen bekommen Schwierigkeiten, nachdem sie nicht mehr nur brave, d. h. schweigsame Nonnen be-

schäftigen können. Beispielsweise ist das Problem der Zivildienstleistenden[139] ungeklärt; diese Gruppe auf den Dienst nach Kirchenart festzulegen erweist sich als unmöglich. Finanziellen Gewinn fahren die Kirchen dennoch ein.[140] E. Goll errechnete überschlägig eine Jahresarbeitsleistung von Zivildienstleistenden in Höhe von 1,96 Milliarden DM. Zum Vergleich: Die der Ordensangehörigen und Diakonissen beträgt nach denselben Angaben (für 1986) 1,74 Milliarden DM.[141] Insgesamt waren zum Stichtag 1. Januar 1987 in der freien Wohlfahrtspflege der Bundesrepublik etwa 2,6 Millionen Beschäftigte tätig; sie kamen auf einen Arbeitswert von 37,66 Milliarden DM.[142] Die Ordensgruppen halten demnach einen Anteil von 4,6 Prozent, die Zivildienstleistenden einen von 5,2 Prozent.

Ehrenamtlich Tätige[143], eine Berufsgruppe, auf deren Mitarbeit die Kirchen großen Wert legen, sind neuerdings auch nicht mehr in dem von den Oberhirten gewünschten Sinn zur Hilfe bereit.[144] Schon gar nicht lassen sie sich die erwähnte Ideologie des Kirchendienstes überstülpen. Sie gehören zumeist zum Typ der Zupackenden und halten nicht sonderlich viel von dogmatischen Spitzfindigkeiten. Stoßen sie auf innerkirchliche Schwierigkeiten, wenn ihnen etwa ein Pastor krummkommt, werfen sie den Bettel hin. Immerhin finden sie in vielen Regionen Möglichkeiten genug, ihr Dienstangebot auch und gerade außerhalb amtskirchlicher Engführungen aufrechtzuerhalten.[145]

Weder Caritas noch Diakonie sind nach menschlicher Erfahrung an bischöfliche Vorgaben gebunden. Wer helfen will, hat jede Chance, sich um Alternativen zu den Großkirchen zu bemühen.[146] Nach Schätzungen[147] waren 1986 etwa 1,7 Millionen Bundesdeutsche ehrenamtlich tätig. Allein das Deutsche Rote Kreuz ermittelte für den 31. Dezember 1986 rund 360000 ehrenamtliche Helferinnen und Helfer (einschließlich der 90000 Jugendrotkreuz-Mitglieder).[148] Zum Vergleich: Der Deutsche Caritasverband erfaßte zum Stichtag etwa 170000 ehrenamtlich Tätige. Zumindest auf diesem Gebiet ist das Monopol der Kirche gebrochen.

Versucht die großkirchliche Lobby, ihre zweckbestimmten Auffassungen in der pluralistischen Gesellschaft zum Rang allgemeingültiger Doktrinen zu erheben, findet sie immer seltener Gehör. Die Mitarbeitervertretungen im Diakonischen Werk in Hessen und Nassau forderten 1990 folgerichtig den Beitritt der Diakonie in die Tarifgemeinschaft des öffentlichen Dienstes und sprachen sich erneut gegen den in der evangelischen Kirche seit 1979/80 gesetzlich festgelegten Dritten Weg bei arbeitsrechtlichen Regelungen zwischen Arbeitgebern und Arbeitnehmern aus.[149]

Immer häufiger sammeln bundesdeutsche Kirchenbedienstete Erfahrungen in anderen Ländern, wo doch auch Christen leben. Sie stellen nicht nur fest, daß es ein Fehlschluß ist zu glauben, katholische Krankenhäuser fänden auch künftig genügend katholische Mitarbeiterinnen und Mitarbeiter für die Sozialeinrichtungen in kirchlicher Trägerschaft.[150] Ist es nicht schon die Einsicht in die nicht aufrechtzuerhaltende Ideologie vom besonderen Dienst der Kirche, die ein Umdenken fordert, so doch der Sachzwang. Die Personalsorgen, die katholische Einrichtungen haben, lassen sich auf Dauer nicht anders beheben als durch den Verzicht auf die bisherige Doktrin. Beispielsweise gibt es in den Krankenhäusern der USA kaum mehr aktive Ordensschwestern: »Nicht der Taufschein, sondern die Werte, die ein Mitarbeiter vertritt, sind in vielen amerikanischen Ordenshospitälern von Bedeutung … Ob ein Baptist oder ein Protestant eine leitende Funktion in einem der Krankenhäuser übernimmt, spielt letztlich keine Rolle«, bilanziert eine bundesdeutsche Ordensfrau. Geschiedene und wiederverheiratete Mitarbeiter seien jedenfalls – im Gegensatz zu den deutschen Verhältnissen – kein Problem mehr. Caritas, die überhaupt eine Zukunft haben will, muß andere Werte als die bischöflich vorgeschriebenen achten. Denn »nur wer motivierte und engagierte Mitarbeiter hat, hat auch zufriedene Patienten«.

> *Menschen müssen schon merkwürdig katechismusgläubig sein, um klerikale Vorgaben vorbehaltlos zu akzeptieren und beispielsweise uralte Weiblichkeitsideologien wie Doppelrolle der Frau oder Mütterlichkeitskult reaktivieren zu lassen.*[151]

Welche Frau mag ihre Berufstätigkeit noch unbesehen amtskirchlich kanalisieren lassen? Die von Männer- und Klerikerängsten bestimmte[152] Interpretation hinnehmen, Krankenpflege sei Opfer, eine typisch weibliche Tätigkeit? Die geschlechtsspezifische Arbeitsteilung als religiöse, christliche, kirchliche Lehre anerkennen, statt sie als Versuch zu werten, immer wieder Macht- und Herrschaftsverhältnisse zu reproduzieren?

Ausnahmen finden sich allein in den innersten Kreisen. Ein Verband Kirchlicher Mitarbeiter posaunt aus, die Abschaffung der Kirchensteuer sei »eine soziale Katastrophe«[153]. Von der Tatsache, daß die soziale Tätigkeit der Großkirchen zum geringsten Teil aus den Kirchensteuereinnahmen finanziert wird, weiß diese Lobby ebenso wenig wie von dem eigentlichen sozialen Elend ihrer selbst, das die Kirchen hierzulande zu verantworten haben.

Auch scheint der Verband der kirchlichen Mitarbeiter in der nordelbischen evangelischen Kirche nicht nur die einschlägige Ideologie verinnerlicht zu haben. Der Verband – Not lehrt beten – fürchtet auch angesichts der unaufhörlich steigenden Kirchenaustritte um die Arbeitsplätze der Seinen.[154] Prinzipiell ist nichts dagegen einzuwenden, wenn selbst Kirchenbedienstete ihre Eigeninteressen vom gewohnten Bibelwort lösen und ungeschminkt das Hauptproblem ihrer Tätigkeit in die Öffentlichkeit tragen. Doch ist der Hinweis des betrübten Interessenverbandes auf die »teuren Sozialleistungen der Kirche« nicht allein irreführend, sondern auch – angesichts wirklicher Not – unangemessen. Wie sagte jener Jesus aus Nazareth den Seinen: »Sorget nicht ängstlich ...« (Mt 6, 34). Nicht einmal die Frömmsten können zwei Herren dienen. Sie müssen sich vielleicht früher als erwartet entscheiden zwischen ihrem Bibelglauben – und der (weltlichen)

Sicherheit ihrer zu wesentlichen Teilen öffentlich mitfinanzierten Arbeitsplätze.

Wer außerhalb dieser engsten Zirkel will überhaupt noch aus Überzeugung auf Arbeitsvertrag, Streikrecht, Gewerkschaft, Kündigungsschutz, Tarifautonomie weitgehend verzichten – nur weil dies den Hirten in den theologischen Kram paßt? Ist es nicht auch eine »soziale Frage«, warum die Oberhirten partout keine Gewerkschaften mögen? Liegen die inhumanen Beispiele, die die bundesdeutschen Großkirchen bieten, nicht vor aller Augen? Ich führe ein paar aus dem Alltag des klerikal organisierten Dienstes am Menschen an; die Briefe, die mir von schlimmsten Erfahrungen der Betreuten und der Betreuenden berichten, füllten ein eigenes Buch.

Kardinal Meisner äußert im Sommer 1992 seine »wirkliche Überzeugung«, Mitarbeiter im kirchlichen Dienst müßten entlassen werden, falls sie das vom Bundestag beschlossene Gesetz zur Neufassung des § 218 StGB auch nur unterstützten.[155] Damit ist klare Sicht nicht nur auf das Demokratieverständnis eines Oberhirten, sondern auf das Verhältnis von Staat und Kirche in der Bundesrepublik geschaffen: Arbeitnehmerinnen und Arbeitnehmer in den – oft zu hundert Prozent aus öffentlichen Mitteln finanzierten – Sozialeinrichtungen in kirchlicher Trägerschaft sollen nach Meinung eines unkündbaren Kirchenfürsten, der sich sein Supergehalt aus öffentlichen Mitteln (nicht Kirchensteuern!) reichen läßt[156], schlicht ihren Arbeitsplatz verlieren, wenn sie ihr Grundrecht wahren und sich der Meinung der parlamentarischen Mehrheit auch nur anschließen. Eben diese Mehrheit im Bundestag aber schweigt, wenn Kardinäle solche Meinungen äußern.

Auch vor der aktuellen Abstimmung im Bundestag war es gefährlich, sich zu demokratischen Initiativen zu äußern: Ein bei einem von der katholischen St. Elisabeth-Stiftung getragenen und vom Staat wesentlich mitfinanzierten Krankenhaus in Bochum beschäftigter Arzt engagierte sich 1989 gegen den Abtreibungsparagraphen. Die Folge war die fristlose Kündigung.[157]

Nach 16jähriger Tätigkeit wurde einer Buchhalterin vom Caritas-

Verband fristlos gekündigt, weil sie zur evangelischen Kirche übergetreten war.[158] Zusätzlich hatte die Caritas bei dem von ihr abhängigen Malteser-Hilfsdienst angerufen und auf den Verstoß der neuen Mitarbeiterin aufmerksam gemacht. Das Arbeitsgericht Münster erklärte freilich die fristlose Entlassung für rechtswidrig – und mahnte eine fristgerechte Kündigung an. Die Caritas verpflichtete sich ihrerseits, keinen weiteren Druck auf den neuen Arbeitgeber auszuüben.

Eine Erzieherin in einem katholischen Kindergarten im Kreis Fürstenfeldbruck heiratete einen geschiedenen Mann, den Vater ihres Kindes. Ohne Anrede, in einem unpersönlichen Schreiben, teilte ihr daraufhin der Ortspfarrer die Kündigung mit, da die Heirat einen groben Verstoß gegen die Sitten der Kirche darstelle.[159] Wie aber hätte sich die 28jährige Mutter verhalten sollen? Offenbar hätte das Schicksal einer alleinerziehenden Mutter ebensowenig wie das des Kindes, lebenslang als unehelich zu gelten[160] und seinen Erzeuger nicht offiziell zum Vater zu haben, keinen Verstoß gegen die Moral dargestellt. Die logische und menschliche Konsequenz, die Mutter mit dem Verlust des Arbeitsplatzes zu bestrafen, kann nur von Ideologen als Caritas bezeichnet werden.

Im Münsterland erhielt eine Raumpflegerin die Kündigung[161], die in einem kirchlichen Altenheim angestellt war – und nach ihrer Scheidung wieder geheiratet hatte. Die bischöfliche Pressestelle erklärte hierzu, im Privatleben der Beschäftigten werde zwar nicht spioniert, doch um den Tendenzschutz zu wahren, gelte eine solche Regelung »grundsätzlich vom Chefarzt bis herunter zur Putzfrau«. Die Regelung? Ein Paragraph der kirchlichen Arbeits- und Vergütungsordnung sieht vor, daß einer Arbeitnehmerin, die gegen Glaubens- und Sittenlehre der Kirche verstößt (durch »wilde Ehe«), fristlos gekündigt werden kann. In diese Richtung spricht der Deutsche Caritasverband bundeseinheitlich. Liebe und Recht? Erfüllt aber auch die Raumpflegerin einen Verkündigungsauftrag? Oder reicht ihr bereits der Reinigungsauftrag? Nach Auffassung der Gewerkschaft ÖTV koppelt die Arbeitsvertragsgrundordnung der Großkirche und der von dieser gestützten Organisationen der freien Wohlfahrtspflege das Recht der im Kirchendienst Tätigen grundsätzlich vom geltenden Tarifrecht im öffentlichen Dienst ab.[162] Religiöse Dimension? Caritas-Dienst am ganzen Menschen?

In den Bundesländern geht Geld bevorzugt[163] an die klerikal geführten Schwangerschafts-Beratungsstellen.[164] Ein Beispiel von vielen: Das Verwaltungsgericht Kassel mußte eben erst den Kreis Fulda dazu verurteilen, auch der Beratungsstelle von Pro Familia einen Zuschuß zu zahlen. Diese vom hessischen Sozialministerium anerkannte – und an die Werteordnung des Grundgesetzes gebundene – Organisation hatte seit über zehn Jahren vergeblich Anträge auf Förderung gestellt. Das Gericht rügte die bisherige einseitige Mittelvergabe, die unzulässigerweise »auf der Grundlage der katholischen Morallehre« getroffen worden sei.[165] Menschenfreundlichkeit konkret: Trotz des Geldsegens, der vorzugsweise auf die kirchlichen Beratungsstellen niedergeht, werden deren Mitarbeiterinnen kaum angemessen entlohnt, sondern vor allem als sogenannte Honorarkräfte beschäftigt. Das hat den Vorteil, daß sie jederzeit wieder entlassen werden können.[166] In der »Wirtschaftswoche« vom 16. 10. 1992 warben verschiedene Organisationen um Unterstützung. Über die angeführten Argumente läßt sich streiten. Auffällig nur, was die katholische Caritas-Werbung (die sich anders als die übrigen eine ganze Seite leisten kann!) als einzige mitteilt: »Hilfe für den Nächsten heißt Hilfe für jeden Menschen, unabhängig von Nationalität und Weltanschauung«. Hier ist das schlechte Gewissen am Werk: Keine andere Organisation hat es nötig, eigens die weltanschauliche Neutralität ihrer Hilfe herauszustreichen. Schon das macht die Caritas verdächtig. Der Verdacht wird zur Gewißheit, wenn man sich daran erinnert, wie gerade der Deutsche Caritas-Verband mit seinen weltanschaulich abweichenden Mitarbeiterinnen und Mitarbeitern umspringt.

Erzbischof Meisner, ansonsten um keinen Pauschalspruch verlegen, mußte im März 1990 passen, als er in einer Sendung des WDR (»Ich stelle mich«) gezielt gefragt wurde, ob seine Kirche

ihren weiblichen Beschäftigten einen zusätzlichen Mutterschafts-
urlaub bewillige oder ob sie, die immer für Ehe und Familie ein-
trete, den Ihren ein zusätzliches Kindergeld zukommen lasse. Auf
sozial verfängliche Fragen braucht kein Oberhirte eine Antwort
zu wissen. Weil die Großkirche, die er selbst – in Purpur und Gold-
brokat – vertritt, selbst keine konsequente Lösung für ihre Mitglieder und Beschäftigten kennt?
In derselben Sendung hatte der Kardinal ungleich wortgewand-
ter – im Zusammenhang mit dem Mahnläuten fürs ungeborene
Kind – den fehlenden Corpsgeist seines Klerus beklagt und gemeint, es habe ihn traurig gemacht, daß nicht alle mitgeläutet
haben. Von seiner Trauer, nichts über Kindergeld und Mutter-
schaftsurlaub sagen zu können, berichtete er nichts.
Damit keine Mißverständnisse aufkommen: Auch die andersgläubige Großkirche ist keinen diakonischen Deut besser: Das Diako-
niewerk Neuendettelsau[167] kündigte einem 39jährigen Gymnasi-
allehrer wegen ungenügender Leistungen, nachdem dieser an
Krebs erkrankt war. Da der Personalchef des evangelischen Unternehmens öffentlich argumentiert hatte, »mit Verwundeten kann
man keine Schlacht gewinnen«, folgte das Arbeitsgericht der Darstellung nicht. Es verurteilte das fromme Werk der Großkirche
zur Nachzahlung der Gehälter und zu einer Abfindung.
Behinderte im Kirchendienst? Die Frankfurter Rundschau berichtet am 6. März 1992, daß eine Anwärterin auf das Pfarramt von
der evangelisch-lutherischen Landeskirche Hannover abgelehnt
worden sei, weil sie behindert ist und daher »vor dem Streß des
Vikariats« geschützt werden müsse. Wer genau geschützt werden
muß, die Rollstuhlfahrerin oder das Image des Pfarramtes, scheint
freilich nicht ganz klar zu sein: Gehören etwa in eine saubere Kirche nur »gesunde« Mitarbeiterinnen und Mitarbeiter? Möglichst
nur heterosexuelle, verheiratete, nicht-behinderte Personen, die
das gesunde Empfinden der treuesten Gemeindeglieder nicht stören?[168]
Erzieherinnen in evangelischen Kindergärten klagten 1988 auf einer Bundestagung ihres Fachverbandes[169] über unzumutbare Ar-

beitsbedingungen. In Personal- wie in Sachfragen gebe es kaum ein Recht auf Mitbestimmung: Pastoren ließen erzieherische Fachkompetenz zu wenig gelten. Manche kirchlichen Träger nutzten die katastrophale Arbeitsmarktlage sogar dazu aus, indem sie Dienste im Kindergarten nur vergäben, wenn zusätzlich innerkirchliche Aufgaben – wie Orgelspielen am Sonntag – zugesagt würden. Angehende Pfarrer der evangelischen bayerischen Landeskirche beklagten sich schon 1984 bitter, daß die Kirche ausgerechnet bei den niedrigsten Gehältern kürzte. Bei einer Kürzung der älteren – und zum Teil nach den Maßstäben für Regierungsdirektoren bezahlten – Kleriker jedoch bekäme die Kirchenleitung den Protest sofort zu hören; eine Maßnahme gegen die Junggeistlichen sei da vergleichsweise bequem.[170]

Die schlimmen Erfahrungen von Frauen, die sich von evangelischen Pfarrern scheiden ließen, faßt I. Pajunk, Mutter von drei Kindern, zusammen[171]: »Generell finden Pfarrersfrauen bei der Kirche keine Unterstützung, die ihren Unterhalt sichert. Von einer Vorbildfunktion des Pfarrers bei Trennung und Scheidung ist im Pfarrerdienstrecht nicht die Rede. Frauen, die verlangen, daß man kirchlicherseits der Zahlungsmoral von Pfarrern auf die Finger sehen soll, gelten als intrigant und rachsüchtig.«

Im September 1989 wurde bekannt, daß junge Frauen in Oldenburg nur eine Chance hatten, an den städtischen Kliniken (!) für einen qualifizierten Pflegeberuf ausgebildet und später angestellt zu werden, wenn sie evangelisch und ledig waren sowie dem Diakonieverein beitraten.[172] Die Stadt Oldenburg schrieb solche Kriterien, die jedem Demokratieverständnis hohnsprechen, im Gestellungsvertrag mit dem Evangelischen Diakonieverein Berlin-Zehlendorf eV. fest. Demnach bestimmte dieser konfessionell gebundene Verein, wer in den städtischen Kliniken ausgebildet und angestellt wurde. Die geschlechtsspezifische Ausnahme des Jahres 1989: Für männliche Auszubildende und Pfleger (sowie für verheiratete Krankenschwestern) gilt der Bundesangestelltentarif; sie schließen einen Arbeitsvertrag mit der Stadt selbst.

1989 beschloß die arbeitsrechtliche Kommission der evangelisch-lutherischen Landeskirche in Bayern [173], Wegezeiten künftig nicht mehr der bezahlten Arbeitszeit der im Kirchendienst Beschäftigten zuzurechnen. Eine Schrittmacherleistung in Sachen Diakonie? Oder Kirche als Wegbereiterin des Unsozialen?

Im November 1992 schließt ein neues Gesetz der Evangelischen Kirche in Deutschland (EKD) alle Mitarbeiterinnen und Mitarbeiter in Kirche und Diakonie, die konfessionslos oder beispielsweise mohammedanischen Glaubens sind, von der betrieblichen Interessenvertretung aus. Das bedeutet, daß der muslimische Arzt in einem Krankenhaus der Diakonie ebenso wie die konfessionslose Erzieherin in einem Kindergarten in kirchlicher Trägerschaft durch das Schwarzweißraster der klerikalen Kleingeister fallen[174] und die üblichen Benachteiligungen kirchlicher Mitarbeiterinnen noch zementiert statt abgebaut werden. Die Proteste von Mitarbeitervertretungen und der Gewerkschaft ÖTV gegen diese – vor allem in den neuen Bundesländern wichtige – Regelung verhallten ungehört. Die Lobby einer Großkirche, die sich gerade ihre diakonische Tätigkeit zum überwiegenden Teil aus nichtkirchlichen Kassen finanzieren läßt, braucht sich eben nicht um demokratische Gepflogenheiten zu kümmern ...

Freilich bleibt die Kirchensteuer – richtiger: die Staatssubvention – nur so lange erhalten, »wie die Kirche anerkannte Dienste leistet«. Das sieht der Münchener Generalvikar R. Simon nüchtern.[175] Wie aber die eigenen Dienste anerkennenswert halten? Bisher verläßt die Großkirche den gewohnten Trampelpfad nicht, und daher bleibt der Republik die oberhirtliche Fensterpredigt erhalten. Ich nenne neueste Beispiele: Die beiden wichtigsten »Sozialbotschaften« des jetzigen Papstes aus den vergangenen Jahren sprechen davon, es sei Aufgabe der Kirche, »anzuprangern«, wo die Würde und die Rechte der arbeitenden Menschen verletzt werden, und jeder Christ habe wie die gesamte Kirche die Pflicht, Übel und Ungerechtigkeiten offenzulegen.[176] Wer hörte freilich, daß irgendein Katholik, von Oberhirten und dem Papst selbst zu schweigen, je diese Pflicht in bezug auf die Usancen der Großkirche wahrgenommen hätte?

Die Botschaft Wojtylas zum Weltfriedenstag 1991 wird eingeleitet mit dem frommen Spruch »Wenn Du den Frieden willst, achte das Gewissen jedes Menschen«[177]. Es ist nicht ersichtlich, daß sich die Papstkirche selbst an die eigene Vorgabe hält. Sie zieht sich aus der Affäre, indem sie immer wieder definiert, was genau das Gewissen sei: Dieses irrt nämlich nur dann nicht, wenn es zum einen gründlich religiös gebildet ist und zum anderen die Normen der Catholica beachtet.[178]

Das Wort der deutschen Bischöfe zum 100jährigen Jubiläum der Sozialenzyklika »Rerum Novarum« des Papstes Leo XIII. spricht im Zusammenhang mit der »gottgeschenkten Würde des Menschen« vom »Recht der Arbeiter, sich in Freiheit zusammenzuschließen, um ihre berechtigten Interessen wahrzunehmen und durchzusetzen«[179]. An keiner Stelle beschäftigt sich der Hirtenbrief mit innerkirchlichen Verhältnissen. Die Frage, inwieweit sich beispielsweise Kirchenbedienstete zu Interessenvertretungen zusammenschließen – und sich gewerkschaftlich gegen ihre sogenannten Dienstgeber durchsetzen – können oder dürfen, wird aus gutem Grund ausgespart. Auch ist im Zusammenhang mit der Sicherung eines angemessenen Arbeitsschutzes keine Rede von den innerkirchlichen Mängeln. Statt dessen lenken die Bischöfe das Interesse auf die sogenannten Herausforderungen unserer Tage ab: an erster Stelle auf den Schutz des ungeborenen Lebens. Dieses Thema fordert den zölibatären Herren Dienstgebern[180] eben am wenigsten Konsequenzen ab.

Die gewohnte Dreistigkeit: Leiten die Oberhirten ihr Mahnwort mit dem Bibelspruch »Wir wollen nicht mit Wort und Zunge lieben, sondern in Tat und Wahrheit« (1 Jo 3, 18) sprechen sie sich selbst das Urteil. Nur am Rande sei angemerkt, daß der Hirtenbrief nicht nur von auffallender Geschichtslosigkeit geprägt ist[181], sondern die Motivation, Werke der Liebe zu tun, unverdrossen auf die Angst vor dem Endgericht stützt.

> *Der oberhirtliche Eigenbedarf schuf sich in der Bundesrepublik sein Eigenrecht. Mag dieses auch auf karitativem Gebiet auffallend viele Mängel im Menschsein aufweisen, es ist und bleibt klerikales Dienstrecht, also weder demokratisch legitimiertes Arbeitsrecht noch öffentliches Recht.*[182]

Da das Bonner Grundgesetz das Recht der Großkirchen festschrieb, die eigenen Angelegenheiten selbständig zu ordnen, sind die Gerichte der Republik an oberhirtliche Vorgaben gebunden. Der den Kirchenoberen zugesagte Tendenzschutz[183] läßt schon den Gedanken an eine (staatlich geregelte) betriebliche Mitbestimmung bei den Wohlfahrtseinrichtungen in kirchlicher Trägerschaft nicht aufkommen.[184] Und bescheinigt beispielsweise das Bundesarbeitsgericht den kircheneigenen Schlichtungsverfahren Mängel, so muß es – aufgrund der immer noch kirchenfreundlichen Rechtslage – die Klage dennoch abweisen: Der Mitarbeitervertretung bleibt kurzerhand der Rechtsweg zu den staatlichen Gerichten verschlossen; das von den Kirchen selbst geschaffene Recht, das immerhin »rechtsstaatlichen Mindestanforderungen genügt«, kann nur von den kircheneigenen Gerichten kontrolliert werden.[185] Wie diese urteilen oder schlichten, ist stets klar: Auch da hackt keine Krähe der andern ein Auge aus.

Prozesse vor Arbeitsgerichten[186] machen den Betroffenen deutlich, was es heißt, in einem Land zu leben, das unkontrollierte klerikale und damit undemokratische Räume zuläßt. Die angerufenen Gerichte bis hin zum Bundesverfassungsgericht[187] sehen sich – zumindest bislang – außerstande, eine durchgreifende Änderung mitzutragen. Die Verfassungsnorm[188] kann von den Oberhirten als Freibrief für arbeitsrechtlich skandalöse Zustände interpretiert werden, und kirchliche Arbeitnehmerinnen wie Arbeitnehmer bleiben Bedienstete minderen Rechts, auch wenn sie als Mitglieder einer Dienstgemeinschaft besonderer Art angepredigt werden.

Der klerikale Erwählungsgedanke[189], der sich nur dürftig unter den Mantel des Dienstes am Menschen deckt, zieht sich nach wie vor durch die bischöflichen Mahnschreiben. Ähnlich wie nach diesem Verständnis keiner einfach Kleriker werden kann, wird die Kirche – nach der Meinung eines Lobbyisten – auch »nicht beliebige Helfer gegen Bezahlung für ihre ureigenste Aufgabe einkaufen«[190]. Diese Meinung ist richtig und falsch zugleich: »Beliebige« Helferinnen und Helfer sind einem derart durchgängig ideologisierten Wohlfahrtsunternehmen wie der Kirche kaum zuzumuten. »Einzukaufen« und gar mit eigenen Mitteln zu bezahlen braucht es diese jedoch nicht; dafür steht die öffentliche Hand bereit.

Das Bundesverfassungsgericht, bei dem die Kirche Beschwerde gegen ein Urteil des Bundesarbeitsgerichtes geführt hatte, akzeptierte 1985 in auffälligem Maß die großkirchliche Doktrin. Es übernahm unter anderem die klerikale Ansicht, die tätige Nächstenliebe sei von den Kirchen »seit jeher als Grundfunktion verstanden« worden.[191] Auch gegen die Auffassung, alle Sozialeinrichtungen der Kirche wie deren Bedienstete hätten »unmittelbar teil an der Verwirklichung eines wesentlichen kirchlichen Auftrags«, wandte das höchste bundesdeutsche Gericht nichts ein. Ebensowenig fand es die bischöfliche Lehre bedenklich, zur Sicherstellung der religiösen Dimension in Caritas und Diakonie und zum Schutz des spezifisch Kirchlichen seien bestimmte personalpolitische Entscheidungen (Einstellung handverlesener Mitarbeiter, Kündigungen) zwingend notwendig.

Da das Bundesverfassungsgericht nicht nur der einen Prozeßpartei Kirche zubilligte, die Anforderungen nach Gusto festlegen zu dürfen[192], sondern sogar die Ideologie der Dienstgemeinschaft mitzutragen bereit schien, war einmal mehr die Erlaubnis für die – stets expandierende – Ordnungsbefugnis der Kirche ausgestellt: »Welche Grundverpflichtungen als Gegenstand des Arbeitsverhältnisses bedeutsam sein können, richtet sich nach den von der verfaßten Kirche anerkannten Maßstäben.« Bei ebendieser haben bundesdeutsche Gerichte von Fall zu Fall nach den Konkretionen (Abstufungen) der Loyalitätspflicht rückzufragen, bevor sie feststellen, ob eine solche Verletzung sachlich eine Kündigung rechtfertigt.[193] Was dabei herauskommt, wenn die beklagte Kirche über die Loyalität der Klagenden befragt und damit die Ziege zur Gärtnerin gemacht wird, braucht nicht eigens gesagt zu werden.

Im anstehenden Fall handelte es sich um die Frage nach der Reform des § 218 StGB.[194] Das Bundesverfassungsgericht äußerte hierzu – in trauter Zweisamkeit mit der Kirche Roms – die Ansicht, hier seien »fundamentale Grundsätze kirchlicher Lehre« tangiert, zumal einer Lehre, »die seit den ersten Jahrhunderten besteht«. Kirchen- und theologiegeschichtliche Wahrheit einmal beiseite, auf weiteste Strecken hin liest sich der Text des Gerichts wie eine Predigt; freilich war bei dem Stand der noch immer von kirchennahen Juristen beherrschten Wissenschaft vom Staatskirchenrecht in der Bundesrepublik auch nichts anderes zu erwarten. Die Folgen des »zwingenden Erfordernisses des friedlichen Zusammenlebens von Staat und Kirche« tragen die Betroffenen bis heute. Auf dem Altar des beschworenen Friedens (wann wären Theologie und Kirche je friedlich gewesen?[195]) werden die einzelnen Bediensteten geopfert.

Tritt also der Mitarbeiter oder die Mitarbeiterin einer Sozialeinrichtung in kirchlicher Trägerschaft der Dienstideologie beruflich oder privat[196] zu nahe, sieht sich die Großkirche so bald wie möglich zu Schritten genötigt: Ihr Selbstbestimmungsrecht ist verletzt. Wunden, die sie damit den Betroffenen zufügt, indem sie oft langjährig bestehende Arbeitsverhältnisse kündigt, gelten ihr vergleichsweise als unbedeutend. Schon vor Gericht hat sie den leichtesten Stand: Sie kann sich den geübten Kirchenjuristen leisten (aus welchem Topf bezahlt sie diesen?). Dessen Brotberuf ist es, das oberhirtliche Selbstverständnis in juristische Formeln zu übersetzen. Auf der anderen Seite dieser ungleichen Prozeßgegner stehen die Mitarbeiterin oder der Mitarbeiter, die sich nicht einmal gewerkschaftlich organisieren dürfen. Wie unter diesen Umständen Recht gefunden und gewährt werden kann, ist einsichtig. Doch nicht nur das Pflegepersonal im besetzten Caritas-Land Bundesrepublik lebt arbeitsrechtlich gefährlich. Auch die Bedienten, Umsorgten, Gepflegten sind in Gefahr, falls sie sich hierzulande in die Obhut großkirchlicher Diakonie begeben und kirchliche Dienste in Anspruch nehmen (müssen). Geben sich die Kirchen als Wohltäterinnen der Menschheit und jedes einzelnen hilfsbedürftigen Menschen aus, ist Vorsicht geboten. Stimmen Parteipolitiker in den Kirchenchor ein und verteidigen sie die Besitzstandswahrung des Klerus, indem sie für die Kindergärten, Krankenhäuser und Altenheime in kirchlicher Trägerschaft eintreten, sollten die Bürgerinnen und Bürger unseres Landes aufpassen. Jeder Einzelfall muß geklärt sein, damit die Pauschalurteile nicht einfach übernommen werden. Gemeinnützigkeit und Selbstlosigkeit, die die Kirchen im Munde führen, entpuppen sich häufig als Etiketten für Mission. Das Aushängeschild Diakonie hat ziemlich viele Flecken.

> *Nächstenliebe ist weder ein Synonym für Christentum noch ein historisches oder aktuelles Monopol der Großkirchen. Gerade kirchliche Sozialeinrichtungen erweisen sich nicht selten als Organisationen der offenen wie der versteckten Indoktrination.*

Sollen wir in kirchlichen Krankenhäusern eher bekehrt als geheilt werden?

Wer die konkrete Frage bloß zu stellen wagt und sie nicht gleich als Unterstellung abweist, gilt unter den gegenwärtig noch herrschenden Umständen als Störenfried im einvernehmlichen, sprich: eingeschläferten, Verhältnis zwischen Staat und Großkirchen in der Bundesrepublik.[197] Wer die heikle Frage gar mit einem klaren Ja beantwortet, muß damit rechnen, dem Haß der betroffenen Lobby wie dem Unwillen der staatlichen Mittäter ausgesetzt zu sein. Denn keiner Behörde ist es willkommen, das mit den Großkirchen ausgehandelte, bis ins Detail hinein ruhiggestellte

Sozialsystem in Frage gestellt zu sehen. Und Kirchenleute mögen sich mittlerweile vieles gefallen lassen, die grundsätzliche Entlarvung ihrer Caritas können sie gewiß nicht hinnehmen. Die Behebung von Informationsdefiziten führte nämlich zu den schwerstwiegenden finanziellen Konsequenzen. Sie versetzte zudem jenem befriedeten Verhältnis zwischen Staat und Großkirche einen gewaltigen Stoß, das so gern als »Modell Deutschland« beworben wird.[198]

Weil der Sozialstaat aus vielerlei Gründen sowohl in eine moralische als auch gesellschaftlich-politische Krise geriet[199], zeigen sich Politiker gegenwärtig geneigter denn je, dem immensen Kostenwachstum mit der Tendenz zu begegnen, die Schwächsten von der ökonomischen Entwicklung abzukoppeln. Die Möglichkeiten, die gesellschaftliche Integration aller Menschen zu stabilisieren, erscheinen unter solchen Perspektiven immer geringer. Politiker, die sich mit der Wirklichkeit eines zunehmend unwirksam werdenden Sozialstaats konfrontiert sehen, finden freilich einen Ausweg aus dem »Staatsversagen«[200]. Sind sie entschlossen, ihre Entscheidungen hinsichtlich der Versorgung der Bevölkerung weniger an den tatsächlichen Bedürfnissen als an politischen Kriterien wie der Stimmenmaximierung auszurichten[201], kümmern sie sich zum einen am wenigsten um jene gesellschaftlichen Randgruppen (Behinderte, psychisch Kranke, Ausländer, Asylanten, Nichtseßhafte, Strafentlassene), deren ausreichende Versorgung keine adäquate Erhöhung der Wählerstimmen erwarten läßt.[202]

Zum anderen entdeckt ihr schlechtes Restgewissen einmal mehr die Chancen, die in der religiös verbrämten Nächstenliebe stecken. In diesem Fall versuchen sie, jene »soziale Volkskirche«[203], die es eigentlich so gar nicht mehr gibt (wenn es sie denn je gab), in Gestalt von Caritas und Diakonie zwischen den Sozialstaat und die genannten Bedürftigen zu schalten – und die Wohlstandskirchen im Brustton der Überzeugung als Wohlfahrtskirchen zu preisen.

Nicht alle Politiker wagen, die Theorie auch mit so intensiven flankierenden Maßnahmen abzusichern, wie dies der sächsische

Gesundheits- und Sozialminister H. Geisler (CDU) tut. Der fromme Mann, zu DDR-Zeiten Laborchef eines Diakonissen-Krankenhauses und Mitglied der evangelischen Synode Sachsens, scheint nämlich bei der Vergabe von Fördermitteln die Seinen noch stärker als anderswo gewohnt bevorzugen zu wollen.[204] Trotz der mehrheitlich konfessionslosen Bevölkerung Sachsens gehen nicht weniger als drei Viertel der Landesmittel für Behindertenwohnheime ans Diakonische Werk; von 57 geförderten Altenheimen werden 36 von der Diakonie betrieben.

Der Schwarze Peter der Unterversorgung[205] ist schnell weg. Legt die Politik ihn fürs erste aus der Hand, lenkt sie die anfallende Enttäuschung und Betroffenheit der Bedürftigen auf die Caritas ab. Nehmen sich die Großkirchen als freie Trägerinnen jener Gruppen an, die von staatlicher (und kommunaler) Seite keine oder nur eine unzureichende Hilfe empfangen und auch keine diesbezüglichen Angebote erwarten können[206], geraten sie zwar in eine wenig beneidenswerte Lage. Doch bringen solche und ähnliche Vorgänge den Kirchen Geld in die Kassen – und, über die Abhängigkeit des eigentlich verantwortlichen Staates wie der einzelnen Gruppen und Individuen der Gesellschaft, auch erhebliche politische Macht. Wohlfahrt zahlt sich in Wohlstand aus.

Warum dies nicht zugeben? Ich wünschte mir grundsätzlich (und nicht nur von den Großkirchen) mehr Ehrlichkeit gerade auf diesem Gebiet. Solange Nächstenliebe nämlich nur in verschwindend geringen und statistisch nicht erfaßbaren Einzelfällen zweckfrei zu praktizieren ist und Heilige der Caritas wie große Dienende die Ausnahme bleiben, wird von niemandem ein absichtsfreies Handeln erwartet werden können. Ein bißchen Anerkennung – etwa in Form von Bundesverdienstkreuz oder Prälatentitel – darf es schon sein. Im übrigen ist nicht jeder, der vorgibt, unser Bestes zu wollen, an etwas anderem als seinem Besten interessiert[207] – und daran, das in seinen Augen Beste, nämlich unser Geld, in seine Taschen umzuleiten.

Bei Organisationen, die auf Gewinn oder wenigstens Nicht-Verlust ausgerichtet sein müssen, kann erst recht keine absolute

Zweckfreiheit vermutet werden. Redlicherweise müßten auch die kirchlichen Institutionen öffentlich von dieser Tatsache sprechen und sich zumindest zu ihren nicht-finanziellen Intentionen bekennen, statt auch künftig den Eindruck zu erwecken, sie allein handelten inmitten eines zweckbestimmten Milieus ohne jede Nebenabsicht. In diesem Zusammenhang ist einem häufig gehörten Einwand zu begegnen: Es sei daher konzediert, daß die Großkirchen nicht immer und in jedem konkreten Fall an ihrer Diakonie finanziell verdienen. Sogar von begrenzten Verlusten muß die Rede sein. Mit der Caritas als solcher kann nicht unbedingt und in jedem Fall Gewinn gemacht werden, der sich in Mark und Pfennig auszahlte. Von daher gesehen haben jene Pfarrer recht, die auf die Sorgen ihrer Gemeindekasse verweisen und mitteilen, sie wüßten nicht, wie sie »ihren« Kindergarten noch finanzieren sollten.

Freilich widerspricht dieser Tatbestand nicht im geringsten der Ansicht, die Wohlstandskirchen handelten keineswegs ohne jede Nebenabsicht. Selbst wenn sie, eine ziemlich unwahrscheinliche Rechnung, mit ihren karitativen Diensten keine einzige Mark direkten Gewinn machten, käme ihnen die Diakonie doch dreifach zugute: Direkt durch den durch nichts zu ersetzenden Zugewinn an öffentlichem Renommee und Missionierungschancen[208] – und indirekt durch jene finanziellen Zuwendungen in der Bundesrepublik, die sie jederzeit zu Seelsorgezahlungen umwidmen können. Erbrächten die Kirchen nämlich keine diakonischen Leistungen, hätten sie größte Schwierigkeiten, für ihre – eben nur in einem abgeleiteten Sinn karitativen – Hauptzwecke wie Religionsunterricht oder Militärseelsorge Geld aus öffentlichen Kassen zu erhalten.

Geld kommt aber schon ein. Stieg die Zahl der Kindergärten im Bereich der freien Wohlfahrtspflege zwischen 1983 und 1987 nur um 2,4 Prozent und die der Beschäftigten sogar nur um 0,06 Prozent[209], so mußten die öffentlichen Aufwendungen für diese Kindergärten im gleichen Zeitraum um 80 Prozent angehoben werden. Rechnet man die Zuschüsse der öffentlichen Hand zusammen, ergibt sich in 1987 die stolze Summe von 192 603 DM für jede in der freien Wohlfahrtspflege beschäftigte Person.[210] Das ist beileibe keine Kleinigkeit für die Kirchen, die 1986 allein über 58 Prozent der Kindergärten in der Bundesrepublik in direkter oder indirekter Trägerschaft hielten[211], und andere Träger als Träger der freien Jugendhilfe. Offensichtlich lohnt es sich schon finanziell[212], vom weltanschaulichen Zugriffsgewinn gar nicht zu reden! Dennoch lehnten es Vertreter der evangelischen Landeskirchen neulich ab, einen – geringen! – Kindergarten-Anteil auch künftig zu übernehmen, wenn jedes Kind einen Anspruch auf einen Platz bekommen soll.[213] Als Begründung für diese Weigerung führten sie an, eine solche Mitfinanzierung verböte sich schon aus dem Grund, weil die Kirche in den neuen Bundesländern so große finanzielle Verpflichtungen hätte. Der ZDF-Redakteur U. Röhm nennt solche Aussagen »schamlos«: Im Bundeshaushalt seien nämlich unter anderem ein Pauschalausgleich für einigungsbedingte Sonderlasten der Kirchen in Höhe von 100 Millionen DM und eine Förderung von kirchlichen Hilfsmaßnahmen in den neuen Bundesländern in Höhe von 85 Millionen DM ausgewiesen.[214]

> *Die Annahme, Großkirchen würden ihre Kirchensteuereinnahmen oder gar ihr Vermögen in die unter ihrem Etikett firmierenden Sozialeinrichtungen investieren, erweist sich als naiver Irrtum. Das Gegenteil ist wahr: Hier entstand im Sozialstaat ein Markt mit riesigen Umsätzen, der aus den Leistungsentgelten und öffentlichen Zuschüssen auch Investitionen finanziert.[215] Diese fließen allerdings dem Eigentum der Träger zu.[216] Von der geistlichen Bilanz gar nicht zu reden.*

Das Lutherhaus in Essen[217]: Getragen von der evangelischen Kirche, Jahresetat 42 Millionen DM. Die Kosten für den Unterhalt des Gebäudes, das Personal, die medizinische Einrichtung, die Pflege werden zu 100 Prozent von der öffentlichen Hand und den Nutzern übernommen. Die Kirche aber bestimmt die weltanschauliche Ausrichtung – nicht nur im Gottesdienst. Ihr einziger finanzieller Anteil an diesem Krankenhaus: 1200 DM für die Weihnachtsfeier. Das katholische Gymnasium St. Suitbertus in Düsseldorf: Jahresetat 7,3 Millionen DM. Die Kirche bezahlt ganze 10 Prozent, bestimmt jedoch das pädagogische, d. h. missionarische Konzept. Sie sucht das Lehrpersonal aus. Und während der Ausländeranteil an Gymnasien und Gesamtschulen durchschnittlich mehr als 14 Prozent ausmacht, sind es hier nur 3 Prozent.

Auch wenn die Großkirchen hin und wieder – bei Kindertagesstätten und Beratungsstellen – zuzahlen, ein Umstand, den zu erwähnen ihre Lobby nicht müde wird, erfüllen sie nur eine der gesamten Wohlfahrtspflege auferlegte Pflicht. Die aus sozialen Gründen bewußte Verringerung des Ergebnisses ist ja allen Verbänden und Einrichtungen der freien Wohlfahrtspflege wesenseigen[218] – und alles andere als eine kirchliche oder christliche Besonderheit. Freilich dürfte die klerikale Werbestrategie nach allgemeiner Erfahrung die einzige sein, die dieses durchaus übliche Zuschießen vermarktet.

Vom Abwälzen der Fehlbeträge auf die Nutzer, beispielsweise die Eltern, ist um so seltener und ungleich weniger lautstark die Rede.[219] Dabei wissen fast alle Betroffenen gut genug, wie gern und oft sie vom kirchlichen Träger für die Mehrkosten eines Kindergartens zur Kasse gebeten werden.[220] Geben die Kirchen tatsächlich Zuschüsse aus Eigenmitteln, so dienen diese häufig dazu, die kirchlichen Einrichtungen gegenüber denen, die ausschließlich von den öffentlichen Haushalten und eventuellen Nutzungsgebühren (Leistungsentgelten) existieren müssen, attraktiver zu machen. Kirchensteuern werden dazu verwandt, um Konkurrenzvorteile gegenüber den Einrichtungen der öffentlichen Träger oder denen anderer privater Träger zu finanzieren.

Im Fall der kirchlichen Privatschulen[221] wird diese Strategie mit entwaffnender Offenherzigkeit zugegeben. Die Nutznießer sind dabei nicht allein die Kleriker, die ihren Vorsprung vor der Konkurrenz sichern. Auch ein saturiertes Bürgertum sieht seinen Vorteil: Es muß seine Kinder nicht der Gefahr öffentlicher Schulen aussetzen, die den Lieblingen durch den Kontakt mit »Asozialen«- und Ausländerkindern drohen könnte. In Privatschulen ist daher nicht selten jene kirchentragende Elite unter sich, die nach wie vor an einer Erziehung interessiert ist, die in diesen Kreisen als höchst gesellschaftsdienlich charakterisiert wird, weil sie im christlichen Geist der Väter geschieht. Die öffentlichen Schulen hingegen werden – übrigens nach US-amerikanischem Beispiel – mehr und mehr zu Schulen der Unterschicht und der Randgruppen deklassiert.[222] Die sogenannte Selbstlosigkeit ist den Einrichtungen der freien Wohlfahrtspflege, wie sie die Großkirchen unterhalten, vom Gesetzgeber vorgeschrieben. Solche Einrichtungen verfolgen als Zweckbetriebe im Sinne des Gemeinnützigkeitsrechts (§§ 51–68 AO 1977) selbstlos und unmittelbar steuerbegünstigte Zwecke.[223] Das als Grundlage der Steuerbegünstigung vorgeschriebene Erfordernis der Selbstlosigkeit verpflichtet die freien sozialen Einrichtungen zur Verwendung ihrer Mittel und eventuell erzielter Gewinne zu satzungsmäßig begünstigten Zwecken (§§ 55 Abs. 1 AO).

Hier steckt der Teufel wieder im Detail. Die Grenzen zwischen Gemeinwohl und Eigennutz bleiben ähnlich fließend wie die zwischen Wohlstand und Wohlfahrt der Großkirchen. Zudem unterliegen Grenzziehungen in den meisten Fällen der Interpretation der Betroffenen selbst. Wie nämlich die satzungsmäßig begünstigten Zwecke generell festgeschrieben und konkret verfolgt werden, liegt ebenso im Ermessen der Großkirchen wie die Verwendung der eventuell erzielten Gewinne für diese Zwecke. Deutet beispielsweise eine Kirche ihre gesamte Seelsorge schlankweg als karitative Tätigkeit, werden sich kaum ein Finanzamt und ein Gericht in der Bundesrepublik finden, die eine eventuelle Verwendung erzielten Gewinns in dieser Richtung als nicht satzungsgemäß beurteilten.

Großkirchliche Organisationen erbringen – wie die übrigen freien Träger der Wohlfahrtspflege auch – zumeist direkte und personenbezogene Dienstleistungen. Diese Dienste beziehen sich auf das gesundheitliche, erzieherische, sittliche, soziale und/oder

wirtschaftliche Wohl der Leistungsempfängerinnen und -empfänger (Patienten, Schüler u. a.).[224] Unbestritten dürfte allerdings sein, daß nur die Großkirchen eine besondere Gewichtung ihrer Leistungen kennen und verteidigen: Die erzieherischen und sittlichen Zwecke laufen den gesundheitlichen und wirtschaftlichen eindeutig den Rang ab. Keiner Kirche kann daran gelegen sein, ausschließlich oder auch nur zum überwiegenden Teil das ökonomische Wohl der Klientel zu fördern. Eine »ziemlich arme Rentnerin«, die mehr verstanden hat als die Hundertschaften von Universitätstheologinnen und -theologen, schrieb mir im Oktober 1992 bemerkenswerte Sätze über jene, die »doppelzüngig von der unerforschlichen Weisheit und Liebe Gottes zeugen und predigen, aber der Wahrheit und der Liebe nicht haben, sondern lügen wie gedruckt«. Sie – »Ich werde nie ein Bruder werden!« – weiß inzwischen, daß »ohne die bigotten Schwestern, angepaßten Gehilfinnen und ›ehrwürdigen Mütter‹, für die die Huren immer die andern sind«, der »ganze mörderische Betrug niemals möglich gewesen« wäre. Diese Frau erfuhr, daß alle, die nur in Bildern und Gleichnissen reden, die Wirklichkeit nicht mehr verstehen. Sie erkannte, stellvertretend für viele, auch den Pastor, der »nur meine schöne Seele begehrte«. Er ging ihr »niemals an die Kleider«. Denn »die ewigen Lust- und Kriegsgewinnler«, die »in des Herrn Wunderhorn blasen«, begehren »immer nur unsere Seele und die Seelen unserer Kinder«. Der Rest aber »soll Mist sein auf den Schlachtfeldern von Sex und Crime, die sie mit dem Deckmantel der Liebe Gottes zudecken«. Und die alte Frau zieht die Bilanz ihres Lebens: »Die Starrsinnigen wollen uns auch noch zeigen, wo es langgeht: den Weg, die Wahrheit und das Leben.«[225]
Kein Einzelfall; keine vereinzelte Beschämung. Regierte keine Zynismokratie im Kirchenfürstentum und fänden sich unter den Hirten nicht nur Abwiegler mit dem »Alles-halb-so-schlimm«-Gesicht, müßten solche Stimmen aus dem Volke jeden Bischof um das heile Gewissen bringen ...
Kirchen sind in vergleichsweise hohem Maße wertbestimmte Trägerinnen der Wohlfahrtspflege. Dementsprechend beeinflussen

sie auch – gleichsam als sachbezogenes Verbandsziel – das Verhalten ihrer Mitarbeiter und Mitglieder. Sie orientieren ihre Caritas an weltanschaulich bestimmten Grundüberzeugungen.[226] Diese legten sie selbst fest, indem sie sich im Lauf ihrer Geschichte ihr eigenes Glaubensgut gaben und dies als gottgewollt deuteten. Sie – und ihre Hilfsorganisationen – werden daher über ihrer konkreten Arbeit nie vergessen, daß sie sich aufgrund dieser sich selbst legitimierenden Zwecksetzung nicht dazu berufen fühlen, Körper zu heilen. Die direkte Konkurrenz zur Medizin ist ihnen bleibend verstellt. Sie sind deswegen nicht unglücklich, denn sie fanden, wie gesagt, die entsprechende Nische: Sie lassen die Menschen nicht vom Brot allein leben. Diese Aussage schafft den Ihren Brotberufe genug.

Betreute berichten mir freilich ihre leidvollen Erfahrungen mit ebendiesen Pflegepersonen: Ausgerechnet das kirchliche Personal ist nicht selten weit entfernt vom Anspruch, die Liebe des Herrn gegenüber allen Menschen anschaulich zu machen. Pflegeheime, Altenheime, Krankenhäuser, Schulen und Kindergärten werden dann zu Tatorten[227], in denen Menschen nicht nur der Ideologie begegnen, sondern auch der physischen Gewalt. Ist in solchen Fällen, gegenüber unterlassenen Hilfeleistungen, Medikamentenmißbrauch, körperlichen und seelischen Mißhandlungen, etwa nur ein Schweigen der Lämmer angezeigt? Oder dürfen sich Opfer auch einmal wehren, Mißstände an die Öffentlichkeit tragen, beispielsweise Senioren-Schutzbünde einschalten – und sogar die Kirche anzeigen?[228] Sind Bilder nur gestellt, die belegen, daß in Altenheimen in katholischer Trägerschaft geprügelt wird? Sind jene alten Menschen, die vor Gericht gehen, nur Querulanten? Stören sie den karitativen Frieden, wenn sie sich einmischen, für ihre Ehepartner eintreten und die inneren Angelegenheiten einer Klinik nach außen kehren? Oder nehmen nicht gerade sie in Kauf, in Gemeinden, deren Geschäftswelt durchgängig von kirchlichen Einrichtungen abhängig ist, gegen den Strom zu schwimmen? Sich den unversöhnlichen Haß gerade von Ordensfrauen (Stationsschwestern) zuzuziehen, gegen die oder deren Mitarbeiterinnen geklagt wird? Die kleineren und größeren Schikanen der Nonnen, die auf eine Einmischung folgen, zu ertragen?

In manchen Regionen erweist es sich als fast unmöglich, einen Anwalt zu finden, der nicht bereits in Kirchendingen (Grundstückskäufe, Pflegschaftsangelegenheiten) engagiert ist und die Partei nicht wechseln (oder gar verraten) darf. Ebenso unmöglich kann es an bestimmten Orten sein, Journalisten aufzutreiben, die – auch nur in der Lokalredaktion – Fälle aufgreifen, die ein ungünstiges Licht auf eine Sozialeinrichtung der Kirche werfen. Schließlich weigern sich Zeitungen nicht selten aus Rücksichtnahme auf großkirchliche Geldgeber, Teilhaber, Inserenten, ein antikirchliches Inserat anzunehmen. Wer wissen will, wie es sich in einem großkirchlich besetzten Land lebt, schaue auf solche und ähnliche Kleinigkeiten.

Neuestes Beispiel für die tatsächliche Praxis: Dürfen Senioren in kirchlichen Altenheimen eigentlich in »wilder Ehe« leben? Diese Frage entzweit im November 1992 die Evangelische Landeskirche in Württemberg.[229] Während der Landesbischof T. Sorg (Stuttgart) das Zusammenleben ohne Trauschein für mit der kirchlichen Ethik unvereinbar hält, erhebt das zuständige Diakonische Werk keine Einwände, wenn ein unverheiratetes steinaltes Paar für seine letzten paar Jahre (schon aus Kostengründen) zusammenziehen will. Anlaß für die Diskussion war die Weigerung eines Altenheimes, zwei alte »Konkubinarier« in einer gemeinsamen Wohnung unterzubringen. Denn damit hätte man, so die bibelfeste Heimleitung, »einem Verstoß gegen Gottes Weisungen zugestimmt«. Die Ehe ist ja nach diesen »als einzige Form des Zusammenlebens von Mann und Frau vorgesehen«. Kein Wunder, daß der zuständige Bischof und der ehemalige Präsident der Landessynode, M. Holland, zugunsten dieser Deutung des Wortes Gottes bremsten. Verständlich aber auch, daß andere dem Vorurteil begegnen wollten, »das Selbstbestimmungsrecht alter Menschen ende an der Pforte diakonischer Einrichtungen«. Im übrigen beschäftigte die »wilde Ehe« jener Senioren, denen Klerikale noch immer eine ungebremste sexuelle Lust unterstellen, schon vor

Jahrzehnten in Form des sogenannten Rentenkonkubinats (Rentenansprüche verfallen bei Heirat) die großkirchlichen Gehirne.[230] So ist es eben, wenn in der Kirche Dogma und Diakonie aneinandergeraten: Durch das Raster der Institution fallen stets die betroffenen Menschen ...

Im übrigen: Keine Klägerin, kein Kläger, die sich an einen deutschen Bischof oder an den Papst wandten, um auf Mißstände in kirchlichen Heimen aufmerksam zu machen, erhielten eine Antwort. Offenbar gelten solche Menschen als notorische Nörglerinnen und Störenfriede – jedenfalls nicht als ganze Menschen, die eines Bischofsschreibens wert wären!

Amtskirchliche Verbandsziele werden über sogenannte Laien, aber auch über eigene Lobbyisten (»Katholisches Büro« bei Bundes- und Landesregierungen) vertreten. Sie erstrecken sich inhaltlich unter anderem auf die Mitwirkung bei der Gesetzgebung (Stellungnahmen, Planungen, Vertretung in Ausschüssen), die Zusammenarbeit mit anderen Spitzenverbänden der freien Wohlfahrtspflege und mit den Trägern der öffentlichen Wohlfahrtspflege, die gutachtliche Tätigkeit bei finanzieller Förderung von Einrichtungen, die Verhandlungen mit den Kostenträgern (Versicherungen, Sozialleistungsträger) und die Öffentlichkeitsarbeit.[231]

Zu den Dienstleistungen der Kirchen für ihre diakonischen Organisationen zählen Rechtsberatung, Wirtschaftsberatung, Unterstützung bei wirtschaftlichen Schwierigkeiten, Vergabe von zinsfreien Darlehen über kircheneigene Geldinstitute.[232] Das Sachziel Beeinflussung von Mitgliedern konkretisiert sich beispielsweise in den Maßnahmen zur Vereinheitlichung des innerverbandlichen Verhaltens (Richtlinien, Musterverträge, Personalpolitik, Ausgrenzungsvorgänge), in der Ausschaltung der Konkurrenz durch Absprachen und gleichgeschaltetes Verhalten gegenüber den Marktpartnern (z. B. Empfehlungen für Pflegesatzverhandlungen) sowie die Aktivierung der Gläubigen zur Mitarbeit und Mitfinanzierung (Spendenaufrufe, Übernahme von Ehrenämtern). All dies ist branchenüblich; keine Kirche erlaubt sich gegenüber den Kindern dieser Welt eine Ausnahme.

> *Auf dem Hintergrund der Geschichte der Wohlstandskirchen*
> *wäre es gerade von ihnen zuviel verlangt, nutzten sie die Mög-*
> *lichkeiten auf dem expandierenden Markt der Wohlfahrts-*
> *pflege weniger als andere und die ihnen heute zugeschobene*
> *(Finanz-) Macht nicht ausschließlich, wenn auch oft nur indi-*
> *rekt und auf Umwegen im eigenen Sinne.*

Um sich vom Vorwurf zu entlasten, diese Praktiken seien nicht nur wenig christlich, sondern schadeten dem Gemeinwesen, reagieren die Lobbyisten, indem sie eine Gegenrechnung aufmachen lassen. Der ehemalige Finanzdirektor des Deutschen Caritasverbandes, F. Spiegelhalter, rechnet 1990 beispielsweise den gesamten finanziellen Aufwand zusammen, den die Catholica betreibt, und kommt zu dem Ergebnis, diese subventioniere die sozialen Dienste – und damit den Staat – mit 20 Millionen DM pro Jahr.[233] Zum berechneten Aufwand zählen dabei Spenden für die katholischen Missionsländer in West (Lateinamerika) und Ost (ehemals sozialistische Staaten), Investitionskosten, Zinsen, ererbte Kapitalien sowie die Risikoübernahme inklusive eines (behaupteten) Wirtschaftlichkeitsvorsprungs (gegenüber den Einrichtungen der öffentlichen Wohlfahrtspflege). Der renommierte Tübinger Religionssoziologe J. Neumann zu den weiteren Posten dieses Kalküls[234]: »Mit einer Kühnheit, bei der selbst ausgebuffte Investmentberater rot würden, werden angeblicher Substanzabbau und nichtbewilligte (weil zu hoch angesetzte) Fördermittel ebenso in die Rechnung aufgenommen, wie Vermögenseinbußen durch – angeblich zu niedrig angesetzte – Pflegesätze ... Selbstverständlich werden die Spendenmittel für Not- und Katastrophenhilfe, die von den Spendern, Gläubigen wie Ungläubigen, gegeben und vom Staat mit Steuerabsetzbarkeit, also Steuerausfall für ihn, ›belohnt‹ werden, in diese ›Subventionsrechnung‹ einbezogen.«
Offenbar rechnet der Entlastungszeuge der Caritas fest mit dem Unverständnis, wenn nicht mit der Dummheit seiner Leserinnen und Leser. Denn anders läßt sich nicht erklären, daß Spiegelhalter

in seinen Schriften[235] »die Dinge in einer unglaublichen Weise auf den Kopf« stellt.[236] Ob mit einem »Pamphlet der Anmaßung« und »einer einzigen Verdrehung der Tatsachen« (J. Neumann) dem Gemeinwesen und den betroffenen Bundesdeutschen ein Dienst erwiesen wurde? Oder ob ein solches »Ausmaß der Unverfrorenheit« allein die Kirchenpraxis entlastet?

Jedenfalls ist es bezeichnend für den Aggressionskatholizismus, daß die Caritas seiner Kirche zum einen beansprucht, von 26 Milliarden an Subventionen für die öffentliche Wohlfahrtspflege allein 20 Milliarden, also 77 Prozent (!), aufzubringen. Zum anderen wird unterschlagen, daß dem Staat allein durch die Anrechnung gezahlter Kirchensteuern auf die Lohn- und Einkommensteuer ein jährlicher Ausfall von über drei Milliarden DM entsteht[237] – und die Großkirchen Jahr für Jahr – wie gesagt – mit vielen Milliarden aus Steuermitteln direkt wie indirekt subventioniert werden.

Verschweigen und vertuschen Großkirchen oder lassen sie ihre Lohnschreiber mit »Entlastung des Staates« argumentieren, rentiert sich dies wenigstens so lange, als der auf problemerzeugenden Scheinlösungen basierende Deal zwischen Staat und Kirche in der Bundesrepublik nicht weiter auffällt. Ihn aufzudecken und nachzufragen, wem beispielsweise das sogenannte Subsidiaritätsprinzip[238] konkret am meisten nutze, liegt denn auch nicht unbedingt im bundeskirchlichen Interesse. Dabei kommt bereits ein Anfangsverdacht auf, wenn die Herkunft des heutigen Subsidiaritätsprinzips bedacht wird: Immerhin wurde es von der sogenannten katholischen Soziallehre aus den Ideen des Liberalismus im 19. Jahrhundert entliehen und im eigenen Sinn umgeformt.[239] Die Soziallehre der Päpste steht aber ebensowenig wie vergleichbare Doktrinen anderer Lobbies im Ruf, durchweg objektive und gar am angeblichen Gemeinwohl[240] orientierte Maßstäbe zu vertreten. Zudem weckt die stillschweigende Voraussetzung des Prinzips, nämlich die hierarchische Über- und Unterordnung, nicht wenige Bedenken. Der Grundsatz selbst, nach dem Staat und umfassende wie übergeordnete Gemeinschaften gegenüber den untergeordneten und kleineren Gemeinschaften zu hilfreichem Beistand verpflichtet sind, ohne dadurch deren Eigentätigkeit und Selbstentfaltung zu behindern, hört sich zwar gut – und nach Hilfe zur Selbsthilfe[241] – an. Doch bleibt er in seinem Geltungsbereich und in seiner Aussagekraft keineswegs so unbestritten[242], wie amtskirchliche Theorie und Praxis es gern sähen. Nicht wenige durchschauen die Absicht der Verfechter des Grundsatzes und sind verstimmt: Das Subsidiaritätsprinzip dient der Großkirche nämlich dazu, »das theoretische Konstrukt für die Besetzung strategischer Positionen im sozialpolitischen Feld der Bundesrepublik«[243] abzugeben.

Auch der Präsident des Bundesverfassungsgerichts, Roman Herzog, wertete das Prinzip gerade im Hinblick auf die katholische Auslegungspraxis reserviert.[244] Und schon in den siebziger Jahren hatte O. von Nell-Breuning vor dem unerleuchteten Eifer jener Berufskatholiken gewarnt, die aus dem abstrakten Prinzip konkrete praktische Nutzanwendungen ziehen wollten[245], statt die dem Seelsorger anzuempfehlende vorsichtige Zurückhaltung in der politischen Auseinandersetzung zu zeigen.

Vorerst wird alles so bleiben, wie die Großkirchen wünschen. Zum einen formulieren selbst nichtkatholische Juristen das Subsidiaritätsprinzip auf der Grundlage des katholischen Naturrechts aus, um den Kirchen mit einer extensiven (ausweitenden) Deutung zu helfen, die eigenen Intentionen – an der Verfassung vorbei[246] – durchzusetzen. Reformatorische Bedenken werden hierbei ebenso hintangesetzt wie verfassungsrechtliche: Wieder einmal überwiegt das Interesse an den finanziellen Ressourcen im Wohlfahrtsmarkt.

Zum anderen verleiht die immens ausgeweitete und weitgehend monopolisierte karitative Tätigkeit den Kirchen in der Bundesrepublik noch immer ein – nach Regionen und Aufklärungsquote freilich verschieden hohes – Restansehen. Der katholische Kirchensoziologe K. Gabriel stellte 1990 fest, daß allein noch »der doppelte Bezug zur seelsorglichen und pastoralen Innenseite wie zur caritativen Außenseite verfaßter Kirchlichkeit« die »stets pre-

käre Sinnhaftigkeit distanzierter Kirchenmitgliedschaft« der Masse der Getauften stützt.[247]
Doch geraten die zwei genannten Stützen der Kirchenbindung – nicht zuletzt deswegen, weil sie weitgehend von Steuerzahlern und Beitragszahlern finanziert werden – zunehmend unter Ideologieverdacht. Wer bezahlt, will heute eben nicht nur wissen, was er für sein Geld bekommt. Er will auch mitbestimmen, was geschieht, und sich die Möglichkeit erhalten, frei umzudisponieren und eventuelle Alternativen zu unterstützen.
Solche Haltungen mögen nicht gerade alle Erwartungen der betroffenen Seelenhirten erfüllen. Doch spricht der erreichte Zustand eine klarere Sprache als bisher: Nicht nur die Innenseite, die Seelsorge, wird von immer mehr Menschen als zweckgebundene und zielgerichtete Veranstaltung der Amtskirche und damit als menschlich unzureichende Hilfe durchschaut. Auch die Caritas entlarvt sich unter uns in weitesten Teilen, wenn nicht durchgängig als nicht weniger großkirchlich zweckbestimmt und alternativenfeindlich. Folgerichtig stößt sie wie die Seelsorge immer häufiger auf Ablehnung.
J. Neumann legt die Basis für die allein mögliche Antwort auf unsere Eingangsfrage. Er faßt zusammen: »Es sei nur angemerkt, daß die christliche Caritas zunächst einmal ein Vorsorgeunternehmen für die eigene Seligkeit war und keineswegs altruistisch gehandhabt wurde ... Dem Christentum allerdings blieb es vorbehalten, die ideale Brauchbarkeit der Caritas, also der Nächstenliebe, für die Missionierung rasch entdeckt und konsequent eingesetzt zu haben ... Die christliche Caritas unterscheidet sich ... von allgemeiner menschlicher Nächstenliebe und von der Sorge des Menschen um Menschen grundlegend dadurch, daß sie nicht vorbehaltlos getätigt, sondern stets mit der – oftmals ausdrücklich formulierten[248] – Absicht der Missionstätigkeit gekoppelt wird.«[249]
Nichts Ungewöhnliches. In früheren Zeiten machte die Kirche Ärzten zur Pflicht, zuerst die Seele zu heilen und lediglich nachrangig[250] den Leib zu pflegen. Der durch Bekehrungserfolg erzielte Heilszweck lief dem Heilzweck den Rang ab. Da der durchweg

pessimistisch gesehene erbsündlich vorbelastete und auf gnädige Erlösung angewiesene Mensch nach der erwähnten Doktrin ohnedies keinen anderen Daseinszweck hat, als sich um sein Endheil zu kümmern und in den Katechismus-Himmel zu kommen, war diese Güterabwägung konsequent. Die Behauptung, christliche Nächstenliebe sei durchgängig von humanitärer und sozialer Bedeutung, ist nicht nur historisch fragwürdig.[251]

Wiederum weist Johannes Paul II. den aktuellen Weg. Spricht er vom sozialen Engagement der Seinen und ruft er zur tätigen Liebe auf, vergißt er den Hinweis nicht, diese müsse »stets im Einklang mit der Doktrin und der Mission der Kirche stehen«[252]. Gefährliche Abweichungen sind nicht zu dulden, und allen Aktionen mit Gewalt ist abzusagen. Diese Aussagen des obersten Hirten wirken atemberaubend gefährlich: Erinnerte auch nur ein einziger Adressat an Geschichte und Gegenwart der christlichen Kirche, fielen sie in sich zusammen. Von einer absoluten Absage an die Gewalt war weder in der langen Kriminalgeschichte des Christentums die Rede, noch kann Karol Wojtyla, der noch unlängst Massenvernichtungswaffen legitimierte[253], sie für sich beanspruchen.

> *Nicht immer zeigt sich Gewalt gegen Menschen in Form von Waffen. Gerade die psychische Gewalt hat ihre Gegenwart. Heute will die Großkirche, vor allem die katholische, durch alle in ihrer Trägerschaft befindlichen Kindergärten, Krankenhäuser, Einrichtungen für Behinderte und Altenheime missionieren. Noch immer sind da mehr Seelenjäger als Seelenpfleger am Werk.*

Solche Anstalten sollen zwar nicht mehr so direkt und gewaltsam wie früher Mission betreiben. Was früher ehrlicherweise Innere Mission hieß, nennt sich seit 1965 Diakonie[254], und nur noch wenige Restbestände wie die Bahnhofsmission (im neuen Trend als »caritative Reisehilfe«[255] bezeichnet!) erinnern an die Vergangenheit. Mittlerweile wurde die Kirche vorsichtiger; sie lernte dazu und änderte ihre Taktik. Zum einen spricht der gelernte Hirte von heute davon, daß er – Beispiel: Diskussion um den Schwangerschaftsabbruch – nicht nur spezifisch katholische Werte vertrete, sondern allgemein menschliche. Zum andern ist die Rede vom christlichen Geist, der zu vermitteln sei. Wer dessen sanftes Säuseln spürt, atmet befreiter denn je – und gewinnt den Eindruck, als brauche er derlei geradezu zum Wohlfühlen. Er täuscht sich gewaltig.

Offensichtlich bezweckte der Prediger etwas anders, als bloße Gefühle der Annehmlichkeit bei den Adressaten zu wecken. Glaubt man dem Hirten, haben die Betreuenden und die Betreuten diesen Geist nötig. Wer sich als Klient oder Mitarbeiter den religiösen Vorgaben und ethischen Normierungen der Traditionskirche nicht ein- und unterordnet, gilt als Subjekt, dem erst noch beizubringen ist, was wahres, im Vollsinn gelungenes Menschsein bedeutet.

Die Tatsache, daß Millionen Bundesdeutsche konfessionslos sind oder, als Taufscheinchristen, relativ kirchenfrei leben, wird von den Oberhirten und den mit diesen liierten Parteipolitikern vorsätzlich übersehen.[256] Es finden sich sogar Hinweise darauf, daß Kirchenvertreter diesen Mitbürgerinnen und Mitbürgern ausdrücklich ein Gewissen absprechen. Die traditionelle Formel, daß allein der Kirchengott-Gläubige ein gebildetes Gewissen beanspruchen dürfe und nur er Verantwortung kenne, wird immer wieder in die kirchenpolitische Debatte eingeführt.

»Wahre Erziehung«, meint das seit 1983 gültige Kirchliche Gesetzbuch des Papstes Wojtyla, müsse »die umfassende Bildung der menschlichen Person in Hinordnung auf ihr letztes Ziel« anstreben, damit Kinder und Jugendliche »den rechten Gebrauch der Freiheit erwerben und befähigt werden, am sozialen Leben aktiv teilzunehmen«[257].

Das ist nacktes Überlebensinteresse: Durchschauten alle Menschen die amtskirchlichen Schutzbehauptungen in Sachen Gewissensbildung, hätten Wächter- und Lehramt der Kirche ausgedient. Schlimm genug, daß Unwahrhaftigkeit und strategisches Kalkül die Diskussion um Caritas und Diakonie in der Bundesrepublik bestimmen – und nach wie vor zu finanziellen wie arbeitsrechtlichen Konsequenzen führen. Wer vom Dienst am ganzen Menschen redet, um auf dem Umweg über die behauptete Ganzheitlichkeit (in Wirklichkeit sektiererische Eingeschränktheit) seines Tuns die religiöse, sprich: kirchenpolitisch zweckbestimmte, Dimension einzuführen, zu sichern und sie sich dotieren zu lassen, handelt unredlich. Dasselbe gilt für die Ausrede Gewissensbildung: Großkirchen sind am allerwenigsten an einer solchen interessiert, falls sie die ausgetretenen und historisch desavouierten Pfade der christlichen Tradition verläßt und zum aufrechten Gang führt.

Als erstes Beispiel zitiere ich die kirchenrechtlich vorgeschriebene Norm[258], eine Bestimmung, die viel von Freiheit spricht – und die nackte Angst der Oberhirten verrät, die Schäfchen könnten selbständig denken und handeln: »Die Laien haben das Recht, daß ihnen in den Angelegenheiten des irdischen Gemeinwesens jene Freiheit zuerkannt wird, die allen Bürgern zukommt; beim Gebrauch dieser Freiheit haben sie jedoch dafür zu sorgen, daß ihre Tätigkeiten vom Geist des Evangeliums erfüllt sind, und sich nach der vom Lehramt der Kirche vorgelegten Lehre zu richten; dabei haben sie sich jedoch davor zu hüten, in Fragen, die der freien Meinungsbildung unterliegen, ihre eigene Ansicht als Lehre der Kirche auszugeben.«

Ein weiteres Beispiel: Das auf der katholischen Interpretation des Naturrechts beruhende[259] Subsidiaritätsprinzip fordert zwar wie gesagt die Unterstützung der kleineren Gemeinschaft durch die größere. Doch setzen seine bundesdeutschen Konkretionen gerade nicht bei der Familie oder der Nachbarschaft als eigengesetzlichen und förderungswürdigen Kleinverbänden an, sondern gehen bewußt unreflektiert von der Großkirche (und den freien Trägerverbänden) aus. Diese Praxis verdeckt die Tatsache, daß die Kirchen keine Gemeinschaften sind, die der menschlichen Persönlichkeit näherstehen als familiale. Doch lenkt sie Riesensummen in die Taschen der Großkirchen, und dies ist wohl Grund genug, sie hierzulande nicht anzutasten.

Drittes Beispiel: das Elternrecht. Die Catholica fordert zwar bei jeder ihr passenden Gelegenheit die Rechte des einzelnen Menschen ein, verpflichtet jedoch im gleichen Atemzug ebendiesen Menschen, ihren eigenen Normen zu gehorchen.[260] Daher können sich nach oberhirtlicher Meinung nur jene Eltern auf ihr Erziehungsrecht berufen, die es den kirchlichen Leitlinien entsprechend wahrnehmen. Eltern, deren Gewissen auf diese interessengelenkte Weise gebildet ist, müssen nicht nur ihre Kinder der klerikalen Einrichtung (Kindergarten, Schule) anvertrauen, wollen sie als gute Eltern gelten. Sie haben sogar solche Kindergärten und Schulen von der öffentlichen Hand einzufordern.

Das Kirchliche Gesetzbuch sagt ausdrücklich, die Eltern hätten Pflicht und Recht, eine katholische Kindererziehung zu wählen – und die »von der weltlichen Gesellschaft zu leistenden« notwendigen Hilfen für die katholische Erziehung zu nutzen.[261]

Katholische Eltern, die etwa unter Berufung auf ihr eigenes Recht ihre Kinder akatholisch erziehen lassen, »sollen mit einer Beugestrafe oder einer anderen gerechten Strafe belegt werden«[262]. Was den Eltern als katholische Kindererziehung zu gelten hat, legen Kirchenfürsten fest. Sogar die Bezeichnung »katholische Schule« hängt nicht davon ab, ob sie tatsächlich katholisch ist, sondern vom kirchenamtlichen Dokument.[263]

Mittlerweile sind auch hochrangige Kirchenvertreter offener als in den letzten Jahren. Ihre neue Offenheit betrifft aber nicht die Freiheit des Menschen, sondern die wahre Zielsetzung der Kirchenorganisation. Bischöfe halten es augenscheinlich noch immer für eine Zumutung, wenn sie sich für die Befreiung aller Menschen aus klerikalen Zwängen aussprechen oder zumindest den Alternativen zum kirchlich gebildeten Gewissen eine Chance geben sollen. Sie betonen statt dessen das eigene Proprium – und umschreiben dies wieder, wie in früheren Jahrhunderten üblich, als Verkündigung mit dem Zweck der Mission und der Bekehrung.[264] Es sieht danach aus, daß die geistig-moralische Wende, die die Bundesrepublik in den letzten Jahren durchmachte, es den Lobbyisten ermöglicht, die Karten offen auf den Tisch der Caritas zu legen, statt sich nur indirekt und auf Umwegen um ihr Eigeninteresse zu sorgen.

Der Bischof von Rottenburg-Stuttgart, W. Kasper, wünscht sich denn auch unverhüllt noch mehr wirtschaftliche Unterstützung seiner Kirche durch den Staat. Er braucht sich nicht zu scheuen, diesen Wunsch nach weiteren Millionen aus öffentlichen Steuermitteln auf Sendung und Aufgabe der eigenen Organisation zu stützen: Nur wenn der Staat zulege, könne sich die Kirche so intensiv wie möglich um Ehe und Familie kümmern und den »empfindlichen Defiziten bei der Weitergabe des christlichen Glaubens begegnen«[265]. Die Unverfrorenheit im Klartext: Der weltanschaulich neutrale Staat wird direkt aufgefordert, seine Steuerzahlerinnen und Steuerzahler, seien sie schon konfessionslos oder noch kirchengebunden, dazu zu bewegen, spezifisch großkirchliche Zwecke (Indoktrinationen) noch großzügiger zu finanzieren. Eine ungenierte Zumutung, nach der nicht nur kirchliche Sozialarbeit, sondern kirchliche Seelsorge – selbstverständlich im Interesse aller Bundesdeutschen! – gefördert werden soll.

Nach dem Kirchlichen Gesetzbuch ist die »ganze Kirche ihrer Natur nach missionarisch und das Werk der Evangelisierung als grundlegende Aufgabe des Volkes Gottes anzusehen«[266]. Solche Weltanschauungsgemeinschaften sind daran interessiert, die Menschen möglichst früh auf ihre Leitbilder einzuschwören und Konkurrenten abzuwehren.[267] Obgleich in der katholischen Literatur von Staat und Gesellschaft gefordert wird, daß die Pluralität freier gesellschaftlicher Gruppierungen[268] angemessen zum Ausdruck komme, zeigt sich jede der beiden Großkirchen nicht an Angemessenheit, sondern an Monopolisierung interessiert. »Schon früh«, sagt ein Faltblatt der evangelischen Landeskirche Württembergs, sollen die Kinder »die prägende Kraft des Evangeliums«[269] erfahren. Und der Evangelische Schulbund spricht von der »Schlacht um den Schüler«[270]. Schulen in katholischer Trägerschaft sollen zumindest die Möglichkeit haben, »am konkreten Beispiel zu zeigen, was sich katholische Christen unter einer guten Schule vorstellen«. In ihnen wird die »Sorge für eine Qualifikation der Christen für ihren Dienst in Welt und Kirche« sichtbar.[271] Die Lehrer aber, wohlbemerkt nicht nur die in kirchlichen Schulen, »drängt christlicher Glaube ... in die Rolle des missionarischen Künders einer universalen Heilsbotschaft«[272].

Wird von Kirchenleuten eine ideologiekritische Prüfung der Bildungsziele wie der diesen zugrunde liegenden Anthropologien verlangt[273], erstreckt sich diese Sichtung zuletzt auf die eigene Ideologie. Als verstehe es sich von selbst, gelten die klerikalen Menschenbilder (Anthropologien) als prinzipiell human und gemeinschaftsdienlich.

Die Kindergartenrichtlinien der Diözese Rottenburg-Stuttgart vom 11. Dezember 1992 geben Auskunft über das beinharte Interesse der Kirche: »Der Kindergarten ist ein Ort, an dem Diakonie und Verkündigung für und mit Kindern, Eltern und Familien geschehen sollte. Daher ist dieser pastorale Dienst der Kirche für die Entfaltung der Lebensmöglichkeiten der Kinder, die gesamtmenschliche Erziehung, die Begegnung mit den Eltern und Familien sowie die besondere Verantwortung der Erzieherinnen und Erzieher wichtig.«[274]

> *Also Hand drauf auf die Kinder[275] – und die Kindergärten und Schulen. Damit werden Sozialeinrichtungen zu Orten des Glaubens- und Kulturkampfes. Hier sind die Objekte der Mission am schwächsten, die Bastionen der Missionswilligen am stärksten.*

Ein Prälat bringt den Missionsauftrag des Kindergartens auf die Formel: »Der kirchliche Kindergarten gewinnt um so mehr sein eigenes, sein spezifisches Profil, je konsequenter er das Erziehungskonzept verwirklicht, das sich am christlichen Menschenverständnis ausrichtet«[276]. Das ist ein Wort. Fragwürdig wird diese Meinung, wenn der Lobbyist sich nicht scheut, in diesem Zusammenhang von »unausgesprochenen Erwartungen der Gesellschaft« zu faseln, die »in der Pluralität von Wertangeboten nach

Leitbildern für gelingendes Menschsein Ausschau hält«. Den Nachweis für diese Behauptungen tritt der seeleneifrige Hirt nicht an: Weder konkretisiert er die unausgesprochenen Erwartungen, noch belegt er das gelingende Menschsein ausgerechnet der Christen. Es wäre denn auch zuviel verlangt, müßte er auf dem Hintergrund der christlichen Kriminalgeschichte ausgerechnet einen Beweis für gelungenes Menschsein erbringen ...

Werden Worte an Taten gemessen, kommen Kirchen im karitativen Bereich in elende Beweisnot.[277] Ein Beispiel: die Friedhöfe in kirchlicher Trägerschaft. Die hohe Theorie vermeldet, der Friedhof solle »stärker denn je in säkularisierter Welt Ort der Verkündigung sein«. Er müßte gar »ein Feld sein, auf dem auch Besuchern mit anderer Weltanschauung und Lebenshaltung das Zeugnis christlichen Glaubens und einer auf die Botschaft von der Auferstehung in Hoffnung gegründeten Liebe sichtbar wird«[278]. Nun kann man bereits erhebliche Bedenken gegen den Versuch anmelden, selbst den letzten Ort des Menschen zum Missionsfeld zu erheben. Ganz unnachvollziehbar wird die Theorie aber, wenn sie an der erwähnten Praxis der Andersgläubigenzuschläge gemessen wird. Sollen Menschen mit anderer Weltanschauung und Lebenshaltung ein hundertprozentiges Aufgeld berappen, kommen ihnen zu Recht das gepredigte Zeugnis des christlichen Glaubens wie die Botschaft der Liebe wie Phrasen vor. Der Heilszweck der Bekehrung wird gerade in kirchlich geführten Krankenhäusern nicht unterschlagen. Noch mehr: Alle Hospitäler, auch die kommunalen, sind der Seelsorge an Patienten und Personal oder zumindest der christlichen Präsenz[279] ausgesetzt. Denn »selbstverständlich behalten auch in einem modernen Krankenhaus die ›Heilsmittel der Kirche‹ (Verkündigung, Gebet, Sakramente) eine wesentliche Rolle«[280]. Zwar riet die neue Taktik der Großkirchen dringend an, ihr Ziel nicht mehr so direkt wie bisher offenzulegen. Es kommt mittlerweile unter verdeckten Vorzeichen zu seinem Recht. So wird angeraten, die erwähnten Heilsmittel »in eine viel umfassendere Hilfe (psychotherapeutischer, rehabilitativer, sozialer usw. Art) zu integrieren«.

Konkret soll dieser Dienst (der »hilflosen Helfer«[281]?) so aussehen: Während Ordensfrauen im Krankenpflegedienst »sehr eindringlich durch ihre jungfräuliche Zuwendung« (!) wirken[282], arbeiten Krankenhausseelsorger, die »Animatoren des Teams der im Krankenhaus tätigen Christen«[283], verdeckt menschenfreundlich[284], gewinnen die Herzen aller durch freundliches, ehrliches und redliches Benehmen, bringen Gelassenheit und auch Heiterkeit, halten den zu »gesteigerter sexueller Expansivität neigenden« Kranken die Pornowelle in den Massenmedien vom Leibe, sondieren bei unaufdringlichen, häufigen Besuchen am Krankenbett Fassungskraft und Einstellung des Kranken und appellieren bei den meisten Patienten an die implizite Religiosität.[285] Und wenn es ans Sterben geht, lassen sich – gefragt oder nicht – Kleriker erst recht nicht lumpen, um eine religiös-sittliche positive Sterbehilfe an die Stelle einer sittlich negativen Euthanasie zu setzen.

Als gesellschaftlicher Skandal ist freilich die Tatsache zu werten, daß die meisten Krankenhäuser über Kapellen und Andachtsräume verfügen, Menschen jedoch noch immer in Raucher-, Besucher- und Fernsehräumen oder gar Fluren ihr Leben beenden müssen. Nicht weniger skandalös ist eine andere Tatsache: Die Monopolstellung der konfessionellen Seelsorge in den bundesdeutschen Krankenanstalten verhinderte es, daß eine ausreichende Zahl von menschlichen und qualifizierten Kranken- und Sterbebeiständen für alle Patientinnen und Patienten ausgebildet und eingestellt wurden.

Auf diesem Hintergrund werten es manche vielleicht als ein nur relatives Ärgernis, wie sich die Großkirche finanziell beim Bau und Ausbau von Krankenhauskapellen engagiert. Der Kölner Generalvikar N. Feldhoff preist die einschlägige Tätigkeit gar noch an: »Kaum eine Kapelle in diesen Sozialeinrichtungen wäre ohne Kirchensteuerzuschuß finanzierbar«[286]. So also scheinen die Kirchensteuern verwandt zu werden, die in die Caritas fließen![287]

Bei der von den Kirchen mit Nachdruck geforderten und vom Staat bevorzugt[288] finanzierten Schwangerschaftskonfliktberatung wird das Ziel der Missionierung geradezu offensiv vertreten.[289] Auf diesem Terrain ist der Bekehrungserfolg offenbar besonders wichtig. Das Ziel der Konfliktberatung besteht nach den Richtlinien der katholischen Bischöfe von 1982 darin, die Schwangere »zur Fortsetzung der Schwangerschaft und zur Annahme des Kindes zu ermutigen ... Es ist – insbesondere aus der Sicht des Glaubens – darzustellen, daß niemand über das Lebensrecht des ungeborenen Kindes verfügen darf«[290]. Die in solchen und ähnlichen kirchlichen Einrichtungen Beschäftigten sollen denn auch stets Vertreterinnen und Vertreter der Amtskirche vor Ort sein, gleichsam Funktionäre im kleinen, ohne amtliche Befugnis zwar, doch um so missionsbereiter. Wenigstens in der Ideologie, die ihnen gepredigt wird. Ein Oberhirte formulierte dies 1990 so: »Wo immer Mitarbeiterinnen und Mitarbeiter im Sinne der Caritas in der Praxis klar ihre Lebensorientierung vertreten, hat das Verkündigungscharakter ... Es muß deutlich werden, daß es sich hier nicht einfach nur um Erwartungen an Mitarbeiterinnen und Mitarbeiter handelt ...«[291] Hinter den – bewußt zurückhaltend formulierten – Bestimmungen kirchlicher Dienstverträge verbirgt sich nichts anderes als diese Forderung. Es gehört nach J. Neumann zu den »sprachlichen Besonderheiten, daß die Okkupanten des öffentlichen Wohlfahrtswesens sich als ›freie‹ Wohlfahrtspflege bzw. als ›freie‹ gemeinnützige Verbände bezeichnen«[292]. In der Tat sind sie alle frei von staatlicher Kontrolle, müssen jedoch nach staatlichen Richtlinien handeln (immerhin schießt der Staat auch Milliarden zu). Andererseits unterliegen Nutzer und Bedienstete kirchlicher Wohlfahrtseinrichtungen unfrei machenden Reglementierungen. Das müssen sich die Bediensteten einmal klarmachen – und die Betreuten erst recht ...

Zum Schluß einige Worte zum tiefsten Grund, der Nächstenliebe und Wohlfahrtspflege überhaupt unter Menschen nötig macht: dem menschlichen Leid. Die großkirchliche Ideologie interpretierte über Jahrhunderte hinweg Leid, Not, Krankheit – erst recht Gefängnisaufenthalt – als Prüfungen Gottes.[293] Als solche blieben sie Schicksal und waren der Vorsehung – und erst in zweiter Linie der karitativen Tatkraft der Menschen – anvertraut.

Und Not lehrt beten. David Hume stellte 1757 fest: »Um die Leute zu einem gebührenden religiösen Empfinden zu bringen, ist bei allen volkstümlichen Priestern kein Thema gebräuchlicher als dasjenige, die Vorteile des Elends auszumalen, wodurch ihr Selbstvertrauen und ihre Lebensfreude unterdrückt werden, die sie in glücklichen Zeiten die göttliche Vorsehung vergessen lassen.«[294]

> Ist es auch Wahnsinn, so hat es doch Methode: Da nur unglückliche Menschen hörig bleiben, liegt es im ureigensten Interesse der Hirten, daß es der Herde nicht allzu gut geht.[295]

»Alle Plagen, von denen mit Erlaubnis der Vorsehung die Menschheit heimgesucht wird«, sagte P. T. d'Holbach, »dienen nur dem Vorteil der Priesterschaft. Nie sind die Völker frömmer, als wenn sie Angst haben oder recht unglücklich sind. Damit die Geistlichkeit zufriedengestellt wird, ist es notwendig, daß die Plagen, vor allem Pest und Seuchen, uns etwas öfter heimsuchen.«[296] Es ist kein Zufall, sondern Kalkül, daß die Lobbyisten des Himmels noch nie ein ausgeprägtes Interesse hatten, menschliches Elend über ein bestimmtes Minimum hinaus zu verringern.[297] Ja, vermehrten Kleriker, die von Minimierung faselten[298], das Elend in Wirklichkeit nicht noch, weil es ihnen in das geistliche Konzept paßte?[299] Werden Menschen durch das Christentum wirklich befreit – oder in ihrem elenden Zustand schon vom Bergprediger Jesus aus Nazareth seliggepriesen?[300] Wurden in den europäischen Religionskriegen nicht ganze Landstriche zur höheren Ehre Gottes entvölkert?[301] War das Morden je anders als metaphysisch begründet[302], stützten sich die vielen Sinnkriege der abendländischen Welt auf eine andere als auf die religiöse Dimension? Wurden nicht in einem einzigen Jahr mittelalterlicher Verfolgung Andersdenkender und -gläubiger durch Christen mehr Menschen getötet, als es Märtyrer in den zweihundert Jahren der sogenannten Christenverfolgungen gab?[303] Und brachten die von Päpsten als gerechte Kriege abgesegneten Kampfhandlungen nicht Millionen Menschen den Tod? Lehnte nicht ein Papst sofort nach der Ausrufung der Menschenrechte diese ausdrücklich ab?[304] Bestätigte kein Nachfolger das Verdammungsurteil?[305] Hinterließ dieser Gregor XVI. bei seinem Tod im Jahr 1846 etwa nicht nur Dutzende von Todesurteilen, sondern auch 2000 politische Gefangene?[306] Wurde nicht jeder moralische Fortschritt auf der Welt durchweg von den organisierten christlichen Kirchen bekämpft?[307] Versteckt sich hinter den »Anmaßungen der Priesterschaft«[308] nicht jener pathologische Welthaß, der noch heute durch die Tatsache genährt wird, daß die Welt den Erlöser (und seine Prediger) verkennt und sich auf die eigenen Beine stellen will?[309]

Nietzsche: »Der Mensch soll nicht hinaus, er soll in sich hinein sehn; er soll nicht klug und vorsichtig als Lernender, in die Dinge sehn, er soll überhaupt gar nicht sehn; er soll leiden … Und er soll so leiden, das er jeder Zeit den Priester nöthig hat.«[310] Die meisten Predigten und Aufrufe zu karitativer Bemühung sind denn auch so konstruiert, daß zunächst das menschliche Leid beschworen wird, damit die von den Angst- und Hoffnungsmachern zu verkündende Heilsbotschaft auf aufnahmebereite Ohren und Herzen stößt: Der Weg der Erlösung beginnt im Herzen des Leids![311] Schopenhauer: »… das Herz des Christenthums ist die Lehre vom Sündenfall, von der Erbsünde, von der Heillosigkeit unseres natürlichen Zustandes und der Verderbtheit des natürlichen Menschen …«[312] Nach dem Philosophen sind Erbsünde und Erlösung die »Essenz des Christenthums«, aber »so ein Gott Jehova«, der zum Vergnügen und aus Willkür »diese Welt der Noth und des Jammers hervorbringt und dann noch gar sich selber Beifall klatscht … Das ist nicht zu ertragen«[313]. Unerträglich ist freilich auch die spätere Rechtfertigung durch die Prediger und ihren Gott. Mark Twain hierzu: »Wenn die Wissenschaft eine Krankheit besiegt, die für Gott gearbeitet hat, so bekommt Gott den Dank dafür, und von allen Kanzeln herab ertönt Lob und Preis für seine Güte. Ja, er, er hat's vollbracht. Vielleicht hat er tausend Jahre damit gewartet … Wenn erregte Massen aufstehen, einen Tyrannen stürzen und ein Volk befreien, so wird als erstes der entzückte Priester es als Gottes Werk preisen und das Volk mahnen, auf die Knie zu gehen und ihm zu danken … Die Priester vergessen dabei, daß Gott der langsamste Kraftentfalter im Weltall ist und daß sein Auge, das nie schläft, es wohl doch tut, da er ein Jahrhundert braucht, um etwas zu sehen, was jeder sonst in einer Woche sieht; daß es kein Beispiel in der Weltgeschichte gibt, wo er eine edle Tat als erster gesehen hätte, sondern daß er immer erst da sieht, wo jemand anders schon gesehen und auch gehandelt hat. Dann langt er an und streicht seinen Anteil ein.«[314]

> *Den Erfolg anderer Menschen für den eigenen Gott zu beanspruchen, ist pfäffische Art. Menschenwürdige Zustände zu schaffen, die Leid und Not der Menschen minimierten, gilt trotz eines immensen Wortverschleißes und Predigtaufgebots nicht gerade als vordringlichste Aufgabe der Kirche.*

Und blieb es so, Taktiken und Strategien beiseite, nicht bis heute? Ist die Kirche vielleicht federführend, wenn auch nur die gröbsten Mißstände behoben werden? Nimmt die Fensterpredigerin nicht das Elend auch zum Ende des 20. Jahrhunderts hin: Die Tatsache, daß etwa 2 Milliarden Menschen ohne einwandfreies Trinkwasser leben, 1,2 Milliarden ohne sanitäre Anlagen auskommen, Millionen Kinder hungern, Abfälle essen, auf der Straße leben, sich prostituieren müssen?[315]

> *Wann legen Kleriker wenigstens die Maske des demütigen Dienenwollens wieder ab, die ihre Anmaßungen deckt?[316] Wann endlich beseitigen sie den Eindruck von Millionen, Gebete und Predigten seien ein wohlfeiler Ersatz für Diakonie?[317] Wann gehen sie mit gutem Beispiel voran – und bringen selbst spürbare Opfer, statt andere zu Opfern aufzufordern?*

Trennte sich beispielsweise der Vatikan[318] von seinem Besitz im ausgesaugten Sizilien – oder kungelt er weiter mit den Herren des Landes, die Mafia nicht ausgenommen?[319] Gab die Kirche, eine edle Dame, die Almosen reicht[320], jemals mehr als Pfennige? Gelang es ihr denn schon, als Menschenfischerin statt als Münzenfischerin zu überzeugen?[321] Veräußerte der Papst, dem schon Anfang der siebziger Jahre unseres Jahrhunderts allein im Stadtgebiet von Rom über 15 Millionen Quadratmeter Land gehörten[322], diesen Besitz? Was geschah mit dem vatikanischen Vermögen an Wertpapieren und Kapitalbeteiligungen, das schon 1958 auf etwa 50 Milliarden DM geschätzt wurde?[323] Tasteten die größten nichtstaatlichen Grundbesitzerinnen Deutschlands auch nur einmal in größerem Umfang ihre Güter an?

Theologen beschäftigten sich mit Gottesbeweisen und ähnlich ablenkenden Spekulationen. Unter dem Namen Theodizee betreiben sie eine ungefährliche Wissenschaft, indem sie Gründe für die Tatsache suchen, daß es in der Welt millionenfaches Leid und immense Not gibt, für die der liebe Gott entweder gar nichts kann oder die er zumindest schweigend hinnimmt. Statt solcher Denkspiele endlich Androdizee[324] zu betreiben und nach den stets greifbaren und konkret zu beschreibenden Verantwortlichen, den Kriegstreibern, Aufrüstern, Atomfreaks und ihren Finanziers wie Ideologen, zu fragen, ist unter Christen kaum üblich. Das vermeidbare physische und psychische Leid auch nur zu hinterfragen, geschweige konkrete Abhilfe zu schaffen, bleibt fast regelmäßig jenen überlassen, die sich längst nicht mehr mit Emphase Christen nennen können.

Es bleibt beim bekannten Kunstgriff der religiösen Agitatoren[325], selbst das schlimmste Leid, vor allem das durch Machtansprüche und Tollheiten der ideologisch wie tatsächlich Herrschenden bewirkte, als Basis für neue Glaubensanstrengungen und stärkere Liebe herabzuwürdigen. Damit macht die Religion sich die Notlagen der Menschen nutzbar – und ihren finanziellen Interessen dienstbar.[326]

Die Vorstellung, trotz aller Übel dieser Welt sei Gott die allumfassende Liebe, vergrößert noch die Schrecken der Menschen. Denn die Tiefe und Intensität des eigenen – ungerechtfertigten – Leids sind für viele so groß, daß ihnen eine solche Liebes-Lösung (dazu vorgetragen von Predigern, die allein von fremdem und an sich selbst unerfahrenem Leid sprechen können!) nicht als Trost, sondern als klerikale Zumutung erscheint.[327] Ein beträchtlicher Teil des vermeidbaren Leids wird nur vermieden werden können, wenn der ideologische Einfluß der Kirchen noch weiter zurückgedrängt und die bessere Alternative unterstützt wird. Erst wenn die Übel der Welt nicht mehr als gottgewollt gelten, ergeben sich hervorragende Gründe, sich mit dem vorhandenen individuellen und gesellschaftlichen Leid nicht mehr abzufinden, sondern tatkräftig dagegen zu rebellieren.[328]

Die tägliche Erpressung

Oder:
Wie hoch dürfen Wohlstandskirchen ihre Ansprüche noch schrauben?

Kommen Kirchenleute ins Klagen, machen sie dies gleich richtig. Halbe Sachen kennen sie dabei nicht. Ein Beispiel aus dem Oktober 1992 mag genügen, da kirchliche Krankenhäuser »den Ruin fürchten«. Einmal mehr, einmal noch nachdrücklicher als sonst. Der Hintergrund? Die Reform des Gesundheitswesens in der Bundesrepublik. Die Lobby an der Klagemauer: Die Träger evangelischer Krankenhäuser in Bayern.[1]

Das Lamento ist groß; die Worte, die fallen, sind es ebenso. Zum einen zahlten die Kirchen – im Gegensatz zur Meinung des Bundesgesundheitsministers – nach ihren eigenen Klagen schon bisher meistens drauf, weil sie die Selbstkostendeckung nie einhalten konnten. Zum anderen bauten sie – zur Kostendeckung – auf den uneigennützigen Einsatz ihrer Schwestern und Diakonissen.

Die Drohung ist nicht weniger deutlich: Setzt sich die Reform im Parlament durch, müssen voraussichtlich einige Krankenhäuser und Belegkliniken »verschwinden«. Fatale Auswirkungen hätte der angedrohte Rückzug der Kirchen vor allem in Regensburg, wo es außer dem neuen Universitätsklinikum nur kirchliche Hospitäler gibt. Und gerade die wird es künftig nicht mehr geben, wenn Herr Seehofer seinen Willen bekommt. Wir werden nämlich, sagt die bayerische Lobby, allein in Ansbach und Nürnberg (über 500 Betten) Mehrkosten in Höhe von rund 3,5 Millionen DM haben. Auf Dauer kann die Diakonie diese nicht verkraften. Am Ende steht – so wörtlich! – »der Ruin oder die Übergabe der Krankenhäuser an kommunale oder staatliche Träger«, zwei Lösungen, die in den Augen der Lobbyisten gleich verwerflich sind. Ein Verwaltungsdirektor im Diakonischen Werk malt gar das Schreckgespenst der »kalten Enteignung« an die Kirchenwand. Die Drohworte enden beim üblichen Einschüchterungsversuch: Entweder laßt ihr uns in Ruhe und legt sogar noch drauf, oder wir wälzen die ganze Sache auf die Patienten ab.

Bereits im Juni 1992 hatte der Finanzdirektor der Erzdiözese Bamberg, Prälat N. Przibyllok, vor einer Neuregelung des Kirchenfinanzierungssystems gewarnt.[2] Der Finanzchef, der selbstverständlich ein höherer Kleriker ist, fürchtet um die Kirchensteuer – und übt den gewohnten Druck aus: Zuerst müsse, falls weniger Geld einkomme, in Bereichen gespart werden, die nicht zu den seelsorgerlichen Aufgaben der Kirche im engeren Sinn zählten, sondern mindestens ebenso der sozialen Fürsorgepflicht des Staates oblägen. Das bedeutet: An ebenjener Caritas, die ansonsten als Aushängeschild und Mittel, immer neue Zuschüsse einzuwerben, genutzt wird. Hätte es noch eines Beweises bedurft, wie wenig den Großkirchen die Diakonie eigenes statt fremdes Geld wert ist, läge er jetzt vor.

Noch aber funktioniert die Augenwischerei: Ein Herr vom Caritasverband erzählt beispielsweise 1990 einer nachfragenden Schulklasse aus Bochum, nach dem Wegfall der Kirchensteuern wären viele soziale Einrichtungen der Kirche wohl nicht mehr zu finanzieren, zumal die Kirche – etwa unfreiwillig und ohne Nebenabsichten? – »Aufgaben übernommen habe, die eigentlich dem Staat zufallen«: Kindergärten, Krankenhäuser, Altenheime. Im übrigen leiste die Kirche diese – ihr aufgezwungenen? – Dienste wesentlich preisgünstiger: Übernähme der Staat diese Leistungen in Eigenregie, fielen hohe Gebühren an.[3] Wie mittlerweile bekannt, führt jede dieser Aussagen in die Irre.

Spricht ein Oberhirte zum Tabuthema Caritas, wird die Wahrheit noch seltener erreicht. So ist beispielsweise der Münchner Erzbischof, Kardinal F. Wetter, entweder nicht über die tatsächliche Lage informiert, oder er sagt die Unwahrheit. In seiner Predigt zu Silvester 1992 behauptet er nämlich, Christen hätten auf ihre Kirche stolz zu sein: Denn fielen die vielfältigen Dienste der Kirche an den Menschen in Deutschland aus, »müßte die Gesellschaft unverzüglich den sozialen Bankrott erklären«[4]. Genau dies stimmt nicht.

Die Lobby redet höchst ungern von den einfachsten Tatsachen der kirchlichen Wohlfahrtspflege: von den öffentlichen Mitteln, die schon immer in die Kirchentaschen flossen, und von der Weigerung der Großkirchen, aus eigenen Einnahmen (Kirchensteuer) und eigenem Vermögen spürbar zuzuschießen. Der Vorwurf, nichtkirchliche (kommunale) Träger könnten die entstehenden Defizite durch den Rückgriff auf Steuergelder ausgleichen, läßt völlig außer acht, daß gerade die kirchlichen Träger ihre Konkurrenzfähigkeit durch öffentliche Mittel sicherzustellen gewohnt sind – und beileibe nicht durch den Griff in die Kirchenkassen. Wie gesagt, sind Kirchensteuermittel (oder gar Hab und Gut der Großkirchen) am allerwenigsten an der Finanzierung kirchlicher Wohlfahrtspflege beteiligt. Kirchen- und Diakoniequote bleiben minimal.

Wäre es zuviel verlangt, wenn die Kirche einmal nicht bloß Worte über ihren Dienst am Menschen machte, sondern eine Umverteilung ihrer Kirchensteuereinnahmen vornähme? Oder hält sie solche Forderungen für unchristlich und unsozial? Ist sie schon so todmüde, daß sie keinen Mut zu neuen Optionen und Prioritäten mehr aufbringt? Also, Kirche, fördere endlich die Sozialarbeit stärker als die Seelsorge! Investiere künftig weniger in deinen Katechismus, unternimm mehr gegen die Armut auf der Welt! Verschwende keine Millionen mehr ans Verwaltungspersonal; das Geld wird anderweitig dringend gebraucht! Denke nur ein einziges Mal weniger an die Wohlfahrt deiner Gläubigen als an die vielen Bedürftigen unserer Erde!

Das steuerkirchliche Lamento wirkt nur noch auf jene, die die Fakten nicht kennen, weil sie ihnen verschleiert werden. Eine einschlägige Allensbacher Umfrage ergab 1986, daß 55 Prozent der Befragten von realen Einbußen der Großkirchen durch Steuerreformen ausgingen und nur 20 Prozent der gegenteiligen – richtigen! – Ansicht waren.[5]

Warum sollten ausgerechnet die Kirchen keine Zweckpropaganda kennen? Sie leben – und überleben – mit Hilfe solcher Zielwerbung. Schon 1954 hatten die Oberhirten den Bundesdeutschen vorgejammert, die damalige Kleine Steuerreform brächte sie an den Bettelstab.[6] Zur Entschädigung durften sie seinerzeit den Hebesatz der Kirchensteuer in einigen Bundesländern höherschrauben.

So ging es weiter. Im Zuge der jeweiligen Steuerreformen wurden mit auffälliger Regelmäßigkeit die Klagen der Kirchenlobby laut, sie nähme weniger ein als bisher und sei gezwungen, früher oder später wesentliche Abstriche an ihrer Tätigkeit vorzunehmen. Die Nötigung hat Methode. Zum einen beziehen sich die angedrohten Abstriche immer auf den karitativen Sektor; hier wird eine besondere Empfindlichkeit der Adressaten vorausgesetzt und eingeplant. Von Einsparungen beim Personal (Seelsorger: Hirten und Oberhirten) ist nie die Rede: Diese Drohung verfinge nicht, obgleich bei einem Personalkostenanteil der Kirchen[7], der die Kirchensteuerausgaben für die Caritas bei weitem übertrifft (vorsichtig geschätzt im Verhältnis 5:1), tatsächlich zig Millionen DM eingespart werden könnten. Zum anderen verschwiegen die Kleriker beider Kirchen in edler ökumenischer Eintracht, daß noch keine Steuerreform sie in den Ruin trieb. Das Gegenteil ist wahr: In den Jahren, in denen sie publikumswirksam klagten und ihre jeweiligen Erpressungsversuche starteten, nahmen sie nicht weniger, sondern mehr Kirchensteuern ein. Der Anstieg der Kirchensteuer seit 1970 betrug, ohne Einbeziehung des Zinseszinseffektes, durchschnittlich pro Jahr sieben Prozent.[8] Dies übertrifft sowohl die Inflationsrate als auch den Lohnkostenanstieg.[9] Niemand kann im Ernst behaupten, die Kirchensteuereinnahmen gingen nicht stetig nach oben. Hin und wieder sind selbst die Lobbyisten von dem Effekt des grandiosen Streiches überrascht, die Steuerkirchen einerseits an die allgemeine Einkommensentwicklung der Bundesrepublik angekoppelt zu haben und andererseits den Löwenanteil an der eigenen Diakonie aus allgemeinen Steuermitteln finanzieren zu lassen. Kirchenaustritte tun wesentlich weniger weh, wenn allein die satte Steigerungsrate der Kirchensteuer in 1991 und 1992 einkalkuliert wird ...

Wer zudem noch immer behauptet, die Gelder der Kirche würden fast ausschließlich von den Gläubigen aufgebracht[10], ist entweder nicht informiert oder er sagt die Unwahrheit. Niemand wird bestreiten, daß die Kirche – wenn es sie nun schon gibt – Geld zur Erfüllung ihrer Aufgaben benötigt.[11] Bleibt jedoch bereits fragwürdig, woher die jeweilige Großkirche ihre spezifische Aufgabenstellung bezieht (Selbstlegitimation!) und wie sie diese in der Seelsorge konkretisiert, so sagt erst recht die Art, wie sie sich finanziert und über wieviel Geld sie verfügt, ebensoviel über konkretes Selbstverständnis aus wie die Verwendung der eingenommenen Gelder. Der Kölner Generalvikar N. Feldhoff wird deutlich: »Geld ist Macht. Sollte jemand es doch leugnen, so müßte man prüfen, ob er wegen mangelnder Eignung oder Heuchelei zu entlassen ist.«[12]

Gerade wenn die Catholica das gottgegebene Recht für sich beansprucht, »frei und unabhängig von jeder anderen Gewalt irdische Güter zu erwerben, zu besitzen und zu verwalten«[13], wird es den Gläubigen nicht verwehrt sein, Näheres über jenes Geld, das angeblich allen nützt, zu erfahren oder gar über die Verwendung mitzubestimmen.[14] Der auch im Fall kirchlicher Finanzen alles und jedes legitimierende Wille eines auffällig schweigsamen Gottes einmal hin oder her, die Freiheit ist nicht am Besitz als solchem, sondern an seinem Gebrauch abzulesen.[15]

Folgerichtig führt das geltende Kirchliche Gesetzbuch jene kirchenspezifischen Zwecke (sogenanntes Proprium), die Geld und Vermögen zwingend notwendig machen, in einer bestimmten Reihenfolge auf. Die Rangordnung des kirchlichen Propriums ist:

a) die geordnete Durchführung des Gottesdienstes, b) die Sicherstellung des angemessenen Unterhalts des Klerus und anderer Kirchenbediensteter, c) die Ausübung der Werke des Apostolats und der Caritas, vor allem gegenüber den Armen.[16] Dementsprechend soll wohl auch das Geld verwandt werden. Die bundesdeutsche Großkirche befolgt daher nur das allgemeine Kirchenrecht, wenn sie Investitionen in Kirchenbauten und Kleriker so aufdringlich gegenüber der karitativen Tätigkeit bevorzugt.

Ähnlich verhält sich die Evangelische Kirche in Deutschland, die in ihrem Amtsblatt vom 15. Juli 1988 Einblick in die Rangfolge ihrer Aktivitäten gewährt: Unter den »Ausgaben nach Aufgabenbereichen« ist an erster Stelle der allgemeine kirchliche Dienst (Gottesdienst, Kirchenmusik, Unterweisung, Pfarrdienst, Ausbildung für den Pfarrdienst, Küsterdienst, Friedhöfe) genannt, dann folgen die »besonderen kirchlichen Dienste« (Jugend, Studenten, Behinderten- und Krankenseelsorge, Seelsorge an Bauern, Schaustellern, Zirkusleuten, Seemännern und Bundeswehr). Erst an dritter Stelle findet sich die kirchliche Sozialarbeit (Diakonie) mit Einzelposten wie Beratung in Erziehungs-, Ehe- und Lebensfragen oder Gemeindeschwestern-, Krankenpflege- und Sozialstationen.[17]

Der »Bensberger Kreis«, eine Vereinigung unabhängiger katholischer Christen, nahm sich 1992 der Frage nach einigen Aspekten der Kirchenfinanzierung an. Einleitend spricht sein neuestes Memorandum, das – wie auf dem heikelsten aller Gebiete, den Finanzfragen der Großkirche, nicht anders zu erwarten – ein Dutzend Jahre der Vorbereitung brauchte, von den Steinen des Anstoßes. Dabei wurde freilich so behutsam wie möglich formuliert; schließlich handelt es sich bei den Bensbergern um Christen, die sich noch nicht mit der Tatsache abfanden, eine reformunfähige und -unwillige Institution anzutreffen.

Ein Beispiel für diese Vorsicht: »Finanzstarke Kirchen können sich zu mächtigen und einflußreichen gesellschaftlichen Organisationen entwickeln. Nicht selten werden sie zu einem ›Staat im Staat‹. Die enge Verflechtung mit Gesellschaft und Staat hat oft schwer-

wiegende Folgen: eine reiche Kirche steht in der Gefahr, ihre prophetische Aufgabe, in kritischer Distanz zur Gesellschaft zu stehen, zu vernachlässigen.«[18]
Sätze wie aus dem Bilderbuch, besser: wie aus einem offiziellen Katechismus. Müßte denn, die historische Erfahrung mit der Kirche Roms einbezogen, nicht deutlicher formuliert werden? Finanzstarke Kirchen können sich nämlich nicht nur zu mächtigen Organisationen entwickeln, sie müssen dies sogar. Wo riesiges Geld fließt, ist notwendigerweise riesige Macht. Dann aber werden solche Machtkirchen nicht nur nicht selten, sondern stets zu einem Staat im Staat. Und die Verflechtung mit Gesellschaft und Staat hat immer – und nicht nur oft – schwerwiegende Folgen. Die reiche Kirche steht denn auch nicht nur in der Gefahr, ihre sogenannte prophetische Aufgabe zu vernachlässigen; sie erliegt dieser Gefahr regelmäßig. Auch der Bensberger Satz, eine reiche Kirche laufe Gefahr, daß ihre Bürokratie sich verselbständige und die Aufmerksamkeit zuerst der Aufrechterhaltung kirchlicher Institutionen gelte, verkennt die Lage. Wenn sich überhaupt belegen läßt, daß eine Kirche nicht nur Gefahr läuft, sondern längst in dieser Gefahr umkam, dann an dieser Stelle.
Allein ein nicht geschönter Blick auf die Realität der bundesdeutschen Kirche hätte es den Verfassern unmöglich gemacht, ihre Formulierungskünste am untauglichen Objekt auszuprobieren. Auch die sehr blauäugige Vorstellung von der prophetischen Aufgabe der Großkirche, in kritischer Distanz zur Gesellschaft zu stehen, platzt angesichts der Wirklichkeit wie eine Seifenblase.
Es gibt zu denken, daß Kardinal Meisner in einer Sendung des WDR vom 4. März 1991 von der »Fremdkörperfunktion« der Kirche in der DDR faselte, um den Anteil des real existierenden Katholizismus am Widerstand gegen den real existierenden Sozialismus zu würdigen. Ich lasse in diesem Zusammenhang einmal die Frage beiseite, inwieweit sich seine Kofferkunst[19] mit dieser Funktion vertrug. Auch frage ich nicht nach dem von Tag zu Tag deutlicher werdenden Zusammenspiel zwischen Kirchenvertretern und dem ehemaligen Regime.[20]

Mir genügt der Hinweis, daß sich Kölns Oberhirte wohl kaum zu einer Fremdkörperfunktion seiner reichen Kirche in der reichen Bundesrepublik bekennen kann, ohne Gelächter zu ernten. Bisher wurde nämlich noch nicht bekannt, daß dieser Kardinal hierzulande in den Widerstand gegangen wäre und wenigstens angefangen hätte, die halbe Milliarde an Vermögen anzuknabbern – oder gar an die Armen zu verteilen –, die zum Bestand allein seiner Erzdiözese gehört. Ob wenigstens die 200000DM, die Kölns Oberhirte jährlich von Katholiken über deren Testament »für einen guten Zweck« erbt, in die Caritas fließen?

Offensichtlich fällt es dem Kardinal leichter, Feindbilder auszumalen und gegen Andersdenkende zu hetzen, als konkrete karitative Leistungen zu erbringen. Einmal mehr hat das Dogma den Vorrang vor der Diakonie. In einer Predigt vor Soldaten vom 31. Januar 1991 würdigte Meisner alle Menschen, die nicht an seinen Gott glauben, in gröblichster Weise herab.[21] Er warf ihnen – auf dem Hintergrund der »brüderlichen Kommunion« (der Christen)[22] – »menschenverachtenden Kannibalismus« vor. Zudem nannte er sie nicht friedensfähig, während er den eine totale Unkenntnis des Christentums als einer Soldatenreligion[23] verratenden Satz wagte, nur ein gläubiger Mensch werde auf Dauer »ein friedfertiger Zeitgenosse bleiben«. Schließlich fragte er: »Wem Gott nicht mehr heilig ist, was soll dem noch heilig sein?« Damit behauptete er, Nicht-Gottgläubige seien weder umweltverantwortlich, noch kennten sie ethisch-moralische Werte.

Wer die Tatsachen kennt, weiß, was er von solchen Leistungen großkirchlicher Verkündigung zu halten hat. Nach der erwähnten Umfrage sind beispielsweise doppelt so viele Kirchenfreie wie Kirchengläubige bereit, an Umweltschutzorganisationen zu spenden. Und die Grundwerte Toleranz, vernunftorientiertes Denken, persönliche Selbstbestimmung und Humanität stehen bei Kirchenfreien nachweislich nicht gerade niedriger im Kurs als bei den Großkirchen. Von den pazifistischen Bewegungen dieses Jahrhunderts ganz zu schweigen. Sie fanden das besondere Engagement der Kirchenfreien, wurden jedoch nur von kirchlichen Minderheiten unterstützt. Dies ist nicht verwunderlich, denn bis in die letzten Jahre hinein fanden sich bekanntlich katholische Oberhirten, die die Atombewaffnung predigten.[24]

Noch in jüngster Zeit zeigte sich auch der Leiter des Kirchenrechtlichen Instituts der Evangelischen Kirche in Deutschland, A. von Campenhausen, als Verkünder der alten militär- und obrigkeitsstaatsfreundlichen Doktrin.[25] Der Staatskirchenrechtler, vormals Staatssekretär der Albrecht-Regierung in Niedersachsen, referierte über das Staatsverständnis aus protestantischer Sicht. Dabei meinte er, seine Kirche, der an sich keine dauerhafte Entscheidung für eine bestimmte Staatsform zukomme, habe sich in einer neueren Denkschrift für die Demokratie entschieden – und damit die ihr aufgetragene Neutralität verlassen. Beispielsweise sei die »Überbetonung des Rechts auf Widerstand« aus evangelischer Sicht »eine Ungehörigkeit«. Während heutzutage die Gewissen »verluderten«, hätten »unsere Väter« Demokratie entweder gar nicht oder nur »als Strafmittel nach dem Versailler Vertrag« gekannt. Ausführlich legte der Kenner auch dar, daß die Väter »achtbare Gründe« genug gehabt hätten, Menschenrechtsideen abzulehnen. Im übrigen verlangte er nach der Wiederkunft evangelischer »Führer, äh Kirchenführer«, zeigte sich als Freund militärischen Ordnungsdenkens und Gegner eines Pazifismus, der »mit der christlichen Tradition nicht vereinbar« sei, und rühmte Südafrika (wohin er sich gern einladen lasse, »auch zur Jagd«) als den einzig freien Staat im südlichen Afrika. Schießlich gab er seinen Zuhörern noch die Mahnung mit auf den Weg: »Der mündige Bürger ist viel dümmer, als man denkt – er ist sehr dumm«.

Geschwätz eines Isolierten? Oder Wegweisung eines Offiziellen, der in seiner Organisation nicht nur nicht beanstandet wird, sondern sich in seinem Sinne engagieren darf – und beispielsweise die für seinesgleichen höchst einträgliche Rede von der »Partnerschaft zwischen Staat und Kirche in der Bundesrepublik« (darüber gleich mehr) im Munde führt? Nichts liegt so weit zurück, wie es die kirchenfürstliche Geschichtsschreibung und Predigt gern hätte. Die Untaten im Namen des Christentums erstrecken sich nicht nur auf die frühen Jahrhunderte der Kirche. Die Heilsgeschichte nach Christenart bleibt aktuell. Die Kontinuität macht atemlos. Militante Katholiken wollten beispielsweise den verlorengegangenen Kirchenstaat zurückerobern. Seine Verteidigung (1870) forderte 70 Tote; den Feuerbefehl hatte Papst Pius IX. gegeben.[26] Immerhin waren 188 Millionen Katholiken – zwei Drittel aller Romtreuen – direkt in den Ersten Weltkrieg verwickelt; auch die päpstliche Nobelgarde kämpfte mit.[27] Und genauso ging es weiter: Der Zweite Weltkrieg wurde vom »Friedenspapst« Pius XII. zumindest so lange bejubelt, als es gegen den atheistischen Feind[28] im Osten ging.[29] Das hochgepriesene Zweite Vatikanische Konzil beerdigte die Mär vom gerechten Krieg durchaus nicht; es rang sich nicht zu einer ausdrücklichen Verurteilung des Angriffskriegs durch und erkannte die Kriegsdienstverweigerung nicht direkt an.[30] US-Kardinal Spellman forderte als Armeebischof den totalen Krieg in Vietnam, die Ausradierung von Hanoi, rief »Weniger als Sieg ist undenkbar«, feierte das vietnamesische Inferno als heiligen Kampf, als Kreuzzug – und die Soldateska seines Staates als Soldaten Christi.[31] Papst Johannes Paul II. lehrte 1982, als weltweit schon Hunderttausende für Abrüstung demonstrierten, vor der UNO-Vollversammlung, die Abschreckung mit Atomwaffen sei moralisch zu vertreten.[32] Seelsorgerliche Hilfen, Dienst am Menschen? Nein. Oberhirtliche Friedens- und Kriegswünsche sind gleich redlich: Sie sehen stets auf das eigene Interesse.

Wissen Eminenz nichts von alldem? Dann ist Kölns Erzbischof am falschen Platz. Weiß er dagegen Bescheid über die Kriminalgeschichte seiner Kirche und schweigt dazu, dann verleumdet der Soldatenprediger jene als friedensunfähige Kannibalen, deren Ethik seine eigene Institution sich nachweislich nicht gewachsen zeigt. Meisner steht nicht allein. Der Augsburger Bischof J. Stimpfle, ansonsten wegen seiner Begeisterung für den gerechten Golfkrieg und seiner wenig menschenfreundlichen Arbeitgebermanieren bekannt[33], stellte in seiner Osterpredigt 1992 nicht nur fest, die moderne Gesellschaft sei »selbstmörderischem Größenwahn« verfallen. Er behauptete zudem, »ohne Hoffnung auf das ewige Leben« sei der Mensch »schwer verstümmelt«[34]. Und der Münchner Kardinal F. Wetter offenbarte im Dezember 1992, der Ausländerhaß in der Bundesrepublik, konkretisiert in den Untaten von Rostock und Mölln, entstamme dem »fehlenden Bezug zu Gott«[35]. Im übrigen gehe die Einsicht, daß die Würde des Menschen unantastbar sei, auf das Christentum zurück.

Sind Atheisten grundsätzlich Ausländerfeinde? Christen dagegen die großen Liebenden, die Vorkämpfer der Menschenrechte? Auch dieser Kardinal versteht nichts vom Thema. Statt sich um die zutiefst fremdenfeindliche Historie seiner Kirche zu kümmern, beschimpft er – ohne Rücksicht auf aktuelle und geschichtliche Fakten – die »anderen«. Es ist eben Bischofspredigt und »Hirtenwort«, Andersdenkende pauschal zu verdächtigen, statt sich an die eigene Brust zu klopfen und wenigstens zur einschlägigen Geschichte jener Kirchenchristen zu stehen, deren intensiver »Bezug zu Gott« sich in zahllosen Judenmorden, Ketzerverbrennungen, Vertreibungen Andersgläubiger, Frauenverfolgungen verwirklichte.

Grundsätzlich können Christenführer von Nichtchristen halten, was das Gebot der Nächstenliebe ihnen eingibt. Umgekehrt dürfen Nichtchristen und Nicht-mehr-Christen die Kirchenfürsten so hoch oder so niedrig einschätzen, wie der Verstand es ihnen gebietet. Doch gelten nach innerkirchlichem Komment alle bischöflichen Meinungsäußerungen als quasi-offizielle Verlautbarungen. Sie werden nicht unter vier Augen getan und sind keine Privatsache. Vielmehr erfolgen sie kirchenamtlich, oft von einer Kanzel herunter; in der Regel suchen und finden sie das Interesse der Medien. Dies macht ihre Inhalte besonders anfällig für Kritik; um so verwerflicher, wenn Bischöfe ihre Zunge nicht im Zaum haben, sobald sie zu predigen beginnen und niemand ihnen dabei widerspricht.

Das jüngste Beispiel öffentlicher Verworfenheit? Kardinal Meisner schämte sich nicht, in seiner Silvesterpredigt 1992 die Bundesrepublik pauschal als »gottvergessene, unfruchtbare Wüste« zu beschimpfen, »in der die Menschlichkeit geschwunden ist«[36].

Zwar sieht der Kirchenfürst keinen Grund, dieses Urteil auf die Wüste Vatikan[37] zu übertragen, wo genügend Gründe für Gottferne und fehlende Menschlichkeit zu finden wären, von Unfruchtbarkeit gar nicht zu reden.

Auch hat Meisner offenbar keinen Anlaß, auf das Gehalt zu verzichten, das ihm aus Steuermitteln gezahlt wird, für die die Leistung aller Deutschen steht. Doch diffamiert seine billige Polemik jene -zig Millionen als ausländerfeindlich, die nichts mit dem Gott des Großsprechers anzufangen wissen, seine luxuriöse Hofhaltung aber mitbezahlen müssen. Zudem beansprucht der Erzbischof für die eigene Gruppe, die Kirchengläubigen, die Liebe zu allen Menschen, »weil wir alle vor Gott grundsätzlich Brüder und Schwestern sind«.

So karitativ beseelt schwatzt ein von der Arbeit anderer ausgehaltener Kardinal daher, der sich in der »unfruchtbaren Wüste Deutschland« eine sündhaft teure Kunstsammlung leistet. Unverständlich, daß kein Politiker oder Staatsmann, nicht einmal der Bundespräsident, den Mut aufbringt, sich gegen die Diffamierung Deutschlands und der Deutschen zu verwahren. Verständlich hingegen, daß kein Christ die Stimme gegen diesen Hirten erhebt. Nicht einmal die Vorsitzende des Zentralkomitees der deutschen Katholiken R. Waschbüsch sah bisher einen Anlaß, den Kölner Erzbischof – um der Ehre des Christseins willen – öffentlich in die Schranken zu weisen.

Dabei bleiben gegenüber dessen snobistischer Unmoral genug Fragen offen. Soll die Unheilsgeschichte jener »abendländischen Wertegemeinschaft«, die Meisner am Herzen liegt, einfach unterschlagen sein? Können die konfessionslosen Mitbürger aus der Beteuerung ausgeklammert werden, Christen kennten nur Brüder und Schwestern? Wo bleibt der Beweis für die wiederholte und persönlich beleidigende Behauptung, denen, die dem Kirchengott nicht ohne gute Gründe kritisch gegenüberstehen, sei »nichts mehr heilig«? Wo der Beleg für die ungeheuerliche Unterstellung, unter den Nicht-Gottgläubigen (in den Medien) säßen »wirklich die Verantwortlichen für die gegenwärtige Ausländerfeindlichkeit«? Meint der überführte Raffke die Redakteure von »Monitor«, die ihm den Kunst-Deal nachweisen konnten? Probt der Purpurträger den Rachefeldzug?

Was Kölner Domherren von Meisner halten, war bereits vor dessen Amtsübernahme offenkundig. Wie hoch die meisten Mitbrüder im Bischofsamt über den Zungendrescher denken, ist so lange klar, als der Kardinal es nicht einmal schafft, zum Vorsitzenden der Deutschen Bischofskonferenz gewählt zu werden. Ob aber der Papst mit dem ertappten Nachfolger der Apostel noch glücklich sein kann? Wie lange es wohl dauert, bis Meisner wegen erwiesener Unfähigkeit aus Deutschland abberufen und zum Kurienkardinal erhoben wird?

Vorerst besteht offenbar kein Handlungsbedarf. In der Bundesrepublik bleiben menschenverachtende Äußerungen über ausländerfeindliche Atheisten, kannibalistische Konfessionslose oder hergelaufene Schwule noch immer erlaubt, falls der Gevatter Festredner »geweiht« ist. Kein Staatsanwalt sieht Veranlassung, gegen einen gesalbten Vertreter der Liebesreligion Klage zu erheben.

Wie das Kölner Kunstexempel beweist, kann sich ein Kardinal bis auf weiteres auch Stückchen leisten, die den einen oder anderen Minister stürzen ließen. Heinrich Böll mußte derlei nicht mehr erleben; Meisner blieb ihm als Zeitgenosse erspart. Verständlich, daß Böll mir vor Jahren sagte, ein Kardinal sei für ihn kein Gesprächspartner. Wer sich aber noch immer über die Verteilung der Gerechtigkeit zwischen Staat und Kirche wundert: Der Unterschied zwischen demokratischem Gespür und beanspruchtem Gottesgnadentum zeigt sich im Rücktritt des gewählten Ministers und in der Selbstbehauptung eines bloßen Predigers. Gerade in der Gotteswüste Deutschland.

Zwar ist gegen Dummheit allein keine Klage zu führen. Die müssen Bischöfe unter ihresgleichen ausmachen. Doch einen Oberhirten wegen Beschimpfung weltanschaulicher Gemeinschaften anzuklagen und damit den §166 StGB[38] auch nur einmal nicht zugunsten der Großkirche anzuwenden[39] oder einen Kirchenfürsten wegen Volksverhetzung oder auch nur wegen Beleidigung zu belangen[40] ist allem Anschein nach den Behörden in einem »gottvergessenen, unmenschlichen Land« ebenso unmöglich. Während die Staatsanwaltschaft Bochum 1985 beispielsweise einen Studenten anklagte, »eine im Inland bestehende Kirche« in einer Weise beschimpft zu haben, die »geeignet ist, den öffentlichen Frieden zu stören«, weil er ein Flugblatt verfaßte, dessen Inhalt »als besonders verletzende, rohe Kundgabe der Mißachtung« zu interpretieren sei und das deshalb »der Einziehung unterliege«[41], können sich die Lobbyisten der Großkirche nach wie vor sicher sein, weder den Frieden zwischen Staat und Kirche zu beeinträchtigen noch die Gefühle Andersdenkender durch eine »besonders verletzende, rohe Kundgabe der Mißachtung« dem Haß und der Verachtung ihrer Gläubigen auszusetzen.

Ich halte zwei simple Tatsachen fest: Offensichtlich haben die Organe der Strafverfolgung Besseres zu tun, als einen bramarbasierenden Bischof auch nur anzuklagen. Andererseits verfügen die Hirten selbst über ein schlechtes Gewissen. Sie müssen es bei Strafe verbieten lassen, daß über sie bestimmte Wahrheiten gesagt werden.

Im Bochumer Fall wurden drei Monate nach der Veröffentlichung des inkriminierten Flugblatts Hausdurchsuchungen in der Wohnung des Medizinstudenten, in einer weiteren, in der er früher einmal gewohnt hatte, sowie in der 500 Kilometer entfernten elterlichen Wohnung durchgeführt. Die offizielle Begründung: Sicherung von Beweismitteln. Und dies drei Monate nach der Publikation![42]

Im übrigen hatte der angeklagte Student sich auch über die karitative Tätigkeit der Großkirche ausgelassen:»Die christlichen Kirchen erhalten in unserer Gesellschaft – ungeachtet ihrer vernunftverheerenden Wirkung bzw. gerade deswegen – größten Schutz und staatliche Unterstützung ... Wer ihren vernichtenden Einfluß auf die menschliche Intelligenz und das menschliche Lebensglück aufzeigt und ihnen den Zugriff schon auf ›Kinderseelen‹ nicht weiter gestatten will, muß mit hohen, vom Staat ver-

hängten Strafen rechnen … Und da ihre (der Seelsorger) Kalauer
von der Nächstenliebe sowieso nur als Phrase auf der Kanzel taugen, vertrauen sie lieber auf Gefängnisse … Der Leitende Ober-
staatsanwalt wertete in seiner Anklageschrift gerade »die Bezeichnung des christlichen Gebots der Nächstenliebe als ›Kalauer‹ und
›Phrase‹« als eine »besonders grob verletzende Äußerung der
Mißachtung, die geeignet sei, das religiöse Gefühl gläubiger (katholischer) Christen zu beschimpfen«[43]. Das Gericht freilich sah
es anders – und historisch redlicher; nach wenigen Stunden
mündlicher Verhandlung wurde der Student – nicht zuletzt aufgrund eines Gutachtens von K. Deschner, das historische Irrtümer
über die betroffene Kirche beseitigte – freigesprochen.
Ein erstaunlicher Präzedenzfall. Das subtil geregelte Zusammen-
wirken von staatlichen und großkirchlichen Organen, dieses un-
moralische Verhältnis zwischen Staat und Kirche[44], kann nämlich
in unserem Land nicht nur eine felsenfeste Tradition vorweisen,
es ist auch aktuell so mächtig wie eh und je. Kein Wunder, daß die
beiden Steuerkirchen ihre Ansprüche nach Belieben äußern und
durchsetzen können: Sie treffen bei den Vertretern unseres Staates nicht gerade selten auf offene Ohren und offene Hände.
Im sogenannten Dialog der beiden Mächte Staat und Kirche ist
eben nie die Rede vom Expansionsdrang, von der unersättlichen
Gier der Hirten und ihrer Helfershelfer nach Land, Macht, Märk-
ten, von ihrem jahrhundertealten Profitstreben. Nie von der Tatsache, daß Christen Christen und Nichtchristen, Millionen um
Millionen, mit klerikalem Segen, mit kirchlicher Aneiferung, mit
theologischen Jenseitsverheißungen umbrachten.[45] Daher kommt
die Tatsache, daß »es kein großes Vermögen gibt, hinter dem sich
nicht ein Verbrechen verbirgt«[46] (oder deren viele), in bezug auf
die Großgrundbesitzerin Kirche nicht zur Sprache.

> *Ob dieses Schweigen und Verschweigen Ergebnis der klerika-*
> *len Kopfwäsche ist, die jeden sich wie einen Schuft fühlen läßt,*
> *der nicht mitspielt, sondern gegen das Selbstinteresse[47] nicht*
> *nur des Kapitalismus, sondern auch der durch und durch ka-*
> *pitalisierten Kirchen[48] Verdacht schöpft und gerade da Unmo-*
> *ral erkennt, wo die angeblich höchste Instanz der Moral han-*
> *delt?*

Ich darf doch wohl noch fragen. Steht denn die Aufklärung in unserem Land auf so schwachen Beinchen? Fallen die nachgewiesenen Tatsachen einfach unter den Tisch? Änderte sich in den letzten Jahren nichts Entscheidendes im Bewußtsein der Bundesdeutschen gegenüber den Großkirchen? Gilt die Millionenzahl der Konfessionslosen als staatsbürgerliche Bagatelle? Werden Kirchenfreie nur als tumbe Masse mit der Verpflichtung, unbesehen Milliarden an die Kirchen zu zahlen, betrachtet? Bleiben Nichtchristen gegenüber Katechismus-Hörigen Bundesbürger zweiter Klasse? Kenner unserer Verhältnisse stellen fest, daß die staatliche Seite, wenn die Himmelslobby um Subventionen feilscht, immer nur die Legende von den sozialen Großkirchen schlucken muß, als bekomme Geld in Klerikerhänden von vornherein eine besondere Qualität. Viele Menschen in unserem Land haben längst den Eindruck, als könnten und wollten die Unterhändler von Bund, Ländern und Kommunen nicht auch einmal nachfragen, wozu genau unser aller Geld gebraucht wird und wo die Milliarden an Subventionen bleiben.

> *Niemand sollte den überragenden Einfluß des Geldes, das doch*
> *sprichwörtlich die Welt regiert, ausgerechnet auf Geschichte,*
> *Politik und Bewußtseinsindustrie der Großkirchen geringer*
> *veranschlagen, als es ihm zukommt.*

Warum gerade hier so wenig Ehrlichkeit? Fasziniert die Parteipolitiker, von denen mir nicht wenige ihre durchaus realistische Einschätzung der großkirchlichen Zukunft flüstern, allein die vergleichsweise hohe Zahl der Christen – und damit der möglichen Wählerinnen und Wähler – im Land? Immerhin äußern noch immer 56 Prozent der Westdeutschen und 27 Prozent der Ostdeutschen, sie glaubten an Gott[49] – ein Beweis entwickelter Intelligenz.[50]

Aber hinter den Kulissen? Nur noch jeder vierte ist ein Christ, meldet »Der Spiegel« im Juni 1992. Nur wenige glauben immer noch viel: Das Dogma von der Jungfrauengeburt findet bei 22 Prozent (Vergleich aus 1967: 36 Prozent) Glauben, die Existenz der Hölle bei 24 (34) Prozent, die Gottessohnschaft Jesu 29 (42) Prozent, die Auferstehung 33 (39) Prozent. Vor allem läßt sich ein Bruch zwischen den Generationen feststellen: Nur noch halb so viele Bundesbürgerinnen und -bürger unter 30 glauben an den Gottessohn Jesus wie von ihren älteren Landsleuten. In den neuen Bundesländern glauben nur noch 17 Prozent an diesen Satz.[51] Im übrigen ist nur noch jeder zehnte Bundesdeutsche davon überzeugt, daß in der Bibel nichts Falsches steht. Haben Hl. Schrift und Dogma bei den Deutschen abgewirtschaftet? Halten nur noch Minderheiten an ihm fest? Zum Vergleich: Eine karitativ bestimmte Aussage wie die, daß der historische Jesus Kranke heilte, wird von 77 (82) Prozent der Befragten akzeptiert.[52]

Heilte der Heiland wirklich? Zunächst einmal stammen alle Wunderberichte von Menschen, die aus der Verbreitung solcher Meldungen Vorteile zogen, zumindest die Genugtuung hatten, aufgrund solcher Verkündigung einige Seelen (darunter die ihre) gerettet zu haben.[53] Zum anderen predigt derselbe Wunderheiler nach denselben Evangelien (mindestens ebenso häufig, wie er Wunder tut) geradezu eine ewige Nicht-Heilung, nämlich die Verdammnis jener Millionen Menschen, die sich selbst durch Wunderberichte nicht zum Glauben bekehren lassen wollen.[54]

Doch wie gesagt: Mit Diakonie lassen sich immer Geld und Meinung machen. Ist die Meinung der Menschen im Sinne der Großkirche ausgerichtet, fließt auch das Geld. Erfahren sie die Wahrheit über die Verwendung ihrer Gelder, ändern sie zwar nicht sofort ihre herkömmliche Meinung, doch ist eine Bewußtseinsänderung, die gesellschaftliche und politische Folgen hat, dann nur noch eine Frage der Zeit.

Die Lobby weiß dies nur zu gut. Kein Wunder, daß die Kirchen einem öffentlichen Diskurs über das Eigentum und dessen Umverteilung immer wieder ausweichen. Ihn mit Klerikern zu führen, die ihren Reichtum gegen die Armen verteidigen, indem sie ihn für die Armen einzusetzen vorgeben, erweist sich noch immer als unmöglich. Wer öffentlich erklärt, sein Besitz sei sozialgebunden und diene allen Menschen, vor allem den Notleidenden, unterbindet jede Nachfrage von seiten eben dieser Bedürftigen. Caritas als Zensurmittel, das ist ein erprobtes Instrument im Kampf für den privilegierten Status quo der Kirchen in der Bundesrepublik.

Obgleich immer mehr Fakten an den Tag kommen, die das Gegenteil beweisen, gilt die Kirche bei vielen noch immer als Synonym für das Handeln im Sinne Jesu. Daher nehmen ihr viele Gläubige ab, daß sie nur das Beste für alle Menschen will. Die klerikale Publizistik, von dem österreichischen Theologen R. Schermann chronischer Unwahrhaftigkeit verdächtigt[55], tut das Ihre, indem sie negative Berichte[56] über die großkirchliche Caritas herunterspielt und positive Meldungen aufbauscht.[57]

> *Weil die Amtskirche immer noch die Diakonie organisiert und das einschlägige Bewußtsein kontrolliert, kann sie Millionen Ahnungsloser zum Zahlen veranlassen. Wird der Kirche jedoch die Glaubwürdigkeit ihrer karitativen Tätigkeit bestritten und der »Blankoscheck des generellen Vertrauens«[58] entzogen, ist sie schnell am Ende mit ihrem Caritas-Latein.*

Die Kirchenvermögen erreichten längst eine Größenordnung, die sie gesellschaftlich kaum mehr kontrollierbar machen.[59] Vor allem die Catholica kann – mit Hilfe der Einnahmen aus den »Scherflein der Witwe« wie aus staatlichen Kassen – weltweit als ein multinationaler Konzern agieren, der sich eigene Banken und Finanzorganisationen leistet und seinen aus den Geldern der vielen stammenden Einfluß entsprechend einsetzt. Die Gelder sind dabei »fast stets ohne Rücksicht auf den sittlichen Charakter der Betriebe«[60] investiert; die Umschichtungen der letzten Zeit waren taktisch motiviert.[61] Das Wort von der asozialen Organisation liegt nahe. Wie ist die »kritische Solidarität« beschaffen, die nach der Botschaft zum Jahreswechsel 1992/93 des Magdeburger Bischofs Ch. Demke[62] eine Kirche mit Staat und Gesellschaft üben muß? Besteht sie – wie üblich! – nur in Appellen an die andern, oder schließt sie künftig ein Eigenopfer der Großkirche ein? Während beispielsweise die in Deutschland lebenden Ausländer 25 Milliarden DM mehr an den Staat zahlen, als sie von ihm erhalten[63], unterliegt die Kirche der Fensterpredigt keinem ähnlich belastenden Mißverhältnis. Ihre Bilanz strotzt vor Gesundheit: Sie nimmt ja unverhältnismäßig mehr Geld ein, als sie – gerade auf karitativem Gebiet – zuschießt.

Und die Ansprüche dieser Großgrundbesitzerin und vielfachen Milliardärin sollen, dürfen, müssen noch höher geschraubt werden? Wäre es nicht an der Zeit, auch von der Kirche Solidarität zu fordern und es ihr nicht länger zu erlauben, sich bewußt aus allen Solidarpakten auszuklammern?[64] Der frühere Minister Möllemann sagte: »Ich bin doch nicht verrückt«[65], als er den Besitzstand der Großkirchen in Frage stellen sollte. Das letzte Wort der bundesdeutschen Politik?

> *Die praktizierenden Katholiken Waigel und Blüm beiseite, findet sich kein Wirtschaftsminister, Finanzminister, Sozialminister, die auf der Suche nach dringend notwendigen Einnahmen einmal nicht an Steuererhöhungen denken, sondern an die Kürzung oder Aufhebung der Subventionen, die unsoziale Kirchen Jahr für Jahr einstecken?*

Die Mehrheit denkt mit: Mittlerweile gibt es mehr Konfessionslose als allsonntägliche Kirchgänger.[66] Parteipolitiker machen sich hin und wieder ernste Gedanken über die neuen Tatsachen. Lassen sie Kirchenbindung und Wahlverhalten analysieren, kommt stets eine kontinuierliche Entkonfessionalisierung heraus.[67] Doch bleiben die entsprechenden Konsequenzen noch immer aus: Bei den letzten Bundestagswahlen konnte die SPD trotz der betont christennahen Kandidaten Vogel und Rau bei den Kirchengebundenen ihren Wähleranteil gerade halten, während sie bei den Kirchenfreien jene Verluste erlitt, die sie unter die 40-Prozent-Marke rutschen ließen. Umfragen bestätigten den Trend: Kirchenfreie lösen sich zunehmend von der SPD.

Die Grünen finden Anklang nur bei zwei Prozent der regelmäßigen Kirchgänger und bei fünf Prozent der gelegentlichen Kirchenbesucher. Ihr Anteil bei den Kirchenfernen stieg dagegen auf fünfzehn Prozent, der bei den Konfessionslosen auf achtzehn Prozent. Sollte die Partei da noch um christliche Grüne werben?

Mehr und mehr wird Klerikern offen die Kompetenz in Fragen des Menschseins abgesprochen.[68] Der renommierte Theologe H. Küng weist beispielsweise darauf hin, daß die römische Kirche mit ihrem »düsteren Verbot« der Geburtenkontrolle[69] sich nicht nur tatkräftig am Bevölkerungswachstum der Erde schuldig macht. Mit ebendieser Doktrin ist sie auch keineswegs am Evangelium orientiert, sondern an ihren eigenen Machtinteressen und Einflußzonen: Immerhin stammt die traditionelle Lehre aus nichts anderem als aus einer »hochnotpeinlichen päpstlichen Lehrgeschichte«[70].

Der Papst blockiert sich damit selbst. Er kann es nicht wagen, den in schlimmster Weise inhumanen lehramtlichen Regelkreis zu durchbrechen, das Verbot empfängnisverhütender Maßnahmen aufzuheben – und seine Vorgänger eines Lehrirrtums[71] zu überführen.

Stattdessen nutzte der Vatikan alle politischen und diplomatischen Kanäle, um die ihm unbequeme Diskussion über das Bevölkerungswachstum auf dem Umweltgipfel in Rio de Janeiro zu unterbinden. Daher war es vielen Delegierten unmöglich gemacht, öffentlich den Zusammenhang anzuprangern, den es zwischen der päpstlichen Morallehre und dem unbeschreiblichen sozialen Massenelend auf der Welt gibt. Der Dienst am Menschen, den die Großkirche vehement predigt, geschieht demnach nach wie vor nach gewohntem Muster: Die Geburtenregelung wird als unmenschlich, widernatürlich, gottlos verurteilt. Die unbeirrte Haltung der Päpste aber gilt als unüberbietbar menschenfreundlich. Wer aber, fragt Hans Küng, hätte mehr Möglichkeiten als Johannes Paul II., in Lateinamerika und anderswo für eine vor dem Gewissen verantwortete, vernünftige Empfängnisverhütung einzutreten? Also gerade in Ländern, wo dieses Problem sozial und ökonomisch am drängendsten ist – und wo die Kirche noch immer über großen Einfluß verfügt? Die Menschenfreundlichkeit des Papstes wird zu Lasten von Millionen Menschen in aller Welt zelebriert; auch diese spezielle Form kirchlicher Humanität ist unmenschlich und in ihren weitreichenden Folgen für Individuum und Gesellschaft ohne Moral. Keine Angst, Herr Wojtyla! Es lassen sich genügend Beispiele für eine Änderung lange aufrechterhaltener kirchlicher Lehren und Normen anführen.[72] Freilich geschahen diese, ohne daß sich auch nur ein Oberhirte dafür entschuldigt hätte, zuvor Millionen Menschen durch irrige Entscheidungen in Moralfragen oder unmenschliche Gesetze in schwerste Gewissensnöte versetzt zu haben.

Schon 1988 ergab eine Umfrage seitens der (unverdächtig katholischen) Zeitschrift »Weltbild«, daß praktizierende Kirchgänger ihren Hirten selbst in religiösen Fragen nur geringe Kompetenz zuschrieben: Ganze 35,8 Prozent waren der Meinung, Pfarrer hätten zu religiösen Problemen etwas Wegweisendes zu sagen. In Fragen der Sexualität schrumpfte selbst dieser Anteil auf acht Prozent, beim Umweltproblem auf 9,5 Prozent.[73] Die meisten Menschen sind der Ansicht, daß die Kirchen bei kaum einem Problem, das den Alltag prägt, als zuständig gelten können. Es fiel längst auf, daß Theologen und Kleriker sich ihre Autorität in Sachfragen nur ausborgen. Verlangen sie beispielsweise heute lauter denn je, daß die Umwelt gerettet werden müsse, ist vielen Adressaten noch in Erinnerung, wie sich dieselben Prediger erst vor kurzem verhielten. Da die Alternativen frühere und schrittmachende Erfahrungen machten und sachbezogene Lösungen bieten, wird die Mehrheit der Bundesdeutschen zu Recht der klerikalen Ansprüche auf Kompetenz überdrüssig.

Keines von den verlorenen Schafen scheint dem Verlust des Pferchs nachzutrauern. Die beiden Kirchen verschwanden aus dem Leben der Mehrheit wie eine alte Tante, zu der es hin und wieder Kontakt gab und die eines Tages ausblieb, ohne daß es noch sonderlich auffiel.[74] Aber das Tantchen hinterließ ein schlimmes Erbe: Das angeblich bewährte bundesdeutsche Modell funktioniert nach wie vor. Zwar bleiben den Kirchenbänken immer mehr Millionen fern, doch fließen auf die Kirchenkonten bei den Banken immer mehr Milliarden.[75] Der Zuwachs an Kirchensteuereinnahmen zwischen 1990 und 1991 betrug stolze 16 Prozent![76] Ist schon das Credo dahin, so nicht der Kredit.

Die an sich absurde Tatsache ist mitbegründet in der sogenannten Partnerschaftstheorie. Selbst wenn man – zugunsten der Großkirchen! – annimmt, daß diese einmal eine gewisse Berechtigung hatte, ist sie doch mittlerweile geradezu auf unerträgliche Weise gesellschaftlich überholt.[77] Nur die engstirnigsten Lobbyisten in Kirchenrecht, kirchlicher Diplomatie und Staatskirchenrecht erkennen diese Wirklichkeit nicht. Sie wiederholen daher die uralten Argumente und drehen ihre Gebetsmühlen: Caritas, Caritas, Caritas auf der einen Seite, und auf der anderen »laizistische Frontstellungen«[78]. Wer tiefer schaut und Konsequenzen fordert, bekommt schnell den Schwarzen Peter in die Hand. Er hört den Vorwurf, weder vom Staat noch von der Kirche viel zu verstehen, zumal sich beide Gewalten, hübsch »dialektisch verschränkt«, um ein personales Problem kümmern: Schließlich soll »der eine Mensch als Christ und Staatsbürger« betroffen sein.[79]

Früher predigten die Oberhirten noch viel offenherziger und triumphalistischer: »Beide Gewalten besitzen über dieselben Personen oder Angelegenheiten gewisse Rechte«[80]. Der Christ ist also Untertan beider Mächte. Er tut gut daran, seine untergeordnete

Stellung zu beachten, zumal das Wohl der menschlichen Gesellschaft »auf zwei Grundpfeilern ruht: auf Kirche und Staat. Beide sind von Gott geordnet.«[81] Gerade der Kirche nicht zu gehorchen ist besonders unvorteilhaft: Schließlich ist diese »für die Ewigkeit, ihr gehören alle Zeiten und Orte, ... sie hat die Verheißung ihrer Dauer und ihres Sieges in allen Kämpfen.«[82]

Sich von der »Gewalt« Kirche in seinen Rechten beherrscht zu sehen, ist ebensowenig wie die gegenwärtige Abweichung ins Personale, ganzheitlich Menschliche, religiös Dimensionierte nicht jedermanns Sache. Immer häufiger wird das Argument durchschaut: Nicht der beschworene Einzelmensch und dessen Heil wie Wohlfahrt sollen gesichert werden. Die klerikalistische Beweisführung hat ausschließlich das irdische Heil der Großkirchen im Auge. Verständlich, daß die Kleriker und kirchenfrömmsten Juristen es schafften, die beiden »Mächte« Staat und Kirche durch alle Staatsformen der deutschen Geschichte in unserem Jahrhundert hindurchzulavieren.

Wie Kirchenfürsten selbst nicht leugneten, fügte die Kirche sich überhaupt seit Anbeginn den verschiedensten Staatsverfassungen.[83] Immer wieder versuchte sie denn auch, die innere und die äußere Harmonie zwischen ihr und dem jeweiligen Staat herzustellen und zu behaupten. Der Unfriede zwischen beiden Gewalten galt als »schwerste aller Wunden«[84]; er war der Vorbote jenes Zustands, in dem sich Staat und Kirchen-Konkurrenz (Unglaube, Rationalismus, Liberalismus usw.) zusammentaten[85] und die Trennung von Staat und Kirche, dieser »soziale Irrtum«[86], beschlossene Sache war. Um diese schlimmste Konsequenz abzuwenden, mußte die Kirche sich mit allen Staatsformen arrangieren. Dies fiel ihr nie schwer.

> *In Deutschland konkretisierte sich das opportunistische Prinzip: Nach dem Ineinander im Kaiserreich, dem Nebeneinander in der Weimarer Republik und dem angeblichen Gegeneinander im Dritten Reich[87] soll die Bundesrepublik eben ein Miteinander kennen.[88] Auffällig freilich, daß die Wendekirchen[89] in jedem dieser Fälle finanziell glänzend[90] profitierten, auch und gerade während der Hitler-Diktatur.[91]*

Das gegenwärtige Miteinander? Der evangelische Theologe Claus-Dieter Schulze beschreibt die Lage:»Das unverändert westliche Staatskirchenrecht ist die Voraussetzung für die volle Integration der Kirchen in das Wertesystem der sozialen Marktwirtschaft, zugleich die Stillhalteprämie für Zurückhaltung in deutscher Selbstkritik angesichts weltweiter Ungerechtigkeit und Erdverwüstung. Die partnerschaftliche, eheähnliche, zwillinghafte, arbeitsteilige, parallele Zuordnung von Kirche und Staat ... bedeutet eine ausbalancierte gemeinsame Verpflichtung auf die herrschende Gesellschaftsordnung.«[92]

Ein Schlaglicht auf das praktische Miteinander: Unter der Überschrift »Union vermißt den kirchlichen Segen« berichtet die Süddeutsche Zeitung am 30. Oktober 1992 vom Einzug der Volksvertretung in den neuen Plenarsaal (offenbar fand sich kein treffenderer Titel für das parlamentarische Ereignis). Die Unionsfraktion war jedenfalls verärgert, daß der Plenarsaal ohne oberhirtlichen Segen eingeweiht wird. Diese an sich einem weltanschaulich neutralen Gemeinwesen gut anstehende Tatsache wird den Fraktionen von SPD und F.D.P. als Schuld angerechnet: Diese verweigerten der klerikalen Zeremonie ihre Zustimmung, obgleich sich die Parlamentspräsidentin »vehement um eine Segnung bemüht« hatte. So bleibt der Neubau ungesegnet. Es ist zu hoffen, daß sich dieser Tatbestand nicht hinderlich auf Debatten, Gesetzesvorlagen, Beschlüsse und die bundesdeutsche Demokratie schlechthin auswirkt. Vergleiche mit früheren Epochen der deutschen Geschichte sind erlaubt, als die jeweiligen Plenarsäle noch »geweiht« waren ...

Es sind die Kirchen und nicht der Staat[93] oder gar die Menschen, die nach wie vor relativ unangefochten von der »sana cooperatio«, der angeblich fairen Zusammenarbeit[94], am meisten profitieren. Allein die beiden Großkirchen brachten ihre Schäfchen ins trockene. Ihre Privilegierung ist weltweit einmalig.[95] Und während unsere Republik Milliarden zuschießt und Milliarden für die Kirchen einkassiert[96] (Staatsinkasso der Kirchensteuer[97]), beschränken sich die Kirchen nur auf das Notwendigste: auf ihre Seelsorge. Diese freilich ist nach Ansicht vieler Millionen Menschen nicht im entferntesten das immense Geld wert, das sie verschlingt. Der Dienst am Menschen steht, auch dialektisch verschränkt, in keinem Verhältnis zu den Unsummen, die er uns alle kostet.

Im Vorfeld des Evangelischen Kirchentags 1993 gab es Differenzen zwischen der Stadt München und den Veranstaltern.[98] Weltanschaulich hatte das »katholische München« (von den vielen Konfessionslosen, Evangelischen und Angehörigen nichtchristlicher Religionen in dieser Stadt war keine Rede!) kaum Probleme. Es ging wieder um das liebe Geld. Denn die protestantische Lobby feilschte um die Finanzierung ihres Kirchentags. Sie ist gewohnt, voll in die öffentlichen Säckel greifen und – zugunsten ihrer Sozialzwecke! – Steuergelder, die von allen Bürgerinnen und Bürgern aufgebracht wurden, geradezu nachgeworfen zu bekommen.

Dieses Anspruchsdenken verdirbt offensichtlich die Sozialmoral. Daher geben die Unterhändler der Großkirche sich zum einen erstaunt, daß die hochverschuldete bayerische Metropole, die 1992 aus Geldmangel fast 1500 städtische Arbeitsplätze nicht besetzen konnte[99], überhaupt Mietforderungen stellt: Immerhin mußte die Kirche weder in Frankfurt noch in Berlin für die Nutzung von öffentlichen Schulen (!) auch nur einen Pfennig bezahlen, während München dafür 750000DM in Rechnung stellen will. Zum anderen erscheinen der Lobby die angekündigten Zuschüsse der Bedeutung des Kirchenfestivals nicht angemessen. Da Bund und Freistaat Bayern etwa fünf Millionen DM zuschießen, müßte die Kirche für ihre – wohlbemerkt, ureigene und nicht auf alle Menschen auszudehnende – Veranstaltung mehr als acht Millionen selbst aufbringen – es sei denn, die Stadt München verzichtete auf ihre Mietforderungen und legte zwei Millionen an Eigenmitteln drauf ...

Die Verhandlungen werden hart sein; die großkirchlichen Ansprüche sind danach. Wer die Verhältnisse in der Republik kennt, kann freilich davon ausgehen, daß sich auch München beugt und den Forderungen der Frommen auf Kosten aller Münchener nachkommt. Das buchstäblich letzte Argument der Lobby: Schließlich profitiere auch die Gastronomie Münchens vom Kirchentag ...

Kann sich die Stadt eine solche »Ausnahmegelegenheit« wirklich nicht entgehen lassen? Muß sie diese Ausnahme – vergleichbare Zuschüsse und Mietnachlässe finden sich außerhalb großkirchlicher Praxis nicht – tatsächlich mit Millionen finanzieren? Darf eine extrem reiche Kirche, die 1991 eine Kirchensteuerzunahme von 16 Prozent einsteckte und allein in Bayern ein Milliardenvermögen an Immobilien besitzt, eine Kommune wie München einfach ausnehmen? Ich halte das großkirchliche Ansinnen für zutiefst unsozial und schon den Versuch für strafbar.

In derselben Ausgabe der Süddeutschen Zeitung findet sich pikanterweise ein Bericht, nach dem Lutheraner die »soziale Kälte« in der Republik beklagen[100] und einen Solidarpakt fordern. Die Vereinigte Evangelisch-Lutherische Kirche Deutschlands (VELKD) kritisiert in diesem Zusammenhang die zunehmende Entsolidarisierung in der bundesdeutschen Gesellschaft und ruft zum verstärkten Schutz der Arbeitslosen, Behinderten und Alten auf. Daher sei eine soziale Wende nötig, ein solidarisches Handeln aller Teile der Bevölkerung. Die Lobby scheint gar nicht erst zu bemerken, daß sich alle diese edelmütigen Worte gegen die eigene Großkirche richten: Noch immer ist von einem Solidarpakt keine Rede, aus dem sie selbst sich nicht ausklammerte. Statt dessen wird mit einer Pünktlichkeit, nach der sich die gesellschaftliche Uhr stellen ließe, der Ruf nach dem Staat – und dessen Zuschüssen – laut: gerade von seiten der Großkirchen, deren eigenes Vermögen nach -zig Milliarden DM zu beziffern ist.

> *Suchen die Kirchen nach Beispielen für die von ihnen beklagte Entsolidarisierung, brauchen sie sich nur bei sich selbst, in ihrem asozialen Milieu, umzusehen.*

Die evangelisch-lutherische Lobby sprach – ebenso pünktlich – auch zum Abschluß ihrer Generalsynode in Dresden von ihrem »genauen Hinhören« auf alles, »was den Menschen weh tut und wo sie unsere Hilfe erwarten«. Von dem Schmerz der Millionen, die die reichste Kirche der Welt und deren Alltagspraxen betrachten dürfen und Vergleiche zu ihrem eigenen Schicksal ziehen könnten, sprach sie nicht. Wenn Menschen schon »unsere Hilfe erwarten«, dann vielleicht auch ein einziges Mal in Form von Verzicht auf die bisherige Verwendung der Kirchensteuermilliarden und in Form von entschlossener Umwidmung zugunsten der Arbeitslosen, Behinderten und Alten …

Nochmals dieselbe Ausgabe der »Süddeutschen«, sogar dieselbe Seite: Die Gewerkschaft Öffentliche Dienste, Transport und Verkehr protestiert gegen die von der Evangelischen Kirche in Deutschland und den Landeskirchen geplante Neufassung des Gesetzes über die Rechte kirchlicher Arbeitnehmerinnen und Arbeitnehmer.[101] Denn zum einen sollen nach dem neuen Gesetz nur noch Angehörige christlicher Kirchen in die Mitarbeitervertretungsgremien gewählt werden können, zum anderen ist beabsichtigt, die Zuständigkeit der Mitarbeitervertretung bei Personalmaßnahmen wie der Kündigung noch weiter einzuschränken.

Evangelische Hirten wollen sich allem Anschein nach auf dem Gebiet des Mitarbeiterrechts die pseudodemokratischen Ideologien und Praktiken ihrer Kollegen aus der Schwesterkirche[102] zu eigen machen. Doch der soziale Aufkleber hält offensichtlich nicht mehr, und immer mehr Menschen lösen ihn ab. Wer aufmerksam in Tageszeitungen schaut, findet täglich entsprechende Meldungen aus der Welt des real existierenden Protestantismus oder Katholizismus.[103]

Nicht immer sind es – wie es zum 23. Oktober 1992 – gleich drei einschlägige Berichte aus dem karitativen Wirken der Großkirche. Doch selten bis nie handelt es sich um Nachrichten, die eine andere Perspektive auf die Diakonie als die an den obigen Beispielen aufgezeigte zulassen. Alle Leserinnen und Leser sind eingeladen, die Probe aufs Exempel zu machen; sie werden immer fündig werden.

Ist eine Kirche, die nur Lippenbekenntnisse ablegt, überhaupt partnerschaftswillig und -fähig? Denken ihre Oberhirten je an etwas anderes als an die ideologischen und finanziellen Interessen der Organisation, eben an das Proprium? Sind sie gleichberechtigte Gesprächs- und Aktionspartner? Nein. Mit Bischöfen sind allenfalls taktische Übereinkünfte möglich und zulässig.

Grundsätzlich können Demokraten aller Lager (die »dummen mündigen Bürger« des Freiherrn von Campenhausen?) nicht mehr mit Leuten verhandeln, die in ihrer eigenen Institution ein undemokratisches System aufrechterhalten, das nicht einmal der Menschenrechts-Charta der UNO standhält. »Partnerschaft« ist zu hoch gegriffen, der Begriff nach Lage der Dinge ähnlich unpassend, wie wenn er auf andere totalitäre Systeme angewandt wird. Nicht-Demokraten können von Demokraten nicht ohne Gesichtsverlust Partner genannt werden. Wer meint, sich dennoch – womöglich um der gemeinsamen Sorge um den einen Menschen willen – mit kirchenfürstlichen »Partnern« sehen lassen und handeln zu können, hat keine Entschuldigung vor der Zukunft. Er nimmt nicht auf die Mehrheit der Bevölkerung Rücksicht, sondern auf die Empfindlichkeiten einer bestimmten Minderheit – und vor allem auf die einer klerikalen Funktionärsclique. Undemokratische Strukturen finden sich überall, wo Klerikale am Werke sind. Doch nur in der Bundesrepublik werden mittelalterliche Glaubenssätze auch vom Staat honoriert.

Doch scheint dies manchen Christen nicht genug zu sein. Sie sehen zwar keinen Anlaß, den Geldsegen zu bestreiten oder gar zu stoppen, der auf ihresgleichen heruntergeht. Doch möchten sie es der Bundesrepublik heimzahlen, daß diese – mit der Mehrheit ihres freigewählten Parlaments! – angeblich widergöttliche Normen begünstigt. Ein Beispiel: Das »Katholische Kirchenblatt« für Ulm und Umgebung öffnete im Herbst 1992 seine Spalten für einen Scharfmacher, der – im Zusammenhang mit der Neuregelung des §218 StGB – von einer »verfassungswidrigen Willkürgesetzgebung« spricht und diese »auf dem Niveau eines Verbrecherstaates« ansiedelt.[104] Das ist doppelmoralisch, also gut klerikal gehandelt: Auf der einen Seite beschimpft der Autor W. Traub unser Gemeinwesen, den »Partner« Staat, in unflätigster Weise, auf der anderen verliert er kein Wort über die Milliardensummen, die seine Kirche nach wie vor von jenen »Partnern« einstreicht, deren Bundestagsmehrheit er auf dem Niveau eines Verbrecherstaates (!) ansiedelt. Geld stinkt eben noch immer nicht, am wenigsten bei denen, die es sich – ohne große Gegenleistungen zu erbringen – schenken lassen ...

> *Die unter Lobbyisten geläufige Rede von der Partnerschaft zwischen Staat und Kirche ist höchst ideologieverdächtig. Demokratische Gesinnung verrät sie nicht. Doch Groß- und Wendekirchen finden Gehilfen. Sozialpolitiker sind noch immer so amtskirchenfreundlich wie die Gerichte, die sich freilich auf entsprechend kirchennahe gesetzliche Vorgaben stützen müssen.*

Und die europäischen Nachbarn, die andere Finanzierungs- und Sozialsysteme kennen? Leben denn allein in der Bundesrepublik Deutschland Christen? Ermöglicht nur unser großkirchlich dominiertes Sozialsystem das wahre gute Werk? Die Steuerkirchen unseres Landes wiesen immer wieder darauf hin, wenn sie ihre Kirchensteuern verteidigten, daß »dank ihres Einsatzes und ihrer immensen Zuschüsse der deutsche Sozialstaat alle anderen überflügelt und eben wegen der aus Kirchensteuern finanzierten Sozialleistungen der beste der Welt sei« [105].
Eine weitere Sozial-Legende. Eine im Auftrag des Bundesministers für Jugend, Familie und Gesundheit erstellte Untersuchung

für 1989 verglich die (formalen) Standards in der Altenhilfe der Bundesrepublik mit drei Nachbarländern, nämlich Dänemark, den Niederlanden und der Schweiz. Resultat: Deutschland weist im internationalen Vergleich des Ist-Bestandes mit alternativen Soll-Zahlen auf der Basis von Bedarfsmeßziffern des benachbarten Auslands einen erheblichen Bedarf auf.[106]

Übernähmen wir beispielsweise den Versorgungsstand Dänemarks, bräuchten wir 532000 Plätze in der Altenversorgung. Machten wir es den Niederlanden nach, wären es 776000 Plätze, und die Schweiz überflügelt die Bundesrepublik um 59 Prozent! Der Sozialstaat Deutschland, fest in großkirchlicher Hand, schneidet im internationalen Vergleich auch dann nicht gut ab, wenn es um die Zahl der Beschäftigten im sozialen Dienstleistungsbereich geht. Hinsichtlich der Versorgungsdichte steht die Bundesrepublik – noch hinter den USA, dem »laizistischen« Frankreich[107] und Großbritannien – an sechster Stelle.[108] Auch hinsichtlich der Gehälter und der wöchentlichen Arbeitszeit der im Sozialbereich Tätigen ergibt sich keineswegs eine Vorreiterrolle der Bundesrepublik. Im Bereich der Kindergärten stellt sie geradezu ein Entwicklungsland dar.[109]

> *Länder in Europa und Übersee, die die kirchliche Caritas und Diakonie nicht privilegieren, haben eine bessere soziale Versorgung als die Bundesrepublik zu bieten.*

J. Neumann stellt fest, daß die Mitwirkung der großkirchlichen Wohlfahrtsverbände, genauer besehen, doch nicht die »Geheimwaffe« ist, um eine Volkswirtschaft und ein Gemeinwesen tatsächlich auf einen optimalen sozialpolitischen Leistungsstand zu bringen.[110] Wer sich auf dem Höchststand befindet, ist allein die organisierte Caritas der Großkirchen. Offensichtlich lohnt sich deren lukrative Tätigkeit zwar nicht sozial, aber doch finanziell und geistlich. Und da die Kirchen sich auf dem Markt der sozialen Dienstleistungen in Deutschland monopolartige und rechtlich wie finanziell unvergleichlich privilegierte Positionen schufen, ist und bleibt unser Staat fürs erste von diesen Monopolen erpreßbar.[111]

Nur bei uns bauten die beiden Kirchen ihre Positionen strategisch konsequent aus. Dies geschah – unter dem Wohlwollen der Parteipolitik – mit einem doppelten Ziel: Zum einen sollten die Nutzer (Kinder und ihre Eltern, Kranke und Alte) unter dem Vorwand, sie ganzheitlich zu betreuen, klerikal indoktriniert werden können, zum anderen ließ sich auf diese Weise »eine politisch-strategische Fortifikation« für die kirchlichen Sonderinteressen etablieren und stabilisieren.

Zudem gelang es den Großkirchen und den von diesen abhängigen Verbänden in den letzten 45 Jahren, sich unter dem Etikett Diakonie in den Besitz von Grund und Gebäuden zu bringen. Meist erhielten sie den Boden zu Vorzugspreisen in besonders günstigen Lagen. Sofern sie die Gebäudekosten nicht von vornherein ganz ersetzt bekamen, wurden sie beim Erwerb erheblich bezuschußt. Heute sind sie Eigentümer dieser Einrichtungen, obgleich sie diese entweder ganz oder zum größten Teil aus Mitteln erwarben, die ihnen aus allgemeinen Steuern zuflossen.

Nach demselben Muster sind die Kirchen bereits wieder in den neuen Bundesländern tätig, als seien Kirchenvertreter gerade auf dem Terrain der ehemaligen DDR unschuldig geblieben.[112] Offensichtlich sind großkirchlicher Missionsauftrag und Missionswille[113] im Beitrittsgebiet neu entflammt.[114] Dort, wo die Kirchen aus bekannten Gründen nicht eben in hohem Ansehen stehen[115], erreichen Aufkäufe und Privilegierungen[116] – diesmal unter dem Motto »Sonst macht's ja niemand!« – noch größere Dimensionen als in den alten Bundesländern. Während die großkirchliche Lobby gegenwärtig einsackt, was sie kriegen kann, werden – mit staatlicher und kommunaler Hilfe – nichtkirchliche Träger aus dem Geschäft gedrängt. Oft erhalten die alternativen Anbieter nicht einmal die Möglichkeit, sich am Wettbewerb zu beteiligen. Die klerikal bestimmte Wohlfahrtspflege setzt sich durch; schließlich hält ihr Dienst am ganzen Menschen keinen Vergleich aus …

> *Der logische Schluß ist so richtig, wie er unglaublich erscheint:*
> *Die Kirchen kauften und kaufen das öffentliche Wohlfahrts-*
> *wesen buchstäblich mit öffentlichen Mitteln auf, und niemand*
> *scheint es bemerkt zu haben! Sie finanzieren gegenwärtig kei-*
> *neswegs den Sozialstaat Bundesrepublik, am wenigsten über*
> *ihre Kirchensteuern. Vielmehr erwarben sie ihn überwiegend*
> *zu Niedrigstpreisen.*[117]

Wie lange soll dies noch so weitergehen? Staatstragende Personen schauen einfach zu oder applaudieren gar der klerikalen Ideologie und Praxis. Helmut Kohl: »Die Grundwerte unserer Verfassung stehen in einem engen Zusammenhang mit dem von den Kirchen tradierten Menschenbild. Man kann wohl sagen, daß es ohne die historischen Leistungen der Kirchen den modernen Staat in seiner heutigen Gestalt nicht gäbe. Auch wer das religiöse Selbstverständnis der Kirchen nicht teilt, sollte nicht verkennen, daß ihre Aufgabenstellung für eine politische Ordnung, die an Grundwerten orientiert ist, von großem Gewicht ist. Sie sind ... nach wie vor die großen Ordnungskräfte, die in einer säkularisierten Welt die Frage nach einer die Gesellschaft übersteigenden Wirklichkeit, nach einer letzten Sinngebung der menschlichen Existenz offenhalten. Es ist nicht das Gebot der Stunde, die Kirchen in ihre Schranken zu verweisen.«[118]

Helmut Schmidt: »Woraus rechtfertigt sich diese besondere Bedeutung der Kirchen? Gewiß nicht nur aus der Bedeutung der Kirchen für die sozialen Dienste in der Gesellschaft, wenngleich das, was Caritas und Diakonie ... leisten, hohe Anerkennung verdient ... Die Kirchen unterscheidet von den neben ihnen arbeitenden Gemeinschaften und Gruppen der Gesellschaft, daß sie eine Antwort auf jene Fragen des Menschen anbieten, die ihn über seine Erfahrungswelt hinaus bewegen, die den Sinn seines Lebens betreffen ... Sie leisten darin für den einzelnen, aber eben auch für die Gesellschaft und den Staat einen wesentlichen Dienst ... Zeigen Sie mir ein katholisches Land, in dem es das gibt, was wir hier in Deutschland haben und praktizieren! ... Auch meine eigene Partei, die deutsche Sozialdemokratie, hat diesen Freiraum der Kirchen nirgendwo in Frage gestellt. Sie denkt nicht im Traum daran, solches zu tun.«[119]

Stimmt es, daß deutsche Bischöfe nicht den Bundeskanzler, sondern den Journalisten fürchten[120], bekamen sie gerade eine unerwartete Chance zum Aufatmen. Denn der Herausgeber des »Spiegel« schreibt – ausgerechnet unter der Überschrift »Widerstand ist Pflicht« – noch im Mai 1992: »Wir gönnen ihr (der Kirche) Status und Geld, wehren uns aber vehement gegen Aktionen wie etwa den Glockenterror des Fuldaer Erzbischofs Johannes Dyba. Hier muß Schluß sein.«[121]

Las ich richtig? Sollen wir nur gegen das Gebimmel eines Oberhirten protestieren, doch zulassen, daß dessen Großkirche ihre finanziellen und den eigenen Status fördernden Ansprüche so unangefochten beibehält wie bisher? Sollen wir einer unvergleichlich privilegierten Milliardärin Status und Geld »gönnen«? Lieber Rudolf Augstein, dieses hingeworfene Sätzchen wirft Sie um Jahre zurück, erinnert es doch auffallend stark an Kohl. Sollen wir Ihnen diese Gemeinsamkeit gönnen?

Nicht nur jene, die die Kirche verließen und verlassen, sehen oft klarer. Viele Christinnen und Christen bekommen zunehmend Gewissensnöte, wenn sie Abschied von der Endlosdiskussion innerkirchlicher Probleme wie Zölibat[122], Erwachsenenkatechismus und Jungfrauendogma nehmen und endlich ihre Aufmerksamkeit auf die tatsächliche Lage in der Bundesrepublik (z. B. Dienstrecht kirchlicher Mitarbeiterinnen und Mitarbeiter[123], Verwendung von Kirchensteuern, Staatsprivilegien und -subventionen) richten. Das kollektive Nachdenken und der politische Wille dieser Menschen, die nichts vom unmoralischen Verhältnis zwischen Staat und Kirche in Deutschland mit den Ansprüchen ihres entklerikalisierten Glaubens vereinbaren können, sind ebenso ernsthaft wie der vieler Kirchenfreier. Es müßte früher oder später beiden Gruppen möglich sein, aus der tiefgreifend gewandelten gesellschaftlichen Lage auch politische Folgerungen zu ziehen.

287

Die neueste Umfrage aus dem Januar 1993 könnte die Kirchenlobby schlaflos werden lassen: 72 Prozent der befragten 4767 Deutschen sprachen sich für die Abschaffung der Kirchensteuer aus, ein erster Hinweis auf die satte, verfassungsändernde Mehrheit. Die verbleibenden 28 Prozent führten einmal mehr das Argument an, ohne Kirchensteuereinnahmen müßten viele karitative Einrichtungen aufgegeben werden.[124]

Keine einzige der europäischen Nachbarkirchen lebt und wirkt, das muß der bundesdeutschen Lobby gesagt sein, auch nur einen Deut unchristlicher, nur weil sie das Finanzierungssystem Deutschlands nicht übernehmen wollte. Im Gegenteil. Die Bundesrepublik beweist weder einen Vorsprung im Glauben noch in der Caritas. Die hiesige Großkirche sitzt nicht auf irgendeiner rettenden Insel inmitten des neuheidnischen europäischen Ozeans. Nur ihre Hirten sitzen auf dem trockenen; für ihre innereuropäische Isolation spricht alles.

Hoffnungen, die sich nicht schon auf die Oberhirten und deren Mitarbeit beziehen[125], sind durchaus begründet. Angesichts der fortschreitenden steuerlichen Integration in den europäischen Gemeinschaften stellen die Modelle der Kirchenfinanzierung, insbesondere das – angeblich »gewachsene«[126], in Wirklichkeit von der Lobby erkämpfte – der bundesrepublikanischen Kirchensteuer, kein Tabuthema mehr dar. Schließlich kennt unter den EG-Mitgliedstaaten neben der Bundesrepublik nur noch Dänemark eigene Kirchensteuern. In zwei anderen EG-Staaten befindet sich die Kirchenfinanzierung in einem radikalen Umbruch. Dieser blieb in der Bundesrepublik weitgehend unbeachtet. Diskussionen über eine bei uns einzuführende »Kultursteuer« o. ä. versanden nicht nur schnell, sondern gehen auch an dem in Italien und Spanien bereits erreichten Fortschritt vorbei. Beide Länder kennen eben keine Steuer, sondern eine zweckbestimmte Solidarabgabe. Der Hinweis, den sich neulich Radio Vaticana erlaubte, als es den Bundesdeutschen die Übernahme des italienischen Modells empfahl, wurde von interessierter Seite sofort verdrängt. Offenbar meint die deutsche Wohlstandskirche, noch immer – und auf ewig

– mit den bisher eingenommenen und entsprechend fortzuschreibenden Kirchensteuer- und Subventionsmilliarden einträglicher auszukommen.[127] Italien und Spanien, zwei Staaten, in denen die katholische Kirche geradezu eine Monopolstellung auf dem Markt der religiösen Ideen einnimmt[128], sind demgegenüber weitaus fortschrittlicher als die kirchenpolitisch Verantwortlichen bei uns, die nach wie vor – in einer nur noch mit christlichen Versatzstücken verbrämten Gesellschaft – das eigene Modell als einen »Wechsel auf die Zukunft«[129] propagieren. Allerdings leben auch außerhalb der Bundesrepublik noch Christen – und niemand unter diesen will das bundesdeutsche Exportmodell haben, dessen Ablösung in der Bundesrepublik angeblich »allen nur Nachteile bringen würde«[130]. Ich fordere die Klerikerlobby ein weiteres Mal auf, endlich konkrete Übernahmewünsche und -angebote zu benennen!

Spanien und Italien übernahmen 1979 bzw. 1984 grundsätzlich jenes Modell einer Teilzweckbindung von Personalsteuern[131], das ich – nicht ohne seinerzeit als »extremer Kirchenfeind« beschimpft worden zu sein – 1972 vorgeschlagen hatte.[132] Und sie übernahmen es, was dem extremen Kirchenfeind besonders pikant erscheint, mit voller Zustimmung des Vatikans. Dieser ließ sich also schon 1979 in einer so wichtigen Frage auf ein Modell festlegen, das deutschen Bischöfen noch nicht einmal 1992 als eine diskutable Lösung der eigenen Probleme gilt.

> *Während in der Bundesrepublik noch immer das Hitler-Konkordat von 1933 in Geltung ist und sich auffallend wenig Christen gegen diesen Schandvertrag wenden[133], lösten diese Länder die faschistischen Kirchenverträge und gingen mit dem Hl. Stuhl neue Konkordate ein, zu deren Inhalt unter anderem die Neuregelung der Kirchenfinanzierung gehört.*

Wohlbemerkt: Es handelt sich dabei nicht um eine neue Steuer, sondern um die Zweckumwidmung einer bestehenden Steuer! So hatten die spanischen Steuerzahler erstmals für das Steuerjahr 1987 die Möglichkeit, für einen geringen Teil ihrer Einkommensteuerschuld eine Zweckbestimmung vorzunehmen: Die Formulare für die Einkommensteuererklärung enthalten seither eine eigene Rubrik, mit der ein gewisser Anteil der individuellen Steuerschuld der Kirche zugewiesen werden kann. Vorerst liegt dieser vom Gesetzgeber fixierte Anteil bei 0,529 Prozent.

Alternativ zu dieser Zuwendung eines Teiles der Steuerschuld an die Kirche besteht die Möglichkeit, eine Zweckbestimmung zugunsten allgemeiner Sozialausgaben des Staates vorzunehmen. Diese Mittel gehen an das Sozialministerium, das damit eine Vielzahl von Non-Profit-Organisationen (vor allem das Rote Kreuz) fördert. Wählt der Steuerpflichtige keine dieser beiden Optionen, so sind die Steuermittel seitens des Staates für die Bereiche Kultur, Bildung und Soziales zu verwenden.

1987 optierten 35,11 Prozent der Spanier für die Kirche, 11,85 Prozent für soziale Zwecke des Staates, und 53,02 Prozent gaben keine Erklärung ab. 1988 nahm die Zahl der Nicht-Optanten auf 40 Prozent ab, während dem »Staatstopf« 20, dem »Kirchentopf« 39 Prozent zugewandt wurden.[134]

Italien regelte sein Problem wie folgt: Seit Anfang 1989 können die Steuerpflichtigen 0,8 Prozent ihrer Einkommensteuerschuld durch Zweckbindung für religiöse Zwecke bestimmen. Die beiden bemerkenswertesten Unterschiede zur spanischen Regelung bestehen darin, daß nicht nur die katholische Kirche Adressatin der einschlägigen Option ist, sondern auch weitere (bisher freilich nur zwei) Religionsgemeinschaften bedacht werden können. Zudem werden in Italien die Beträge jener, die auf ihre Option verzichten, nicht ganz dem Staat zur Weiterverwendung zugewandt, sondern anteilig (nach Maßgabe der übrigen Optionen) unter Staatstopf und Kirchentopf aufgeteilt. Insoweit unterstützen auch die Nicht-Optanten indirekt die Kirche.[135]

Ergebnisse der wie gesagt erstmals in 1989 möglichen Option in Italien können nicht vor 1992 vorliegen; bis dahin erhält die Kirche Vorauszahlungen in geschätzter Höhe der Option. Die katholische Kirche hofft, daß sie mindestens 50 Prozent des zur Zweckbindung möglichen Steuerbetrages für sich gewinnen kann. Was unter bundesdeutschen Umständen befremdlich klingt, ist in Italien Realität: Die Kirche muß die jeweiligen Optionen förmlich einwerben (das Wettbewerbselement ist sogar systemimmanent[136]), und sie tut es in Italien nicht ungeschickt. Die katholische Werbekampagne versucht vor allem, den Optanten klarzumachen, daß die Möglichkeit der Zweckbestimmung die Steuerschuld selbst nicht erhöht.

Wie sich die neue Finanzierungspraxis bewähren wird, weiß noch niemand zu sagen. Jedenfalls gibt es schon Vorschläge, das Herrmann-Modell beispielsweise auch für die Parteienfinanzierung zu übernehmen.[137] Gerade die beiden betroffenen Kirchen erscheinen nicht unzufrieden. Und die Möglichkeit einer Option scheint auch mehr und mehr Steuerpflichtigen zuzusagen: Schließlich ist es ein Ausdruck neugewonnener demokratischer Freiheit, wenn der Zweck einer (Solidar-)Abgabe nicht gesetzlich festgelegt, sondern vom einzelnen selbst bestimmt wird.

Die nächsten Jahre dürften viele Diskussionen bringen. Schon jetzt sind erste Einwände gegen die Übernahme des italienisch-spanischen Modells und dessen Übertragung auf alle Bundesdeutschen nicht zu überhören; sie kommen von konfessionsloser Seite.[138] Nachdem mittlerweile unstreitig feststeht, daß die Kirchensteuer nur zu einem Bruchteil öffentlichen sozialen Zwecken zugute kommt, fehlt einer Solidarabgabe, die alle Bundesdeutschen beträfe, die sachliche Grundlage. Stellt das Original »Kirchensteuer« keine echte Sozialsteuer dar, sondern einen – vom Staat eingezogenen – Mitgliedsbeitrag, ist nicht einzusehen, weshalb alle Bürgerinnen und Bürger ihn ersatzweise leisten sollten. Würde die Solidarabgabe von allen Bundesdeutschen erhoben, käme nämlich auf die Konfessionslosen unter diesen eine neue finanzielle Last zu. Dies ist unter den gegenwärtigen Umständen indiskutabel, da Kirchenfreie bereits Subventionen an die Großkirchen in Milliardenhöhe und damit spezielle Kirchenzwecke mitfinanzieren.

Zudem schließt das Recht auf Vereinigungsfreiheit (Art. 9 Grundgesetz) das Recht ein, einer Organisation nicht anzugehören. Wer zu keiner Partei, Gewerkschaft, Sportvereinigung gehören will, braucht daher keine Ausgleichsabgabe für politische Bildung, den Breitensport oder den Arbeitsmarkt zu zahlen. Im Fall der Kirchen wäre dies nicht anders zu regeln: Die zu diskutierende Solidarabgabe bliebe von daher gesehen auf Kirchenmitglieder begrenzt. Neu wäre – und dies ist die wichtigste Neuerung – deren Möglichkeit, über die Verwendung ihres Solidarbeitrags zu bestimmen und die verschiedenen »Töpfe« nach eigener Wahl zu bedienen. Käme eine nicht nur Kirchenmitglieder betreffende Solidarabgabe ins Gespräch, so setzte diese eine grundlegende Neuordnung von Verfassungsrang voraus. In diesem Fall müßte das Problem der Kirchenfinanzierung im modernen Staat ebenso wie das des zu entmonopolisierenden (entkonfessionalisierenden) Sozialsystems angegangen werden: Beispielsweise hätten – als Ausgleich für eine eventuelle allgemeine Abgabe – jene Staatsleistungen an die Großkirchen wegzufallen, die noch immer aus allgemeinen Steuermitteln bestritten werden.

Nicht zu unterschätzen ist jedenfalls die Tatsache, daß aufgrund einer gesamtgesellschaftlichen – und weder auf den innerkirchlichen (Diskussions-)Raum noch auf einzelne Kommunen beschränkten – Problemlösung die leidige Kirchenfinanzierung als politisches Thema von großem Sozialwert angegangen und verfassungs- wie völkerrechtlich verbindlich geregelt werden kann. Wer argumentiert, im Vergleich zu einer – erst noch detailliert zu diskutierenden – Neuregelung (Solidarabgabe oder nicht und welche?) sei das bisherige Modell »noch immer besser«, muß wissen, welche Bastion er mit seinem Nichtstun zementiert: die der finanziellen Ausbeutung aller Bundesdeutschen durch die ideologischen Ansprüche einer großkirchlichen Führungsschicht.

Anfang Januar 1993 wurde bekannt, daß der neueste Entwurf für ein Grundsatzprogramm der CDU nicht nur den Kirchen »eine besondere Bedeutung für die Wertorientierung der Gesellschaft« beimißt, sondern sich auch für die Beibehaltung des Kirchensteuersystems ausspricht.[139] Beide Festschreibungen mögen die Handschrift der großkirchlichen Lobby tragen, zukunftweisend sind sie nicht. Im Gegenteil: Sie nehmen nochmals überholte klerikale Positionen auf. Wer weiterdenkt, weiß, daß der Tag abzuwarten ist, an dem ein Grundsatzprogramm der CDU der Mehrheitsmeinung der Wählerinnen und Wähler statt den Wahrheiten eines Ratzinger-Katechismus Rechnung tragen wird.

Um ein paar Fakten der bundesdeutschen Entwicklung festzustellen, bedarf es keiner hellseherischen Fähigkeiten. Christen werden schon in naher Zukunft gesellschaftlich in der Minderheit sein (eine Auffassung, die auch in der Deutschen Bischofskonferenz an Boden gewinnt). Sie werden nicht allein dem Dünkel absagen müssen, der ihre Führer über Jahrhunderte hinweg in Sachen »Wertorientierung der Gesellschaft« beherrschte. Ebenso sichtbar haben sie jene bereits zu beobachtende Attitüde abzulegen, die »kleine Herde« wieder als Elite zu vermarkten. Nichts spricht dafür, daß es ausgerechnet Christen beschieden sei, etwas Besseres als die übrigen Menschen zu sein oder zu werden. Der Vorsprung des Christseins ist, hat es ihn je gegeben, ein für allemal dahin.

Wer davon ausgeht, daß Kirchengebundene nur noch eine Minderheit in Deutschland darstellen, wird daran interessiert sein, gerade die Finanzierung der Kirchen diesem Status anzugleichen. Das bedeutet zum einen den strikten Abschied vom Supermodell Deutschland. Dessen unangemessene und künftig schon aufgrund einfachster Kostenvergleiche und Aufweise eines geradezu absurden Preis-Leistungs-Verhältnisses nicht mehr einsichtig zu machende Privilegierungen werden neu bewertet – und konsequent aufgehoben – werden. Zum anderen verlangt die realistische Einsicht in die Zukunft des Christentums die Suche nach einem gangbaren Weg, die Minderheit finanziell abzusichern oder zumindest zu bedienen.

Da das Gespenst einer freiwilligen Spendenkirche die hiesigen Oberhirten am meisten zu schrecken scheint, sind diese eingeladen, den Dritten Weg zu gehen und sich an die Fersen ihrer spanischen und italienischen Kollegen zu heften.

Nun bin ich ins Träumen geraten. Denn etwas ist so sicher wie das Amen in der Kirche. Da die Bischöfe ihre liebe Not mit dem neuen Denken und seiner Redlichkeit haben, igeln sie sich im milliardenschweren »Modell Deutschland« ein und lassen alles so lange wie möglich beim alten. Kommt nämlich eine Solidarabgabe der Kirchenmitglieder, wäre der Totalanspruch der Kirchenführung auf die Menschen aufgehoben. Dann ließen sich Glaube und Geld voneinander lösen, dann fänden sich auch in Deutschland Gläubige, die zwar nicht aus der Kirche austreten und sogar deren Angebot von Fall zu Fall nutzen, doch ihr Scherflein auch mal in Töpfe legen, denen sie mehr Chancen einräumen als dem ihrer Kirche. Dann wird – da, wo es spürbar wird, beim Geld – das jeweilige konkrete Angebot einer Kirche mit der Alternative verglichen und entsprechend bewertet.

Die Folge: Bischöfe müßten erstmals auch hierzulande ehrlich – d. h. nicht mit unwirklichen Mitgliedszahlen und unzeitgemäßen Subventionen – leben. Denn Jahr für Jahr ließe sich schon an den eingehenden Abgaben ablesen, wie realistisch der hochgepriesene Dienst an den Menschen von ebendiesen taxiert wird.

Ich erwarte von den heutigen Hirten diesen Mut nicht; soviel Vertrauen in den Gott der Zukunft und in den guten Willen ihrer eigenen Herde bringt kein einziger auf. Dabei ließe sich über alles reden. Gerade mit den vielen Christen, die karitativ tätig sind, läßt sich auch die Frage behandeln, was passierte, wenn wir alle die Diakonie demokratischer regeln als bisher. Sind erst einmal die vielfachen Ängste abgebaut, nach denen Hunderttausende von Arbeitsplätzen verlorengingen und das bundesdeutsche Wohlfahrtswesen förmlich zusammenbräche, wenn das bisherige Modell abgelöst wird, ist der Blick in eine bessere Zukunft frei. Bringen die Großkirchen selbst nur einen Bruchteil der karitativen Kosten auf, dann spart unser Staat durch die bisherige weitgehende Konfessionalisierung des Sozialwesens recht wenig. Berücksichtige ich demgegenüber die erwähnten immensen Zuschüsse, Subventionen und sonstigen Leistungen der Republik an die Kirchen, sind die kirchlichen Eigenleistungen mehr als aufgewogen. Nach wie vor ist auch das seit Jahren vorgetragene Argument nicht widerlegt, schon durch eine geringfügige Korrektur der Steuergesetzgebung seien alle Mehrkosten gedeckt, die durch eine Entkonfessionalisierung der sozialen Dienste und Einrichtungen entstehen. Allein die Tatsache, daß geleistete Zahlungen von Kirchensteuern in voller Höhe von den zu zahlenden Lohn- und Einkommensteuern abgesetzt werden können, kostet die Bundesrepublik Jahr für Jahr über drei Milliarden DM.[140] Das bedeutet, daß eine Summe in Höhe von etwa einem Viertel des gegenwärtigen Kirchensteueraufkommens auf dem Umweg der Steuergesetzgebung von der öffentlichen Hand stammt. Hätte unser Staat diese Summe zur Verfügung, ließen sich nicht allein wesentliche Teile der bisher als Eigenmittel der Großkirchen geltenden Sozialleistungen finanzieren. Es wäre noch ein Überschuß vorhanden. Das bedeutete: Deutschland könnte die Caritas, die es schon jetzt zu 80 bis 90 Prozent finanziert, ohne größere Schwierigkeiten ganz bezahlen – und beispielsweise über nichtkonfessionelle Wohlfahrtsverbände abwickeln. Die gegenwärtigen Sozialleistungen im Verhältnis zwischen Staat und Kirche sind im übrigen nicht von der Verfassung garantiert; ihr Fortleben hängt vom kirchenpolitischen Klima in Deutschland ab.

Auch wenn es häufig übersehen wird: Sozialarbeit bleibt eine öffentliche – und nicht nur eine von der öffentlichen Hand finanzierte – Aufgabe.[141] Sie kann im weltanschaulich neutralen Staat nicht von den Bedürfnissen und Interessen der Kirchenleitungen abhängig gemacht werden. Im übrigen weist die bei uns noch immer aufgrund des Anbietermonopols der Großkirchen bestehende Konfessionalisierung sozialer Dienste massive Mängel auf: Sie schränkt nicht nur die freie Berufswahl ein, sondern auch das

Wahlrecht der anspruchsberechtigten Bürgerinnen und Bürger. Die traditionellen Bewertungen des »Dienstes der Kirche am Gemeinwohl« sind mittlerweile nicht mehr zu halten: Gegenüber der überholten klerikalen Ideologie ist eine Neubesinnung auf Wesen und Sinn der Sozialarbeit notwendig; sie muß und wird neue Praxen (Setzung anderer Prioritäten, Umverteilungen der Zuschüsse, Gleichstellung und -behandlung kirchlicher und nichtkirchlicher Träger) ermöglichen. Kein neuzeitlicher Staat, auch nicht mehr die sich ganz und gar säkularisierende Bundesrepublik, kann religiös-kirchlich-klerikale Anschauungen und Handlungen organisatorisch und finanziell über das Maß der Grundrechtsvorsorge hinaus fördern. Daher sind alle Begünstigungen der Kirchen durch den Staat abzubauen, die über dieses Maß hinausgehen.

> *Die Ära der statusfördernden weltanschaulichen und finanziellen Privilegierung der Wendekirchen ist auch in der Bundesrepublik unwiderruflich zu Ende.*

Niemand kann sagen, er sei nicht mitverantwortlich für das, was mit seinem Geld geschieht – oder nicht geschieht. Werden bei uns Steuermittel mit vollen öffentlichen Händen an die Großkirchen gegeben und brauchen die Empfängerinnen nur ihre Taschen aufzuhalten, ohne große Gegenleistungen zu erbringen, müssen wir unseren Teil Verantwortung aus der öffentlichen Hand in die eigene zurücknehmen.

Einfach den Rotstift ansetzen, Herr Blüm? Keine karitative Einrichtung in der Bundesrepublik wäre bedroht, gäbe es Menschen genug, die den politischen Mut aufbringen, Korrekturen im staatlichen Steuer- und Sozialsystem durchzuführen. Zwar wird zunächst eine Übergangsregelung[142] notwendig sein, die unter anderem dem Vertrauensschutz der bisher bevorzugten Trägerkirchen und deren Personal Rechnung trägt. Doch auch die bislang im karitativen Kirchendienst Beschäftigten könnten aufatmen: Zum einen befreien sie sich aus den unwürdigen Zwängen eines klerikal dominierten Dienstrechts, zum anderen könnten sie jederzeit unter anderen Trägern Arbeit finden. Niemand stünde auf der Straße.

> *Schon laufen auf verschiedenen Sektoren des Sozialbereichs nichtkonfessionelle Träger den klerikalen den Rang ab.*[143] *Wer freilich meint, eine kirchenfreie Trägerschaft leiste weniger als eine großkirchlich dominierte, muß Roß und Reiter nennen. Die Bundesdeutschen warten zu Recht auf Argument, Beleg und Beweismaterial, die die Kirchenlobby beibringt.*

Der Unterschied zwischen beiden Möglichkeiten liegt nicht darin, daß die christenübliche Sozialromantik sich noch immer besser vermarkten läßt als jede andere. Vielmehr besteht er erkennbar darin, daß im einen Fall weltanschauliche Einflüsse (Katechismus-Wahrheiten) auf Betreuende wie Betreute stark und gewollt einwirken – und im anderen Fall nicht. Die säkulare Gesellschaft der Bundesrepublik wird sich überlegen, welcher der beiden Möglichkeiten sie künftig den Vorzug gibt. Finanzielle oder personelle Fragen ergeben keine Argumente mehr.[144] Großkirchen sind ebenso ersetzlich wie ihre Caritas.

Anmerkungen

Der Marktwert der guten Taten
Oder:
Wie die Kirche den Dienst am Menschen entdeckte

1 Süddeutsche Zeitung vom 15. 12. 1992
2 J. Neumann, Tun die Kirchen wirklich soviel Gutes? Eine kritische Bestandsaufnahme christlicher Sozialarbeit, in: Tabu Staat Kirche (Hrsg. Internationaler Bund der Konfessionslosen und Atheisten (IBKA), Berlin–Aschaffenburg 1992), S. 55
3 E. Goll, Die freie Wohlfahrtspflege als eigener Wirtschaftssektor. Theorie und Empirie ihrer Verbände und Einrichtungen (Bd. 129 der Schriften zur öffentlichen Verwaltung und öffentlichen Wirtschaft, Baden-Baden 1991), S. 118
4 Neumann, a. a. O., S. 64
5 Den Begriff verdanke ich Dr. E. Küchle von der Gesellschaft für Arbeitsmethodik (Rastatt)
6 G. Ch. Lichtenberg, zitiert bei: F. Buggle, Denn sie wissen nicht, was sie glauben. Oder warum man redlicherweise nicht mehr Christ sein kann (Reinbek 1992), S. 22
7 Zum Problem vgl. durchgängig H. Herrmann, Die Kirche und unser Geld. Wie die Hirten ihre Schäfchen ins trockene bringen (München 1992), S. 53–93
8 G. Ch. Lichtenberg, Sudelbücher (Hrsg. F. H. Mautner, Frankfurt a. M. 1984), S. 350
9 G. Ermlich, Der eilige Vater, in: taz vom 18. 4. 1992, S. 19 (auch zu den folgenden Angaben)
10 C. Kramer, Ein Papst auf Reisen, in: Ruhr-Nachrichten vom 18./19. 4. 1992

11 Unter diesen Umständen war es verständlich, daß ein österreichischer Jugendlicher, der ein »Hau ab, Papst!«-Shirt zu tragen wagte, festgenommen und wegen »Herabwürdigung religiöser Lehren« angezeigt wurde

12 Der Super-Verkaufshit in den USA: Ein 75-Dollar-Rasensprinkler in Form einer 75 cm hohen Papstfigur, aus deren ausgestreckten Armen Wasser spritzte, »let us spray!«

13 Ermlich, a. a. O., S. 20

14 Vgl. H. Herrmann, Kirchenfürsten. Zwischen Hirtenwort und Schäferstündchen (Hamburg 1992), S. 384–404

15 Bild vom 7. 11. 1992

16 Zitiert nach: Der Spiegel Nr. 52/1992 vom 21. 12. 1992, S. 83

17 Vgl. Herrmann, Kirchenfürsten, S. 255 f.

18 Zitiert nach: S. Rahner, F. H. Richter, S. Riese, D. Stelter, »Treu deutsch sind wir – wir sind auch treu katholisch«. Kardinal von Galen und das Dritte Reich (Münster 1987), S. 92. Vgl. Herrmann, Kirchenfürsten, S. 123

19 K. Deschner, Opus Diaboli. Fünfzehn unversöhnliche Essays über die Arbeit im Weinberg des Herrn (Reinbek 1987), S. 82. Vgl. auch Herrmann, Kirchenfürsten, S. 114 f.

20 K. Deschner, Kriminalgeschichte des Christentums. Bd. III Die Alte Kirche. Fälschung, Verdummung, Ausbeutung, Vernichtung (Reinbek 1990), S. 13

21 J. A. Farrer, Literarische Fälschungen. Mit einer Einführung von A. Lang (Berlin 1907), S. 106

22 Deschner, a. a. O., S. 591

23 So zu Recht: N. Greinacher, Römisch statt katholisch. Der neue Weltkatechismus ist ein Desaster, in: Süddeutsche Zeitung vom 9./10. 1. 1993, S. 113

24 Wer Gegenargumente lesen will: K. Deschner – H. Herrmann, Der Anti-Katechismus. 200 Gründe gegen die Kirchen und für die Welt (Hamburg 1991)

25 Hirtenbrief des Fürstbischofs H. Förster von Breslau, in: Katholische Stimmen aus Österreich, II, Heft (Wien–Gran 1868), S. 49

26 Hirtenbrief des Wiener Kardinals J. O. Rauscher vom 19. 6. 1868, in: Katholische Stimmen aus Österreich, II, 2. Heft (Wien–Gran 1868), S. 32

27 Vgl. Mark Twain, bei: Th. Ayck, Mark Twain, in: K. Deschner, Das

Christentum im Urteil seiner Gegner (Ismaning bei München 1986), S.324

28 Buggle, a. a. O., S. 3 f.

29 Vgl. Deschner, Kriminalgeschichte, III, S. 427 ff.

30 Vgl. Deschner, Kriminalgeschichte, III, S. 559 ff. sowie dens., Opus, S. 15 ff.: »Man nennt es Heilsgeschichte«

31 G. Hasenhüttl, Kritische Dogmatik (Graz–Wien–Köln 1979), S. 25

32 Hasenhüttl, a. a. O., S. 18 f.

33 Hasenhüttl, a. a. O., S. 62.

34 Vgl. Herrmann, Kirchenfürsten, S. 217 ff.

35 So auch bei: J. Degen, Finanzentwicklung und Finanzstruktur im Bereich der Diakonie. Ein Überblick, in: W. Lienemann (Hrsg.), Die Finanzen der Kirche. Studien zu Struktur, Geschichte und Legitimation kirchlicher Ökonomie (München 1989), S. 251

36 H. Herrmann, Vaterliebe. Ich will ja nur dein Bestes (Reinbek 1989), S. 104–106 und 196

37 So schon (abwehrend): Rauscher, a. a. O., S. 33 sowie Hirtenbrief des Fürstbischofs von Seckau vom 9. 4. 1868, in: Katholische Stimmen aus Österreich, II, 6. Heft (Wien–Gran 1868), S. 35

38 Wirtschaftswoche Nr. 47/1992 vom 13. 11. 1992, S. 59

39 Titel eines Buches von E. Dahl (Düsseldorf–Wien–New York 1991), das in anschaulichen Details auf die wesentlichen Zusammenhänge zwischen Verfolgung des eigenen Vorteils und einem sich anbahnenden – und aus egoistischen Gründen beibehaltenen – Altruismus verweist (S. 13–98)

40 Herrmann, Vaterliebe, S. 68 ff.

41 Wirtschaftswoche, a. a. O., S. 62 f.

42 So auch: Degen, a. a. O., S. 254 f.

43 Dahl, a. a. O., S. 35

44 Ders., S. 62

45 Ders., S. 63

46 Zitiert bei: Dahl, a. a. O., S. 51

47 Vgl. Dahl, a. a. O., S. 53 (zu de la Rochefoucauld)

48 Vgl. Dahl, a. a. O., S. 54 (auch zum folgenden)

49 Ders., a. a. O., S. 65

50 Ders., a. a. O., S. 62

51 Ders., a. a. O., S. 66

52 Vgl. Dahl, a. a. O., S. 146

53 Dahl, a. a. O., S. 44

54 M. Ghiselin, zitiert bei: Dahl, a. a. O., S. 51

55 Dahl, a. a. O., S. 45

56 Beispiel (später mehr): Herrmann, Kirchenfürsten, S. 132

57 H. Herrmann, Die Angst der Männer vor den Frauen (Hamburg 1989), S. 52 f.

58 Vgl. N. Hatebur, Antikes Patriarchat und Frauenfeindlichkeit. Entwurf einer nicht-patriarchalen Kultursoziologie (Münster 1987), S. 9

59 Vgl. Dahl, a. a. O., S. 63

60 Vgl. G. Streminger, Gottes Güte und die Übel der Welt. Das Theodizeeproblem (Tübingen 1992), S. 241

61 Brief von R. Luxemburg aus Breslau, Mitte Dezember 1917, an S. Liebknecht

62 Zur »etwas larmoyanten Beschreibung des Büffels« die berühmte Replik: K. Kraus, Antwort an Rosa Luxemburg von einer Unsentimentalen, in: Die Fackel 22 (1920), Nr. 554–556 November, S. 6–12

63 Zahlen zu Tierversuchen bei Deschner-Herrmann, Anti-Katechismus, S. 16

64 Mt 7, 6 und 15, 26. »Hunde« und »bösartige Tiere« werden im Neuen Testament die Andersdenkenden geheißen, und auch der Satan entkommt solchen Vergleichen nicht: Phi 3, 2; 2 Pt 2, 12; Off 11, 4; 13, 1 ff.; 15, 2; 19, 19 f.; 22, 15. Der christliche Kreis schließt sich.

65 Ch. Beradt (Hrsg.), Rosa Luxemburg im Gefängnis. Briefe und Dokumente aus den Jahren 1915–1918 (Frankfurt a. M. 1973), S. 15 und 42

66 Ein Beispiel für Hunderte: H. Herrmann, Deutschland darf den Willen Gottes vollstrecken! Katholische Kriegsdoktrin von 1914 bis 1918 an der Universität Münster, in: L. Kurz (Hrsg.), 200 Jahre zwischen Dom und Schloß, Münster 1980, S. 34–46

67 Dahl, a. a. O., S. 67

68 Vgl. dens., a. a. O., S. 116

69 Dahl, a. a. O., S. 102

70 Ders., a. a. O., S. 137

71 Vgl. J. Neumann, Ursprünge und sozialpolitische Motive der Wohlfahrtspflege in Württemberg, dargestellt an den Anfängen dreier Behindertenheime, in: Baden-Württemberg. Eine politische

Landeskunde. Teil II (Hrsg. H.-G. Wehling und D. Langewiesche, Stuttgart–Berlin–Köln 1991), S. 76 f.

72 Vgl. E. v. Hartmann, bei: R. Mächler, Eduard von Hartmann, in: Deschner, Christentum, S. 347

73 Vgl. Deschner, Opus, S. 251 f.

74 C. 1364 § 1 Codex Iuris Canonici

75 Beispielsweise Paul VI. 1972 im Zusammenhang mit der niederländischen Kirche: R. Raffalt, Wohin steuert der Vatikan? Papst zwischen Religion und Politik (München–Zürich 1973), S. 57 f.

76 Codex des kanonischen Rechtes. Lateinisch-deutsche Ausgabe (Kevelaer 3. Aufl. 1989), S. 870. Das Sachverzeichnis stammt von einer unter anderem im Auftrag der Deutschen Bischofskonferenz tätigen Übersetzergruppe.

77 E. Eichmann-K. Mörsdorf, Lehrbuch des Kirchenrechts auf Grund des Codex Iuris Canonici, Bd. II Sachenrecht (München–Paderborn–Wien 1958), S. 377

78 Herrmann, Vaterliebe, S. 68 ff. und 85 ff.

79 A. A., Zur Kritik der progressiven Intelligenz in Deutschland. Eine Stimme aus der Dritten Welt, in: Kursbuch (Juni 1967), S. 186

80 H. Kühner, Das Imperium der Päpste. Kirchengeschichte, Weltgeschichte, Zeitgeschichte. Von Petrus bis heute (Zürich–Stuttgart 1977), S. 124; N. Lo Bello, Vatikan im Zwielicht. Die unheiligen Geschäfte des Kirchenstaates (München 1990), S. 92 f.

81 Herrmann, Kirchenfürsten, S. 94 f.

82 R. Krämer-Badoni, Judenmord-Frauenmord-Heilige Kirche (München 1988), S. 268

83 Herrmann, Vaterliebe, S. 167

84 M. Weber, Die protestantische Ethik I (Hrsg. J. Winckelmann, Gütersloh 1979, 5. Aufl.), S. 43

85 Vgl. zum folgenden Deschner-Herrmann, a. a. O., S. 154 f.

86 Vgl. zum Ganzen K. Deschner, Abermals krähte der Hahn. Eine Demaskierung des Christentums von den Evangelisten bis zu den Faschisten (Reinbek 1972), S. 477 f.

87 Deutliche Hinweise auf die vorchristlichen Wurzeln der Barmherzigkeit bei: H. Bolkestein, Wohltätigkeit und Armenpflege im vorchristlichen Altertum, Nachdruck Groningen 1967, S. 15 f., 45 und 416 f.

88 Deschner, Abermals, S. 508; ders., Opus, S. 79

89 Deschner, Abermals, S. 477; ders., Opus, S. 76

90 Vgl. Degen, a. a. O., S. 251

91 Vgl. auch O. v. Nell-Breuning, Soziale Frage und Kirche, in: Lexikon der Pastoraltheologie (Hrsg. F. Klostermann, K. Rahner, H. Schild, Freiburg–Basel–Wien 1972), S. 518 f.

92 G. Kehrer, Gesellschaftliche Bedingungen und Konsequenzen einer politischen Theologie, in: Dogma und Politik. Zur politischen Hermeneutik theologischer Aussagen (Mainz 1973), S. 121 ff.

93 K. Lorenz, Das sogenannte Böse. Zur Naturgeschichte der Aggression (Wien 1963, 3. Aufl.), S. 354 f. Vgl. auch H. Herrmann, Ketzer in Deutschland (Köln 1978), S. 107

94 Zitiert bei: Ayck, a. a. O., S. 332

95 Vgl. R. Pörtner, Operation Heiliges Grab (Düsseldorf–Wien 1977), S. 51–64

96 Buggle, a. a. O., S. 37 ff.

97 Ders., a. a. O., S. 36–203 führt eine Fülle von Belegen an, denen die von der Theologenzunft angeführte »Bibelkritik« nichts anhaben kann: Was unmenschlich ist, wird durch keinen üblichen »historisch-kritischen« Auslegungstrick human.

98 Streminger, a. a. O., S. 167

99 H. Vorgrimler, Humanismus, säkularer, u. Kirche, in: Lexikon der Pastoraltheologie, S. 210 (auch zum folgenden).

100 W. Molinski, Religionsfreiheit, in: Lexikon der Pastoraltheologie, S. 457

101 Vorgrimler, a. a. O., S. 210

102 Molinski, a. a. O., S. 457

103 Vgl. R. Friedli, Mission, in: Lexikon der Pastoraltheologie, S. 335, zum Thema »anonymer Christ«

104 Kirchliches Amtsblatt für die Diözese Rottenburg-Stuttgart Nr. 7/1992 vom 31. 3. 1992, S. 69

105 V. Truhlar, Nachfolge Christi, in: Lexikon der Pastoraltheologie, S. 347

106 K. Pehl, Telefonseelsorge, in: Lexikon der Pastoraltheologie, S. 566

107 E. Feil, Revolution, Theologie der, in: Lexikon der Pastoraltheologie, S. 471

108 W. Post, Ideologie(-Kritik), in: Lexikon der Pastoraltheologie, S. 215

109 U. Ranke-Heinemann, Die theologische Abrißbirne. Interview in der Zeitschrift Bunte vom 13. 8. 1992, S. 43 f.

110 Herrmann, Ketzer, S. 106
111 Vgl. anstelle von vielen Detailnachweisen die Zusammenfassung bei: Deschner-Herrmann, a. a. O., S. 152–192
112 Süddeutsche Zeitung vom 8. 6. 1991, S. 8
113 Meldung der Katholischen Nachrichten Agentur (KNA) vom 15. 3. 1991
114 Beispiele: »Vernichtung«, »Inquisition«, »Verfolgung«, »Zensur«. Vgl. Deschner, Kriminalgeschichte, III, S. 549 ff.; Herrmann, Todsünden, S. 84 ff.
115 Herrmann, Kirchenfürsten, S. 343–357. Vgl. Ruhr-Nachrichten vom 22. 2. 1990 zum Wagenpark des Papstes, dessen Fahrzeuge durchschnittlich die höchsten Unfallkosten in Italien verursachen.
116 Vgl. H. Herrmann, Kirchenaustritt ja oder nein? Argumente für Unentschlossene (Hamburg 1992), S. 42
117 H. Grundmann, Der Typus des Ketzers in mittelalterlicher Anschauung, in: Ders., Ausgewählte Aufsätze. Teil I Religiöse Bewegungen (Bd. 25, 1 Schriften der Monumenta Germaniae Historica, Stuttgart 1976), S. 316 A. 8
118 Herrmann, Ketzer, S. 114
119 Herrmann, Kirchenfürsten, S. 78 f.
120 H. Herrmann, Die sieben Todsünden der Kirche. Ein Plädoyer gegen die Menschenverachtung (München 1992), S. 65 f. und 202 ff.
121 Literatur zum Thema: G. Uhlhorn, Die christliche Liebestätigkeit in der alten Kirche (Stuttgart 1882); E. Troeltsch, Die Soziallehren der christlichen Kirchen und Gruppen (Tübingen 1912), S. 12–58; M. I. Finley, Die antike Wirtschaft (München 1980); U. Luz, Die Kirche und ihr Geld im Neuen Testament, in: W. Lienemann (Hrsg.), a. a. O., S. 525–554 sowie K. Thraede, Diakonie und Kirchenfinanzen im Frühchristentum, ebda., S. 555–573
122 C. Bischoff, Frauen in der Krankenpflege. Zur Entwicklung von Frauenrolle und Frauenberufstätigkeit im 19. und 20. Jahrhundert (Frankfurt–New York 1984), S. 25
123 Grundsätzlich: Herrmann, Angst, S. 98 ff. und 164 ff.
124 Greinacher, a. a. O., S. 113
125 Zitiert bei: Der Spiegel Nr. 52/1992 vom 21. 12. 1992, S. 80
126 Bischoff, a. a. O., S. 67
127 Vgl. B. Schwinert, Psychoanalyse, in: Lexikon der Pastoraltheologie, S. 435 f.

128 Degen, a.a.O., S.250f. (Hervorhebungen von mir).

129 Grundmann, a.a.O., S.319

130 O.v. Nell-Breuning spricht offen vom »Herabbeugen« der Kirche zu den Notleidenden: a.a.O., S.520

131 Ott, a.a.O., Sp.2245

132 Bischoff, a.a.O., S.86ff.

133 Vgl. Degen, a.a.O., S.252 zur Reichskirche unter Kaiser Konstantin († 337)

134 Ott, a.a.O., Sp.2246

135 Zum Thema ritterliche Kriegskunst und fromm-karitatives Werk vgl. auch: F.W. Kantzenbach, Soziologische Gründe progressiver Entkirchlichung, in: E. Lade (Hrsg.), Christliches ABC heute und morgen. Handbuch für Lebensfragen und Kirchliche Erwachsenenbildung (Bad Homburg 1978ff.), Gruppe 4, S.269

136 Zu diesem Oberhirten: Herrmann, Kirchenfürsten, S.289–293, 302ff. und 329ff.

137 G.Ott, Legende von den lieben Heiligen Gottes. Nach den besten Quellen neu bearbeitet und herausgegeben (Regensburg–New York–Cincinnati 18.Aufl. 1870), Sp.1213

138 Degen, a.a.O., S.252

139 Vgl. W.Maurer, Die christliche Diakonie im Mittelalter, in: H.Krimm (Hrsg.), Das diakonische Amt der Kirche (Stuttgart 1965), S.133–166 sowie H.Lange, Geschichte der christlichen Liebestätigkeit in der Stadt Bremen im Mittelalter (Münster 1925), S.23ff.

140 Vgl. auch Bischoff, a.a.O., S.19f. und 25

141 Herrmann, Ketzer, S.146f.

142 E.Gatz, Kirche und Krankenpflege im 19.Jahrhundert (Paderborn 1971), S.50

143 A.Wolf-Graaf, Die verborgene Geschichte der Frauenarbeit (Weinheim–Basel 1983), S.341

144 Bischoff, a.a.O., S.21

145 Vgl. auch als Fallbeispiel: P.Philippi, Vorreformatorische Diakonie in Hamburg. Die Kirche in der hamburgischen Sozialgeschichte bis zum Ende des Reformationsjahrhunderts (Stuttgart 1984), S.18ff.

146 Details bei: Bischoff, a.a.O., S.19f.

147 J.Theismann, Sozialberufe, in: Lexikon der Pastoraltheologie, S.515

148 Vgl. Kantzenbach, a.a.O., S.273

149 U.Neumann, Ewige Wahrheiten mit begrenzter Haltbarkeit, in: Tabu Staat Kirche (Hrsg. IBKA, Berlin–Aschaffenburg 1992), S.90

150 U.Ranke-Heinemann, Widerworte. Friedensreden und Streitschriften (München 1989), S.69

151 Rede vom 11.6.1982 vor der UNO

152 Herrmann, Kirchenfürsten, S.386

153 Deschner, Opus, S.31

154 A.Holl, Der letzte Christ (Stuttgart 1979), S.302 f.

155 Vgl. K.Martens, Wie reich ist die Kirche? Der Versuch einer Bestandsaufnahme in Deutschland (München 1969), S.145

156 Herrmann, Ketzer, S.51

157 Ähnliche – geschichtlich völlig falsche wie theologisch skandalöse – Versuche bei Kardinal J.Ratzinger: vgl. Greinacher, a.a.O., S.113

158 Streminger, a.a.O., S.228 ff.

159 Deschner, Kriminalgeschichte, III, S.427 f.

160 Ders., Kriminalgeschichte, III, S.429

161 Raffalt, a.a.O., S.74

162 Streminger, a.a.O., S.253

163 Der Münchner Kardinal M.v.Faulhaber, zitiert nach: Deschner, Kriminalgeschichte, III, S.432

164 R.Hernegger, Macht ohne Auftrag. Die Entstehung der Staats- und Volkskirche (Olten–Freiburg 1963), S.53 f.

165 L.v.Ranke, Die römischen Päpste in den letzten vier Jahrhunderten (Wien o.J.), S.697

166 Herrmann, Kirchenfürsten, S.149 ff.

167 B.Tuchman, Die Torheit der Regierenden. Von Troja bis Vietnam (Frankfurt a.M. 1989), S.131 f.

168 Kühner, a.a.O., S.329

169 Ranke, a.a.O., S.644 f.

170 H.v.Hülsen-J.Rast, Rom. Führer durch die Ewige Stadt (Darmstadt 1960), S.98

171 N.Ginzburg, Und der Stein besiegt die Jahreszeiten, in: Merian-Heft 12/37 Rom, S.36 f.

172 H.-J.Wolf, Neuer Pfaffenspiegel. Sünden der Kirche. Das Geschäft mit dem Glauben (Herrsching 1990), S.345

173 W. und A.Durant, Kulturgeschichte der Menschheit. Bd.14 Das Zeitalter Voltaires (Köln 1985), S.19

174 Wolf, a.a.O., S.26f.
175 K.Deschner, Die Politik der Päpste im 20.Jahrhundert (Reinbek 1991), I, S.23
176 Durant, a.a.O., S.21
177 Durant, a.a.O., S.20
178 Deschner, Kriminalgeschichte, III, S.435ff.
179 Deschner, Kriminalgeschichte, III, S.440
180 Raffalt, a.a.O., S.223
181 Raffalt, a.a.O., S.196f.
182 v.Nell-Breuning, a.a.O., S.517 (auch zum folgenden)
183 Ders., a.a.O., S.518
184 Deschner, Abermals, S.436ff.
185 Ders., a.a.O., S.519
186 Ders., a.a.O., S.519, spricht allerdings nur vom »Werk« des K.Marx. Das zutreffendere Wort »Verdienst« zu verwenden wäre denn doch von einem Kirchenmann zuviel verlangt.
187 Details zu diesem Raubgebilde und dessen Verwaltung durch die geistlichen Souveräne sind nachzulesen bei: v.Ranke, a.a.O., passim.
188 Deschner, Politik, I, S.97
189 Deschner, Politik, I, S.99
190 Vgl. H.Herrmann, Christentum und Sozialismus, in: H.Kühn-W.Dirks-H.Herrmann-K.Kreppel, Christ und Sozialist. Pfarrer W.Hohoff (Essen 1973), S.35–44
191 P.Winzeler, Kleine Geschichte der Kirche und Bibelauslegung, in: Das Kreuz mit dem Frieden. Zwei Jahrtausende Christen und Politik. Ein BilderLeseBuch (Reinbek 1984), S.200
192 Zitiert nach: Deschner, Politik, I. S.96
193 v.Nell-Breuning, a.a.O., S.518
194 Eine Äußerung des Papstes, deren offensichtliche Unwahrhaftigkeit einem – auf dem Hintergrund der sozialen Geschichte und Gegenwart der Kirche – den Atem verschlägt.
195 v.Nell-Breuning, a.a.O., S.518
196 Deschner, Opus, S.61
197 Nell-Breuning, a.a.O., S.518f.
198 Nell-Breuning, a.a.O., S.520
199 Deschner-Herrmann, a.a.O., S.128
200 Zitiert nach: R.Schermann, Woran die Kirche krankt. Kritische

Betrachtungen eines engagierten Priesters (Düsseldorf–Wien 1981), S. 150

201 Zitiert nach: Schermann, a. a. O., S. 149

202 Zitiert nach: Schermann, ebda.

203 Herrmann, Kirche und Geld, S. 158

204 Frankfurter Rundschau vom 26. 5. 1992

205 Deschner-Herrmann, a. a. O., S. 129

206 Raffalt, a. a. O., S. 100

207 Deschner-Herrmann, a. a. O., S. 129 f.

208 Deschner, Opus, S. 53

209 Frankfurter Rundschau vom 4. 6. 1992

210 Schermann, a. a. O., S. 165

211 Herrmann, Kirchenfürsten, S. 234 und 299

212 K. L. Woodward, Die Helfer Gottes (München 1991), S. 49

213 S. Kösel, Das Kreuz mit der Kohle, in: Stadtrevue. Kölns Stadtillustrierte 17 (1992), Heft 12/1992, S. 49

214 G. O. Sleidan, Papst, Kurie und Weltkrieg. Historisch-kritische Studie (Berlin 1919, 2. Aufl.), S. 27

215 Sleidan, a. a. O., S. 35 f.

216 Sleidan, a. a. O., S. 34

217 Osservatore Romano vom 25. Dezember 1917

218 G. O. Sleidan, Deutschland und der Vatikan. Ein Beitrag zur politischen Orientierung (Berlin 1921, 2. Aufl.), S. 25

219 Herrmann, Kirchenfürsten, S. 115

220 Sleidan, Papst, S. 35 f.

221 Deschner, Abermals, S. 484

222 Sleidan, Papst, S. 110

223 Sleidan, Papst, S. 112

224 Herrmann, Kirchenfürsten, S. 37 ff.

225 K. Rahner, Artikel »Häresie«, in: Lexikon der Pastoraltheologie, S. 195

226 H. Herrmann, »Wir alle sind doch Häretiker ...« oder: Von der partiellen Identifikation mit einer Kirche der Totalabsorption, in: Offene Kirche (Hrsg. W. Weymann-Weyhe, Düsseldorf 1974), S. 67–82

227 Herrmann, Kirchenfürsten, S. 327

228 Raffalt, a. a. O., S. 290

229 H. Herrmann, Papst Wojtyla. Der heilige Narr (Reinbek 1983), S. 202 ff. und 220

230 Herrmann, Papst Wojtyla, S. 121

231 Der Spiegel Nr. 52/1992 vom 21.12.1992, S. 85 (auch zum folgenden)

232 Ebda., S. 87.

233 Vgl. K. Jäckel, Sag keinem, wer dein Vater ist! Das Schicksal von Priesterkindern (Recklinghausen 1992), S. 171 ff.

234 Herrmann, Papst Wojtyla, S. 184 f.

235 Ders., Papst Wojtyla, S. 189

236 Vgl. Deschner, Politik, II, S. 23 ff., 35 ff., 83 ff.

237 Herrmann, Kirchenfürsten, S. 108

238 Vgl. Herrmann, Kirche und Geld, S. 148 ff. zum Besitz des Vatikans an Immobilien, Grundstücken und Wertpapieren. Zu den vatikanischen Börsen- und Devisenspekulationen vgl. Herrmann, Kirchenfürsten, S. 374 ff.

239 Deschner, Opus, S. 171

240 Raffalt, a. a. O., S. 24

241 Deschner, Politik, II, S. 292

242 Raffalt, a. a. O., S. 295

243 Ders., a. a. O., S. 19. Zu Bonifaz VIII. vgl. Herrmann, Kirchenfürsten, S. 61 ff.

244 Raffalt, a. a. O., S. 24

245 Deschner, Politik, II, S. 23, 25 und 30

246 Raffalt, a. a. O., S. 217

247 Herrmann, Papst Wojtyla, S. 107 ff.

248 Raffalt, a. a. O., , S. 55

249 Herrmann, Kirchenfürsten, S. 68 ff., 122 ff.

250 Deschner-Herrmann, a. a. O., S. 220–209

251 Beispiele für viele: Herrmann, Kirchenfürsten, S. 97 f. und 211; Raffalt, a. a. O., S. 127 und 266 ff.

252 Raffalt, a. a. O., S. 257

253 Deschner-Herrmann, a. a. O., S. 30; Deschner, Opus, S. 25 f.

254 Vgl. Herrmann, Kirchenfürsten, S. 132 zu den beiden deutschen Oberhirten Dyba (Fulda) und Meisner (Köln) sowie die neueste Übung von Klerikern, Konfessionslose, die ihre Kinder in Kindergärten in kirchlicher Trägerschaft schicken, als »Parasiten« zu bezeichnen. Wer in der Bundesrepublik wirklich in Milliardenhöhe von den Steuerleistungen anderer profitiert, ist dabei bereits bekanntgemacht: Immerhin finanzieren Konfessionslose den kirchli-

chen Religionsunterricht, die Theologenausbildung und die Militärseelsorge mit. Vgl. Herrmann, Kirche und Geld, S.185 f. und 205

255 Raffalt, a.a.O., S.14

256 Für viele: M.Hugoth, Die Bedeutung der caritativen Arbeit für eine menschenwürdige und soziale Gesellschaft, in: Feldhoff-Dünner (Hrsg.), Die verbandliche Caritas. Praktisch-theologische und kirchenrechtliche Aspekte (Freiburg i.B. 1991), S.188 f.

257 F.Spiegelhalter, Die Caritas und das liebe Geld, in: Caritas 92 (1991), S.14

258 S.Kösel, Die Sonderstellung der katholischen Kirche als Arbeitgeberin im Sozialwesen und Auswirkungen auf die soziale Praxis (Diplomarbeit an der Kath. Fachhochschule NW, Abteilung Köln, Manuskript 1992), S.73

259 A.Zeitler, Kirchensteuer auf dem Prüfstand (Sonderdruck der Informationen für Presbyter und Mitarbeiter der Evangelischen Kirche der Pfalz, Heft Nr. 46, IV/1990), S.8

260 Ders., ebda.

261 Kösel, a.a.O., S.72

262 Ders., ebda.

263 Herrmann, Vaterliebe, S.70 ff. und 87 ff. sowie ders., Kein Vater, keine Liebe, in: J.Brauers (Hrsg.), Mein Gottesbild. Fünfzig Beiträge namhafter Autoren (München 1990), S.141 ff.

264 Raffalt, a.a.O., S.27

265 Ders., a.a.O., S.17

266 Herrmann, Kirchenfürsten, S.119

267 Hasenhüttl, a.a.O., S.271–274; Deschner, Opus, S.251 f. Zu Ostern 1992 (!) wurden »Hölle, Feuer und Satan« von einflußreichen italienischen Jesuiten erneut als Glaubenswahrheiten angemahnt.

268 Raffalt, a.a.O., S.102 f.

269 Ders., a.a.O., S.122

270 Vgl. Raffalt, a.a.O., , S.19 zum symbolischen »Verkauf« der pfundschweren goldenen Tiara Pauls VI. (die freilich nicht einmal in den USA einen Käufer fand).

271 Herrmann, Kirchenfürsten, S.332

272 Raffalt, a.a.O., S.289

273 Ders., a.a.O., S.234

274 Ders., a.a.O., S.235

275 Ders., a.a.O., S.252
276 Ders., a.a.O., S.259
277 Süddeutsche Zeitung vom 16.8.1991, S.4 und 8
278 Vgl. Stern vom 11.4.1990, S.254
279 Vgl. Herrmann, Kirchenfürsten, S.239: Was das Bodenpersonal mit unserem Geld anfängt ...
280 Winzeler, a.a.O., S.146
281 Ders., a.a.O., S.160
282 H. Herrmann, Die sieben Todsünden der Kirche. Mit einem Nachwort von Heinrich Böll (München 1976), S.224 ff.
283 Herrmann, Kirche und Geld, S.160 ff.
284 Ders., Kirche und Geld, S.81 ff.
285 Winzeler, a.a.O., S.195
286 Ders., a.a.O., S.189
287 H. Kühner, Das Imperium der Päpste. Kirchengeschichte, Weltgeschichte, Zeitgeschichte. Von Petrus bis heute (Zürich–Stuttgart 1977), S.276
288 Frankfurter Rundschau vom 28.2.1990
289 Raffalt, a.a.O., S.67
290 Ders., a.a.O., S.72 f.
291 D. Sölle, Das Machbare ist der Tod. Überlegungen zur religiösen Situation in Europa, in: Das Kreuz mit dem Frieden. Zwei Jahrtausende Christen und Politik (Reinbek 1984), S.334
292 Dies., a.a.O., S.345

Eine milliardenschwere Mogelpackung
Oder:
Wer die christliche Wohltätigkeit tatsächlich fördert

1 Vgl. zum folgenden: E. Rosenow, Wider die Pfaffenherrschaft. Kulturbilder aus den Religionskämpfen des 16. und 17. Jahrhunderts, Bd. I (Berlin o. J.), S.140 ff.
2 Rosenow, a.a.O., S.140
3 Weitere Angaben zum kirchlichen Besitz: K. Deschner, Abermals krähte der Hahn. Eine Demaskierung des Christentums von den Evangelisten bis zu den Faschisten (Reinbek 1972), S.422–429

4 H. Herrmann, Die Kirche und unser Geld. Wie die Hirten ihre Schäfchen ins trockene bringen (München 1992), S. 158 f.

5 Schon 1946 wurden alle landwirtschaftlichen Privatbetriebe mit über 100 Hektar Land enteignet – die der Kirche aber verschont: Ruhr-Nachrichten vom 13. 6. 1991. Mittlerweile sollen nach derselben Meldung die evangelischen Kirchen in den neuen Bundesländern über 170 000 Hektar Grund besitzen.

6 Herrmann, Kirche und Geld, S. 158

7 Süddeutsche Zeitung vom 19. 8. 1991, S. 3. Papst Johannes Paul II. scheute sich bei seinem »Pastoralbesuch« im August 1991 nicht, diesen Großgrundbesitz wieder einzufordern, damit die Kirche »ihre Mission erfolgreich erfüllen« könne: H. Herrmann, Kirchenfürsten (Hamburg 1992), S. 398

8 S. Kösel, Das Kreuz mit der Kohle, in: Stadtrevue. Kölns Stadtillustrierte 17 (1992), Heft 12/1992, S. 47

9 Ders., ebda., S. 48

10 Vgl. auch J. Degen, Finanzentwicklung und Finanzstruktur im Bereich der Diakonie. Ein Überblick, in: W. Lienemann (Hrsg.), Die Finanzen der Kirche. Studien zu Struktur, Geschichte und Legitimation kirchlicher Ökonomie (München 1989), S. 253 zu den Schwierigkeiten des »offiziellen Kirchenwesens« (Gemeinden, Provinzialkirchen), sich im 19. Jahrhundert für eine »verantwortliche Mitarbeit« bei der »diakonischen Erneuerung« durch Einzelinitiativen (Wichern, Fliedner, Bodelschwingh, Löhe) »gewinnen« zu lassen. Vgl. zum Thema auch Th. Schäfer, Leitfaden der Inneren Mission (Hamburg 1903), S. 371–374

11 K. Boldt, Sie wollen nicht mehr dran glauben, in: Kölner Stadt-Anzeiger vom 12. 3. 1992, S. 13. Zu den möglichen Motiven der vielen, die gegenwärtig die Kirche verlassen: H. Herrmann, Kirchenaustritt ja oder nein? Argumente für Unentschlossene (Hamburg 1992). Erstmals seit Bestehen der Bundesrepublik kümmert sich dieses Buch um das aktuellste Problem, das Millionen Menschen mit der Kirche haben. Der Verdacht, daß sich die übliche Theologie sich nur um Nebenfragen sorgt und radikale Konsequenzen sorgsam vermeidet, war bisher nicht von der Hand zu weisen: Meterlange Reihen von theologischen Werken füllen zwar noch immer die Buchhandlungen, doch werden wirkliche Nöte gekonnt ausgeklammert.

12 Herrmann, Kirchenfürsten, S.198

13 Westfälische Nachrichten vom 10.10.1992

14 Süddeutsche Zeitung vom 19.10.1992

15 Augsburger Zeitung vom 5.8.1992: Die Zahl der Austritte zwischen Januar und Juli 1992 nahm in Augsburg im Vergleich zum Vorjahr um weitere elf Prozent zu. Vgl. auch Südwest Presse Ulm vom 17.10.1992 zu den Zahlen der württembergischen Landeskirche.

16 Süddeutsche Zeitung vom 1.10.1992

17 dpa-Meldung vom 18.10.1992

18 E. Bachmann, Bei den Kirchen läuten die Alarmglocken, in: Heidenheimer Zeitung vom 7.8.1992

19 Zu diesem Thema: Herrmann, Kirche und Geld, S.130f.

20 Ders., Kirche und Geld, S.98

21 Süddeutsche Zeitung vom 1.10.1992

22 W. Proske, Kirchenaustritte – aktuelle Zahlen, in: MIZ (Materialien und Informationen zur Zeit) 20 (1991), Heft 4, S.19ff. Die unterschiedlichen Angaben beruhen unter anderem auf der Tatsache, daß erhebliche Unsicherheiten hinsichtlich der Konfessionszugehörigkeit in den neuen Bundesländern bestehen. Die Großkirchen nennen verständlicherweise kirchenfreundliche Zahlen.

23 Informationsdienst der Evangelischen Allianz vom 10.8.1992: Die Landeskirche Württemberg verlor in 1989 9965, in 1990 10069 und in 1991 16521 Mitglieder, die nordelbische Landeskirche in 1989 26245 und in 1991 bereits 37486 Mitglieder.

24 Augsburger Zeitung vom 5.8.1992

25 Süddeutsche Zeitung vom 1.10.1992

26 Süddeutsche Zeitung vom 19.6.1992

27 Vgl. MIZ Nr. 3/92, S.49

28 Vgl. E. Fischer, Das Bundesverfassungsgericht und das Gebot der Trennung von Staat und Kirche, in: Kritische Justiz 3/1989, S.295

29 P. v. Tiling, Die Kirche in der pluralistischen Gesellschaft, in: Zeitschrift für evang. Kirchenrecht XIV, S.238ff.

30 Herrmann, Kirche und Geld, S.221f.

31 Vgl. auch H. Böll, Ein theologischer Annäherungsversuch, eine fiskalisierte Mystik und eine Friedhofsverwaltung, in: P. Rath (Hrsg.), Die Bannbulle aus Münster oder Erhielte Jesus heute Lehrverbot? (München–Hamburg 1976), S.12

32 »Ein überholter Zustand kirchlicher Organisationsform«: H. Geller, Volkskirche, in: Lexikon der Pastoraltheologie, S. 609

33 Details bei: H. Herrmann, Die sieben Todsünden der Kirche. Ein Plädoyer gegen die Menschenverachtung (München 1992), S. 14, 16, 39, 56, 62, 66, 79, 142, 201 f., 206, 218 und 220 f.

34 Ders., Todsünden, S. 47 f.

35 Vgl. die Sendung »Monitor« (WDR) vom 11.5.1992

36 A. C. Hudal, Römische Tagebücher. Lebensbeichte eines alten Bischofs (Graz–Stuttgart 1976), S. 81 und 200

37 Unvergleichlich verdienstvoll ist dabei das in vielen historisch-kritischen Detailuntersuchungen vorliegende Werk von Karlheinz Deschner, der sich seit Jahrzehnten der Aufklärungsarbeit in Sachen »Kriminalgeschichte des Christentums« widmet.

38 Vgl. Herrmann, Kirchenfürsten, S. 357 ff.

39 Verfassung des Landes Baden-Württemberg vom 11.11.1953, Art. 1 und 12

40 Vgl. K. Deschner, Die Politik der Päpste im 20. Jahrhundert (Reinbek 1991), II, S. 210–254 über katholische Schlachtfeste in Kroatien. Zum Thema als solchem auch: C. Servatius, Kirche und Staat im Mittelalter. Auf dem Wege nach Canossa, in: G. Denzler (Hrsg.), Kirche und Staat auf Distanz. Historische und aktuelle Perspektiven (München 1977), S. 42 ff.; H. Herrmann, Kirche und Staat heute und morgen, ebda., S. 227 f.

41 Im umgekehrten Fall sind die Verfassungen nicht so zimperlich; Andersdenkende können – als Freiwild der Frömmsten – schon eher beschimpft werden. Beispiele: K. Deschner, Die beleidigte Kirche oder: Wer stört den öffentlichen Frieden? Gutachten im Bochumer § 166-Prozeß (Freiburg 1986), S. 13 ff.

42 Verfassung des Freistaats Bayern Artikel 144, 1 und 146

43 Verfassung des Saarlandes vom 15. Dezember 1947, Artikel 26 und 30

44 Vorspruch und Art. 33 der Verfassung für Rheinland-Pfalz vom 18.5.1947

45 Artikel 41 der Verfassung für Rheinland-Pfalz

46 K. Deschner-H. Herrmann, Der Anti-Katechismus. 200 Gründe gegen die Kirchen und für die Welt (Hamburg 1991), S. 34

47 Kirchliches Amtsblatt der Diözese Rottenburg-Stuttgart Nr. 6/1992 (Sonderdruck)

48 Herrmann, Kirchenfürsten, S. 110–141

49 Beispielsweise in Augsburg ist die katholische Kirche zu mehr als drei Vierteln von den Austritten betroffen: Augsburger Zeitung vom 5. 8. 1992

50 Vgl. Abendzeitung München vom 21. 5. 1992: »Sondersynode zu Kirchenaustritten« (in Augsburg für 1993 geplant)

51 Herrmann, Kirche und Geld, S. 108

52 Süddeutsche Zeitung vom 21. 8. 1992. 136 Millionen DM entfielen auf die Landeskirchen in den neuen Bundesländern. Zum Problem der »Übernahme« des Kirchenfinanzierungssystems in diesen Bundesländern: Herrmann, Kirche und Geld, S. 122 ff.

53 Südwest Presse Ulm vom 24. 8. 1992. Die stärkste Steigerung hatte die bayerische Landeskirche (30 Prozent) zu verzeichnen, während die Einnahmen in Bremen um fast 20 Prozent zurückgingen.

54 Beispiel München: Süddeutsche Zeitung vom 4. 4. 1992

55 H. C. Zander, Sendung »Zeitzeichen«, WDR 5, 11. 7. 1992

56 Süddeutsche Zeitung vom 20./21. 2. 1993. Vgl. das Erzbistum Köln, welches als umsatzstärkstes der Welt gilt: Rheinische Post vom 24. 1. 1991

57 Boldt, a. a. O., S. 13

58 A. Link, Kirchen beklagen Austrittswelle, in: Augsburger Zeitung vom 5. 8. 1992

59 Vgl. zu den einschlägigen Hilfswerken wie Spendenorganisationen der Großkirchen: Herrmann, Kirche und Geld, S. 194 ff.

60 So im kirchlichen Sinn: B. Jans, Die Zukunft hängt von den Kindern ab, in: Das Parlament Nr. 17–18/1992, S. 17

61 MIZ 20 (1991), Heft 3, S. 45 f.

62 Süddeutsche Zeitung vom 27. 11. 1992

63 Kirchliches Amtsblatt für die Diözese Rottenburg-Stuttgart Nr. 20/1992 vom 20. 11. 1992, S. 224 f.

64 Rheinischer Merkur vom 29. 3. 1991

65 Herrmann, Kirche und Geld, S. 111

66 Süddeutsche Zeitung vom 1. 10. 1992

67 F. Krukenberg, Jugendfreie Gottesdienste, in: Das Parlament Nr. 17–18/1992, S. 17

68 Herrmann, Kirche und Geld, S. 21, 33, 113 ff. und 125

69 Vgl. zum Ganzen: H. Herrmann, Ein unmoralisches Verhältnis. Bemerkungen eines Betroffenen zur Lage von Staat und Kirche

in der Bundesrepublik Deutschland (Düsseldorf 1974), ein Buch, das – erster »Fall« in der Bundesrepublik – 1975 zum Entzug der kirchlichen Lehrerlaubnis führte. Dazu: Rath, a. a. O., S. 62–113

70 Details bei G. Czermak, Verfassungsbruch als bayerischer Erziehungsgrundsatz? Zu Rückzugsgefechten am Ende einer langen Geschichte der christlichen Schule, in: W. Proske (Hrsg.), Handbuch für konfessionslose Lehrer, Eltern und Schüler – Das Beispiel Bayern (Aschaffenburg–Berlin 1992), S. 36–109

71 BVG-Entscheidungen 41, 52 vom 17. 12. 1975

72 In Hamburg fühlen sich nach einer neueren Untersuchung weniger als die Hälfte der evangelischen Religionslehrer noch mit der Kirche und geringfügig mehr mit den zentralen Aussagen des Christentums verbunden; neun Prozent sind sogar aus der Kirche ausgetreten: Der Spiegel vom 24. 7. 1989

73 Amtsblatt des Bayerischen Staatsministeriums für Unterricht, Kultus, Wissenschaft und Kunst 1989, S. 15 ff.

74 Art. 6 Abs. 2 GG.

75 Zum Thema grundlegend: Czermak, a. a. O., S. 76–99

76 Kultusminister Hans Maier im Jahre 1986 (Zitiert nach: Flugblatt der Gewerkschaft Erziehung und Wissenschaft, Ad-hoc-AG »GEW und schulische Weltanschauung« beim Landesverband Bayern, 25. 9. 1992)

77 Zitiert im Hirtenbrief des Bischofs von Linz vom 12. 6. 1868, in: Katholische Stimmen aus Österreich, II, 3. Heft (Wien–Gran 1868), S. 4

78 Ebda., S. 14

79 Ebda., S. 10

80 Hirtenschreiben des Kardinals J. O. Rauscher (Wien) vom 19. 6. 1868, in: Katholische Stimmen aus Österreich, II, 2. Heft (Wien–Gran 1868), S. 30 f.

81 Vgl. Hirtenbrief des Bischofs vom 18. 6. 1868, in: Katholische Stimmen aus Österreich, II, 3. Heft (Wien–Gran 1868), S. 29

82 Ebda., S. 33

83 W. Proske, Post-Theismus als Herausforderung – Antwort an Hans Küng (Eine Replik auf H. Küng, Religion im Epochenumbruch, in: Ethik & Unterricht 3/1992, die mir dankenswerterweise als Manuskript zur Verfügung gestellt wurde)

84 BVG-Entscheidungen 19, 206–288. Vgl. Fischer, a. a. O., S. 295 ff.

85 BVG-Entscheidungen 12, 1 (4). Vgl. BVG-Entscheidungen 74, 244 (252) und 18, 385 f.

86 MIZ 20 (1991), Heft 3, S. 44

87 Kösel, Kreuz, S. 46

88 Vgl. G. Thermann, Finanzstatistik in der Diakonie. Erfahrungen und Konsequenzen, in: Die innere Mission 59 (1969), S. 133–142 sowie ders., Was es kostet – wer es zahlt. Aufwand und Finanzierung diakonischer Arbeit, in: Diakonie 11 (1985), S. 137–140

89 Beispiele für die Auskunftswilligkeit in eigener Sache jener Großkirchen, die ansonsten jede Gelegenheit nutzen, sich »an alle Menschen« zu wenden und ihre »Stellungnahmen« nach draußen abzugeben: Herrmann, Kirche und Geld, S. 110

90 Vgl. dens., ebda., S. 78

91 Degen, a. a. O., S. 254 f.

92 Ders., a. a. O., S. 264

93 Herrmann, Kirchenfürsten, S. 356 f.

94 Münchner Wochenblatt vom 2. 12. 1992: »Die Kirche kassiert also auch Weihnachten, während die staatlichen Finanzämter den Weihnachtsfrieden eingeführt haben: Keine Steuerbescheide, keine Zwangsmaßnahmen.«

95 E. Baeger, Kirchen und öffentliche Gelder, in: Vorgänge, Heft 2 (März 1987), S. 54

96 E. Goll, Die freie Wohlfahrtspflege als eigener Wirtschaftssektor. Theorie und Empirie ihrer Verbände und Einrichtungen (Bd. 129 der Schriften zur öffentlichen Verwaltung und öffentlichen Wirtschaft, Baden-Baden 1991), S. 225 f. (auch zum folgenden)

97 Goll, a. a. O., S. 283 f.

98 Goll, a. a. O., S. 286 ff.

99 Vgl. Degen, a. a. O., S. 257 f.

100 Vgl. Thermann, Was es kostet, S. 138–140

101 Goll, a. a. O., S. 285

102 Neueste Angaben, gar für 1991 oder 1992, sind – wegen der durchweg langsam und mit Zeitverzögerung arbeitenden Bürokratien auch der Kirchen – noch nicht zu machen.

103 Goll, a. a. O., S. 305 ff.

104 Dazu auch, unter der Anmerkung eines »historisch gewachsenen kirchlichen Lebens«: A. Zeitler, Kirchensteuer auf dem Prüfstand (Sonderdruck der Informationen für Presbyter und Mitarbeiter

der Evangelischen Kirche der Pfalz, Heft Nr. 46, IV/1990), S. 13
und 15

105 Kirchenamt der Evangelischen Kirche in Deutschland (Hrsg.),
Isteinnahmen und Istausgaben im Bereich der EKD im Rechnungsjahr 1984, Ergebnisse der EKD-Finanzstatistik 1984, in:
Amtsblatt der Evangelischen Kirche in Deutschland, Heft 7, Statistische Beilage Nr. 82 vom 15. 7. 1988, S. 7, 24 f. und 53

106 Goll, a. a. O., S. 305

107 Goll, a. a. O., S. 307

108 Vgl. Degen, a. a. O., S. 257

109 Goll, a. a. O., S. 308

110 Degen, a. a. O., S. 263, nennt für 1970 eine »Diakoniequote« der
Kirchensteuereinnahmen in Höhe von 8–9 Prozent

111 Beispiel: 1980 wurden die Betriebskosten der Krankenhäuser, Altenheime und Heime der Diakonie nur zu 2–6 Prozent aus kirchlichen Eigenmitteln bestritten (Degen, a. a. O., S. 258)

112 Degen, a. a. O., S. 259

113 KNA vom 16. 4. 1988; MIZ 17 (1988), Heft 2–3, S. 67

114 Vgl. Münchner Evangelischer Kirchentag 25.–27. 5. 1990 Die Kir-
che und ihr Geld. Dokumentation eines Hearings vom 26. 5. 1990,
S. 13 zu den einschlägigen Aussagen des Oberkirchenrats
H. Kamm (Ev.-Lutherische Landeskirche Bayern, München)

115 Degen, a. a. O., S. 259 f.

116 Herrmann, Kirche und Geld, S. 18, 146 und 153 f.

117 Degen, a. a. O., S. 259 Anm. 25: Ohne Vereinbarung von Pflegesät-
zen u. ä. wäre der größere Teil der gegenwärtigen diakonischen
Arbeit in der Bundesrepublik »unmöglich«.

118 Südwest Presse Ulm vom 23. 7. 1992

119 Vgl. hierzu: Herrmann, Kirche und Geld, S. 180 ff.

120 Kirchenvertreter äußern immer wieder, ihre Organisation sehe
sich – aus Finanzgründen – außerstande, zusätzliche Plätze zu
schaffen: Vgl. Ruhr-Nachrichten vom 23. 10. 1991 zur Haltung
des Präses der Evangelischen Kirche von Westfalen H.-M. Linnen-
mann

121 Süddeutsche Zeitung vom 11. 11. 1992

122 Vgl. schon jetzt: Neumann, a. a. O., S. 66 f.

123 Meldung der Südwest Presse Ulm vom 26. 9. 1992

124 U. Neumann, in: Südwest Presse Ulm vom 2. 10. 1992

125 Der gemeinte Bischof wird nach B 8 bezahlt, seine Domherren er-
halten Bezüge (wie Leitende Regierungsdirektoren) nach A 16
Bundesbesoldungsordnung: Mitteilung des Pressesprechers der
Diözese Rottenburg-Stuttgart vom 9. 10. 1992

126 Nicht weniger glückliche USA: Der Kardinal von New York,
J. O'Connor, belastet den Kirchensäckel nicht, da er von der Mari-
ne eine Admiralspension bezieht (Frankfurter Rundschau vom
19. 5. 1992). Zu diesem Oberhirten vgl. Herrmann, Kirchenfürsten, S. 130 und 301

127 Ostthüringer Zeitung vom 12. 3. 1992; MIZ 3/92, S. 45

128 Vgl. Herrmann, Kirche und Geld, S. 104

129 B. Recktor, Sterben und Tod in unserer Gesellschaft. Christliche
Ent(seel)sorgung oder menschliche Selbstbestimmung?, in: Tabu
Staat Kirche (Hrsg. IBKA, Berlin–Aschaffenburg 1992), S. 113 ff.

130 Augsburger Zeitung (Allgäu-Rundschau) vom 30. 11. 1992

131 Vgl. zum Ganzen: Herrmann, Kirchenaustritt, S. 136–141

132 Zur Frage einer säkularen Kultur, die das klerikale Monopol am
Grab abzulösen beginnt, verweise ich auf W. Kaul, Weltliche Be-
stattungs- und Trauerkultur, in: Kristall. Zeitschrift für Geistes-
freiheit und Humanismus 2 (1992), Heft 3, S. 23 f.

133 Vgl. Herrmann, Kirchenfürsten, S. 347 f. zu den Regelungen im
päpstlichen Rom des 19. Jahrhunderts

134 Meldung im Göttinger Tageblatt vom 7. 9. 1992 und in der Süddeutschen Zeitung vom 8. 9. 1992

135 Hierzu: J. Glötzner, Konfessionslose und das Schulfach Religion,
in: Proske (Hrsg.), a. a. O., S. 110–118, sowie W. W. H. Löffler, Religionsunterricht als Pflichtfach in öffentlichen Schulen?, in: Proske (Hrsg.), a. a. O., S. 119–133. Zum Thema »Ersatzfach Ethik«:
E. Baeger, Konfessionslose und das Ersatzfach Ethik, in: Proske
(Hrsg.), a. a. O., S. 134–157, sowie R. Eckart, Ethik-Unterricht an
bayerischen Gymnasien. Wie die Staatsregierung sich selbst über-
listet und trotz finsterer Absichten Aufklärung und Emanzipation
fördert, in: Proske (Hrsg.), a. a. O., S. 158–171. Vgl. auch E. Mut-
scheller, Brandenburg: Staatliches Fach »Lebensgestaltung/
Ethik/Religionskunde« (LER) als Alternative?, in: Proske (Hrsg.),
a. a. O., S. 172–179 sowie F. Stößel, Humanismus-Unterricht – Alternative zu den Fächern Religion und Ethik?, in: Proske (Hrsg.),
a. a. O., S. 180–183

136 Brief von Frau H.M. (Gleichen) vom 29.9.1992
137 Zu diesem Papst: Herrmann, Kirchenfürsten, S.289–293, 302 ff. und 329ff.
138 Zitiert nach: Katholische Stimmen aus Österreich, II, 2.Heft (Wien und Gran 1868), S.IV.
139 Hirtenbrief des Fürstbischofs H.Förster von Breslau vom 28.5. 1868, in: Katholische Stimmen aus Österreich, II, 5.Heft, S.46
140 Hirtenbrief des Fürstbischofs von Olmütz vom 10.6.1868, in: Katholische Stimmen aus Österreich, II, 5.Heft (Wien–Gran 1868), S.25
141 Hirtenbrief des Fürstbischofs von Laibach vom 9.7.1868, in: Katholische Stimmen aus Österreich, II, 4.Heft (Wien–Gran 1868), S.34f.
142 Hirtenbrief des Olmützer Fürstbischofs, a.a.O., S.25
143 Ders., a.a.O., S.24
144 K.Deschner, Wir brauchen keine Menschen, die denken können ... oder: Dicke Finsternis ruht über dem Lande, in: W.Proske (Hrsg.), Handbuch, a.a.O., S.9
145 So der Präsident der Steuerberaterkammer Südbayern, der CSU-Landtagsabgeordnete E.Stein, der eben erst mitteilte,»Sinn und Nutzen der Kirchensteuer« würden wegen ihrer Entlastungsfunktion von den bayrischen Steuerberaterkammern »voll anerkannt«: Süddeutsche Zeitung vom 16.9.1992
146 Leserbrief des Pressesprechers der Diözese Rottenburg-Stuttgart, in: Südwest Presse Ulm vom 23.9.1992
147 Bensberger Kreis, Memorandum »Zu einigen Aspekten der Kirchenfinanzierung« (o.O. 1992), S.35
148 Herrmann, Kirche und Geld, S.53–93
149 F.Buggle, Denn sie wissen nicht, was sie glauben. Oder warum man redlicherweise nicht mehr Christ sein kann (Reinbek 1992), S.261
150 Ders., a.a.O., S.256
151 Proske, Post-Theismus, a.a.O.
152 Buggle, a.a.O., S.14–18, 285–288, 360–390
153 Vgl. H.Albert, Das Elend der Theologie. Kritische Auseinandersetzung mit Hans Küng (Hamburg 1979), Abschnitt II, 4
154 Buggle, a.a.O., S.281 und 255
155 Buggle, a.a.O., S.281

156 So Kardinal Meisner (Köln), der sich in einem offenen Kulturkampf sieht – und in diesem Zusammenhang der CDU/CSU
(nicht jedoch der zur Fristenlösung neigenden Schwesterkirche)
das hohe C abspricht: Süddeutsche Zeitung vom 20.6. 1992

157 FAZ vom 16.4. 1992 (ungekürzter Abdruck der Predigt)

158 Ronald Reagan, zitiert nach: Deschner, Politik, II, S.555

159 Vgl. Herrmann, Kirchenfürsten, S.89, 96 und 121 f.

160 Winter, a.a.O., S.66

161 Herrmann, Todsünden, S.27 ff.

162 Ders., Kirchenfürsten, S.362 ff.

163 F. Nietzsche, Also sprach Zarathustra, II, Von den Priestern, in:
K. Schlechta (Hrsg.), Werke in sechs Bänden, Bd. III (München–
Wien 1980), S.349

164 Presseerklärung des Internationalen Bundes der Konfessionslosen
und Atheisten (IBKA) vom 25.9. 1992

165 Einzelheiten bei: Herrmann, Kirche und Geld, S.53–93

166 Zu den einschlägigen Äußerungen während des Golfkriegs, die
die Leistung dieser Bundeswehr-Seelsorge in Sachen »seelisches
Gleichgewicht«, »Kraft und Mut für die Herausforderungen des
Dienstes«, »Einsatzbereitschaft« lobten: Winter, a.a.O., S.209

167 Auch das Zweite Vatikanische Konzil scheint Vorbehalte gegen
diese gehabt zu haben: U. Ranke-Heinemann, Widerworte. Friedensreden und Streitschriften (München 1989), S.129

168 Winter, a.a.O., S.70

169 Ders., a.a.O., S.200

170 Ders., a.a.O., S.201 f.

171 Eine »Vorkriegszeit, die sie ›Frieden‹ nennen …« (Winter, a.a.O.,
S.29)

172 Winter, a.a.O., S.86 und S.100 (auch zum folgenden)

173 C. M. Genewein, Seelsorge für Pflegeberufe, in: Lexikon der Pastoraltheologie, S.499

174 Vgl. S. Kösel, Die Sonderstellung der katholischen Kirche als Arbeitgeberin im Sozialwesen und Auswirkungen auf die soziale
Praxis (Diplomarbeit, Manuskript, Köln 1992), S.82

175 Deschner, Abermals, S.422

176 Rosenow, a.a.O., S.141

177 F. J. Schwarz, Die katholische Kirche und der Protestantismus auf
dem Gebiete der inländischen Mission (Tübingen 1851), S.1

178 Schwarz, a. a. O., S. 3: »Die katholische Kirche ist weit entfernt, von den außerkirchlichen Religionsgemeinschaften großmüthige Erfüllung der Pflichten der Liebe zu erwarten ...«

179 Süddeutsche Zeitung vom 16. 9. 1992

180 Vgl. zum Ganzen K. Gabriel, Die verbandliche Caritas im Spannungsfeld von Kirche und Gesellschaft. Entwicklungslinien und Zukunftsperspektiven, in: Diakonie–Gemeinde–Sozialarbeit (Hrsg. Kath. Fachhochschule Norddeutschland Osnabrück und Vechta durch K. Gabriel und P. L. Sauer, Hildesheim 1990), S. 43–64

181 Der Begriff stammt aus einem Informationsblatt des Bundesverteidigungsministeriums. Vgl. H. Herrmann, Wie die Kirche mit unserem Geld überlebt, in: B. Kuckertz (Hrsg.), Kreuzfeuer. Die Kritik an der Kirche (München 1991), S. 275

182 Die jährlichen Kosten für Gottesdienstübertragungen und Berichte über Kirchentagsveranstaltungen belaufen sich auf rund 300 Millionen DM: Presseerklärung des IBKA vom 25. 9. 1992

183 Deschner-Herrmann, a. a. O., S. 82 f.

184 Vgl. F. L. Schütte, Der elektronische Kreuzzug. Wie die Kirchen das öffentlich-rechtliche Fernsehen manipulieren, in: Tabu Staat Kirche (Hrsg. IBKA, Berlin–Aschaffenburg 1992), S. 105 ff.

185 Herrmann, Kirche und Geld, S. 163 f.

186 Vgl. zur Lage der Staatskirche und ihrem riesigen Vermögen auch: Der Spiegel Nr. 35/1989, S. 141 f. Zum Verkauf von schwedischen Kirchen: Süddeutsche Zeitung vom 20. 5. 1992

187 Ausnahme: Der Münchener Dekan der Evangelischen Kirche, H. Liebl, hält auch Kirchen nicht für unantastbar, plant eine Citykirche in der Fußgängerzone mit Kirchenraum, Café und Beratungszimmern – und träumt von einer Umwidmung in eine »Lutherkneipe«: Süddeutsche Zeitung vom 19./20. 9. 1992, S. 36

188 Vgl. Süddeutsche Zeitung vom 14. und 16. 3. 1992 zum Fall Möhrendorf/Erlangen, wo ein Unternehmer einen 36 Meter hohen Turm stiftete und eine Schlägerei zwischen Befürwortern und Kritikern zwei Verletzte forderte.

189 Süddeutsche Zeitung vom 22. 10. 1992

190 Süddeutsche Zeitung vom 1. 9. 1992

191 Süddeutsche Zeitung vom 13. 11. 1992

192 B. Maidhof-Christig, »... der kirchliche Teil an der staatlichen Kriegführung«, in: MIZ 3/92, S. 21–23

193 Winter, a. a. O., S. 105

194 Grundsätzlich: Herrmann, Verhältnis, S. 121 ff.

195 R. Clos, Geistliche Betreuung durch Bundesbeamte?, in: Das Parlament Nr. 17–18/1992, S. 20

196 K. Lefringhausen, Die Kirchen zwischen den Fronten, in: Das Parlament Nr. 17–18/1992, S. 7

197 Vgl. zum Thema »Friede und Versöhnung«: Herrmann, Kirchenfürsten, S. 112 ff.

198 Winter, a. a. O., S. 126

199 Ders., a. a. O., S. 130

200 Hirtenbrief des Bischofs von Linz vom 12. 6. 1868, in: Katholische Stimmen aus Österreich, II, 3. Heft (Wien–Gran 1868), S. 23

201 R. Schermann, Woran die Kirche krankt. Kritische Betrachtungen eines engagierten Priesters (Düsseldorf–Wien 1981), S. 165; Deschner, Politik, II, S. 355 ff. und 384 f.

202 M. Hainz, Würde und Lebensrecht aller Menschen sind unantastbar, in: Das Parlament Nr. 17–18/1992, S. 9

203 Deschner, Politik, II, S. 348 ff. Zu den Taten der klerikalen Nächstenliebe an Kriegsverbrechern nach 1945: E. Klee, Persilscheine und falsche Pässe. Wie die Kirchen den Nazis halfen (Fischer-Taschenbuch Frankfurt a. M. 1991); Der Spiegel Nr. 16/1992 vom 13. 4. 1992, S. 116 f.; Frankfurter Rundschau vom 13. 2. 1992: »Vatikan soll Archive öffnen«; Süddeutsche Zeitung vom 12. 11. 1991: »Kirchen-Hilfe für NS-Verbrecher«; taz vom 25. 2. 1992: »Auch die Sünden des Vatikans sind archiviert.«

204 Buggle, a. a. O., S. 285; H. Herrmann, Vaterliebe. Ich will ja nur dein Bestes (Reinbek 1989), S. 155 ff.

205 Buggle, a. a. O., S. 287; Herrmann, Vaterliebe, S. 121 ff.

206 Herrmann, Kirche und Geld, S. 18, 146, und 153 f.

207 Vgl. hierzu: Deschner-Herrmann, a. a. O., S. 13 ff.

208 Zu einigen früher in den feinsten Kirchenkreisen üblichen Tiernamen: Deschner, Die beleidigte Kirche, S. 13 f.

209 Vgl. Proske, Post-Theismus, a. a. O.

210 Herrmann, Vaterliebe, S. 98

211 Proske, Post-Theismus, a. a. O.

212 Herrmann, Todsünden, S. 22

213 Ders., Vaterliebe, S. 102

214 H. Marcuse, Der eindimensionale Mensch. Studien zur Ideologie

der fortgeschrittenen Industriegesellschaft (Neuwied–Berlin 1967), S. 24

215 Herrmann, Todsünden, S. 101–132

216 Nietzsche, a. a. O., IV, S. 1216

217 Herrmann, Todsünden, S. 109

218 H. Flatten, Dispens, in: Lexikon der Pastoraltheologie, S. 96

219 Proske, Post-Theismus, a. a. O.

220 H. Herrmann, Draußen lebt es sich ganz anders, in: Das Parlament Nr. 17–18/1992 vom 17.–24. April 1992, S. 16

221 F. Henrich, Katholische Akademien, in: Lexikon der Pastoraltheologie, S. 11

222 Hierzu: Herrmann, Kirche und Geld, S. 43, 67, 69 f., 81 und 187

223 R. B. Blumenthal, Um eine fast verlorene Klientel wird wieder geworben, in: Das Parlament Nr. 17–18/1992, S. 11

224 K. Lefringhausen, Neues Interesse an christlicher Wirtschaftsethik, in: Das Parlament Nr. 17–18/1992, S. 10

225 W. Steen, Bewahrung der Schöpfung, in: Das Parlament Nr. 17–18/1992, S. 10

226 H. Geller, Seelsorger, in: Lexikon der Pastoraltheologie, S. 500

227 Ders., a. a. O., S. 501

228 Süddeutsche Zeitung Magazin vom 31. 12. 1992, S. 30

229 Herrmann, Kirche und Geld, S. 143

230 Vgl. A. Häussling, Agape, in: Lexikon der Pastoraltheologie, S. 9

231 H. Waldenfels, Akkommodation, in: Lexikon der Pastoraltheologie, S. 13

232 H. Roos, Artikel Adveniat, in: Lexikon der Pastoraltheologie, S. 5

233 Herrmann, Kirche und Geld, S. 199 ff.

234 Beispiele: Altenheime (S. 15), Anstaltsseelsorge (S. 23), Ausländerseelsorge (S. 41), Bahnhofsmission (S. 45), Bekenntnisschule (S. 49 f.), Beratung für werdende Mütter (S. 50), Bildungswerk (S. 61 f.), Caritas (S. 78–83), Caritaswissenschaft (S. 83), Medienarbeit (S. 325), Militärseelsorge (S. 332), Religionsunterricht (S. 463 bis 469)

235 W. Brandt, zitiert bei: Der Spiegel vom 12. 10. 1992, S. 3

236 R. Winter, Wer, zur Hölle, ist der Staat? (Hamburg 1992), S. 21

237 Zitiert bei: Winter, a. a. O., S. 36

238 Angaben des UNO-Kinderhilfswerks UNICEF: Süddeutsche Zeitung vom 6. 10. 1992

239 Winter, a.a.O., S.102
240 Ders., a.a.O., S.153
241 Ders., a.a.O., S.229
242 MIZ 4/1987, S.26; Süddeutsche Zeitung vom 5.11. 1987; Publik-Forum vom 25.9. 1987
243 Historische wie aktuelle Details hierzu: Herrmann, Kirchenfürsten, S.165–182 sowie 381 ff.
244 C. Meves, Die Krise der Katholischen Kirche in Deutschland, in: Zeitschrift der katholischen Frauen in Wirtschaft und Verwaltung, Juli/August 1992
245 Der Generalsekretär der Arbeitsgemeinschaft der Evangelischen Jugend in der Bundesrepublik Deutschland, I. Holzapfel: Süddeutsche Zeitung vom 6.10. 1992
246 Beispiele: »...konnte der Hebel ungeschützt ins Proprium des Glaubens vorstoßen«; »der Allmächtige, als der im Weltenregiment Sitzende«; »Was wollen die ... sich die biblischen Aussagen zurechtknetenden Exegeten anzirpen gegen die Ungeheuerlichkeit dieser Befreiung ...?«
247 Zum Begriff: Herrmann, Vaterliebe, S.46 ff.
248 Die evangelisch-lutherischen Kirchen sind allerdings in dieser Hinsicht spätestens seit dem Tag, da eine Frau Bischöfin wurde, bei Fundamentalisten und beim Vatikan endgültig desavouiert.
249 Hierzu detailliert: Herrmann, Kirchenfürsten, S.296–310
250 E. Klinger, Ablaß, in: Lexikon der Pastoraltheologie, S.2
251 Ders., ebda.
252 G. Streminger, Gottes Güte und die Übel der Welt. Das Theodizeeproblem (Tübingen 1992), S.167
253 Ders., a.a.O., S.301
254 Ders., a.a.O., S.277
255 G.E. Lessing, Die Erziehung des Menschengeschlechts, § 85, zitiert nach: Lessings sämtliche Werke in sechs Bänden, Bd. V (Berlin o.J.), S.432
256 Streminger, a.a.O., S.274
257 H. Blumenberg, Die Sorge geht über den Fluß (Frankfurt 1987), S.161
258 Streminger, a.a.O., S.226
259 Ders., a.a.O., S.240 f.
260 Kardinal J.O. Rauscher (Wien), Hirtenbrief vom 19.6. 1868, in:

Katholische Stimmen aus Österreich, II, 2. Heft (Wien–Gran 1868), S. 3

261 Ebda., S. 4
262 Streminger, a. a. O., S. 242 f.
263 Ders., a. a. O., S. 265
264 B. Russell, Warum ich kein Christ bin – Über Religion, Moral und Humanität (Reinbek 1972), S. 79
265 Ders., a. a. O., S. 229
266 Mt 10, 14 f. und 11, 24; Mk 6, 11; Lk 10, 10 ff.
267 Details bei: Streminger, a. a. O., S. 230 ff.
268 Streminger, a. a. O., S. 246
269 Ders., a. a. O., S. 253
270 Ders., ebda.
271 Deschner, Wir brauchen keine Menschen, S. 9
272 Streminger, a. a. O., S. 233 ff.
273 Beispiel: Streminger, a. a. O., S. 237 f. zu Lk 19, 24 ff.
274 Streminger, a. a. O., S. 239
275 So etwa die Beiträge von H. Kohl und H. Schmidt, in: G. Denzler (Hrsg.), Kirche und Staat auf Distanz. Historische und aktuelle Perspektiven (München 1977), S. 236–254
276 Streminger, a. a. O., S. 164
277 Vgl. dens., a. a. O., S. 170
278 Ders., a. a. O., S. 315
279 H. D. Thoreau, Walden oder Leben in den Wäldern (1854); Ausgabe Zürich 1971, S. 82 ff.
280 Zitiert bei: Streminger, a. a. O., S. 99
281 Zitiert bei: Streminger, ebda.
282 Th. Friedrich, Tätiges Christentum. Zwei Bücher zum Thema »Nächstenliebe«, in: Ultimo Nr. 2–3/1992, S. 76
283 Beispiele: P. Doyle, Dein Wille geschehe? (Frankfurt a. M. 1991); R. Bielander (Hrsg.), Jakob. Mein katholisches Trauma (Basel 1984)
284 Beispiel: D. Scherf (Hrsg.), Der liebe Gott sieht alles. Erfahrungen mit religiöser Erziehung (Frankfurt a. M. 1984)
285 H. Herrmann, Auf dem Bildschirm ist die Kirche los!, in: Psychologie heute 19 (1992), März 1992, S. 31 ff.
286 Winter, a. a. O., S. 212
287 Ein Beispiel für Hunderte findet sich in: H. Herrmann, Deutschland darf den Willen Gottes vollstrecken! Katholische Kriegsdok-

trin von 1914–1918 an der Universität Münster, in: L. Kurz (Hrsg.), 200 Jahre zwischen Dom und Schloß (Münster 1980), S. 34–46

288 Zitiert nach: B. Tuchman, Die Torheit der Regierenden. Von Troja bis Vietnam (Frankfurt a. M. 1989), S. 79

289 Vgl. Bensberger Kreis, a. a. O., S. 17 f.

290 H. Fischer, Überlastung der Seelsorger, in: Lexikon der Pastoraltheologie, S. 585

291 Mt 19, 27 und Parallelstellen

Das soziale Elend der Wohlstandskirchen
Oder:
Warum der Kirchendienst keine ungefährliche Sache ist

1 Im Oktober 1992 zur Eröffnung der – ganz vom Vatikan gelenkten – sogenannten IV. Lateinamerikanischen Bischofskonferenz in Santo Domingo: Süddeutsche Zeitung vom 13. 10. 1992

2 Süddeutsche Zeitung vom 14. 10. 1992

3 Vgl. H. Herrmann, Kirchenfürsten, Zwischen Hirtenwort und Schäferstündchen (Hamburg 1992), S. 362–384

4 Einzelheiten zu dieser Bausünde: Herrmann, Kirchenfürsten, S. 402

5 Ders., Kirchenfürsten, S. 403

6 G. Ermlich, Der eilige Vater, in: taz vom 18. 4. 1992, S. 19

7 H. Herrmann, Papst Wojtyla. Der heilige Narr (Reinbek 1983), S. 222

8 Ders., Papst Wojtyla, S. 168 (Rede in Abidjan)

9 Stern vom 21. 6. 1990, S. 38: »Damals wie heute wird Lateinamerika erobert mit der Bibel und dem Schwert.«

10 Im Detail: K. Deschner, Ein Papst reist zum Tatort (Hamburg 1981), S. 2–19

11 Zum Thema auch: G. v. Paczensky, Der fatale Segen, in: Deutsches Allgemeines Sonntagsblatt vom 31. 7. 1992, S. 17 sowie C. Amery, Die Kinder der Entehrten. Gegenreformation und Kolonialismus im Kolumbusjahr, in: Süddeutsche Zeitung vom 29./30. 8. 1992, S. 129

12 Über die Zusammenhänge zwischen Predigt und Sklavenhandel
(von Afrika nach Lateinamerika): Deschner, Tatort, S. 13 f. Dreißig
Millionen Afrikaner wurden hinübergeschafft; etwa gleich viele
kamen bereits auf dem Seeweg um.

13 Auch das »Bischöfliche Hilfswerk Adveniat« sucht Spendengelder, um die »Sekten« in Lateinamerika zu stoppen: Westfälische
Nachrichten vom 1. 9. 1992, S. 3. Statt in neue Kirchenbauten soll
künftig in das Missionspersonal investiert werden.

14 Zur Sklaverei, mittlerweile von Papst Wojtyla als »schändlicher
Handel« gebrandmarkt, nahm das »Lehramt« der römischen Kirche jahrhundertelang eine völlig andere Haltung ein: K. Deschner,
Abermals krähte der Hahn. Eine Demaskierung des Christentums
von den Evangelisten bis zu den Faschisten (Reinbek 1972),
S. 438–440. Erst im 19. Jahrhundert wechselten die Päpste, auch
hierin heftig am »Wir-auch-Syndrom« leidend, Theorie und Praxis der Kirche aus.

15 So, nach einer Meldung der Süddeutschen Zeitung vom 13. 10.
1992, der im brasilianischen Amazonasgebiet tätige Bischof
E. Kräutler (Xingu); vgl. Herrmann, Kirchenfürsten, S. 13

16 Text in: Kirchliches Amtsblatt für die Diözese Rottenburg-Stuttgart Nr. 20/1992 vom 20. 11. 1992, S. 224

17 Süddeutsche Zeitung vom 24. 10. 1992

18 Die angeblich »eigenständig lateinamerikanische« Note der IV.
Generalversammlung des Lateinamerikanischen Episkopats im
Oktober 1992 und ihrer Dokumente entlarvt N. Greinacher, Römisch statt katholisch. Der neue Weltkatechismus ist ein Desaster,
in: Süddeutsche Zeitung vom 9./10. 1. 1993, S. 113

19 K. Deschner, Abermals krähte der Hahn. Eine Demaskierung des
Christentums von den Evangelisten bis zu den Faschisten (Reinbek 1972), S. 434

20 Ders., Abermals, S. 528 und 530

21 Kirchliches Amtsblatt für die Diözese Rottenburg-Stuttgart Nr.
20/1992 vom 20. 11. 1992, S. 226

22 Süddeutsche Zeitung vom 13. 10. 1992. Der Begriff dürfte eine Erfindung des gegenwärtigen Cheftheoretikers im Vatikan J. Ratzin-
ger sein: vgl. Herrmann, Kirchenfürsten, S. 361

23 R. Völkl, Caritas, in: Lexikon der Pastoraltheologie (Hrsg. F. Klostermann, K. Rahner, H. Schild, Freiburg–Basel–Wien 1972), S. 79

24 L. Hoffmann, Entkirchlichung, in: Lexikon der Pastoraltheologie, S. 113

25 Vgl. H. v. Mallinckrodt, Politische Theologie, in: Lexikon der Pastoraltheologie, S. 419 sowie R. Friedli, Mission, ebda., S. 335

26 R. Zerfaß, Randkatholiken (Distanzierte Kirchlichkeit), in: Lexikon der Pastoraltheologie, S. 451 f.

27 Völkl, a. a. O., S. 83. Nach einer Meldung des Spiegel vom 12. 10. 1992, S. 256 müssen ab sofort bei der Wahl zur Miß Amerika nicht nur Attraktivität und Klugheit, sondern auch soziales Engagement nachgewiesen werden.

28 H.-D. Bamberg, Kritischer Katholizismus, in: Lexikon der Pastoraltheologie, S. 292

29 N. Sidler, Diakonie, christliche, in: Lexikon der Pastoraltheologie, S. 89

30 Sidler, a. a. O., S. 89 f.

31 N. Jäger, Heilsbedürftigkeit, in: Lexikon der Pastoraltheologie, S. 200; W. Rück, Pfarrseelsorge, ebda., S. 411

32 Völkl, a. a. O., S. 79: »Besonders im Blick auf das Endheil mahnt das Neue Testament immer wieder zu Bruderliebe und Wohltätigkeit, warnt es vor Fehlhaltungen vor allem gegenüber dem Mitmenschen und der Gemeinschaft …«

33 An vielen Stellen, die die kirchliche Caritas behandeln, ist die latente Angst der Autoren zu verspüren, die »spezifisch kirchliche Dimension der Liebestätigkeit« (was immer dies sei!) lasse sich gar nicht mehr oder nicht mehr einleuchtend genug darlegen. Auch trifft man auf die Angst, es blieben den Christen künftig nicht mehr »aktuelle Aufgaben« genug, die »nicht durch ein staatliches Wohlfahrtssystem gelöst werden können«. Werden Christen dann auf Erden arbeitslos oder ganz entbehrlich? Vgl. J. Weismayer, Liebe, christliche, in: Lexikon der Pastoraltheologie, S. 309

34 Rück, a. a. O., S. 413

35 Johannes Paul II.: Frankfurter Rundschau vom 28. 2. 1990

36 Völkl, a. a. O., S. 81

37 J. Weismayer, a. a. O., S. 310

38 In Brasilien besitzen drei Prozent der Einwohner fast zwei Drittel der Fläche des ganzen Landes; in manchen Regionen kommt auf 300 000 Einwohner ein einziges Krankenhaus. Deschner, Tatort, S. 22

39 Zur Festschreibung sozialer Unterschiede durch die Päpste: Deschner, Abermals, S. 425 f.

40 Nr. 16 der Enzyklika

41 Pastoralkonstitution »Gaudium et spes«, Nr. 40

42 Herrmann, Kirche und Geld, S. 133 ff.; ders., Kirchenfürsten, S. 343 ff.

43 Vgl. G. Streminger, Gott und die Übel der Welt. Das Theodizeeproblem (Tübingen 1992), S. 389 f. (auch zum folgenden)

44 E. Feil, Säkularisierung, in: Lexikon der Pastoraltheologie, S. 487

45 K. Rahner, Anonymer Christ, in: Lexikon der Pastoraltheologie, S. 19 f. Über Zusammenhänge mit der kirchlichen Missionstätigkeit: Friedli, a. a. O., S. 335

46 A. G. Gleissner, Religionsunterricht, in: Lexikon der Pastoraltheologie, S. 466

47 F.-J. Steinmetz, Hoffnung, in: Lexikon der Pastoraltheologie, S. 208

48 R. Friedli, Missionsstrategie, in: Lexikon der Pastoraltheologie, S. 336

49 Rahner, a. a. O., S. 20

50 R. Völkl, Werke der Barmherzigkeit, in: Lexikon der Pastoraltheologie, S. 623: Hinweise auf den alten Orient und das Spätjudentum

51 K. Winkler, Nichtseßhaftenhilfe, in: Lexikon der Pastoraltheologie, S. 354

52 Herrmann, Kirchenfürsten, S. 110 ff.

53 R. Winter, Wer, zur Hölle, ist der Staat? (Hamburg 1992), S. 30

54 Vgl. H. Herrmann, Die Angst der Männer vor den Frauen (Hamburg 1989), S. 31 ff.; ders., Vaterliebe. Ich will ja nur dein Bestes (Reinbek 1989), S. 161 ff.

55 Winter, a. a. O., S. 82

56 Frankfurter Rundschau vom 30. 1. 1992

57 Winter, a. a. O., S. 210

58 Herrmann, Kirchenfürsten, S. 131 f.

59 Abendzeitung München vom 15. 6. 1992

60 Vgl. auch H. Herrmann, Ein unmoralisches Verhältnis. Bemerkungen eines Betroffenen zur Lage von Staat und Kirche in der Bundesrepublik Deutschland (Düsseldorf 1974), S. 84

61 Dazu auch: R. Bornkamm, Das Doppelgebot der Liebe, in: Geschichte und Glaube I (München 1968), S. 37–45; W. Kasper-K.

Lehmann, Die Heilssendung der Kirche in der Gegenwart (Mainz 1970); H. Fischer-N. Greinacher-F. Klostermann, Die Gemeinde (Mainz 1970); W. Heinen, Liebe als sittliche Grundkraft und ihre Fehlformen (Freiburg i. B. 1968)

62 N. Sommer, Entwicklungshilfe, in: Lexikon der Pastoraltheologie, S. 116

63 »Defensivinstitutionen«: Herrmann, Vaterliebe, S. 18 f. und 71 sowie ders., Angst, S. 40

64 Dieser darf freilich nicht, wie soeben vorgeschlagen, »interkonfessionell« sein: Süddeutsche Zeitung vom 13. 10. 1992. Einen ökumenischen Unterricht zu erteilen, fordere »einen zu hohen Preis«, meinte Münchens Kardinal F. Wetter, weil er »zur Verflachung« führe.

65 F. W. Menne, Internalisierungsprozesse in der Kirche, in: Lexikon der Pastoraltheologie, S. 225

66 Herrmann, Vaterliebe, S. 121

67 Ders., Angst, S. 33

68 Ders., Vaterliebe, S. 44

69 F. W. Menne, Rollenerwartung und Rollenkonflikte, in: Lexikon der Pastoraltheologie, S. 475

70 Vgl. K. Munser, Herrschaftsstrukturen in der Kirche, in: Lexikon der Pastoraltheologie, S. 201 f.

71 Hierarchie hat zwar keinen biblischen, doch einen »genuin kirchlichen« Ursprung (W. Aymans, Hierarchie, in: Lexikon der Pastoraltheologie, S. 202), ein Umstand, der alles über seinen Inhalt sagt. Vgl. auch H. Heimerl, Klerikalismus, in: Lexikon der Pastoraltheologie, S. 268 zur Identifikation von Seelsorge mit klerikaler Tätigkeit.

72 G. Biemer, Pädagogik und Pastoral, in: Lexikon der Pastoraltheologie, S. 368

73 J. Theismann, Sozialberufe, in: Lexikon der Pastoraltheologie, S. 516

74 Lehre von »der Möglichkeit von Störungen des Glaubenslebens durch zeitinadäquates Nachhinken« (!): K. Gastgeber-H. Gastager, Pastoralmedizin, in: Lexikon der Pastoraltheologie, S. 391

75 P. M. Zulehner, Soziologie und Pastoral, in: Lexikon der Pastoraltheologie, S. 529

76 W. Kunkel, Projektion, in: Lexikon der Pastoraltheologie, S. 432

77 R. Ritter, Religionssoziologie, in: Lexikon der Pastoraltheologie, S. 463

78 Süddeutsche Zeitung vom 6. 8. 1992

79 O. v. Nell-Breuning, Gewerkschaften, in: Lexikon der Pastoraltheologie, S. 180

80 Ders., ebda.

81 Vgl. Herrmann, Kirchenfürsten, S. 252 f. zum Satz »Das lebens-
länglicher Bekenntnis zu den Kronrechten des Kaisers ist Nachfolge Jesu« (M. v. Faulhaber, Bischof von Speyer und späterer Kardinal).

82 In der Enzyklika Pius' XI. »Quadragesimo anno« (1934), Ziffer
118/9, findet sich ein noch immer nachwirkendes Verdikt.

83 P. M. Zulehner, Industrie und Seelsorge, in: Lexikon der Pastoraltheologie, S. 217

84 Ders., a. a. O., S. 218

85 S. Kösel, Das Kreuz mit der Kohle, in: Stadtrevue. Kölns Stadtillustrierte 17 (1992), Heft 12/1992, S. 49

86 J. Lederer, Finanzwesen, kirchliches, in: Lexikon der Pastoraltheologie, S. 139.

87 J. Neumann, Tun die Kirchen wirklich soviel Gutes? Eine kritische
Bestandsaufnahme christlicher Sozialarbeit, in: Tabu Staat Kirche
(Hrsg. IBKA, Berlin–Aschaffenburg 1992), S. 56

88 Sekretariat der Deutschen Bischofskonferenz. Kaiserstraße 163,
5300 Bonn 1 (Hrsg.), Text der Erklärung, S. 3

89 Vgl. Herrmann, Kirchenfürsten, S. 343 ff. und 374–383

90 Zum Thema neuerdings: Süddeutsche Zeitung vom 9. 5. 1992
»Vatikan soll Millionen für Calvi-Papiere gezahlt haben (um in
der ihn selbst schwer belastenden Affäre Dokumente in die Hand
zu bekommen).

91 Grundsätzlich zu dieser Fabel, die Bischöfe ersannen: Herrmann,
Kirchenfürsten, S. 86 ff.

92 Zum Problem von Mitarbeitervertretungen als »Störung des Be-
triebsfriedens«: S. Kösel, Die Sonderstellung der katholischen Kirche als Arbeitgeberin im Sozialwesen und Auswirkungen auf die
soziale Praxis (Diplomarbeit an der Kath. Fachhochschule NW
Abteilung Köln, 1992, Manuskript)., S. 44

93 Vgl. zur »widerständigen Solidargemeinschaft«, die die Hirten
verhindern möchten: S. R. Dunde, Wenn Bewegungen von unten

scheitern, in: B. Kuckertz (Hrsg.), Kreuzfeuer. Die Kritik an der Kirche (München 1991), S. 140 f.

94 W. Dütz, Die Zukunft des »Dritten Weges« von Kirche und Caritas im Arbeitsrecht, in: Feldhoff-Dünner (Hrsg.), Die verbandliche Caritas. Praktisch-theologische und kirchenrechtliche Aspekte (Freiburg i. B. 1991), S. 131

95 R. Bietmann, Betriebliche Mitbestimmung im kirchlichen Dienst (Königstein/T. 1982), S. 172. Details: Kösel, Sonderstellung, S. 40 ff.

96 Kösel, Kreuz, S. 50

97 Ders., Sonderstellung, S. 27; Bietmann, a. a. O., S. 149

98 R. Schwarzenthal, Konflikt und Ausgrenzung in der katholischen Kirche. Analysen zur Selektivität religiöser Institutionalisierung (Frankfurt a. M. 1990), S. 92

99 Kösel, Sonderstellung, S. 28

100 Vgl. H.-G. Papenheim, Konflikte und Konfliktregulierung zwischen Dienstgebern und Mitarbeitern, in: Caritas in Nordrhein-Westfalen 4/90, S. 306

101 Vgl. A. Pahlke, Der »Dritte Weg« der Kirchen im Arbeitsrecht, in: NJW 1986, Heft 7, S. 352 und Th. Herr, Arbeitgeber Kirche. Dienst in der Kirche (Paderborn 1985), S. 65

102 Schwarzenthal, a. a. O., S. 74

103 E. Drewermann, Kleriker. Psychogramm eines Ideals (Olten und Freiburg i. B. 1989), S. 747

104 Kösel, Kreuz, S. 49

105 Ders., ebda., S. 50

106 C. Bischoff, Frauen in der Krankenpflege. Zur Entwicklung von Frauenrolle und Frauenberufstätigkeit im 19. und 20. Jahrhundert (Frankfurt a. M.–New York 1984), S. 8 (auch zum folgenden)

107 Bischoff, a. a. O., S. 13

108 Bischoff, a. a. O., S. 18

109 Herrmann, Angst, S. 193–206; Bischoff, a. a. O., S. 49

110 Vgl. zur »Macho-Kirche« schlechthin: Der Spiegel Nr. 52/1992 vom 21. 12. 1992, S. 78–87

111 Zitiert bei: Der Spiegel, ebda., S. 79 f.

112 Noch in den siebziger Jahren bei I. Illich: Herrmann, Kirchenfürsten, S. 323

113 In zustimmendem Sinn: Ordensstand und Klöster. Zur Aufklä-

rung, in: Katholische Stimmen aus Österreich, II, 7. Heft (Wien–
Gran 1868), S. 4. Vgl. a. a. O., S. 17: »Gott belohnt die Treue und
Folgsamkeit (im Kloster) mit immer größeren Gnaden, wodurch
das Seligwerden mehr und mehr gesichert wird.«

114 Bischoff, a. a. O., S. 73

115 Zitiert nach: A. Sticker, Die Entstehung der neuzeitlichen Krankenpflege (Stuttgart 1960), S. 171

116 Ordensstand, a. a. O., S. 35

117 Bischoff, a. a. O., S. 85

118 Ordensstand, a. a. O., S. 35

119 H. Hecker, Die Überarbeitung der Kranken-Pflegerin (Straßburg
1912), S. 58

120 A. v. Lindheim, Saluti aegrorum – Aufgabe und Bedeutung der
Krankenpflege im modernen Staat. Eine sozial-statistische Untersuchung (Leipzig 1905), S. 229; vgl. Hecker, a. a. O., S. 26 f.

121 Bischoff, a. a. O., S. 95

122 Vgl. E. Goll, Die freie Wohlfahrtspflege als eigener Wirtschaftssektor. Theorie und Empirie ihrer Verbände und Einrichtungen
(Baden-Baden 1991), S. 147 und 208 f.

123 Goll, a. a. O., S. 147

124 Ordensstand, a. a. O., S. 22

125 Goll, a. a. O., S. 208 f.

126 Bischoff, a. a. O., S. 114

127 Ordensstand, a. a. O., S. 27

128 Zum Thema: Süddeutsche Zeitung – Magazin – vom 27. 3. 1992,
S. 26 ff.

129 Goll, a. a. O., S. 146

130 Caritas-Korrespondenz 55 (1987), Heft 11, S. 55 sowie Goll,
a. a. O., S. 146 und 241

131 Bischoff, a. a. O., S. 95

132 K. Deschner, Ein Jahrhundert Heilsgeschichte. Die Politik der Päpste im Zeitalter der Weltkriege, I (Köln 1982), S. 283. Das Rohver-
mögen der deutschen Klöster wurde schon 1940 auf über 608 Millionen Reichsmark beziffert: K. Deschner, Kirche des Unheils. Argumente, um Konsequenzen zu ziehen (München 1974), S. 81.
Mittlerweile dürfte sich der Gemeinschaftsbesitz, vorsichtig geschätzt, auf etwa drei Milliarden DM belaufen: Herrmann, Kirche
und Geld, S. 155

133 D. Westemeyer, Schwesternmangel, in: Lexikon der Pastoraltheologie, S. 496. Vgl. auch KNA vom 19.9. 1991: Von den rund 44 200 deutschen Nonnen sind 23 700 älter als 60 Jahre; 15 300 sind überhaupt nicht mehr tätig. Neu eingetreten sind 1990 ganze 329 Frauen, davon 74 in Bayern. Nach den Erfahrungen der letzten Jahre verlassen jedoch rund 50 Prozent noch während der Probezeit wieder das Kloster.

134 Westemeyer, a. a. O., S. 495

135 Auch »jeder dritte Religionslehrer ist älter als 50«: Ruhr-Nachrichten vom 20. 1. 1990

136 F. Wulf, Ordensleben heute, in: Lexikon der Pastoraltheologie, S. 362 f. (auch zum folgenden)

137 Die Orden selbst waren und sind von diesem Gewinnstreben nicht von vornherein ausgenommen: Herrmann, Kirche und Geld, S. 154 f.

138 Goll, a. a. O., S. 156

139 Ders., a. a. O., S. 207

140 Vgl. Frankfurter Rundschau vom 17. 3. 1989 und MIZ 2/1989, S. 47

141 Goll, a. a. O., S. 242

142 Ders., a. a. O., S. 261

143 Zur Definition: Goll, a. a. O., S. 151 ff.

144 Süddeutsche Zeitung vom 13. 10. 1992

145 Über (finanzielle) Schwierigkeiten des Deutschen Paritätischen Wohlfahrtsverbandes (Landesverband Bayern) auf diesem Gebiet: Süddeutsche Zeitung vom 24. 10. 1992

146 Zu den Motivationen solcher Tätigkeit: Goll, a. a. O., S. 252 ff.

147 Gesicherte Zahlen fehlen noch immer: Goll, a. a. O., S. 210 ff. Auch ist die monetäre Erfassung der ehrenamtlichen Arbeit sehr schwierig: Ders., a. a. O., S. 215

148 Goll, a. a. O., S. 250

149 Frankfurter Rundschau vom 27. 11. 1990

150 Westfälische Nachrichten vom 3. 9. 1992 (auch zum folgenden)

151 Herrmann, Angst, S. 93

152 Bischoff, a. a. O., S. 128; Herrmann, Angst, S. 94 ff.

153 Der Spiegel Nr. 10/1992 vom 2. 3. 1992, S. 25

154 Süddeutsche Zeitung vom 5. 8. 1992

155 Süddeutsche Zeitung vom 28. 8. 1992

156 Herrmann, Kirche und Geld, S. 55

157 Süddeutsche Zeitung vom 30. 11. 1989

158 Süddeutsche Zeitung vom 20. 9. 1988

159 Augsburger Allgemeine vom 6. 12. 1990

160 Vgl. zur Geschichte eines inhumanen Rechts der Kirche: H. Herrmann, Die Stellung unehelicher Kinder nach kanonischem Recht
(Amsterdam 1971), S. 4 ff. und 33–122

161 M. Dittrich, »Wir sind doch keine Sittenpolizei«, in: kaufen und
sparen. Verbraucherzeitung für Münster und das Münsterland
Nr. 8/1990 vom 22. 2. 1990, S. 1

162 Augsburger Allgemeine vom 28. 11. 1989

163 Neumann, a. a. O., S. 60

164 Zu deren Ausrichtung: »Richtlinien der deutschen Bischöfe für
die katholischen Beratungsstellen hinsichtlich der Beratung nach
§ 218 Abs. 1 Nr. 1 StGB« vom 30. 8. 1982 sowie Neumann, a. a. O.,
S. 60 und Kösel, Sonderstellung, S. 48–61 (mit Literatur)

165 Frankfurter Rundschau vom 5. 3. 1992

166 Neumann, a. a. O., S. 60

167 Nürnberger Nachrichten vom 8. 8. 1987; Evangelischer Presse-
Dienst (epd) vom 24. 8. 1987

168 Leserbrief von M. Wischnowsky, in: Frankfurter Rundschau vom
13. 3. 1992

169 Süddeutsche Zeitung vom 19. 5. 1988

170 Evangelisches Gemeindeblatt Bayern vom 27. 5. 1884

171 Der Spiegel Nr. 52/1992 vom 21. 12. 1992, S. 83 f.

172 ötv-magazin 9/89, S. 5

173 Augsburger Allgemeine vom 28. 11. 1989

174 A. Hacker, Kirchliche Kleingeister, in: Südwest Presse Ulm vom
7. 11. 1992, S. 2

175 Zitiert nach: C. Glees, Den Kelch im Koffer, eine Kantine im Gotteshaus, in: Süddeutsche Zeitung vom 19./20. 9. 1992, S. 36

176 Johannes Paul II. »Laborem exercens«, Nr. I. 1. 4 und »Sollicitudo
Rei Socialis«, Nr. 41

177 Kirchliches Amtsblatt für die Diözese Rottenburg-Stuttgart vom
11. 1. 1991, S. 311

178 Ebda., S. 312 f.

179 Kirchliches Amtsblatt der Diözese Rottenburg-Stuttgart, Nr.
10/1991 (Sonderdruck zum 28. 4. 1991)

180 Aus den bekannten kirchenpolitischen Gründen wird nicht von »Arbeitgebern« gesprochen: Ordnung für die Mitarbeitervertretung in der Diözese Rottenburg-Stuttgart (MAVO), in: Kirchliches Amtsblatt für die Diözese Rottenburg-Stuttgart vom 22. 2. 1991, S. 373, 375 und 379

181 Beispiel: Papst Leo XIII. soll »aus eigener Erfahrung mit der Armut vertraut« gewesen sein. Diese nicht näher belegte Behauptung ist kaum mit der Tatsache zu vereinbaren, daß gerade dieser Papst nicht nur aus einer gräflichen Familie stammte, sondern 1903 auch 70–80 Millionen hinterließ: Deschner, Heilsgeschichte, I, S. 352 f.

182 Herrmann, Kirche und Geld, S. 208

183 Goll, a. a. O., S. 158

184 Beispiel: Herrmann, Kirche und Geld, S. 210 f.

185 ötv-magazin 1/90, S. 30

186 Aufgegriffene Beispiele: Brigitte Nr. 6/1991, S. 152 ff. und 2/1985, S. 80 ff.

187 Vgl. beispielsweise die Entscheidung des BVG vom 4. 6. 1985, in: Neue Juristische Wochenschrift 1986, Heft 7, S. 367–371, in Sachen »Kündigung von kirchlichen Arbeitsverhältnissen wegen Verletzung von Loyalitätspflichten« (mit Kommentar von H. Weber, Frankfurt a. M.)

188 Artikel 137 II Weimarer Verfassung in Verbindung mit Artikel 140 GG.

189 Kösel, Sonderstellung, S. 25

190 H. Pompey, »Dienstgemeinschaft« unter dem Anspruch des Glaubens und des Sendungsauftrages der Kirche, in: Feldhoff-Dünner, a. a. O., S. 107

191 BVG-Entscheidung vom 4. 6. 1985, a. a. O., S. 367 f.

192 Kösel, Sonderstellung, S. 46

193 Weber, a. a. O., S. 371

194 Noch 1956 ging es in der berühmt-berüchtigten »Anstreicher«-Entscheidung des BVG um einen geschiedenen und wiederverheirateten Maler, dessen Kündigung in einem katholischen Hospital zum Anlaß genommen wurde, undifferenziert alle Bediensteten einer absoluten Loyalitätspflicht zu unterwerfen.

195 Herrmann, Kirchenfürsten, S. 122–142

196 Kösel, Sonderstellung, S. 27 f.

197 Grundsätzlich: Herrmann, Verhältnis, S. 79, 83 und 139

198 H. Marré, Die Kirchenfinanzierung in Kirche und Staat der Gegenwart. Die Kirchensteuer im internationalen Umfeld kirchlicher Abgabensysteme und im heutigen Sozial- und Kulturstaat Bundesrepublik Deutschland (Essen 1982), S. 7 spricht von einem »Wechsel auf die Zukunft«. Ders., a. a. O., S. 26: »Modernes Beispiel für den Status von freien Kirchen in einem demokratischen Staat mit seiner pluralen Gesellschaft« und S. 28: »Modellcharakter«. Zur Bestreitung des Modells: Herrmann, Kirche und Geld, S. 21, 33, 113 ff. und 125

199 Neumann, a. a. O., S. 58 (auch zum folgenden)

200 Hierzu: Goll, a. a. O., S. 27, 50–53

201 Ders., a. a. O., S. 51

202 C. Badelt, Sozioökonomie der Selbstorganisation. Beispiele zur Bürgerselbsthilfe und ihre wirtschaftliche Bedeutung (Frankfurt a. M.–New York 1980), S. 101–103

203 K. Gabriel, Verbandliche Caritas im Postkatholizismus, in: Caritas 91 (1990), S. 581

204 Der Spiegel vom 7. 7. 1992

205 Goll, a. a. O., S. 51

206 Ders., a. a. O., S. 27

207 Grundsätzlich: Herrmann, Vaterliebe, S. 180 ff.

208 A. Zeitler, Kirchensteuer auf dem Prüfstand (Sonderdruck aus Informationen Heft Nr. 46, IV/1990), S. 9, spricht aus, weshalb Sozialeinrichtungen in kirchlicher Trägerschaft nicht ausschließlich bezuschußt sein sollten: »... wir wollen damit aber auch das Recht haben, dem Kindergarten das Gepräge als evangelischer Kindergarten zu geben«. Vgl. zu diesen kirchlichen Ängsten auch: J. Degen, Finanzentwicklung und Finanzstruktur im Bereich der Diakonie. Ein Überblick, in: W. Lienemann (Hrsg.), Die Finanzen der Kirche. Studien zu Struktur, Geschichte und Legitimation kirchlicher Ökonomie (München 1989), S. 257

209 Neumann, a. a. O., S. 66

210 Statistisches Bundesamt (Hrsg.), Statistisches Jahrbuch 1989 für die Bundesrepublik Deutschland (Stuttgart 1989), S. 415

211 Statistisches Bundesamt, Fachserie 13: Sozialleistungen Reihe 6.3, 1986 (Stuttgart–Mainz 1988), S. 18 ff.

212 Ein Beispiel aus einer badischen Kleinstadt: Neumann, a. a. O., S. 65

213 Zum Thema generell auch: Schwäbische Zeitung vom 7.11.1992: »Kindergarten-Richtlinien werden zum Zankapfel« (über klerikale Einwände).

214 U. Röhm, Die Kasse der Kirchen, in: Freitag Nr. 14 vom 27.3. 1992. Auch die Einnahmen aus den – dem Beitrittsgebiet oktroyierten – Kirchensteuern lassen sich besser an als erwartet: Allgemeines Deutsches Sonntagsblatt Nr. 44/1991 vom 1.11.1991

215 Vgl. Degen, a.a.O., S. 260

216 Neumann, a.a.O., S. 66

217 Sendung »Monitor« (WDR) vom 11.5.1992 (auch zum folgenden)

218 Goll, a.a.O., S. 33

219 Neumann, a.a.O., S. 65

220 Beispiel: In Augsburg-Haunstetten stockte der evangelische Träger die Gebühren des Kindergartens zum 1.1.1992 drastisch auf, rechnete aber gleichzeitig vor, daß die Kirche selbst zum Gesamtetat gerade noch 8,3 Prozent beisteuert (MIZ 2/92, S. 46)

221 In Deutschland gibt es zur Zeit nach Angaben der MIZ 3/92, S. 50, insgesamt 859 katholische Schulen mit rund 22 000 Lehrern und 300 000 Schülern. Gut die Hälfte befindet sich in der Trägerschaft von Ordensgemeinschaften; in der Regel finanzieren sie sich ohne Kirchensteuermittel. 94 Prozent der Kosten der von den Diözesen getragenen Schulen werden nicht von der Kirche finanziert (Augsburger Kirchenzeitung vom 16.2.1990).

222 Neumann, a.a.O., S. 65

223 Goll, a.a.O., S. 33

224 Ders., a.a.O., S. 83

225 Brief von Frau L. P. (Mainz) vom 23.10.1992, S. 10–12. Eine von zahlreichen Zuschriften im Zusammenhang mit der Talkshow »Nachtcafé« (SDR/SWF) aus dem September 1992, deren Thema (»Kirchenaustritte«) und Verlauf zu den üblichen Protesten der Großkirchenlobby im Rundfunkrat führten. Die – erstmals in Jahrzehnten ausgestrahlte – Sendung (Moderation: W. Backes) habe unzulässigerweise (!) eine »Werbung für Konfessionslose und Atheisten« dargestellt, argumentierten ausgerechnet jene, deren tägliche »Werbung für das Kirchenchristentum« die von allen Gebührenzahlern finanzierten öffentlich-rechtlichen Anstalten teure Sendezeit kostet. Vgl. Deschner-Herrmann, Anti-Katechismus, S. 82 f.

226 Vgl. H. Flierl, Freie und öffentliche Wohlfahrtspflege. Aufbau, Finanzierung, Geschichte, Verbände (München 1982), S. 196–312 sowie R. Bauer, Rechtlicher Status und Organisation von Wohlfahrtsverbänden, in: U. M. Maas (Hrsg.), Sozialarbeit und Sozialverwaltung. Handeln im Konfliktfeld Sozialbürokratie (Weinheim–Basel 1985), S. 32

227 Graue Panther, Heft Juni 1991, S. 8 f.

228 Vgl. Main-Post Bad Kissingen vom 5. 2. 1992

229 Schwäbische Zeitung vom 7. 11. 1992

230 Vgl. H. Herrmann, Ehe und Recht. Versuch einer kritischen Darstellung (Freiburg–Basel–Wien 1972), S. 83, 101 f. und 122

231 Goll, a. a. O., S. 91

232 Vgl. hierzu: Herrmann, Kirche und Geld, S. 139, 141, 146 f, 151, 167 und 169 f.

233 F. Spiegelhalter, Was die freie Wohlfahrtspflege dem Staat erspart, in: Caritas 91 (1990), S. 245–249

234 Neumann, a. a. O., S. 59

235 Vgl. auch F. Spiegelhalter, Der dritte Sozialpartner (Freiburg i. B. 1990)

236 Neumann, a. a. O., S. 59

237 Vgl. die »Gegenrechnung« bei: Zeitler, a. a. O., S. 11

238 Zu diesem stark klerikal-politisch besetzten Begriff: Goll, a. a. O., S. 23 ff. (Literatur)

239 Vgl. die Enzyklika »Quadragesimo anno« vom 15. Mai 1931 (Nr. 79), in: Acta Apostolicae Sedis 23 (1931), S. 177–228. Hierzu auch: F. Klüber, Soziallehre, katholische, in: Evangelisches Soziallexikon (Hrsg. Th. Schober, M. Honecker, H. Dahlhaus, Stuttgart und Berlin 1980), Sp. 1189–1191. Auch: Neumann, a. a. O., S. 61 sowie, grundlegend, U. Neumann, Liberale Wurzeln des politischen Katholizismus im Deutschland des 19. Jahrhunderts (Manuskript Tübingen 1984), S. 71

240 Häufig klaffen die Auffassungen über das Gemeinwohl ebenso auseinander wie die über die zu seiner Förderung zu treffenden Maßnahmen; verständlich, daß die Kirche in solchen Fällen nicht weniger als andere Interessenverbände in Gefahr steht, ihr eigenes Wohl als das der Allgemeinheit auszugeben.

241 A. Rauscher, Subsidiaritätsprinzip, in: Staatslexikon Bd. V (Hrsg. Görres-Gesellschaft, Freiburg i. B. u. a. 1989), S. 387

242 Goll, a.a.O., S. 26 f.

243 Neumann, a.a.O., S. 61

244 R. Herzog, Subsidiaritätsprinzip, in: Evang. Staatslexikon (Stuttgart 2. Aufl. 1975), S. 2595 sowie ders., Subsidiaritätsprinzip, in: Evang. Staatslexikon II (Stuttgart, 3. Aufl. 1987), S. 3565 und 3571

245 O. v. Nell-Breuning, Subsidiaritätsprinzip, in: Lexikon der Pastoraltheologie, S. 547

246 Neumann, a.a.O., S. 62

247 Gabriel, a.a.O., S. 580

248 Vgl. die »stark missionarische Note« der sog. Laienarbeit in der Kirche (L. Karrer, Laienvertretung und Seelsorge, in: Lexikon der Pastoraltheologie, S. 299)

249 Neumann, a.a.O., S. 57

250 Ders., ebda. Vgl. Bischoff, a.a.O., S. 17

251 Vgl. Neumann, a.a.O., S. 71, A. 1 zu den Bemühungen des Islams um einen Auf- und Ausbau des Sozialwesens

252 Süddeutsche Zeitung vom 13. 10. 1992: »Der Papst vor Lateinamerikas Bischöfen. ›Die Kirche tritt für die Armen ein‹. Johannes Paul II. fordert von Priestern Treue zum Lehramt«

253 Rede vor der UNO vom 11. 6. 1982. Vgl. U. Ranke-Heinemann, Widerworte. Friedensschriften und Streitreden (München 1989), S. 129

254 Neumann, a.a.O., S. 57

255 C. Tilgner, Bahnhofsmission, in: Lexikon der Pastoraltheologie, S. 320

256 Neumann, a.a.O., S. 70

257 C. 795 Codex Iuris Canonici (Deutsche Übersetzung, Kevelar 1989, S. 361

258 C. 227 Codex Iuris Canonici, a.a.O., S. 93

259 Ders., a.a.O., S. 62 (auch zum folgenden)

260 C. 227 Codex Iuris Canonici, a.a.O., S. 93

261 C. 793 (und 226 §2, 797, 798, 799, 800 §2, 803, 1136) des Kirchlichen Gesetzbuches (1983), a.a.O., S. 363, 93 und 501

262 C. 1366 Codex Iuris Canonici, a.a.O., S. 603

263 C. 803 §3 Codex Iuris Canonici, a.a.O., S. 365

264 Vgl. S. Eichhorn, Besonderheiten des freigemeinnützigen Krankenhauses zwischen Theorie und Praxis, in: Das Krankenhaus 80 (1988), S. 512; Goll, a.a.O., S. 119 ff.

265 Südwest Presse vom 27. 6. 1991

266 C. 781 Codex Iuris Canonici, a. a. O., S. 355

267 Herrmann, Kirche und Geld, S. 184 ff.; A. Sagi, Kindergarten, in: Lexikon der Pastoraltheologie, S. 249, spricht von der »hohen Relevanz identifikatorisch aufgebauter Wertvorstellungen« und lehnt deswegen – zugunsten des Zugriffs der Kirchen – ein »nivellierendes Staatsmonopol« ab.

268 Sagi, a. a. O., S. 249

269 E. Baeger, Kirchen und öffentliche Gelder, in: Vorgänge, Heft 2, März 1987, S. 48

270 G. Rampp, Der Rückmarsch ins klerikale Schulwesen, in: MIZ 3/1987, S. 18; Evangelisches Gemeindeblatt Bayern vom 8. 6. 1986 und vom 26. 10. 1986

271 J. Dikow, Schulen in freier kathol. Trägerschaft, in: Lexikon der Pastoraltheologie, S. 493

272 H. D. Schelauske, Lehrer (Seelsorger), in: Lexikon der Pastoraltheologie, S. 304

273 A. G. Gleissner, a. a. O., S. 465

274 Kirchliches Amtsblatt für die Diözese Rottenburg-Stuttgart Nr. 23/1992 vom 21. 12. 1992, S. 269. Das Zitat ist einem offiziellen Text der Diözesansynode von 1985/86 entnommen.

275 Vgl. die stramme Definition von »Seelsorge an Kindern«, die G. Hansemann, Kinderpastoral, in: Lexikon der Pastoraltheologie, S. 251, gibt: »Die von der kirchlichen Autorität geplanten, angeordneten und durchgeführten Maßnahmen einer systemat., seelsorgl. Führung getaufter Kinder bis zum Beginn der Reifejahre«.

276 J. Hofmeier, Der Kindergarten in der Pfarrgemeinde, in: Klerus-Blatt 69 (1989), S. 349

277 Beispiele aus dem Kindergarten-Bereich: Die Ablehnung eines leicht behinderten Kindes im evangelischen Kindergarten Greven-Reckenfeld (»Wir in Greven« vom 15. 4. 1992, S. 4 b); Verweigerung neuer Kindertagesstätten: taz vom 4. 12. 1991 (»Kirche ist nicht Sparschwein des Senats«)

278 D. Leicher, Friedhof, in: Lexikon der Pastoraltheologie, S. 149

279 Vgl. C. M. Genewein, Seelsorge für Pflegeberufe, in: Lexikon der Pastoraltheologie, S. 499

280 M. Vodopivec, Krankenhauspastoral, in: Lexikon der Pastoraltheologie, S. 284 (auch zum folgenden)

281 Vgl. W. Schmidbauer, Hilflose Helfer. Über die seelische Problematik der helfenden Berufe (Reinbek 1992), S. 13

282 Da M. Vodopivec (Krankenpastoral, in: Lexikon der Pastoraltheologie, S. 287) von einer »Triebenthemmung« der Patienten ausgeht, scheint dieses jungfräuliche Wirken mit seinem »Abspringen von sich selbst und den vitalen Befriedigungen« (ders., Krankenhauspastoral, S. 286) dringend erforderlich.

283 Genewein, a. a. O., S. 499

284 Vodopivec, a. a. O., S. 285 spricht von der »gnadenhaft-übernatürlichen Dimension der kirchlichen Krankenhauspastoral«, die »natürliche Methoden« voraussetze und in sich aufgehen lasse.

285 Ders., ebda.

286 N. Feldhoff, Die Kirchensteuer und die sozialen Dienste der Kirche, in: Klerus-Blatt 70 (1990), S. 552

287 Neumann, a. a. O., S. 59

288 Details bei: Neumann, a. a. O., S. 60

289 So der Bischof von Trier, H. J. Spital, Kirchliche Beratung im Spannungsfeld von Seelsorge und Kirche in der heutigen Welt, in: Kirchliche Beratungsdienste. Studientagung 1986 der Herbst-Vollversammlung der Deutschen Bischofskonferenz (Arbeitshilfe Nr. 51, Bonn 1987), S. 32–43

290 Zitiert nach: Neumann, a. a. O., S. 60

291 J. Voß, Caritas als Wesensäußerung der Kirche im Zusammenhang gesellschaftlicher und sozialpolitischer Herausforderungen, in: Caritas 91 (1990), S. 419

292 Neumann, a. a. O., S. 71 A. 5 (auch zum folgenden)

293 Neumann, a. a. O., S. 58

294 D. Hume, Die Naturgeschichte der Religion (1757); Deutsch: Hamburg 1984, S. 13

295 G. Streminger, Gottes Güte und die Übel der Welt. Das Theodizeeproblem (Tübingen 1992), S. 64

296 P. T. d'Holbach, Religionskritische Schriften (Das entschleierte Christentum, Taschentheologie, Briefe an Eugenie, Neue Ausgabe Berlin–Weimar 1970), S. 205

297 Streminger, a. a. O., S. 382

298 Zum Problem des fehlgeleiteten Idealismus: Streminger, a. a. O., S. 175

299 Zur Methode des Apostels Paulus: Streminger, a. a. O., S. 169 A. 150

300 Ders., a.a.O., S.238
301 Ders., a.a.O., S.77
302 A.Schopenhauer, Parerga und Paralipomena (1851); Ausgabe Zürich 1977, S.382
303 K.Deschner, Opus Diaboli. Fünfzehn unversöhnliche Essays über die Arbeit im Weinberg des Herrn (Reinbek 1987), S.42. Vgl. Streminger, a.a.O., S.248f.
304 Pius VI., ein geborener Graf Braschi, bezeichnet 1790 in einem direkt gegen die Menschenrechtserklärung von 1789 gerichteten Lehrschreiben Gedankenfreiheit, Redefreiheit, Pressefreiheit als »Ungeheuerlichkeiten«, nachdem er bereits das klassische Werk von Montesquieu, L'Esprit des lois, aus Angst vor der freiheitlichen Rechtsprechung und deren Konsequenzen für die Catholica verdammt hatte: H.Kühner, Das Imperium der Päpste (Zürich und Stuttgart 1977), S.352
305 Ein Beispiel: Gregor XVI. nannte die Lehre von der Gewissensfreiheit 1832 ein »Delirium« und einen »seuchenartigen Irrtum«, die von der Volkssouveränität indiskutabel. Zudem eifert er gegen die »nie genug zu verurteilende und zu verabscheuende Freiheit des Buchhandels« (Deschner, Opus, S.21)
306 H.Fuhrmann, Von Petrus zu Johannes Paul II. Das Papsttum: Gestalt und Gestalten (München 1980), S.172; L.v.Ranke, Die römischen Päpste in den letzten vier Jahrhunderten (Wien o.J.), S.770
307 B.Russell, Warum ich kein Christ bin – Über Religion, Moral und Humanität (Reinbek 1972), S.32
308 Schopenhauer, a.a.O., S.382
309 Streminger, a.a.O., S.259
310 F.Nietzsche, Der Antichrist, in: Sämtliche Werke. Kritische Studienausgabe in 15 Einzelbänden, VI (München 1988), S.228
311 Streminger, a.a.O., S.66
312 Schopenhauer, a.a.O., S.427
313 Ders., a.a.O., S.429
314 Zitiert bei: T.Ayck, Mark Twain, in: K.Deschner (Hrsg.), Das Christentum im Urteil seiner Gegner (München 1986), S.331f.
315 Streminger, a.a.O., S.261
316 Ders., a.a.O., S.263
317 Ders., a.a.O., S.270
318 Schon zu Beginn des 20.Jahrhunderts wurde das päpstliche Ver-

mögen auf eine Zahl geschätzt, die ungefähr sechsmal größer war als das des reichsten Deutschen, das von Krupp: Deschner, Abermals, S. 428

319 Herrmann, Kirchenfürsten, S. 352

320 Vgl. Herrmann, Kirchenfürsten, S. 323

321 Vgl. Streminger, a. a. O., S. 227

322 K. Deschner, Kirche des Unheils. Argumente, um Konsequenzen zu ziehen (München 1974), S. 71

323 Herrmann, Kirchenfürsten, S. 351

324 Der hin und wieder anzutreffende Begriff »Anthropodizee« verschleiert. Immerhin sind es nicht »die Menschen«, sondern die Patriarchen, also Männer, die das Leid aller zu verantworten haben. Vgl. Herrmann, Vaterliebe, S. 155 ff. und dens., Angst, S. 31 ff. Zur bedauernswerten Lage auch der Philosophie, näherhin der sogenannten Metaphysik, die sich gedanklich versöhnt mit dem konkreten Leid der Menschen zeigt: Streminger, a. a. O., S. 379

325 Neumann, a. a. O., S. 58

326 Beispielsweise sagte Papst Pius XII., der den Weltkrieg als Kreuzzug gegen den gottlosen Bolschewismus verstand, am 20.10. 1939: »Die Not der Gegenwart ist eine Rechtfertigung des Christentums, wie sie erschütternder nicht gedacht werden kann.« (Zitiert bei: W. Jussen, Hrsg., Papst Pius XII.: Gerechtigkeit schafft Frieden, Hamburg 1946, S. 142)

327 Streminger, a. a. O., S. 389

328 Ders., a. a. O., S. 381

Die tägliche Erpressung
Oder:
Wie hoch dürfen Wohlstandskirchen ihre Ansprüche noch schrauben?

1 P. Schmitt, Kirchliche Krankenhäuser fürchten den Ruin, in: Süddeutsche Zeitung vom 22.10. 1992, S. 17

2 Süddeutsche Zeitung vom 12.6. 1992

3 M. Kiseler, Schüler fragen: Wo bleibt denn nur das Geld, in: Stadtspiegel Bochum vom 24.1. 1990, S. 1

4 Süddeutsche Zeitung vom 2.1.1993

5 Katholische Nachrichten Agentur (KNA) vom 7.1.1987

6 Der Spiegel Nr. 22/1964 vom 27.5.1964, S.40

7 Beispiel: H.Herrmann, Die Kirche und unser Geld. Wie die Hirten ihre Schäfchen ins trockene bringen (München 1992), S.111

8 Süddeutsche Zeitung vom 21.11.1986 und FAZ vom 17.9.1986. Vgl. auch die – von Petra Kelly im September 1990 initiierte – Kleine Anfrage im Bundestag. In ihrer Antwort vom 1.10.1992 korrigierte die Bundesregierung die bisherigen Angaben sogar nach oben.

9 Details: Herrmann, Kirche und Geld, S.108 f.

10 J.Lederer, Finanzwesen, kirchliches, in: Lexikon der Pastoraltheologie (Hrsg. F.Klostermann, K.Rahner, H.Schild, Freiburg–Basel–Wien 1972), S.139

11 Bensberger Kreis, Zu einigen Aspekten der Kirchenfinanzierung (Memorandum, o.O. 1992), S.5

12 N.Feldhoff, Kirchensteuer – umstritten, aber bewährt (Köln 1990), S.22

13 Lederer, a.a.O., S.138. Das Kirchliche Gesetzbuch von 1983 spricht in c.1254 §1 vom »angeborenen« Recht der katholischen Kirche, »Vermögen zur Verwirklichung der ihr eigenen Zwecke zu erwerben, zu besitzen, zu verwalten und zu veräußern«.

14 In der katholischen Kirche ist diese Mitbestimmung entgegen dem von der Lobby erweckten Anschein ausgesprochen dürftig: Herrmann, Kirche und Geld, S.111. Doch auch die evangelische Kirche hat ihre Schwierigkeiten mit den »Laien«: Bei den letzten Wahlen in die Presbyterien in Nordrhein-Westfalen (Wahlbeteiligung sieben Prozent!) erübrigte sich in der Mehrzahl der Gemeinden ein Urnengang, weil die Anzahl der Kandidaten nicht die der Mandate überstieg (Ruhr-Nachrichten vom 27.3.1992). Die »volkskirchliche Realität«, die sich nach Ansicht des zuständigen Präses der Landeskirche von Westfalen in der Schlappe zeigte, nur sieben Prozent Wahlbeteiligung erzielt zu haben, wird freilich weniger deutlich gemacht, wenn es sich um unser aller Geld handelt, das solche Kirchen beanspruchen.

15 Lederer, a.a.O., S.139

16 C.1254 §2 Codex Iuris Canonici, Deutsche Übersetzung (Kevelaer 1989), S.549

17 Zuschüsse von Dritten (öffentliche Mittel, Leistungsentgelte u. ä.) machen im Bereich »Kirchliche Sozialarbeit (Diakonie)« nicht weniger als 91,7 Prozent aus: Amtsblatt der EKD. Statistische Beilage Nr. 82 vom 15. 7. 1988, S. 25. Im Rechnungsjahr 1984 betrugen die Ausgaben für den Bereich Gemeindeschwestern-, Krankenpflege- und Sozialstationen im Gesamtbereich der EKD 238,5 Millionen DM, also lediglich 2,5 Prozent aller Ausgaben. Sie wurden zudem zu 70,9 Prozent aus »zweckbestimmten Einnahmen« gedeckt (ebda., S. 55).

18 Bensberger Kreis, a. a. O., S. 5

19 WDR: »Meisner besitzt Kunst im Überfluß«, in: Recklinghäuser Nachrichten vom 1. 4. 1992. Der betroffene Kardinal selbst ließ die Recherchen des WDR als »böswillige Häme« zurückweisen, blieb aber eine überzeugende Widerlegung schuldig. Im übrigen habe jeder Zuschauer klar gesehen, daß, »wer die Herde zerstreuen« wolle, »die Hirten schlagen« müsse!

20 Zwei Beispiele von vielen (noch mehr werden im Lauf der Zeit an den Tag kommen): Kirche räumt frühere Kontakte zu Schalck ein (Süddeutsche Zeitung vom 26. 10. 1992) und Verwicklung der DDR-Catholica in Devisenschiebereien (Der Spiegel Nr. 22/1992 vom 25. 5. 1992, S. 63).

21 MIZ 2/91, S. 5 f. (auch zum folgenden). Die entsprechende Strafanzeige wegen Verstoßes gegen § 166 StGB (Beschimpfung religiöser oder weltanschaulicher Bekenntnisse) wurde, wie nicht anders zu erwarten, niedergeschlagen. Offensichtlich kann ein bundesdeutscher Bischof nach Auffassung der Staatsanwaltschaft selbst dann nicht zur Störung des öffentlichen Friedens beitragen, wenn er Millionen Bundesbürgerinnen und Bundesbürger beleidigt.

22 Wie sehr Christen Christen tatsächlich »lieben«, belegt K. Deschner, Opus Diaboli. Fünfzehn versöhnliche Essays über die Arbeit im Weinberg des Herrn (Reinbek 1987), S. 25 ff.

23 Vgl. K. Deschner, Abermals krähte der Hahn. Eine Demaskierung des Christentums von den Evangelisten bis zu den Faschisten (Reinbek 1972), S. 192, 220 f. und 506 ff.

24 H. Herrmann, Kirchenfürsten. Zwischen Hirtenwort und Schäferstündchen (Hamburg 1992), S. 112 ff.

25 Frankfurter Rundschau vom 14. 9. 1991

26 A. Hasler, Wie der Papst unfehlbar wurde. Macht und Ohnmacht eines Dogmas (München 1979), S. 199

27 Herrmann, Kirchenfürsten, S. 113

28 Weihnachtsansprache 1939: Herrmann, Kirchenfürsten, S. 115

29 E. Winter, Die Sowjetunion und der Vatikan (Berlin 1972), S. 176

30 U. Ranke-Heinemann, Widerworte. Friedensschriften und Streitreden (München 1989), S. 129

31 K. Deschner, Der Moloch. Zur Amerikanisierung der Welt (Stuttgart–Wien 1992), S. 339

32 Herrmann, Kirchenfürsten, S. 130

33 Ders., Kirchenfürsten, S. 132 und 265

34 Meldung der AZ vom 21.4. 1992

35 Süddeutsche Zeitung vom 19./20.12. 1992

36 Süddeutsche Zeitung vom 2.1. 1993

37 Details bei: Herrmann, Kirchenfürsten, S. 357–404

38 Diese Bestimmung des Strafgesetzbuches, ein »mittelalterlicher Diktaturparagraph« (K. Tucholsky), ist freilich an sich obsolet. Immer wieder setzen sich Persönlichkeiten in der Bundesrepublik wie im Ausland für seine Abschaffung ein. K. Deschner, Die beleidigte Kirche oder: Wer stört den öffentlichen Frieden? (Freiburg i. B. 1986), S. 45 ff. Gleichwohl sorgt der umstrittene § 166 StGB noch immer dafür, daß Menschen verurteilt werden – ohne daß die Presse sonderlich Aufhebens machte. Offensichtlich soll er weiterhin dazu beitragen, die ohnedies schwache Tradition der Aufklärung zu treffen.

39 Vgl. Deschner, Beleidigte Kirche, S. 45 ff.

40 Beispiel: Das Verfahren gegen Fuldas Oberhirten Dyba, der eine Aids-Gruppe als »hergelaufene Schwule« bezeichnet hatte, wurde wegen »geringer Schuld« und »mangelndem öffentlichen Interesse« an der Strafverfolgung alsbald eingestellt: AZ 21.2. 1992

41 Dokumentation: Deschner, Beleidigte Kirche, S. 50

42 G. Niemietz, Vorwort, in: Deschner, Beleidigte Kirche, S. 10

43 Deschner, Beleidigte Kirche, S. 53

44 Vgl. H. Herrmann, Ein unmoralisches Verhältnis. Bemerkungen eines Betroffenen zur Lage von Staat und Kirche in der Bundesrepublik Deutschland (Düsseldorf 1974), S. 9 ff.

45 Deschner, Moloch, S. 59

46 Deschner, Moloch, S. 14

47 Deschner, Moloch, S. 43

48 H. Böll, Vorwort, in: P. Rath (Hrsg.), Die Bannbulle aus Münster oder: Erhielte Jesus heute Lehrverbot? (München–Hamburg 1976), S. 9 und 12, sprach von einer »fiskalisierten mystischen Bindung« und meinte, wer sich eine solche vom Staat garantieren lasse, sollte sich über nichts mehr wundern.

49 Der Spiegel Nr. 25/92 vom 15. 6. 1992, S. 44

50 Vergleichszahlen aus Gottes eigenem Land: Deschner, Moloch, S. 19

51 Der Spiegel Nr. 25/1992 vom 15. 6. 1992, S. 44

52 Ebda., S. 37

53 Streminger, a. a. O., S. 194

54 Ders., a. a. O., S. 221 und 244

55 R. Schermann, Woran die Kirche krankt (Düsseldorf–Wien 1981), S. 61

56 Beispiele: Millionen-Pleite des Evang. Siedlungswerkes (Süddeutsche Zeitung vom 29. 3. 1984); Konzentrationslager und evangelische Diakonie in Schleswig-Holstein (Frankfurter Rundschau vom 2. 2. 1988; MIZ 2–3/1988, S. 68 und MIZ 4/1988, S. 63); Publikation eines Schriftleiters des Caritasverbands zur »Gesetzlichen Unfruchtbarmachung Geisteskranker« (MIZ 3/1985, S. 24); Herstellung von Waffenteilen in einer Behindertenwerkstatt des Diakonischen Werks (Frankfurter Rundschau vom 20. 5. 1989); Finanzpraktiken des Bischöflichen Hilfswerks »Misereor« (Süddeutsche Zeitung vom 1. 8. und 9. 8. 1984)

57 Herrmann, Kirchenfürsten, S. 200

58 Evangelischer Presse-Dienst (epd) Bayern vom 13. 12. 1988

59 Vgl. Deutsches Allgemeines Sonntagsblatt vom 1. 12. 1985 sowie E. Baeger, Kirchen und öffentliche Gelder, in: Vorgänge, Heft 2, März 1987, S. 56

60 K. Deschner, Kirche des Unheils. Argumente, um Konsequenzen zu ziehen (München 1974), S. 70

61 Herrmann, Kirchenfürsten, S. 351 f.

62 Süddeutsche Zeitung vom 31. 12. 1992

63 Süddeutsche Zeitung Magazin vom 31. 12. 1992, S. 6

64 Kündigen Kirchenvertreter ein »verstärktes sozialpolitisches Engagement« an, meinen sie in keinem Fall eines, das zu ihren Lasten ginge. Vgl. Westfälische Nachrichten vom 9./10. 1. 1993: Stel-

lungnahme des Präsidenten des Deutschen Caritasverbandes zu eventuellen Einsparungen bei der Sozialhilfe

65 Der Spiegel Nr. 10/1992 vom 2.3. 1992, S. 25
66 Der Spiegel Nr. 25/1992 vom 15. 6. 1992, S. 38
67 Vgl. (auch zum folgenden) G. Rampp, Kirchenbindung und Wahlverhalten, in: MIZ Nr. 4/1988, S. 3–6
68 Der Spiegel Nr. 25/1992 vom 15. 6. 1992, S. 45
69 Zum Thema und der neuesten Diffamierung der Geburtenkontrolle als »Verhütungs-Imperialismus des Nordens«: C. Schütze, Die Päpste und ihr Kampf gegen die Pille, in: Süddeutsche Zeitung vom 25. 9. 1992, S. 9
70 H. Küng, Düsteres Verbot aus dem Vatikan, in: Süddeutsche Zeitung vom 23. 10. 1992, S. 17
71 Zur einschlägigen Enzyklika »Humanae vitae« Pauls VI.: Herrmann, Kirchenfürsten, S. 337 f.
72 Beispiele: Die mittelalterlichen Bußbücher, die bis 1983 gültigen Kirchenstrafen, die jahrhundertelange Legitimation der Ketzerverfolgung und Hexenverbrennung sowie die der einschlägigen Denunziation, die Verteidigung des Kirchenstaats, das kanonische Unehelichen-Recht, die – bis vor wenigen Jahren geltenden – Regelungen der sog. Mischehe (einschließlich Tauf- und Erziehungspflicht), das obsolete Recht mancher Ehehindernisse sowie die Abstinenz- und Fastengebote.
73 Diese und weitere Zahlen bei: K. Jäckel, Sag keinem, wer dein Vater ist! Das Schicksal von Priesterkindern (Recklinghausen 1992), S. 197
74 Der Spiegel Nr. 25/1992 vom 15. 6. 1992, S. 44
75 Ebda., S. 41
76 Süddeutsche Zeitung vom 30. 10. 1992
77 Grundsätzlich: Herrmann, Verhältnis, S. 13, 47 ff. und 72 ff. sowie ders., Wider die Lobbyisten der Transzendenz. Zum Problem Katholische Kirche und Demokratie, in: Vorgänge Nr. 16, 14 (1975), S. 51–65. Vgl. dens., Zu nahe getreten. Aufsätze 1972–1978 (Frankfurt a.M.–Bern–Las Vegas 1979), S. 125 ff., 149 ff., 211 ff. und 304 ff.
78 A. Hollerbach, Kirche und Staat, in: Lexikon der Pastoraltheologie, S. 259. Zum Ganzen: Herrmann, Kirche und Geld, S. 34 ff., 41, 78, 88, 114 und 144 ff.

79 Hollerbach, a.a.O., S. 258

80 Hirtenbrief des Fürstbischofs von Seckau vom 9.4.1868, in: Katholische Stimmen aus Österreich, II, 6. Heft (Wien–Gran 1868), S. 19

81 Hirtenbrief des Fürstbischofs von Breslau H. Förster vom 29.6. 1868, in: Katholische Stimmen aus Österreich, II, 5. Heft (Wien–Gran 1868), S. 47.

82 Ebda., S. 48

83 Hirtenbrief Seckau, a.a.O., S. 46

84 Vgl. Hirtenbrief des Fürstbischofs von Brixen vom 21.6.1868, in: Katholische Stimmen aus Österreich, II, 8. Heft (Wien–Gran 1868), S. 16

85 Die Schule in ihren Beziehungen zur Kirche, zum Staat und zur Freiheit, in: Katholische Stimmen aus Österreich, II, 9. und 10. Heft (Wien–Gran 1868), S. 35

86 Ebda., S. 52.

87 Zur Widerstandslüge: Herrmann, Kirchenfürsten, S. 107 ff. und ders., Kirche und Geld, S. 46 ff., 50 f. und 145

88 U. Fiebig, Die Rolle der Großkirchen in der Bundesrepublik Deutschland in sozialdemokratischer Sicht, in: J. Albertz (Hrsg.), Die Rolle der Großkirchen in der Gesellschaft der Bundesrepublik Deutschland (Wiesbaden 1983), S. 202

89 Vgl. H. Prolingheuer, Kirchenwende oder Wendekirche? Die EKD nach dem 9. November 1989 und ihre Vergangenheit (Bonn 1992), S. 18

90 O. v. Nell-Breuning, Kirchenabgaben, in: Lexikon der Pastoraltheologie, S. 260

91 Vgl. R. Giordano, Wenn Hitler den Krieg gewonnen hätte. Die Pläne der Nazis nach dem Endsieg (Hamburg 1989), S. 284 f.

92 C.-D. Schulze, Kirche als Körperschaft öffentlichen Rechts. Von der Wohlstandsehe der deutschen evangelischen Landeskirchen mit dem Staat und ihrer babylonischen Gefangenschaft im öffentlichen Dienst. Eine staatskirchenrechtliche Problemskizze (Berlin 1990), S. 13

93 Herrmann, Kirche und Geld, S. 45 ff.

94 Hollerbach, a.a.O., S. 258

95 Herrmann, Kirche und Geld, S. 9, 12, 16, 27, 29, 33, 35, 55, 59, 61, 96 f., 105, 107, 113, 120, 138, 151, 168, 185, 189, 210, 213, 221 f. und 225

96 v. Nell-Breuning, a. a. O., S. 260, urteilt über das Staatsinkasso:
»Von allen bisher bekannten Techniken … pastoral zweifellos die
günstigste.«
97 Herrmann, Kirche und Geld, S. 22, 95, 102, 117, 120 f., 123, 125
und 225
98 Süddeutsche Zeitung vom 23. 10. 1992
99 Süddeutsche Zeitung Magazin vom 31. 12. 1992, S. 26
100 Süddeutsche Zeitung vom 23. 10. 1992, S. 6
101 Vorher schon: KNA 24. 6. 1988; MIZ 4/88, S. 63
102 Herrmann, Kirche und Geld, S. 24, 36 f., 111, 131, 151, 183 und
207 ff.
103 Zum Begriff: Herrmann, Kirche und Geld, S. 142
104 Südwest Presse Ulm vom 7. 11. 1992: Was hat die Bundesrepublik
mit einem »Verbrecherstaat« zu tun?
105 Neumann, a. a. O., S. 66
106 Ders., a. a. O., S. 67 (auch zum folgenden)
107 Herrmann, Kirche und Geld, S. 33 ff.
108 Weitere Vergleiche: S. Kösel, Die Sonderstellung der katholischen
Kirche als Arbeitgeberin im Sozialwesen und Auswirkungen auf
die soziale Praxis (Diplomarbeit, Manuskript, Köln 1992), S. 90
109 Zum Thema auch: »Wohlfahrtsverband warnt vor dem Kollaps
der Sozialhilfe. Armutsbilanz weist steigende Tendenz auf. Düsteres Bild der reichen Bundesrepublik«, in: Frankfurter Rundschau
vom 13. 3. 1992
110 J. Neumann, Anmerkungen zur Sozialstaatsproblematik, in: Was
ist uns die Kirche wert? Dokumentation eines Fachgesprächs zur
Kirchensteuer (Hrsg. Humanistische Union, München 1991), S. 59
111 Neumann, Tun die Kirchen wirklich so viel Gutes?, a. a. O., S. 67
112 Ein paar Beispiele von Hunderten: Frankfurter Rundschau vom
25. 1. 1992: »Überlebensstrategie der Kirche verwischte moralische Genauigkeit«. Magdeburger Bischof Demke: Gesellschaftliche Kumpanei mit dem DDR-System. Bericht über eigene Gesprä-
che mit Stasi. Vgl. Süddeutsche Zeitung vom 27./28. 5. 1992: Kirche mußte der Stasi 250 000 Mark abliefern; FAZ vom 7. 2. 1992:
Kirchen gegenüber der SED nicht konsequent genug; S. Heit-
mann, Das Verwirrspiel um den »Fall Stolpe«, in: FAZ vom 16. 5.
1992, S. 11; Frankfurter Rundschau vom 25. 5. 1992: Kirche enttarnt Stasi-Offizier. Erkenntnisse über Ex-Konsistorialpräsiden-

ten veröffentlicht; Frankfurter Rundschau vom 25. 3. 1992: Kirchenzeitung-Chef war Stasi-Spitzel; Frankfurter Rundschau vom 14. 1. 1992: Thüringer Pfarrer enttarnt; Süddeutsche Zeitung vom 25. 8. 1992: Bonn beim Häftlingsfreikauf jahrelang getäuscht. ARD berichtet über Mitwisserschaft von Kirche und Beamten; Süddeutsche Zeitung vom 6. 4. 1992: Kautionszahlung der Kirche für Anwalt Vogel; Süddeutsche Zeitung vom 26. 10. 1992: 1500 Kirchenmitarbeiter beantragen Stasi-Prüfung

113 Vgl. Frankfurter Rundschau vom 14. 11. 1990: »Deutschland ist neu zu missionieren«; Augsburger Kirchenzeitung vom 13. 8. 1989: Kardinal Meisner ruft das Opus Dei auf, die deutsche Gesellschaft »christlich zu unterwandern«. In bezug auf Osteuropa allgemein: Herrmann, Kirchenfürsten, S. 398; zwei Streiflichter: Süddeutsche Zeitung vom 31. 7. 1992: Die weißrussische Regierung will 29 polnische Priester als Missionsagenten abschieben; Süddeutsche Zeitung vom 24. 10. 1992: Jesuiten sind als erster Orden offiziell als »moralische Institution« in Rußland anerkannt; das ermöglicht es diesem Orden, Eigentum zu erwerben und Einrichtungen zu gründen.

114 Vgl. FAZ 20. 3. 1991 zur »besonderen Verantwortung für die zukünftige Gestaltung der sozialen Ordnung im geeinten Deutschland«

115 KNA 14. 3. 1991 und Frankfurter Rundschau vom 31. 1. 1991. Vgl. auch »Die Kirche soll Reue zeigen«, in: FAZ vom 18. 2. 1992

116 Beispiel: Die unverhältnismäßig hohe Quote kirchlicher Sendungen in den Medien (KNA vom 8. 3. 1991 und vom 17. 9. 1991)

117 Neumann, a. a. O., S. 67. Zum Thema »Klagen über Rolle der Kirche bei Grundstücksverkäufen in der DDR« vgl. FAZ vom 31. 1. 1992

118 H. Kohl, Grundwerte für das Verhältnis von Staat und Kirchen, in: G. Denzler (Hrsg.), Kirche und Staat auf Distanz. Historische und aktuelle Perspektiven (München 1977), S. 253

119 H. Schmidt, Grundwerte in Staat und Gesellschaft, in: Denzler, a. a. O., S. 243–245

120 Zitat bei: Kösel, a. a. O., S. 93

121 Der Spiegel Nr. 22/1992 vom 25. Mai 1992, S. 22

122 Vgl. auch C. Glees, Den Kelch im Koffer, eine Kantine im Gotteshaus, in: Süddeutsche Zeitung vom 19./20. 9. 1992, S. 36

123 Vgl. Weser-Kurier vom 7.5.1992 zu einer Demonstration kirchlicher Mitarbeiter in Bremen gegen die Beschäftigung als Menschen »zweiter Klasse«

124 Welt am Sonntag vom 17.1.1993, S. 2

125 Zum Beispiel die Flucht in den Schmollwinkel, wenn der Staat die Bischofskirche nicht so bedient, wie diese will: Süddeutsche Zeitung vom 9.3.1992. Oder die Aussage eines Oberkirchenrats, wer die Abschaffung der Kirchensteuer fordere, wolle entweder »keine Kirche, das schafft er allerdings nicht«, oder aber »eine völlig andere Kirche«: A. Zeitler, Kirchensteuer auf dem Prüfstand (Sonderdruck der Informationen für Presbyter und Mitarbeiter der Evangelischen Kirche in der Pfalz, Heft Nr. 46, IV/1990), S. 15 f.

126 Zeitler, a.a.O., S. 16

127 Eine neuerliche Rechtfertigung des Systems mit herkömmlichen Argumenten: J. Busche, Was die Kirchensteuer wert ist, in: Süddeutsche Zeitung vom 2.3.1992, S. 4.

128 Zu Spanien, das sich zunehmend säkularisiert, vgl. freilich: Süddeutsche Zeitung – Magazin – vom 13.3.1992, S. 20

129 H. Marré, Die Kirchenfinanzierung in Kirche und Staat der Gegenwart (Essen 1982), S. 7

130 Zeitler, a.a.O., S. 16

131 C.-A. Andreae – C. Rinderer, Teilzweckbindung von Personalsteuern – Ein neuer Finanzierungsmodus für Kirchen und andere Parafisken, in: List Forum für Wirtschafts- und Finanzpolitik 16 (1990), S. 341

132 H. Herrmann, Kirchensteuer als Mandat? Eine Anfrage an Staat und Kirche, in: Stimmen der Zeit 189 (1972), S. 58–60

133 Vgl. dagegen: Frankfurter Rundschau vom 18.4.1991 zur Initiative des SPD-Unterbezirks Frankfurt a.M.

134 Andreae-Rinderer, a.a.O., S. 343

135 Die römisch-katholische Kirche, einmal mehr unvergleichlich an anderer Leute Geld interessiert, verzichtete als einzige nicht auf diese Zuwendungen von seiten der Nicht-Optanten.

136 Andreae-Rinderer, a.a.O., S. 348; Herrmann, a.a.O., S. 59 f.

137 Andreae-Rinderer, ebda.

138 G. Rampp, Wie finanzieren sich die Kirchen in den Staaten Europas?, in: MIZ 21 (1992), Heft 4/92, S. 4 Anm. 2

139 Meldung der KNA vom 8. Januar 1993

140 Herrmann, Kirche und Geld, S. 217
141 Zum folgenden: Kösel, a. a. O., S. 95 f.
142 Ders., a. a. O., S. 95
143 Herrmann, Kirche und Geld, S. 218
144 Anders: H. Lipp, Kirchliche Wohlfahrtspflege – Entlastung für
      den Sozialstaat. Auch verschleierte Nöte in der Gesellschaft auf-
      decken, in: Das Parlament Nr. 17–18 vom 24. 4. 1992, S. 12

Sachregister

Ablaß 18, 86, 93, 166
Adveniat, bischöfl. Werk 110,
    161, 183
Aggression 32 f., 48, 134, 137,
    142, 192, 238
Aids-Hilfe 108, 160
Almosen 44, 60, 80, 89, 95, 197,
    253
Altenheime 9, 117, 217, 226, 228,
    234 f., 241, 256, 284
Alternativen 50, 61, 107 f., 147,
    157, 205, 240, 294
Altruismus 22, 88, 150
Amtskirche 15, 18, 29, 36, 39 ff.,
    43 f., 48, 54, 62, 79, 87, 107,
    123, 134, 154, 192 f., 201,
    204 f., 209, 212, 236, 240, 242,
    249, 272
Analphabeten 58, 184 f.
Andersdenkende 22 f., 27, 29 f.,
    32, 35, 38, 82, 115, 134, 138,
    151, 247, 250, 262, 268
Andersgläubige 77, 115, 129,
    131 f., 151, 161, 247, 250, 265
Angst 35, 128, 151, 175, 202, 215,
    222, 243, 250 f., 294
Arbeiterbewegung 72, 91, 197,
    202

Arbeiterwohlfahrt 11
ArbeitnehmerInnen im Kirchen-
    dienst 13, 193, 200 ff., 209,
    212, 214 f., 218, 222 f., 234,
    242, 249, 281, 287, 296
Arbeitskampf 202, 216
Arbeitslosigkeit 205, 280 f., 294
Arbeitsprozesse 14, 216, 219,
    223, 225
Arbeitsrecht 200 f., 214, 216 f.,
    222 f., 243, 296
Armut 11, 14, 31, 36, 38, 42, 44,
    49 f., 52, 55, 57, 60, 64, 69 f., 73,
    77 f., 80, 85 ff., 89, 93, 123, 143,
    181, 184, 188, 196, 257, 272
Atomkrieg 39, 49, 149, 241, 253,
    260, 263 f.
Aufklärung 12, 14, 26, 72, 93,
    117, 130, 132, 135, 159, 270

Behinderte 219, 227, 241, 260,
    280 f.
Bekehrung 51, 206, 226, 240,
    244, 247, 249, siehe auch:
    Mission
Bergpredigt 52, 67, 171, 250
Berufsbehinderungen 205, 221,
    295

150 Seiten, durchgehend farbig
illustriert
geb. mit Schutzumschlag

350 Seiten
geb. mit Schutzumschlag

200 Seiten, durchgehend farbig
illustriert
geb. mit Schutzumschlag

350 Seiten, s/w illustriert
geb. mit Schutzumschlag

RASCH UND RÖHRING VERLAG

STANDARDWERKE FÜR NATURFREUNDE

184 Seiten, durchgehend
farbig und s/w illustriert
geb. mit Schutzumschlag

144 Seiten, davon 16 Seiten
farbig illustriert
geb. mit Schutzumschlag

152 Seiten, teilw. s/w und
40 Seiten farbig illustriert
geb. mit Schutzumschlag

184 Seiten, durchgehend
farbig und s/w illustriert
Klappenbroschur

RASCH UND RÖHRING VERLAG

PEST IM MITTELALTER – AIDS HEUTE?

348 Seiten, davon 12 Seiten s/w illustriert,
Deckenband mit Schutzumschlag

Die Ursache für die Krise damals
und heute liegt in einer
frühkindlichen Verlassenheit.
Aus tiefenpsychologischer Sicht
wird im Spiegel der Pest die heutige
Weltsituation gezeigt.

RASCH UND RÖHRING VERLAG